世界知识产权组织
知识产权保护
——案例研究（第二版）

[南非] 路易斯·哈姆斯◎著
北京大学国际知识产权研究中心◎翻译
郑胜利　王　晔◎主编

WIPO

知识产权出版社
全国百佳图书出版单位

图书在版编目（CIP）数据

世界知识产权组织知识产权保护：案例研究：第二版/（南非）路易斯·哈姆斯（Louis Harms）著；北京大学国际知识产权研究中心译. —北京：知识产权出版社，2018.3
书名原文：WIPO the Enforcement of Intellectual Property Rights：A Case Book（2nd Edition）
ISBN 978-7-5130-5425-6

Ⅰ.①世… Ⅱ.①路…②北… Ⅲ.①世界知识产权组织—知识产权保护—案例 Ⅳ.①D913.405

中国版本图书馆CIP数据核字（2018）第030383号

内容提要

本书引用大量不同法律制度下知识产权保护的经典案例，融汇了对国际公约、各国知识产权法律的原理、准则、具体规定的理解，通过对典型案例的研究，从宏观角度分析了普通法系、大陆法系及混合法系中知识产权法律保护的状况，详细介绍了不同法系在知识产权保护领域的原则、法理，阐释了相关国家不同知识产权法律制度之间的共同准则，及处理具体问题的不同规则与考量。本书对于知识产权司法人员、管理人员、法学同人、专业人士以及知识产权权利人应对具体的知识产权问题大有裨益，是一本十分有益的参考书。

世界知识产权组织出版物第791E号
ISBN 978-92-805-1759-0，2008年第2版

责任编辑：卢海鹰　王瑞璞	责任校对：潘凤越
装帧设计：张　冀	责任出版：刘译文

世界知识产权组织知识产权保护——案例研究（第二版）
WIPO the Enforcement of Intellectual Property Rights：A Case Book（2nd Edition）

［南非］路易斯·哈姆斯　著
北京大学国际知识产权研究中心　翻译
郑胜利　王　晔　主编

出版发行：知识产权出版社有限责任公司	网　　址：http://www.ipph.cn
社　　址：北京市海淀区气象路50号院	邮　　编：100081
责编电话：010-82000860转8116	责编邮箱：wangruipu@cnipr.com
发行电话：010-82000860转8101/8102	发行传真：010-82000893/82005070/82000270
印　　刷：北京嘉恒彩色印刷有限责任公司	经　　销：各大网上书店、新华书店及相关专业书店
开　　本：787mm×1092mm　1/16	印　　张：29.25
版　　次：2018年3月第1版	印　　次：2018年3月第1次印刷
字　　数：656千字	定　　价：120.00元
京权图字：01-2012-7018	
ISBN 978-7-5130-5425-6	

出版权专有　侵权必究
如有印装质量问题，本社负责调换。

翻译编委会

主　　编：郑胜利　原北京大学国际知识产权研究中心主任
　　　　　王　晔　北京大学国际知识产权研究中心客座研究员

编　　委：罗东川　原最高人民法院中国应用法学研究所所长
　　　　　何越峰　国家知识产权局条法司副司长
　　　　　张广良　中国人民大学法学院副教授
　　　　　何　隽　清华大学深圳研究生院副教授

译者简介

北京大学国际知识产权研究中心 北京大学知识产权学术研究机构，与知识产权国际组织、区域机构、政府部门、学术团体和产业合作，进行知识产权学术研究、专业咨询、专业人才培养。

最高人民法院中国应用法学研究所 最高人民法院专门从事司法制度、司法政策与应用法学研究的科研机构。承担最高人民法院理论研究工作领导小组办公室工作，负责全国法院理论研究工作的统筹。创办全国法院系统综合性案例出版物《人民法院案例选》，编辑出版《人民法院理论研究丛书》《中国审判理论研究丛书》等。

北京山天大蓄知识产权代理股份有限公司 经工商行政管理机关批准设立的，专业从事商标注册、版权登记、知识产权咨询等相关知识产权代理业务及法律服务的专门机构。

北京三友知识产权代理有限公司 经国家知识产权局和工商行政管理机关批准的知识产权代理机构，从事专利、商标、法律诉讼、版权（包括计算机软件）登记、知识产权海关保护备案、集成电路布图设计登记及其他知识产权代理业务。

北京天悦专利代理事务所 经国家知识产权局和工商行政管理机关批准成立的知识产权代理机构，专注于知识产权法律服务，特别是在计算机软件、电子通信及生物医药领域提供专利代理、专利诉讼及涉外知识产权保护等法律服务。

深圳崇德广业知识产权运营顾问有限公司 国内首家知识产权商业运营机构，以促进知识产权创造更大经济效益为宗旨，为企业提供包括知识产权资产配置、培训咨询和商业运营在内的一体化服务。

郑胜利 中国知识产权法学研究会副会长，原北京大学国际知识产权研究中心主任，北京大学法学教授、博士生导师。毕业于北京大学地球物理系大气物理专业，曾在北京大学从事计算机科学技术教学研究工作，现在从事知识产权研究工作。

罗东川 法学博士，原最高人民法院中国应用法学研究所所长，曾任最高人民法院政治部副主任、最高人民法院知识产权庭副庭长、最高人民法院研究室副主任等职务，兼任中国知识产权法学研究会副会长等职。

何越峰 法学博士、理学硕士，国家知识产权局条法司副司长。曾任国家知识产权局专利局初审及流程管理部副部长，国家知识产权局专利管理司副司长、保护协调司副司长；世界知识产权组织PCT国际局特邀教官；国家知识产权战略专家库首批入选国家级专家；北京大学、清华大学、中国政法大学等高校兼职教授、硕士生导师。

张广良 法学博士，中国人民大学法学院副教授。曾任北京大学国际知识产权研究中心常务副主任、北京市第一中级人民法院知识产权庭法官。

何 隽 北京大学法学博士，清华大学法学院博士后研究人员，清华大学深圳研究生院副教授，主持参与多项重大科研课题，出版多部学术专著。

王 晔 法学博士，北京大学产业技术研究院特聘研究员，北京大学国际知识产权研究中心客座研究员，世界知识产权组织中国区顾问，律师、专利代理人、商标代理人。

刘波林 中国人民大学法学硕士，国家版权局副巡视员，中国版权协会常务理事，曾任《版权公报》（联合国教科文组织季刊）中文版副主编，翻译有多部专著，并参与翻译世界知识产权组织若干出版物和文献资料。

李朝晖 新西兰执业律师，武汉大学法学学士，新西兰奥克兰大学法学硕士。

肖云鹏 国家知识产权局专利局初审及流程管理部研究处副处长。曾赴英国曼彻斯特大学学习知识产权法，获法学硕士学位。作为专利局涉外培训教师，承担数十次涉外培训任务。参加了专利审查指南英文翻译、校对及统稿工作。

陈文颖 毕业于对外经济贸易大学，管理学与经济学双学士。国家知识产权局专利局审查员，先后从事专利流程管理与法律手续审查工作，曾参与专利审查指南与审查操作规程的修改工作。

刘小宁 2002年8月进入国家知识产权局工作，翻译了PCT实施细则、受理局指南及相关表格，承担了PCT培训、专利代理人及审查员培训的授课任务，撰写了专利审查指南、审查操作规程及培训教材的部分内容。

谢冬伟 中国社会科学院法学博士，曾任国家工商行政管理总局商标局法律事务处副处长、国际注册处处长、国际合作司多边合作处处长。现任国家工商行政管理总局市场研究中心副主任。多次参与《商标法》修改工作，著作有《中国商标法的效率与公平》等。

李晓民 中国政法大学法学博士，中国社会科学院法学博士后，伦敦政治经济学院高级访问学者，现任最高人民法院中国应用法学研究所科研处处长。著有《一般商标保护机制与地理标志的冲突与协调》等，译著有《电子商务法》等。

冯文生 北京大学法学博士，美国天普大学法律硕士。现任最高人民法院中国应用法学研究所研究员，河北大学兼职副教授。曾任河北省高级人民法院研究室主任、审判委员会委员。发表学术论文19篇，参与撰写法学著作8部，独著《推理与诠释》。

丁广宇 中国人民大学法学博士，最高人民法院中国应用法学研究所副研究员。主持和参与了药品知识产权司法保护、软件著作权司法保护、专利惩罚性损害赔偿等重大课题研究。

林卫星 法学博士，全国人民代表大会常务委员会法制工作委员会副研究员。

丁文严 英国阿伯丁大学法学硕士，最高人民法院中国应用法学研究所研究人员。

参与多项知识产权司法保护重大课题研究，发表论文十余篇。曾从事审判工作15年，参与办理的知识产权案件被收入《最高人民法院知识产权审判案例指导》。

包　蕊　毕业于首都师范大学，获理学学士学位，同时获北京外国语大学英语文学学士学位。2007年进入国家知识产权局工作，现任国家知识产权局专利局初审及流程管理部受理处处长助理。

汪　晰　毕业于外交学院英语系，国家知识产权局专利局初审及流程管理部审查员，从事PCT国际申请进入中国国家阶段的初步审查工作，并参与多项专业研究及翻译课题。

刘　芸　毕业于中国政法大学，2002年进入国家知识产权局专利局，先后从事PCT申请的受理及流程管理工作与发明专利申请的初步审查工作，曾参与《PCT法律文件汇编》的翻译、审查指南的编写以及多项局级课题的研究等工作。

曹丽丽　毕业于北京师范大学，2007年8月进入国家知识产权局专利局初审及流程管理部国际申请一处工作，现任主任科员，曾获评"星级审查员"和"优秀公务员"称号。

赵　军　国家知识产权局专利局初审及流程管理部国际申请一处副处长，曾参与《专利法》第三次修改等十余项课题研究及《专利法第三次修改导读》《PCT法律文件汇编》等书的编译，发表了19篇论文，内容涉及多个专业领域。

黄　斌　法学博士，最高人民法院中国应用法学研究所副研究员、宪法行政法室主任，中国审判理论研究会司法改革专业委员会副秘书长，《人民法院案例选》责任编辑。

袁春湘　中国人民大学法学博士，最高人民法院法官。

齐　筠　教授、硕士研究生导师，中国政法大学外国语学院翻译研究所所长。讲授法律翻译、美国知识产权法等课程。主编《法律英语教程》（第二版），代表译著《新技术时代的知识产权法》（第一译者兼统稿人）。

译者序

世界知识产权组织（WIPO）是致力于利用知识产权作为激励创新与创造手段、为鼓励创造性活动而加强世界范围内知识产权保护的联合国专门机构，它通过提高全世界对知识产权的认识和尊重，建立兼顾各方利益的有效国际知识产权制度，让创新和创造惠及每个人，促进各国的经济、社会和文化发展。该组织管理着诸多知识产权保护体系，为权利人在国际上取得专利、商标、外观设计和原产地名称保护及解决知识产权争议提供便利，并为在世界范围内建立与社会不断发展需求保持一致的国际知识产权法律框架而不断努力。[1]

世界知识产权组织邀请南非最高上诉法院路易斯·哈姆斯（Louis Harms）法官撰写了本部著作——《世界知识产权组织知识产权保护——案例研究》。路易斯·哈姆斯法官，从1991年开始担任南非最高上诉法院的法官，是本领域具有崇高声望的国际专家。

本部著作通过对不同法系具有代表性的知识产权案例的介绍和分析，与北京大学国际知识产权研究中心获得世界知识产权授权翻译的另一部著作《世界知识产权组织知识产权指南——政策、法律及应用》一道，从理论与实务的不同视角，全面、具体、详尽地阐释和探究了知识产权法律各个领域所涉及的基本理论和前沿问题，成为知识产权实务及法律研究和教学的权威著作。

本部著作的翻译出版，得益于世界知识产权组织对北京大学国际知识产权研究中心的信赖及独家授权，对此，深表谢意。

为使翻译清楚、准确地反映作者的思想以及所涉及知识产权的基本理论和规则，我们邀请了国家知识产权局、国家版权局、国家工商行政管理总局、最高人民法院中国应用法学研究所、中国人民大学法学院、清华大学深圳研究生院等机构的专家学者，对本部著作进行了认真的翻译和反复、细致的校对。囿于时间、精力，对本书中的诸多内容的翻译，难免存在疏漏、偏差、未尽人意之处，乞望读者不吝赐教指正。借此，也对各位翻译、审校人员的辛勤劳作，表示衷心的感谢。

本书的译者为：第二版前言及致谢/王晔，第1章/王晔，第2章至第6章/李朝晖，第7章至第10章/刘波林，第11章至第12章/国家知识产权局有关人员，第13章至

---

[1] http：//www.wipo.int/about-wipo/zh/.

15 章/谢冬伟，第 16 章至第 21 章及第 23 章/最高人民法院中国应用法学研究所有关人员，第 22 章/齐筠。张广良、何隽、王晔对本书进行了通篇的审校，并对有关内容进行了重新翻译。

知识产权出版社有限责任公司的编辑卢海鹰、王瑞璞，对本书进行了严谨的校订，对具体措辞的准确理解和翻译，甚至断句标点，提出了非常专业的意见，对此，深表敬佩。

另外，本书的付梓出版，北京山天大蓄知识产权代理股份有限公司、北京三友知识产权代理有限公司、北京天悦专利代理事务所及深圳崇德广业知识产权运营顾问有限公司给予了资金支持，在此深表谢意。

知识产权制度已经成为将人类智力劳动成果转化为人类社会物质财富、精神财富的一个不可或缺的机制。愿我们对此部著作的翻译，以及世界知识产权组织另外一部著作——《世界知识产权组织知识产权指南——政策、法律及应用》的翻译出版，能够对大众以及知识产权从业人员、科研人员、公务员、企业管理人员、律师、教师、学生理解、应用知识产权及相关法律有所裨益。

北京大学国际知识产权研究中心
2017 年 3 月

第二版前言

权利如果不能得以实施，则没有任何实际价值。同样，在知识产权（IP）领域也是这个道理。知识产权保护机制，只有充分地发挥作用，才能减少对知识产权的侵害，并确保权利人和整个社会受益于知识产权制度。

在此背景下，世界知识产权组织（WIPO）成员国大会于2002年设立了保护事务顾问委员会，负责与所有知识产权相关的全球保护事务。除其他权限外，该委员会还被授权在这些权利的保护领域内提供技术支持及协作。

该委员会在第一次实质性会议上讨论了司法在知识产权保护中的作用。因此，该委员会邀请来自不同成员国的数位高级法官，在2004年6月的会议上，提交了学术论文。受邀者之一即本案例研究的作者，尊敬的路易斯·哈姆斯法官。路易斯·哈姆斯法官从1991年开始担任南非最高上诉法院的法官，是本领域具有崇高声望的国际专家。

为了满足便于获得知识产权民事及刑事保护资料的需求，路易斯·哈姆斯法官应邀撰写针对普通法域的《世界知识产权组织知识产权保护——案例研究》一书。事实证明，这本案例研究对于法官、执法官员、法学同人以及权利人，都是一本极佳的专业参考书。

鉴于本书的教育和实际价值、自2005年出版以来法学的发展，以及大陆法域发展中国家的多方要求，路易斯·哈姆斯法官应邀修订本书，并将其涵盖范围扩大到普通法和大陆法的判决。

世界知识产权组织非常感谢路易斯·哈姆斯法官撰写了第二版完整的《世界知识产权组织知识产权保护——案例研究》一书，依据两个不同法律制度相关案例法发展的资料，阐释了普通法系与大陆法系法律制度之间的相似之处，并恰当地阐述了两者之间的区别。我深信，这一版的《世界知识产权组织知识产权保护——案例研究》，对于具有普通法和大陆法法律传统的发展中国家处理知识产权案件来说，仍将是一个十分有价值的工具。

弗朗西斯·高锐（Francis Gurry）
世界知识产权组织总干事

致　谢

"不知，具有多种特性，其中之一即是：它可以令人非常自信，从而坦然自若地筹划一项宏大的事业。"❶

这句话对于撰写这本案例研究的第二版而言是贴切的，本案例研究的第一版，试图宏观地审视普通法系及混合法系中知识产权法律保护的状况，而第二版，除此之外，却试图使读者了解大陆法的原则及法理——尽管本人学识有限。

在撰写这本案例研究时，我又一次想起了西西弗斯（Sisyphus）❷：他被众神判处永远将一块巨石推上一座山，而每当接近山顶时，石头又会滚下来。每当接近尾声时，另外的法规或者判决就会被发现，有些是新的，有些是旧的。我曾经依然不安地意识到，在搜集书籍、法律报告和互联网资料的过程中，由于审视不细，许多有价值的资料肯定被忽略了。保罗·泰鲁（Paul Theroux）比喻说，撰写一本知识产权保护的案例研究，就像一只两磅重的鸡，要下一个三磅重的蛋一样。正如对任何事物的搜集、选择的结果取决于选择者知道些什么，或较易发现、较为熟悉些什么，而这也解释了（但并未因此证明我是正当的）为什么我有时出于近水楼台之便引用我自己的判决。

撰写这本著作的直接动力，来自世界知识产权组织（WIPO）的请求，特别是世界知识产权组织保护及特别项目部门成员的积极支持和鼓励。他们对于我的能力的信任，在此过程中经历了巨大的考验。我由衷地感谢他们。

然而，内在的动力是我的导师，已故的 J. R. 斯泰恩博士（Dr JR Steyn）。1967 年，他将我引入这一法律领域，并鼓励我坚持了二十多年。对他的敬意，我永志不忘。

我要特别感谢我的妻子爱琳（Irene）为此作出的贡献，她深信此书一定成功。我的家人，以及同事和法律顾问，我与他们对许多问题进行了诸多讨论，并将这些讨论作了注释。

在第一版前言当中，我感谢了普拉·阿南德先生（Mr. Pravin Anand），他为我提供了印度的最佳知识产权案例摘要，以及其他资料；并且对罗伯特·L. 贝克图德先生（Mr. Robert L Baechtold）表示感谢，他向我提供了许多有用的美国的资料。

---

❶ Onselen C V. New Babylon New Nineveh [M]. 1st ed. 2001. （昂瑟琳. 新的巴比伦，新的尼尼维 [M]. 1 版. 2001.）

❷ 希腊神话中的人物。——译者注

我还要向那些在每个阶段阅读全部或部分原稿并作出评论的人，表达我的感激之情，他们是：大卫·威弗教授（Professor David Vaver）、L. 鲍曼资深大律师（Advocate L Bowman），以及世界知识产权组织的相关职员。

对于这一版案例研究，我要特别感谢两个人。第一个是慕尼黑霍夫曼·矣特里律师事务所的安雅·彼得森小姐（Ms. Anja Petersen），她向我提供了德国案例汇编，并帮助我理解一些德国的法律概念。第二个是日本发明创新协会亚太工业产权中心前主任丹宇哲夫先生（Mr. Tetsuo Niwa）。该中心收藏有一系列非常有用的关于知识产权的案例书籍，在日本特许厅的同意下，慷慨地提供给我使用。

然而，本书的谬误和疏忽，均是本人的责任。本书所表达的，均是本人的观点，不代表世界知识产权组织的立场。

路易斯·哈姆斯
南非最高上诉法院
2008 年 8 月

---

* 本著作中所表达的观点，属于作者个人的观点，不代表世界知识产权组织成员国或其秘书处的立场和观点。

目 录

第1章　绪　论 / 1

- A. 本书的内容 / 2
- B. 什么是"知识产权"? / 5
- C. 国内法与国际法 / 8
- D. TRIPS / 9
- E. 注册的及未注册的权利 / 11
- F. 民事及刑事法律 / 11
- G. 知识产权是基本的人权 / 12
- H. 确认及保护知识产权的正当性 / 13
- I. 司法管辖权 / 18
- J. 编辑方针 / 23
- K. 有用的网站 / 24

第2章　商标：一般原则 / 27

- A. 条约和立法内容 / 28
- B. 商标的性质 / 29
- C. 商标的功能 / 36
- D. 商标的要素 / 42
- E. 什么不是商标? / 46
- F. 功能性原则 / 47
- G. 所有权与注册 / 51

第3章　商标：侵权 / 55

- A. 导　言 / 56
- B. "相同"商标的使用 / 60
- C. 商标在"类似"商品或服务上的使用 / 61
- D. 商标注册所指定的商品或服务 / 64

E. 在经营过程中的使用及商标的使用 / 66
F. 其他事项的使用 / 74
G. 名义上的使用 / 77

第4章　商标：混淆的可能性 / 79

A. "混淆"的相关性及含义 / 80
B. 很可能被混淆的对象？/ 81
C. 综合评估 / 83
D. 用于评估混淆可能性的因素 / 88
E. 视觉、发音和含义的近似 / 92
F. 视觉近似 / 93
G. 发音近似 / 94
H. 含义近似 / 97
I. 导致混淆的意图 / 100
J. 混淆（可能性）的证明 / 101

第5章　商标：驰名商标 / 103

A. 导　言 / 104
B. 商标何时能成为驰名商标？/ 104
C. 依据《巴黎公约》第6条之二所获得的保护 / 107
D. 商标淡化 / 110

第6章　商标：抗辩事由 / 121

A. 导　言 / 122
B. 合理使用 / 122
C. 比较性广告 / 124

第7章　版权：公约与法律 / 127

A.《伯尔尼公约》/ 128
B.《世界知识产权组织版权条约》（1996年）/ 130
C. TRIPS / 132
D.《世界版权公约》/ 132
E. 邻接权 / 133
F. 法律文件 / 134
G. 对版权法的解释 / 136

第8章　版权：版权的性质 / 139

　A. 版权是积极权利还是消极权利 / 140
　B. 版权与作者权利 / 141
　C. 精神权利还是人格权 / 142
　D. 创意与表达形式 / 145
　E. 版权与假冒 / 148

第9章　版权：版权的存在 / 151

　A. 登　记 / 152
　B. 权利归属 / 152
　C. 版权的授予 / 155
　D. "作品" / 155
　E. "作品"与"原创"的关系 / 159
　F. 原创性 / 160
　G. 固　定 / 168
　H. 证明版权的存在 / 170

第10章　版权侵权 / 175

　A. 国民待遇 / 176
　B. 侵权的种类 / 176
　C. 复　制 / 177
　D. 对实质部分的复制 / 184
　E. 改　编 / 186
　F. 直接侵权与间接侵权 / 187
　G. 共同侵权 / 192
　H. 对因遭受侵权而提出的主张的抗辩 / 196

第11章　专利：一般原则 / 203

　A. 立法文本 / 204
　B. 专利与发明 / 204
　C. 专利授予的权利 / 206
　D. 地域性 / 209
　E. 专利的类型 / 212
　F. 专利诉讼 / 213
　G. 说明书的形式 / 214

H. 说明书正文 / 215

I. 说明书正文与权利要求的关系 / 216

J. 什么是侵权？/ 217

K. 权利要求书的作用 / 218

L. 仅与专利相似不构成侵权 / 219

M. 权利要求的技术特征 / 220

N. 实施方案 / 221

O. 实验用途 / 221

第12章 专利：解读 / 223

A. 解读和侵权 / 224

B. 难　点 / 225

C. 错误解读的研究 / 226

D. 解读的基本规则 / 227

E. 等同原则 / 231

F. 针对性解释 / 234

G. 《欧洲专利公约》/ 237

H. 《欧洲专利公约议定书》问题 / 239

I. 英国法律的解释：最终决定？/ 242

J. 德国法律关于解释的规定 / 246

K. 日本法律关于等同原则的规定 / 251

L. 美国法律关于等同原则的规定 / 252

第13章 不正当竞争：导言 / 255

A. 国际标准 / 256

B. 大陆法系对不正当竞争的认识 / 257

C. 普通法途径 / 261

D. 混合法途径 / 262

第14章 不正当竞争：假冒 / 263

A. 导　言 / 264

B. 商标侵权与假冒之间的区别 / 271

C. 商誉、声誉和地域 / 274

D. 假冒的构成要素 / 278

E. 误　导 / 280

F. 声　誉 / 284
G. 混淆或欺诈的故意 / 287
H. 典型的消费者 / 288
I. 商品的形状与结构 / 289
J. 共同的经销区域 / 290
K. 损　害 / 290
L. 可选择的诉讼案由 / 291

第15章　不正当竞争：秘密信息 / 293

A. 普通法保护的基础 / 294
B. 混合法保护方法 / 295
C. 大陆法保护方法 / 295
D. 雇主—雇员关系 / 296
E. 专有技术和商业秘密的保护 / 297
F. 前雇员对积累的知识的使用 / 298
G. 跳　板 / 300
H. 救　济 / 301

第16章　知识产权权利用尽 / 303

A. 导　言 / 304
B. 专利和外观设计权利的用尽 / 304
C. 商标权的用尽 / 313
D. 版权的用尽 / 318

第17章　知识产权的刑事保护 / 325

A. 导　言 / 326
B. 定罪责任的依据 / 329
C. 刑事制裁的原因 / 330
D. 判　决 / 335

第18章　商标假冒商品 / 337

A. 导　言 / 338
B. 国际责任 / 339
C. 注册商标 / 339
D. 未经授权 / 340

E. 故　　意 / 341
　F. 商业规模 / 342
　G. 侵权性质 / 343

第 19 章　版权盗版产品 / 347

　A. 导　　言 / 348
　B. 侵权的性质 / 348
　C. 故　　意 / 350
　D. 商业规模 / 351

第 20 章　边境措施、过境和转运 / 353

　A. 边境措施 / 354
　B. 过境和转运 / 354

第 21 章　损害赔偿 / 359

　A. 国际标准 / 360
　B. 损害赔偿金：一般情况 / 361
　C. 营利损失 / 364
　D. 知识产权贬值 / 368
　E. 假想的使用费 / 369
　F. 利益的计算 / 377
　G. 法定赔偿 / 383
　H. 侵　　占 / 383
　I. 惩罚性赔偿 / 384

第 22 章　禁令（禁止）/ 393

　A. 国际标准 / 394
　B. 禁令的范围 / 395
　C. 禁令的性质 / 397
　D. 禁令的形式 / 400

第 23 章　临时性救济措施 / 405

　A. 国际标准 / 406
　B. 临时禁令 / 407
　C. 临时保护措施的目标 / 408

D. 临时保护措施的不同方法 / 409
E. 原告的权益 / 412
F. 值得审理的重要争议 / 414
G. 不可挽回的损失 / 417
H. 对便利性的权衡 / 419
I. 自由裁量权 / 420
J. 保全令 / 421
K. 财产保全令（Mareva 禁令）/ 428

索 引 / **436**

第1章　绪　论

A. 本书的内容（1.1~1.6）
B. 什么是"知识产权"？（1.7~1.13）
C. 国内法与国际法（1.14~1.16）
D. TRIPS（1.17~1.20）
E. 注册的及未注册的权利（1.21）
F. 民事及刑事法律（1.22）
G. 知识产权是基本的人权（1.23~1.25）
H. 确认及保护知识产权的正当性（1.26~1.34）
I. 司法管辖权（1.35~1.39）
J. 编辑方针（1.40~1.44）
K. 有用的网站（1.45~1.49）

A. 本书的内容

1.1 知识产权保护：本书是应世界知识产权组织（WIPO）的要求，特别是为世界知识产权组织保护及特别项目司及其工作目标而撰写的。本书的重点，是知识产权（"IP rights"或"IPRs"）的保护。最初的章节，论述的是对最主要的知识产权的侵权问题；而结尾的章节，论述的是程序问题。

1.2 读者：本书针对的读者是与知识产权保护相关的人员，例如，民事及刑事法庭的司法人员、律师、检察官、执法官员及海关官员。

1.3 普通法与大陆法：本书第一版的重点，是具有普通法背景的法律制度，包括那些大陆法与普通法相混合的法律制度，以及以英语作为法庭语言的国家。但也有大量的欧洲司法法院判决的资料，欧洲司法法院可以被看作一个主要基于大陆法审判的法院。

  本书的这一版，试图扩大法律的界限，使用大陆法系国家的判决。但是，世界知识产权组织的另一出版物，由玛丽-弗朗索瓦·玛莱（Marie-Francoise Marais）女士和蒂博·拉哈琴斯基（Thibault Lachacinski）先生撰写的《知识产权的应用》（L'application des droits propriété intellectuelle）（2007年），介绍了罗马法法律传统的相关内容，本书无意与该书内容重叠。

  由于这是一本案例研究，应当包含许多司法管辖区域的案例，选择案例的主要标准之一，就是所引用的判决在未来仍然可以获得。基于此，大部分提及的判决，都是相当新的判决，均可在互联网上找到。过去的案例摘要，一般都是被普遍引用的，因此，可以间接地在互联网上找到。

  普通法国家与大陆法国家知识产权法律实体规定的差别，相对来说是比较小的。法律的内容非常相似；具体的知识产权案件，无论在何种法律制度下，只要依据相同的证据，结果都应当是相同的。

HARVARD COLLEGE v. CANADA（COMMISSIONER OF PATENTS）
2002 SCC 76 ［加拿大］
宾尼（Binnie）法官解释道：
    知识产权具有全球流动性，各国一向坚持不懈地努力协调其专利、版权和商标机制。知识产权早已是颇具影响的协定的主题，如1883年的《保护工业产权国际巴黎公约》（以下简称《巴黎公约》）。1973年的《欧洲专利公约》（EPC），以及最近的，1994年世界贸易组织

(WTO)的《与贸易有关的知识产权协定》(TRIPS),强化了规制专利的国际规则。版权是1886年《保护文学及艺术作品伯尔尼公约》(以下简称《伯尔尼公约》)的主题,该公约经过了1908年《柏林文本》及1928年《罗马文本》的修订。《世界版权公约》于1952年缔结。法律当然因国而异,但是,一般而言,加拿大一直在寻求协调其与其他志同道合的司法管辖区域的知识产权概念。

资金与技术的流动性,使人们期待具有相似知识产权立法的类似司法管辖,(在各自具体法律所允许的范围内)能够达到相似的法律结果。

在目前的背景之下,两种法律制度的不同,更多地体现在程序层面。普通法的法官,相比大陆法的法官而言,在诉讼程序中,更少扮演主动的角色,因为在普通法的案件中,诉讼当事人是诉讼的主角。在普通法国家,法官在初审(以及在上诉)程序当中,很少是特定诉讼领域的专家,并且不与专家一起开庭或者不利用法庭专家。

相对于大陆法来说,普通法更加强调判例的价值和约束力,因此,相对于大陆法国家的判决,普通法国家判决的内容往往更加广泛。正如斯蒂芬·思德利爵士(Sir Stephen Sedley)所写的,普通法判决的普通形式仍然为口头判决,而口头判决从根本上表现了有声的思考过程。❶大陆法的判决,从简洁、因而没有普通法判决那样详细和冗长的意义上讲,说理更为严密,且有些拘泥于形式;普通法判决往往不是针对具体案件的要求,而是以更加宽泛的视角重述法律。大陆法传统的上诉判决,通常是回答向该法院("最高上诉法院")提出的法律问题,并将该案发回下级法院结案;而普通法传统的判决,则可能提出新的法律问题,可能涉及对基本事实的重新判断,且通常不发回,直接作出判决。在大陆法传统中,持反对意见或相同观点的判决,也是不常见的。

"根据教科书及可论证的实践,德国类型的判决,是法官权威的表现。它代表了法官的观点:并非杂乱无章的,而是权威的。抛开别的不说,德国法律的不可思议在于,法官、当事人,以及与案件有关的其他人的姓名,在公开的判决中是看不到的。

"另一方面,英国判决在风格上是示范性的。法官个人撰写判决,以具体详细的方式阐述问题,解释其想法、观点、保留及疑问,(或者)令其恼火之处。英国的判决是推论式的,在某些方面

---

❶ Secoud time around [N]. London Review of Books, 2007 – 09 – 06. (第二次轮回 [N]. 伦敦书评, 2007 – 09 – 06.)

是叙述性的，然而却是具有人性的。"❶

这些不仅是针对德国和英国判决的评论，而且部分地解释了为什么本书中大陆法判例的使用有限。

1.4 归纳：这一比较，从本质上讲包含了许多归纳，同时也是不完善的，特别是因为发展中国家知识产权法律实施的信息通常不能获得。此外，知识产权诉讼在发达国家较为普遍。本书是基础性的，因为可能有机会使用本书的读者对知识产权法律的了解程度也不尽相同。

1.5 差别：每个司法传统的法律，在不同司法管辖区均有所不同；每个单独的法律制度，均有其本身的历史及发展，与其法律文化、成文法和判例法相一致。因此，认为存在统一的或者单一的普通法或大陆法知识产权法律制度，可能是错误的。同样，认为不同司法管辖区的知识产权法律和实践始终（或者必然）是一致的，也是危险的。尽管不同国家的法律可能具有实质相似之处，但是，任何两个法律制度之间的不同，可能导致具有相同事实的具体案件得出不同的结果。

BEECHAM GROUP PLC v. TRIOMED（PTY）LTD.
［2002］ZASCA 109 ［南非］
上诉法院哈姆斯（Harms）法官：

（初审法院）博学的法官，非常重视上诉法院奥尔德斯（Aldous）常任法官对 Philips Electronics NV v. Remington Consumer Products Ltd. 案的判决，以及欧洲法院对 Koninklijke Philips Electronics NV v. Remington Consumer Products Ltd. 案的判决。这些判决都具有说服力，因为（南非商标）法第10条，就是在第一个欧盟理事会指令，即第89/1988号理事会指令基础上制定的。该指令规定，"使成员国与商标相关的法律尽量相同"。英国商标法（1994年）（第26章）应当符合该指令的规定，而且欧洲法院对该指令的解释对英国法院有约束力。这并不意味着我们受到遵从这些权威的约束，也并不意味着我们卑微的条顿民族的传统，要求我们温顺地顺从菲利浦王朝。该法案仍为一项南非的法律，即必须根据南非的法律和环境对其进行解释和适用。当地政策上的考虑可能不同于欧洲。法律的适用，即使在欧洲，也仍是由当地法院所决定的一个问题，且当地法院对此偶尔也会有所不同。

1.6 英国法与美国法：一直作为普通法域法官信息和启示的主要来源的英国

---

❶ STAUDER D, LLEWELYN D. Oscor Hartwieg's thoughts on the English legal system [M] //VAVER D, BENTLY L. Intellectual property in the new millennium: essays in honour of William R. Cornish. 2004: 56. （斯都德尔，李维林. 奥斯库·哈特维格关于英国法律制度的思考 [M] //威弗，本特利. 新千年知识产权：纪念威廉·R. 科尼什论文集. 2004: 56.）

当代法学，其价值现在正变得有所不同，因为英国法受到欧共体法律的"制约"，欧盟指令正逐渐将英国拉向大陆法阵营。例如，欧盟一项知识产权执法的指令，于2006年生效。❶

对热衷于比较的人的另一个警示，与美国的法律相关。美国法律受到以下事实的很大影响：美国的许多知识产权法律，来源于其宪法及其联邦的性质（并非所有的商标事务和版权事务均属于联邦的事务），而且在许多方面与其他普通法司法管辖区的法律有所不同，而这些法律过去或现在与英国法律的联系更加紧密。

B. 什么是"知识产权"？

1.7 无形财产权利：关于知识产权的性质和含义，已经有许多著述。本书没有必要再作学术辩论。简单地说，知识产权最好称为无形财产权。正如卡米尔·伊德里斯博士（Dr Kamil Idris）所解释的那样：

"人类的历史，是一个在现有知识的基础之上为解决问题、应用想象力，或创新与创造的历史。……想象力孕育艺术及科学的进步。……知识产权（IP）是一个描述创意、发明、技术、艺术作品、音乐和文学作品的措辞。知识产权在其首次产生之时，是无形的，但是在其成为有形的产品时，就具有价值。……我只想说，知识产权是创造性思维在应对科技或艺术挑战时的商业应用。它不在于其产品本身，而在于产品背后的具体创意、该创意的表现形式，以及对产品显著不同的命名和描述方式。

"'财产'一词用于描述这种确切含义，因为该词仅适用于某人或某个团体声明所有的发明、作品及名称。所有权非常重要，因为经验已经表明，潜在的经济收益是创新的巨大动力。"❷

COLBEAM PALMER LTD. v. STOCK AFFILIATES PTY LTD.
（1968）122 CLR 25（HCA）［澳大利亚］
温德耶（Windeyer）法官指出：

尽管该主张可能包括人们对于财产性质的观点，但是，法律规定某人是某个注册商标的注册所有人，并允许其处置该商标，这个注册商标就很难被认为不是该人的一种财产。格里菲斯（Griffith）首席法官将商

---

❶ 2004年4月29日欧洲议会和理事会关于知识产权执法的第2004/48号指令。载于2004年4月30日第L157号《欧盟官方公报》。网址：http：//europa. eu. int. 如果存在的话，该指令与普通法的程序法略有不同。

❷ IDRIS K. Intellectual property：a power toll for economic growth［M］. Geneva：WIPO：10 – 11.（伊德里斯. 知识产权：经济增长的有力工具［M］. 日内瓦：WIPO：10 – 11.）

标称为：

"属于某人一项特定的无形或工业财产的可视性标志，应用于贸易当中，以根据具体的标识将该人经营的或已交易的商品与其他人的商品区分开。"

1.8 知识产权涵盖许多不同的领域：建立世界知识产权组织的《斯德哥尔摩公约》规定，"知识产权"包括与下列各项相关的权利：

- 文学、艺术和科学作品；
- 表演艺术家的表演、录音和广播；
- 在人类一切活动领域内的发明、科学发现；
- 工业品外观设计；
- 商标、服务标识，以及商号和商业名称；
- 制止不正当竞争；以及
- 在工业、科学、文学或艺术领域内，所有其他来源于智力创造活动的权利。

1.9 知识产权与工业产权："知识产权法律"这一概念的普遍使用，至少是在英国法律中的使用，是最近才出现的。尽管在学术上还有一些反对的声音，但还是获得了认可。由于这一概念构成世界知识产权组织名称的一部分，因此在此予以阐释。

"知识产权"法语的同义词"propriété intellectuelle"，以及西班牙语的同义词"propriedad intellectual"、德语的同义词"geistiges Eigentum"和荷兰语的同义词"geestelijk（immateriële）eigendom"，均具有相同的含义，含有智力或脑力劳动成果的无形或非物质（而非物理）财产的意思。然而，这些措辞通常适用于文学及艺术作品，即版权和邻接权。

"工业产权"一词，来源于法国法律，包括（正如在《巴黎公约》中所规定的那样）：

"专利、实用新型、工业品外观设计、商标、服务标识、厂商名称、货源标识或原产地名称，和制止不正当竞争。"❶

因此，"工业产权"一词，不包含版权和邻接权。这一差别的理论基础在于，版权与艺术创作有关，它的存在并不依赖于法律上规定的程序（比如，注册），而工业产权与那些主要是为了工业目的的创造有关，其权利依赖于法律规定的特定程序。进一步讲，版权所有人对其创作享有精神权利，而工业产权所有人没有这样的权利。问题是，版权仅

---

❶ 对于这一问题的讨论，请参见：SHERMAN B, BENTLY L. The making of modern intellectual property law: the British experience, 1760—1911 [M]. 1990. （谢尔曼，本特利. 现代知识产权法律的制定：英国经验，1760—1911 [M]. 1990.）

与艺术创作相关的假定，不再正确；相反，版权已经赋予自身新的意义，并成为重要的工业资产，因为其涵盖面已扩展至包含计算机程序、建筑图纸、机械图纸及数据汇编等。❶

1.10 文学和艺术作品：涉及版权（作者的权利）问题的《伯尔尼公约》，并没有使用"版权"一词，而将"文学和艺术作品"定义为包括"文学、科学和艺术领域内的一切成果，不论其表现形式或方式如何"，然后列举实例。

1.11 "知识产权"是一个概括性措辞：列举是没有穷尽的。知识产权公约还涉及对表演者、植物新品种的育种人和半导体芯片设计者的保护。因此，不难理解为什么有一些人认为，"如果需要进行准确的描述，'知识产权'是一个最好避免使用的措辞"❷，因为：

"这一措辞是概括性的，将多个不同的法律制度混合在一起，包括版权、专利、商标等，而这些法律制度并没有多少共同之处。这些法律制度分别产生，规制不同的活动，以不同的方式运行，产生不同的公共政策问题。"❸

大卫·瓦韦尔（David Vaver）教授对"到底什么是知识产权"这一问题的解答如下：

"首先要注意的是，即使是目前，仍然不存在这种名义的法律实体。这个措辞，对于许多不同的权利——在英联邦：一些是法定的、一些是普通法上的、一些是衡平法上的——的确是一个方便的称呼，这些不同的权利，都具有在某个时间段保护某些人类智力成果不被其他人以各种方法使用的特征。保护的目的，在于激励那些可能希望创造、资助或将意向付诸实践而利用这些成果的人，尤其是在如果没有保护这种奖励，这些人就可能完全不行动，或不积极行动的情况下。"❹

这就解释了为什么一些人认为知识产权法律仅有实用的基础，以及詹姆斯·博伊德（James Boyd）教授关于知识产权法律缺少系统理论基础的观点❺：

"就像大多数财产机制那样，我们的知识产权机制将是有争议的。它将对市场动力、经济集约化及社会结构产生影响。目前，对于知识产权，我们仍然没有像对于环境或税收改革那样的政治策略。我们缺少对

---

❶ 根据1996年《世界知识产权组织版权条约》。
❷ JWH Group Pty Ltd. v. Kimpura Pty Ltd.［2004］WASC 39［澳大利亚］。
❸ Free Software，Free Society：The Selected Essays of Richard M Stallman（ed J GAY）.（《免费软件、免费社会：理查德·M. 斯托曼选集》）（盖伊编）。
❹ Intellectual Property：The State of the Art［2001］VUWL Review 2.
❺ A politics of intellectual property：environmentalism for the net?［J］. Duke Law Review，1997：87.（知识产权政治：网络环境保护论？［J］. 杜克法律评论，1997：87.）

众多问题的总体规划，缺少一个大致的成本和收益工作模型，并且缺少一个发挥作用的、在各种不同情况下具有共同利益的团体的政治联盟。"

1.12 本书包含的内容：执法的主要领域是商标、版权、专利和不正当竞争，这些内容将在随后的章节中涉及。之前提及其他的领域，由于没有发生太多的诉讼，本书将予忽略。本书的范围有所限制，还有另外一个原因。比如，由于不同司法管辖区关于保护实用新型和工业品外观设计的法律大不相同，因此，试图向读者提供一个合理、不局限于某一具体管辖区的解释是不切实际的。

1.13 消极权利：知识产权一般被认为是消极权利。❶

PANDUIT CORP. v. STAHLIN BROS

575 F. 2d 1152 ［美国］

马基（Markey）首席法官：

专利必须［由美国成文法］被赋予"个人财产的属性"。排除他人的权利，是称为"财产权"的人权的本质。排除他人免费使用得到有效专利保护的发明的权利，与排除他人免费使用某人汽车、农作物，或其他个人财物的权利，并无不同。每一项人权，包括发明中所包含的权利，在特定的情况下，均会面临挑战。某一项财产权利可能遭受侵害，另一项财产权利可能被窃取，以及再一项权利可能被侵权的事实，并不影响所有"财产权"的基本特性，即排除他人的权利。

并不是每个人都会同意马基法官关于财产权是"人类的"权利的观点，但他的主张是被普通法传统所接受的。然而，还有另外的观点认为，这些权利部分是积极的，部分是消极的：

"这种独占权在本质上具有双重属性：其具有主动性，即其赋予权利人直接或通过第三方许可予以实施的权利；其同时又具有被动性，因为这些权利人拥有任其处置的法律武器（尤其是侵权诉讼），可以用来对抗任何未经授权的使用。"❷

C. 国内法与国际法

1.14 地域性❸：知识产权法律同时具有国内性和国际性。知识产权法律是以

---

❶ 这一问题还会在随后章节不同的题目中论及。

❷ MARAIS M F, LACHACINSKI T. L'applicaton des droits de propriété intellectuelle [M]. Geneva：WIPO. （玛莱，拉哈琴斯基. 知识产权的应用 [M]. 日内瓦：WIPO.）

❸ 请参见第 1.35 段及第 11 章 D 部分。

成文法为基础的（在普通法国家也是这样），因此，知识产权法律首先具有地域性，仅在特定的司法管辖区内适用。

这已经产生了司法管辖权问题，特别是在共同市场，例如欧洲经济共同体。这也是现代技术（例如电子商务）发展所导致的结果。其他领域的纠纷，涉及与知识产权相关的合同纠纷、平行进口，以及货物的过境或转运。还有一种趋势，即一些法院对超出其司法管辖区域的侵权行为主张管辖权，但美国联邦最高法院最近已开始对此进行限制。❶

1.15 **公约与条约**：许多知识产权成文法来自国际公约和条约。这导致法律之间，甚至大陆法律制度与普通法律制度之间在很大程度上具有一致性。这些公约和条约的一个主要目的，是确保某一国家的公民或居民的知识产权得到承认和保护，特别是，外国人将被赋予一国国民所获得的相同的权利。这被称为"国民待遇"。

国际法律文件逐渐加强对知识产权法律的协调，并规定最低标准的保护。

《与贸易有关的知识产权协定》（TRIPS）则更进一步：除了国民待遇原则，它还采纳了最惠国待遇原则。这一原则的含义为：某一成员对任何其他成员国民所给予的任何利益、优惠、特权或豁免，将无条件地给予所有其他成员的国民。TRIPS是第一个规定知识产权保护最惠国待遇原则的国际协定。

1.16 **重要的公约和条约**：在此强调的重要公约和条约有，已经提及的1883年3月20日通过的《巴黎公约》、1886年9月9日通过的《伯尔尼公约》；以及相对较新的《世界知识产权组织版权条约》（1996年）和TRIPS。❷世界知识产权组织管理的其他条约，例如《专利合作条约》《商标法条约》和《商标法新加坡条约》（2006年，新加坡），将不在此作详细的讨论。❸

D. TRIPS

1.17 **TRIPS规定的义务**：世界贸易组织的成员，均是TRIPS的成员。TRIPS要求世界贸易组织的成员制定法律，适当地规定不同的知识产权保护。TRIPS没有对保护作出全面规定，但规定了以下内容：

---

❶ Microsoft Corp. v. AT&T Corp. 550 US（2007）［美国］。
❷ TRIPS可以在世界知识产权组织网站 www.wipo.int 和世界贸易组织网站 www.wto.org 获得。
❸ 将在第7章论及涉及与版权相关的权利的条约。

- 版权和邻接权（第1条）；
- 商标（第2条）；
- 地理标志（第3条）；
- 工业品外观设计（第4条）；
- 专利（第5条）；
- 集成电路布图设计（第6条）；及
- 对秘密信息的保护（第7条）。

各成员法律必须符合该协定所规定的知识产权保护的最低标准。除了实体规定之外，非常重要的是，TRIPS对成员规定了提供某种救济程序（大部分程序在大陆法和普通法传统中都是相当普遍的）的义务，以便权利人处置其权利。

1.18 TRIPS规定了最低标准，成员可以自主地适用更高的标准。（TRIPS）第1条第1款规定：

"各成员应实施本协定的规定。各成员可以，但并无义务，在其法律中规定比本协定的要求更广泛的保护，但以这种保护并不违反本协定的规定为限。各成员有自由在其法律制度和实践中确定实施本协定规定的适当方法。"

1.19 成员对TRIPS的遵守： 本书假定，所有世界贸易组织的成员确实符合TRIPS所规定的最低要求。这一假定并不当然正确，因为某些成员被准许推迟其遵守协定的时间。

由于各成员立法必须与TRIPS相一致，TRIPS为立法规定了一个标准，并为解释知识产权法律提供了有用的背景资料。由于这些法律是在相同条约文本的基础上制定的，外国的司法判例就显得非常有价值。

1.20 TRIPS的附加义务： TRIPS已经产生了一些效果。一些成员之间的多边和双边协定，出于商业上的原因，还规定了额外的知识产权执法义务。这些协定被称为TRIPS附加协定，因为其规定了比TRIPS更多的义务。

欧洲议会和欧洲理事会于2004年4月29日通过的关于知识产权执法的第2004/48/EC号指令，旨在建立欧洲共同体内知识产权执法的适度标准：

- 成员国必须规定必要的措施、程序和救济方法，以确保该指令所规定的知识产权获得保护。
- 其必须是合理及公平的，并且，不得不必要地将之烦琐化或提高成本，或施加不合理的时间限制，或导致不合理的延迟。
- 其必须是有效的、相称的及劝戒性的，必须以避免对合法贸易产生障碍的方式适用，并规定防止其滥用的措施。

E. 注册的及未注册的权利

1.21 规定的程序：一些知识产权的确认，需要符合一定的程序，而其他的知识产权，则无须任何手续。专利、工业品外观设计和商标均属于需要注册的权利，这些权利只有被授权后才有效（尽管在商标注册的情况下，其权利可能具有某些溯及既往的效力）。而版权的存在则不需要任何诸如注册一类的手续。

这种差别是非常重要的，因为尽管可以进行推定，但是版权人仍然必须在每一诉讼程序中证明版权的存在，及其对版权的主张权；而对于已经注册的权利，则可以简单地提供授权证书，以证明这些权利的存在。对专利或商标注册的有效性提出质疑的人，有义务证明其无效性。（有些国家——比如美国和一些南美国家——出于执法的目的，以及认定版权存在的目的，设置了版权登记制度，但登记并非版权存在的必备条件。）

F. 民事及刑事法律[1]

1.22 刑事制裁的重要性[2]：尽管知识产权属于私权，可以通过民事诉讼的方式予以保护，但假冒（与商标侵权相关）和盗版（涉及版权侵权）的猖獗，及其所造成的经济损失，已使得刑事制裁的重要性日益提升。（对其他知识产权的侵权，一般没有刑事制裁。）

对于这个问题，中国最高人民法院副院长曹建明法官曾特别强调：

"保护知识产权，不仅是中国履行国际承诺、创造良好的贸易和投资环境、提高对外开放水平的需要，更是促进科技创新、规范市场经济秩序、促进国民经济整体素质和提高竞争力的需要。各级人民法院要进一步加大对各种侵犯知识产权犯罪的刑事惩罚力度，突出重点，把那些严重影响市场秩序和经济发展、犯罪数额巨大、情节特别恶劣、给国家和人民造成重大损失的案件，作为大案要案，依法及时判处。要综合运用各种刑罚方法，特别要重视运用财产刑，审理侵犯知识产权犯罪案

---

[1] 请参照：ARYANUNTAKA V. Enforcement of IP rights under trips: a case study of Thailand [M]; URBAS G. Public enforcement of IP rights [J]. Australian Institute of Criminology, 2000 (177). （阿里南塔卡. 依据 TRIPS 的知识产权执法：泰国案例研究 [M]；厄伯斯. 知识产权的公共执法 [J]. 澳大利亚犯罪学学会学报 (177). 这些资料均可在互联网上获得。）

[2] 请参阅随后的第 17 章到第 19 章。

件，不仅要坚决把犯罪分子定罪判刑，而且要注意从经济上剥夺犯罪分子的再犯罪能力和条件。"❶

G. 知识产权是基本的人权❷

1.23 通常的法律地位：绝大多数法律制度没有给予知识产权任何特殊的地位。❸那些由保护基本人权的宪法和其他法律构成的法律制度，一般都规定，除非根据普遍适用的法律，不能剥夺任何人的财产权，而且法律不得规定可以任意地剥夺财产权。这就意味着，尽管不是任何人对知识产权享有基本的人"权"或权利，但是，一旦他们拥有知识产权，即有资格获得全面的法律保护。

1.24 宪法赋予的权力：宪法有时规定及限定立法机关制定知识产权法律的权力。比如，美国宪法授权国会制定法律以"促进科学和实用艺术的发展，在规定的时间内，保障作者和发明人对其各自的作品和发现的排他权利"❹，并且，可以根据这一规则，对知识产权法律进行评价。❺

1.25 人权法案的影响：和《欧洲人权公约》之类的国际人权法律文件一样，人权法案对于知识产权执法存在潜在的影响。知识产权法律受到宪法的制约。通常，这一问题所涉及的基本权利是自由表达的权利❻、隐私权和财产权。❼在强调保障社会权利的国家，影响可能会更大，可能会引起药品专利的范围和强制性与获得卫生保健服务权利或儿童权利关系的争论；版权的主张，可能会受到教育权及信息获得权的挑战。

---

❶ To Implement the Judicial Interpretation on the Protection of Intellectual Property Rights from the Perspective of Criminal Law, and Strengthening the Judicial Protection on IPR [EB/OL]. (2004-12-21). http://www.chinaiprlaw.com/english/forum/forum63.htm. （贯彻知识产权刑事司法解释，加大知识产权司法保护力度 [EB/OL]. （2004-12-21）. http://www.chinaiprlaw.com/english/forum/forum63.htm. 中文讲话稿，请访问 http://www.chinaiprlaw.com/html/zhengcejingshen/20041221/104.html. ——译者注）

❷ 请参照：世界知识产权组织1999年第762（E）号出版物中的Intellectual Property and Human Rights（知识产权与人权）一文。

❸ 请参照：加拿大1867年宪法法案 第91（22）条。

❹ 美国宪法第8部分第8段第1条。

❺ 这个问题非常复杂：NACHBAR T B. Intellectual property and constitutional norms [M]. Columbia LR, 2004：272.（纳克巴. 知识产权与宪法规范 [J]. 哥伦比亚法律报告，2004：272.）澳大利亚的案例：Grain Pool of WA v. The Commonwealth [2000] 170 ALR 111 (HCA).

❻ Ashdown v. Telegraph [2001] EWCA Civ 1142 [英格兰]；Laugh It off Promotions CC v. SAB International (Finance) BV [2004] ZASCA 76 and [2005] ZASCA 7 [南非]. 请参照：Lange v. ABC (1997) ALR 96 [澳大利亚]，其讨论参见 RICHARDSON M. Freedom of political discussion and intellectual property law in Australia [J]. EIPR, 1997：631.（理查森. 澳大利亚政治讨论自由与知识产权法律 [J]. 欧洲知识产权评论，1997：631.）

❼ PINTO. The influence of the European Convention on Human Rights on intellectual property rights [J]. EIPR, 2002：209.（平托. 《欧洲人权公约》对知识产权的影响 [J]. 欧洲知识产权评论，2002：209.）

H. 确认及保护知识产权的正当性

1.26 列举承认或者否定知识产权的案例,并不在本书的范围之内。❶这种争论仍然存在。英国政府委托作出的高尔斯报告(Gowers Report)(2006年12月),对承认知识产权的理由陈述如下:

"培育创意是昂贵的,但是复制创意却是廉价的。开创知识的固定成本是高昂的。好莱坞大片的制作可能耗资数亿美元,研究和开发药物可能耗资数十亿英镑。同时,药物和数码影片的边际生产成本却非常低。没有保护,其他人就会无偿攫取创新者原始投资的利益,并以低廉得多的成本,销售发明或创新产品。如果一个创新者知道其他人能够轻易地做到这点,一开始就不会有经济动力去进行创新。"

并且,正如斯特凡·夏特(Stefan Scheyyt)所说的:

注册一个商标非常容易,但是保护它们却是一项不可能完成的任务。("Eine Marke eintragen zu lassen ist kinderleicht. Sie zu verteidigen eine Sisyphosaufgabe."❷)

吉安卡罗·莫斯克尼(GianCarlo Moschini)持有类似的观点:

"天赋和财富(有时是名气)的结合,通常无法获得同情。但是,人们往往容易忽略的是,要获得成功是非常困难的,而保持成功通常更加困难。人类发明创造的成果——无形资产就是这样,其获得需要花费大量资金,对社会产生巨大贡献,但是却非常容易地被抄袭和/或仿制。"❸

法律文件通常不引用政治家的讲话,然而,中国国家主席的讲话,清楚地表明了承认和保护知识产权的理由,他强调:

"加强我国知识产权制度建设,大力提高知识产权创造、管理、保护、运用能力,是增强我国自主创新能力、建设创新型国家的迫切需要,是完善社会主义市场经济体制、规范市场秩序和建立诚信社会的迫切需要,是增强我国企业市场竞争力、提高国家核心竞争力的迫切需要,也是扩大对外开放、实现互利共赢的迫切需要。要充分发挥知识产权在增强国家经济科技实力和国际竞争力、维护国家利益和经济安全方

---

❶ 具体参见:IDRIS K. Intellectual property:a power tool for economic growth [M]. Geneva:WIPO. (伊德里斯. 知识产权:经济增长的有力工具 [M]. 日内瓦:WIPO.)

❷ www.brandeins.de/home/.

❸ Intellectual Property Rights and the World Trade Organization:Retrospect and Prospects – Working Paper 03 – WP 334 May 2003.

面的重要作用，为我国进入创新型国家行列提供强有力的支撑。"[1]

特别重要的是发展中国家对药品专利的保护。这个问题是《多哈宣言》谈判（未完成）的重要内容。[2]《多哈宣言》承认，根据 TRIPS，每个成员有权授予专利强制许可；有权自由决定授予这种强制许可的根据；有权决定什么情况下构成成员紧急状态，或其他极端紧急状况。公共健康危机，包括那些与艾滋病、肺结核、疟疾及其他流行病相关的公共健康危机，可以构成一个成员的紧急状态或极端紧急状况。（2005 年 12 月期间，世界贸易组织理事会通过了有关药品强制许可的 TRIPS 修订案，但目前仍有待其成员接纳。）

1.27 知识产权不是垄断。虽然这是就专利而言的，但就商标而言，同样的观点也是成立的，见后述。[3]

PANDUIT CORP. v. STAHLIN BROS
575 F. 2d 1152
马基首席法官：

一个侵权者常常将自己掩饰成一个反对"垄断"的公共利益保护者，利用轻率的垄断恐怖症，错误地希望得到法庭裁判。轻率地对专利所具有的排他财产权使用贬义的措辞"垄断"，可能会导致误解。对此不予制止，将可能毁坏专利制度所体现的宪法和法律体系。

如果专利具有反垄断法所限制的"垄断"性质，它却没有从公众那里拿走任何东西。相反，根据专利的定义，它给予了公众之前所没有的东西。专利就像股票、债券和其他财产一样，可能会在一个（违反）反垄断法的计划中被滥用，但这并不能将专利中的财产权利归结为是一种甚于股票、债券等财产权的、有损社会、限制竞争的垄断。专利制度如果不鼓励公开，对于发明创造，公众则可能无从得知，因为所有发明首先存在于发明者的脑海中。对于这些发明，他可以不告诉任何人，以保持对其长久的"垄断"；或者，如果条件允许，他可以将该发明作为一项商业秘密，永久地保密。

经常会产生这样的印象，即知识产权执法，将会引起强势团体与弱势团体之间、富人与穷人之间的冲突。事实上很少会出现这种情况：

这个（具体的案例）不是好与坏、大与小之间道德上的博弈。它是竞争者对于利润的争斗。[4]

---

[1] 2006 年 5 月 27 日，中国共产党中央委员会政治局第 31 次集体学习，中国官方新闻机构新华社报道。
[2] 具体内容见 www.wto.int。
[3] 请参阅随后第 2.11 段。
[4] 见 Boehringer Ingelheim KG v. Swingward Ltd. 案 [2000] FSR 529 第 9 段莱迪法官的意见。

1.28 权利与义务的平衡❶：TRIPS 的目标，正是寻求权利与义务的平衡（TRIPS 第 7 条）：

"知识产权的保护和执法应当有助于促进技术的革新以及技术的转让和传播，有助于使技术知识的创作者互相受益而且是以增进社会和经济福利的方式，以及有助于权利和义务的平衡。"

BRISTOL – MYERS SQUIBB CO. v. CANADA（ATTORNEY GENERAL）
2005 SCC 26 ［加拿大］
宾尼法官：

法院经常提及专利法所致力达到的平衡，即公众给予发明者 20 年防止他人利用其发明的权利，以此换取发明内容的公开。作为一般的规则，如果专利权人获得某种垄断权，而不符合法定新颖性、独创性及实用性要求，那么公众利益就会受到损害。

在本上诉案中，法庭必须在诉讼案件多发的专利药品领域中，考虑这一"平衡"。对此，国会不但要考虑发明者与潜在使用者之间的平衡，也要考虑保护知识产权与既满足降低卫生保健成本的愿望、又同时公平对待凭借其聪明才智发明出该药品的人之间的平衡。

METRO – GOLDWYN – MAYER STUDIOS INC. v. GROKSTER LTD.
380 F. 3d 1154
苏特（Souter）法官：

对艺术的更多保护可能会更加阻碍技术的创新；版权法律的管理，是维持平衡的一种实践。

最高法院第一小法庭 ［日本］
案件号：2001（Ju）No. 952
民集第 56 卷，第 4 号，第 808 页：

依据版权法对版权人的权利予以保护，需要保持与公众和社会利益的协调。

1.29 权利滥用：立法机关有权促进某些公共利益，防止权利滥用。TRIPS 第 8 条规定：

■ 成员可在其法律及条例的制定或修改中，采取必要措施，以保护公众的健康和营养、促进对其社会经济和技术发展至关重要领域的公共利益，只要该措施与本协定的规定相一致。

■ 只要与本协定的规定相一致，可采取适当措施，以防止权利人滥用知识产权，或采取不合理地限制贸易或对国际技术转让造成不利影响的做法。

---

❶ 请参阅随后第 2.18 段的内容。

1.30 公正执法。权利除非可以有效地实施,否则毫无价值。由于知识产权是国际和法律确认的权利,不论其自身是否具有排他性,都必须予以维护。心怀反垄断倾向的法官和其他人应当意识到,他们的心态不应影响他们对待权利人的态度。知识产权诉讼——

"体现了司法制度的运行与经济发展之间重要的直接联系。也就是说,有效的知识产权保护非常依赖于司法制度的运行。……为使知识产权实现其目的,有效的司法保护是必要的。……一个没有救济措施的权利,只能是一个奢望。如果对这些特定权利的司法保护过于薄弱,那些自然资源的流动性就会减弱,就会给国家造成巨大的损失。"❶

"一头驴不会追逐一个挂在棍上的胡萝卜,除非它偶尔能够吃到这个胡萝卜。同理,创新者不会对新技术的发明、开发、应用及市场推广进行投资,除非他们相信专利的保障是真实的。如果创新者发觉专利只是一纸可以花钱进行诉讼的证书,专利将无法实现其鼓励创新的初衷。"❷

此外,正如将在涉及假冒和盗版问题的章节中所讨论的,侵害其他公共利益——例如有组织犯罪的预防、公共健康问题及公共财产的保护——的犯罪行为,经常导致对知识产权的侵权。

1.31 知识产权权利不是绝对的。知识产权权利不是至高无上的,而且"我们不能再认为知识产权是绝对的,而应当逐步认为它仅是一种功能。"❸版权和其他知识产权权利人过度地控制,可能会不适当地限制公众为了整体社会的长期利益,整合和完善开创性创新的能力,或者可能对适当地利用知识产权设置实际障碍。❹在援引的判例中,读者可以不时发现法院着手采取平衡行动的实例。

1.32 模仿的权利:亚里士多德在其作品《诗的艺术》(Ars Poetica)(使用拉丁文名称的希腊作品)中已经认识到,我们都是通过模仿进行学习的。

LORIMAR PRODUCTIONS INC. v. STERLING CLOTHING MANUFACTURERS (PTY) LTD. 1981(3)SA 1129(T)[南非]

---

❶ 1999 年 10 月 Robert M Sherwood(罗伯特·M. 舍伍德)在美国华盛顿召开的有关知识产权法律的国际法官大会上宣读的论文 The economic importance of judges(《法官的经济价值》)。世界银行和国际金融公司还发表了许多关于这个问题的研究报告。这些研究报告体现了不同的观点。

❷ Norman L Balmer(诺曼·L. 巴尔默)在上述有关知识产权法律的国际法官大会上宣读的论文。

❸ 加拿大首席法官 Mc Lachlin CJC(麦克·拉克林)语录出自 VAVER D. Canada's intellectual property framework: a comparative overview [J]. Intellectual Property Journal: 125 – 187. (威弗. 加拿大的知识产权架构:比较评述 [J]. 知识产权杂志: 125 – 187.)

❹ 参见 Theberge v. Galerie D'art Du Petit Champlain 2002 SCC 34 [加拿大]。引自:VAVER D. Need intellectual property be everywhere? Against ubiquity and uniformity [J]. Dalhousie Law Journal, 2002 (1). (威弗. 对知识产权的需求无处不在吗?反对无处不在和整齐划一 [J]. 达尔豪西法律杂志, 2002 (1).)

范·迪荣克霍斯特（Van Dijkhorst）法官：

并非所有的模仿都是非法的。相反，模仿可以被认为是生命的本质。从摇篮到坟墓，人类在说唱、习惯、时尚及潮流方面无不仿效其同伴。因此，在某种程度上讲，模仿在商业中也是合法的。

1.33 权利的交叉：同一商业客体，可能包含或反映不同的知识产权；同一智力劳动，可能得到一种以上知识产权的保护。例如，一个标志可能享有商标和版权保护，一个容器可能同时享有商标和外观设计保护。然而，这并不能证明混淆不同知识产权之间的差别是正确的；各种知识产权必须被限定于其严格的法定范围之内。❶

KIRKBI AG v. RITVIK HOLDINGS INC.

2005 SCC 65 ［加拿大］

宾尼法官：

知识产权法律广泛且不断扩大的范围，正在处于一个重要、迅速变化的时期。全球化及技术变革的压力，对其制度、分类，甚至有时对其固有的学说提出了挑战。法学试图致力于——有时是困难的——这些广泛的社会和经济发展趋势的影响。专利法的现状，充分证明了世界上法学发展进程所面临的压力，成文法本身也在努力地适应实验室和市场的发展。知识产权的经济价值，激发了权利人在探寻持续地保护其合法财产过程中的想象力及诉讼意识。这种探寻带来一种危险，即抛弃不同形式的知识产权与其法律和经济功能之间基本、必要的区别的危险。本上诉案正是这样一个案例。它涉及专利与商标之间的区别。

RUCKER CO. v. GAVEL'S VULCANIZING LTD.

（1985）7 CPR 3d 294 ［加拿大］

沃尔什（Walsh）法官：

我坚定地认为，国会并未打算，实际上也未试图，将专利法、版权法和工业品外观设计法解释为提供了交叉保护。法律规定：那些适合工业品外观设计保护的客体，不能进行版权注册；那些授予专利权的客体，也不应当因为对专利产品的图纸进行版权注册以延长保护期限而给予双重保护。

1.34 不稳定权利的问题：

"需要考虑的第二个主要问题，是故意就不稳定、不确定或无根据的知识产权主张权利，以扩大对知识产权的保护。这种行为可能会在各种情况下出现，并且已经成为一个日益引人关注的问题。在这种情况

---

❶ Roland Corp. v. Lorenzo & Sons Pty. Ltd. (1991) 105 ALR 623，维持的判决见（1992）23 IPR 376（澳大利亚）。

下，虽然知识产权的扩张，源于当事人精心实施的行为，但法律机制中存在着缺陷，也助长了当事人以这种方式扩张其权利的可能。这些缺陷包括保护范围或合法抗辩范围的不确定，以及授权制度上的问题。"❶

I. 司法管辖权

1.35 **司法管辖权与地域性❷**：之前已经提及，知识产权是具有地域性的。这并不意味着就不可能存在司法管辖权问题，因为有必要区分司法管辖权与立法权限。

"国际私法的一个基本原则就是，法院的属人管辖权（司法管辖权）与可适用的法律（立法权限）之间的区别。在知识产权领域，这个区别经常被忽视，主要是因为地域性原则。根据这一原则，法庭的所在地经常是侵害发生地，适用的法律经常被认为是法庭所在地国家的法律。但是，随着同时对多个地域产生影响的侵权不断增加，寻求对跨地域侵权拥有司法管辖权的主张有可能不断增加，法院将不得不考虑哪部法律或者哪些法律适用于权利主张的整个地域。"❸

1.36 **跨国知识产权侵权的增加**：

"第一，数字化传媒可能使知识产权侵权无处不在，因此产生了跨国案件，要求法院解释外国法律，或者对域外行为所产生的后果作出裁决。第二，争议的权利可能包括整个知识产权领域。如今，人们对于跨国版权和商标权的诉讼已经非常了解，而这一案例表明，专利侵权将不再像人们曾经认为的那样，在分散的地域发生。第三，被控侵权行为在世界上每个国家的潜在影响使得有效执法（或抗辩）变得难以捉摸。可能没有任何一个单独的法院对世界范围内的版权、专利及商标权诉讼拥有完全的司法管辖权。即使某个法院拥有这样的权力，法律选择问题也会是非常复杂的（如果某个法院在审理全部或者部分世界范围内的纠纷时，经受不住诱惑，对整个案件适用其本国的法律，法律选择问题则会变得很简单，但简单得很荒谬，且易使人产生误解）。相反，一个国家接着一个国家的判决，可能使得选择法院及选择法律问题显得更加容易解决。然

---

❶ 2007 年 4 月，Teresa Scassa（特雷萨·斯卡萨）为加拿大竞争局和加拿大工业界撰写了《知识产权的扩张》（Extension of Intellectual Property Rights）（尚未发表）。

❷ 请参见随后的第 11 章 D 部分。

❸ The American Law Institute "Intellectual Property: Principles Governing Jurisdiction, Choice of Law, and Judgments in Transnational Disputes" Proposed Final Draft (March 30, 2007). [美国法律协会最终建议稿：《知识产权：跨国争端的司法管辖、法律选择及判决的原则》（2007 年 3 月 30 日）。]

而，多个判决有可能产生不确定性、不一致性、延误及高成本等问题。而且涉及相同权利主张和事实的多个诉讼，会造成司法资源的浪费。"❶

1.37 有关司法管辖权的法律及公约：司法管辖权通常取决于特定国家的具体法律，例如在美国，可能取决于国家的联邦体制。❷

在欧洲联盟内（以及一些其他国家），司法管辖权根据1968年《关于民商事司法管辖权及执行判决的布鲁塞尔公约》（以下简称《布鲁塞尔公约》）及《关于民商事司法管辖权及执行判决的洛迦诺公约》（以下简称《洛迦诺公约》）予以确定或改变。在某种程度上，这些公约被布鲁塞尔规则所取代。❸

与这一论题相关的事实是，无论当事人住所何在，在有关专利、商标、外观设计，或其他需要交存或注册的类似权利的注册或效力的程序中，已经申请交存或注册，或者已经交存或注册，或者根据共同体指令或国际公约的规定被视为已经交存或注册的成员国法院均拥有专属管辖权。这些公约及规则不涉及诸如版权及邻接权等未注册权利。相关规定如下：

- 第2条：在符合本公约规定的前提下，居住在某一缔约国的居民，无论其国籍如何，都必须在该国法院被诉。
- 第16（4）条：有关专利、商标、外观设计或其他必须交存或注册的类似权利的注册或效力的诉讼，无论当事人住所何在，已经受理了交存或注册申请，或已经予以交存或注册，或根据国际公约的规定被视为已经予以交存或注册的缔约国法院均拥有专属管辖权。

《关于法院选择协议的海牙公约》建议稿规定，双方可以在一致同意的基础上选择法院。同时，将"除了版权和邻接权之外的知识产权的效力"问题排除在其适用的范围之外，这意味着，就被排除事项，法院不能基于管辖协议获得管辖权。❹

1.38 司法管辖权的基本原则：司法管辖权的第一项规则是，被告的住所地或者居所地法院是拥有司法管辖权的初审法院。

---

❶ The American Law Institute "Intellectual Property: Principles Governing Jurisdiction, Choice of Law, and Judgments in Transnational Disputes" Proposed Final Draft（March 30, 2007）.［美国法律协会最终建议稿：《知识产权：跨国争端的司法管辖、法律选择及判决的原则》（2007年3月30日）.］

❷ 请参阅 T B Harms Company v. Eliscu 案（339 F. 2d 823）。关于跨国网上贸易，见 Zippo Manufacturing Company v. Zippo Dot Com Inc.［952 F Suppl 1119（美国）］.

❸ 2000年12月22日《欧洲经济共同体（EC）》"关于民商事司法管辖权及承认和执行判决"的第44/2001号理事会规则。

❹ LUGINBUEHL S, WOLLGAST H. The Hague Convention on choice of court agreement: perspectives for IP litigation［M］.（拉根布隆，沃盖斯特. 关于法院选择协议的海牙公约：对知识产权诉讼的展望［M］.）

但是，确定知识产权权利的产生、效力、期限、属性及侵权，以及对侵权的救济所适用的法律：

■ 对已经注册的权利而言，是注册国的法律；

■ 对其他知识产权权利而言，是给予保护的国家的法律。

对于不公平竞争行为所导致的非契约义务可适用的法律，无论导致损害的行为发生在哪个国家或哪些国家，均为直接损害及实质损害发生地或者可能发生地国家的法律。❶

涉及知识产权的合同纠纷，可以由对合同当事方有司法管辖权的法院审判。

1.39 **《布鲁塞尔公约》和《洛迦诺公约》的案例法**：欧洲法院在两个重要的裁决中，处理了司法管辖权问题。在第一个裁决❷中，欧洲法院裁定，当案件要求确定一项法国专利的有效性时，德国法院无权判定一个涉嫌发生在法国的专利侵权行为的因果关系；在第二个裁决中，欧洲法院裁定，荷兰法院无权在涉及本国居民被告的专利侵权诉讼中追加外国被告。❸

另外，Duijnstee v. Goderbauer 案❹，涉及一名发明者与某一公司财产清算人之间，关于专利所有权的纠纷。该财产清算人主张，根据荷兰法律的规定，该发明是在专利权应当属于公司这一条件下完成的。他要求，应当判令发明人不仅要转让该荷兰专利，还要转让在其他 22 个国家的相应专利，包括 5 件符合《布鲁塞尔公约》的专利。欧洲法院裁定，作出该项判令不会违反该公约第 16（4）条的规定。这些专利的效力并没有遭到质疑。就该事项来说，各国权力机构保持专利注册的行为也没有遭受质疑。清算人也不是寻求一项判令，命令那些权力机构根据荷兰法律修改其注册内容。事实上，清算人只是要求颁发一项判令，要求发明人自己申请修改注册内容：这是一项对人的判令。❺

---

❶ The American Law Institute "Intellectual Property: Principles Governing Jurisdiction, Choice of Law, and Judgments in Transnational Disputes" Proposed Final Draft (March 30, 2007). [美国法律协会最终建议稿：《知识产权：跨国争端的司法管辖、法律选择及判决的原则》（2007 年 3 月 30 日）。]

❷ Gesellschaft fur Antriebstechnik mbH & Co. KG v. Lamellen und Kupplungsbau Beteiligungs KG Case C-4/03. 这个案件可以与 Celltech Chiroscience Ltd. v. Medlmmune Inc. [2003] EWCA Civ 1008 案件进行比较，法院在该案中收到了关于美国案例法的建议："尽管它们（我们的法院）可能看似要质询一个确实由外国权力机关授予的知识产权的效力和范围，它们并不想告诉美国公众：它们的一项专利是无效的，或者其权利要求范围并不像其看起来的那样。它们仅仅是在确定两个已经决定将其纠纷交由我们法院判决的诉讼当事人的权利。再重申一次，这是对人权，而不是对物权。" R Griggs Group Ltd. v. Evans (No. 2) [2004] EWHC 1088 (Ch).

❸ Roche Nederland BV v. Primus Case C-593/03（欧洲法院）。

❹ Case 288/82（欧洲法院）。

❺ 引自：R Griggs Group Ltd. v. Evans (No. 2) [2004] EWHC 1088 (Ch)。

R GRIGGS GROUP LTD. v. EVANS（No. 2）
［2004］EWHC 1088（Ch）［英国］

彼得·普莱斯考特（Peter Prescott）法官：

首先，我要叙述一下这个问题的梗概。根据一个受英国法律约束的合同规定，某作者获得报酬去创作一部作品，根据默认的条件，该作品的版权在世界上任何一个国家都应当归属于 X。该作者完成了该作品的创作，但是，他没有将版权转让给 X，而是将其转让给了 Y。Y 已经知道了在先的合同，也就是说，他不能说："我是在不知情的情况下支付了对价的购买人。"在这种情况下，根据过去的法律，法院可以判令 Y 将该作品在英国的版权转让给 X。但是，法院是否有权判决令将相应的外国版权也一并转让？

知识产权并非"不动产"，实际上，英国版权法第 90 条规定，"版权可以作为个人财产或者动产，根据转让协议，或者根据遗嘱的处置，或者根据法律的适用而转让"。与之类似的，专利被称为"个人财产"，或者，在苏格兰，被称为"无形动产"（1977 年专利法第 30 条及第 31 条）；在涉及其他种类知识产权的法规中，也使用了类似的措辞。虽然如此，可能还有其他的方法，从法院之间互相礼让承认的角度而言，使得外国知识产权类似于外国不动产。例如，如果 X 国的法院发出一项禁令，禁止人们侵犯 Y 国的专利，而这些国家之间并没有条约对此予以规定，就很可能出现 Y 国对此不满的情况。因为该事项属于另一个主权国家对其重要的内部事务进行管理的管辖范围。

首先，《布鲁塞尔公约》和《洛迦诺公约》各自的第 16（4）条，具有重要的意义。我已经回顾了与涉及外国不动产的第 16（1）条相关的问题，而且已经感觉到它们是有用的证据来源，这一证据涉及此类案件中正在发展的司法礼让的国际惯例。论及与外国知识产权有关的第 16（4）条，我认为相同方法可能是有用的。该条款规定"在有关专利、商标、外观设计或其他类似需要交存或注册的权利的注册或效力的诉讼程序中"，交存或注册地缔约国的法院，应当享有专属管辖权。

再次重申，应当注意到该例外情况的局限性：首先，它不适用于版权，因为版权不需要交存或者注册；其次，尽管与本议题没有直接关系，即使案件涉及需要交存或注册的权利，只要诉讼程序不涉及这些权利的注册或效力，该条款就不予适用。

无论如何，根据《布鲁塞尔公约》，在特定情况下，我们的法院不仅可以，而且必须受理侵害外国版权的诉讼。如果是这样，则很难理解它们为何反对就涉及其拥有管辖权的案件作出判决，更何况该案是根据受英国法律约束的合同而提起的。

依我看来，判令罗宾（Raben）向格里格斯（Griggs）转让标志图案的外国版权，而不是让格里格斯在众多国家提起相同的诉讼，并没有违反国际礼让原则。而且格里格斯拥有源自于英国合同的衡平法上的权利，如果该合同约定的财产位于英国，格里格斯可以要求罗宾予以履行；如果该财产位于国外，也不能证明外国法律可以使该衡平法上的权利消灭。因此，在该基础上进行诉讼是合理的。

PEARCE v. OVE ARUP PARTNERSHIP LTD.
［1999］EWCA Civ 625 ［英国］

上诉法院罗奇（Roch）常任法官：

与此相关的问题是，在这种情况下，（假设英国法院有权审理对相关被告提起的诉讼）英国法律是否允许英国法院受理对发生在荷兰、侵犯当地一项根据荷兰法律授予的权利的行为提起的诉讼。这是一个必须引用英国国际私法规则予以回答的问题。具体地，要引用——根据1982年民事管辖及判决法案的规定，以及根据该法案第2（1）条，在英国已经具有法律效力的公约的规定——解决居住在这些公约缔约国的居民之间民事和商事纠纷的规则。

如果英国国际私法规则允许英国法院受理对发生在荷兰、侵犯当地一项根据荷兰法律授予的权利的行为提起的诉讼，那么，必然得出一个推论，即同样的规则允许或要求英国法院适用荷兰法律来确定该诉讼请求是否有事实依据。为此目的，英国法院没有其他可以合理适用的法律。从另一个角度考虑这个问题，如果有英国冲突法规则禁止英国法院适用荷兰法律来确定该诉讼请求是否有事实依据，那么，这就非常明确地表明（即使并非无可置疑地）英国法院根本不应当受理该诉讼请求。

英国法院有权审理一项针对居住在英国的被告的诉讼，尽管其是在荷兰侵犯了一个荷兰的版权。根据《布鲁塞尔公约》第2条及第16（4）条的规定，必然会得出此结论。

杰纳德报告（the Jenard Report）明确地解释，该专属管辖权的基础，是出于对国家主权的考虑：

"由于授予一项国内专利是行使国家主权的结果，《关于民商事案件管辖权及执行判决的公约》第16（4）条对有关专利效力的诉讼程序规定了专属司法管辖权。有关专利、商标、外观设计或其他必须交存或注册的类似权利的注册或效力的诉讼，当地法院拥有专属管辖权。

"但是，当该诉讼不涉及注册或效力时，该公约规定，被告居住地法院拥有司法管辖权；或者，根据第5条和第6条的规定，其他缔约国法院拥有司法管辖权。关于'英国法院是否能够审查一项由某个缔约国授权的专利的效力'的问题,该公约第16(4)条作出了规定。关于'对于涉嫌侵害根据某缔约国法律授予的知识产权的诉讼,超出第16(4)条规定的范围,英国法院是否有受理该诉讼的司法管辖权'的问题,该公约第2条、第5条或第6条作出了规定。"

J. 编辑方针

1.40 **判例的选择**:阐述一般性命题,且不仅仅局限于地方的判例,尽可能地予以选择。读者将会注意到,选用的判例来自有限的几个司法管辖区。虽然具体判决的选择经常是出于偶然性的原因,但是,由于经济因素所导致的知识产权领域司法活动的活跃度,以及判决的可获得性,尤其是在互联网上的可获得性,通常起着决定性的作用。

注明作出判决的法官的姓名,是普通法传统的一部分,然而,大陆法国家则没有指明谁负责拟定判决(有时甚至连审理案件的法官的姓名也没有提及)。在某些司法管辖区,特别是在加拿大最高法院、英国法院和南非法院,经常会出现相同的法官姓名。这是因为在这些法院,知识产权的判决通常指派给同一个法官拟定。本书将遵循普通法的传统,列明所选择的案例。

1.41 **法规的选择**:为了阐明论点,本书选择了不同司法管辖区的法规。选择的原则是寻找一个能够代表被选择法律的法规,或者是解释一种新颖的,或不同的解决方法。可获得性也是选择法规的一个决定性因素,因此,本书所引用的法规均可在互联网上查到。

1.42 **插述和省略**:除了少数几个例子,判决的摘要相对精练,并且不涉及案件事实。案件事实仅在对理解摘要有必要时予以陈述。在诸如专利的章节中,很少陈述事实,因为事实很难复述,并且对理解基本原则帮助不大。括号"( )"表示插述的一些内容。

为了提高可读性,省略的内容不再列明。为创作一个(作者所希望的)读者喜欢的文本,一些词语、短句和段落被省略。出于同样的目的,冗长的段落被分解成较短的段落,一篇判决如果涉及两个以上的问题,也可能作相同的处理。在适当的地方,还使用项目符号以取代编号。

由于主要使用的是电子文本,所以,所引用的页码被省略。

1.43 **拼写和文体**:由于世界知识产权组织使用的正式文体是美式英语,所以,作者的文本也采用了美式英语。这就意味着诸如"许可"及"恩惠"等词语,采用美式英语的拼写方式。尽管由于为了保持一致而对拼写和文体有个别的改变,但是,在引文中尽可能保留原始拼写方式。同样，如果没有省略的话，引语中的引述也采用标准方式。

1.44 重复：根据设想，本书仅会被用作参考书，而不会被当作小说来阅读，因此，为保证一些特定主题的连贯性，部分资料会有所重复。

K. 有用的网站

1.45 作者发现了下列有用的互联网资源。在这些网站中，均可以免费地获得法律、法律报告和相关的资料。但是，如果在这些网站中的检索均告失败，则不妨利用下列普通的搜索引擎进行检索，检索结果说不定也是有用的：

www. google. com；
www. accoona. com；
www. yahoo. com。

1.46 **国际组织**：这些网站对于条约、公约、欧洲法院的判决以及关于域名的裁决特别重要：

世界知识产权组织（WIPO）：www. wipo. int；
世界贸易组织（WTO）：www. wto. int；
互联网域名仲裁裁决（2000 年）：
www. arbiter. wipo. int/domains/decisions/index. html；
www. icann. org/udrp；
欧洲共同体法院（ECJ）：
curia. eu. int/en/content/juris/index. htm；
http：//oami. eu/en/mark。

1.47 **一般的网站**：从这些网站可以非常容易地链接到许多国家的网站：

www. wipo. int/enfrocement/en/case_law. html；
www. ipmenu. com；
www. ipmall. org；
www. worldii. org。

1.48 **具体国家或地区的网站**：

亚洲：www. asianlii. org；
澳大利亚：www. austlii. edu. au；
巴西：www. stf. gov. br/jurisprudencia/nova/jurisp. asp；www. stj. gov. br/SCON/；
加拿大：www. canlii. org；
中国：www. chinaiprlaw. com；
法语国家：http：//droit. francophonie. org；

德国：www. ipwiki. de；www. bundesgerichtshof. de；

中国香港：www. hklii. org/legalref. judiciary. gov. hk//lrs/common/ju/judgment. jps；

印度：judis. nic. in/supremecourt/chejudis. asp；

爱尔兰：www. ucc. ie/law/irlii/index. php；

日本：database. iip. or. jp/cases/search. html；apic. jiii. or. jp/p_f/text/table. htm；

荷兰：zoeken. rechtspraak. nl；nl. wikipedia. org；

新西兰：www. nzlii. org；

太平洋岛国：www. paclii. org；

葡萄牙：www. dgsi. pt；

新加坡：www. commonlii. org/sg/cases/SGCA/；www. commonlii. org/sg/cases/SGHC/；

南非：www. saflii. org；

西班牙：www. poderjudicial. es/jurisprudencia；

英国及爱尔兰：www. bailii. org；

美国：www. law. cornell. edu；www. findlaw. com。

1.49 反假冒和盗版： 许多网站提供有关反假冒和盗版的有用信息。其中有：

www. cybercrime. gov；

www. patent. gov. uk/about/enforcement/index. htm；

www. 21coe – win – cls. org/rclip/db/search_form. php；

www. usdoj. gov/criminal/cybercrime/ipmanual/07ipma. htm；

www. grayzone. com；

http：//merlin. obs. coe. int。

第 2 章　商标：一般原则

A. 条约和立法内容（2.1~2.8）
B. 商标的性质（2.9~2.16）
C. 商标的功能（2.17~2.25）
D. 商标的要素（2.26~2.30）
E. 什么不是商标？（2.31、2.32）
F. 功能性原则（2.33~2.35）
G. 所有权与注册（2.36~2.40）

A. 条约和立法内容

2.1 TRIPS 的要求：如第一章所指出的，国际贸易组织成员均为 TRIPS 的成员。❶ TRIPS 要求国际贸易组织的成员必须有提供商标保护的法律。❷ TRIPS 还规定了这些法律必须遵守的一些最低要求。以下以这些最低要求为出发点进行探讨。在探讨过程中，TRIPS 中与商标有关的规定将予以引用。

2.2 *

2.3 《巴黎公约》：TRIPS 另一个重要的内容，是要求成员遵守《巴黎公约》1967 年文本的一些规定。❸ 无论是否为《巴黎公约》的成员，各成员必须承担该项义务。TRIPS 第 2 条第 1 款规定：

"就本协定第二、第三及第四部分而言，成员应当遵守《巴黎公约》（1967 年）第 1 条至第 12 条及第 19 条之规定。"

1994 年《商标法条约》与《商标法新加坡条约》规定了类似的义务。

2.4 国民待遇：和《巴黎公约》一样，TRIPS（第 3 条第 1 款）要求每一成员在商标权保护方面给予其他成员国民不低于本成员国民的待遇。

2.5 欧盟指令（EU Directive）：欧盟在商标法律方面有一个指令；所有欧盟成员国的法律必须符合该指令。❹ 该指令遵守 TRIPS 的规定，但提供一些更为广泛的商标保护，构成欧洲法院（ECJ）商标裁定及欧盟成员国最新法律和裁定的基础（包括属于普通法国家的英国和爱尔兰）。❺

2.6 欧洲法院的判决：本书将不时地以欧盟指令作为参考，并引用欧洲法院的判决。相关内容在互联网上都可以很方便地获得。❻ 然而，需要牢记的是：欧洲法院本质上属于最高上诉法院，并非总对问题作最终决定，因为其功能之一是回答成员国法院提出的有关共同体法律、法规范围的法律问题。因此，尽管作为法律解释具有重要的意义，但（除非与内部上诉有关）其判决对具体案件最终结果所起的实际指导作用是很有限的。

---

* 英文原文缺少本段内容。——译者注

❶ 参阅 www.wto.int。

❷ 为了保持一致性，"商标"一词同时用作形容词和名词，因此，所有的"商标"一词的用法有相应的变化。

❸ 修订后的 1883 年 3 月 20 日的《巴黎公约》，参看 www.wto.int。

❹ 参阅 www.oami.eu.int/en/aspects/dirc/direc.html。

❺ 欧洲共同体理事会 89/1988 第一号理事会指令《协调成员国与商标相关的法律》。

❻ 参阅 http://curia.eu.int/coutent/juris/index.htm。

2.7 英国商标法（UK Trademarks Act）的基础：1994 英国商标法提供了一个有用的、以 TRIPS 和欧盟指令为基础的法规实例，本书将以该法的实质性条款作为一个出发点。其在本质上代表了民法原则和普通法原则的混合，且在所有重大方面，均与欧盟其他国家的法律相同。其他的法律仅在必要时给予引述。

虽然我们已努力只选择引用那些具有普适性的判例，但是，当参考所引判例时，仍然必须考虑到地方的差异。

2.8 英国商标法的混合法源

LOTTO（UK）LTD. v. CAMELOT GROUP PLC

［2003］EWCA Civ 1132 ［英国］

上诉法院卡恩沃思（Carnwath）常任法官：

正如该案判决摘要明确指出的那样，1994 年英国商标法是一种混合。其主要有两个欧洲的来源：旨在协调各国商标法律的欧盟指令，以及引入新的共同体商标的欧洲共同体商标条例。但是，很多基本概念是（在某些情况下仅仅是）从以前的国内法衍生而来。旧的判决可能有所帮助，但是：

"在任何时候都不应忘记：这个制度是根本不同的，而且往往要求有一个全新的表现形式。"❶

B. 商标的性质

2.9 商标是无形财产，并且具有商业价值。这一原则在一些法律中有明确表述。❷ 瓦德洛（Wadlow）对相关问题的回顾❸中，作出如下描述：

"虽然普通法仍然强调欺诈的因素，但是，衡平法并不局限于放宽在介入前所确定的不诚实的标准。在一系列案件中，韦斯特伯里大法官（Westbury L. C.）的判决'令业内人士感到惊讶'［上诉法院弗里（Fry）常任法官在 Newman v. Pinto（1887）4 RPC 580 一案中的用语］。这一令业内人士惊讶的判决是：商标具有一种财产权利，这一权利是可以转移的，而且对非故意侵权也具有强制执行的效力。也许，韦斯特伯里大法官也可能会认可商号的财产权利。而且如果这样，当时所理解的

---

❶ 引自 Kerly（克雷）的著作《商标及商号法》（Law of Trademarks and Trade Names）第 13 版第 1.11 段。
❷ 英国商标法第 2（1）条规定："注册商标是根据本法经过商标注册获得的一种财产权利"，及第 22 条规定："注册商标是私人财产（在苏格兰为无形动产）。"
❸ 瓦德洛：《仿冒法》（The Law of Passing off，1995 年第二版）。

整个假冒他人商品的法律,也可能会被重新解释为针对财产权利的侵犯,而非针对作出假冒的行为。但是,这种情形并没有发生。20世纪之前,商标法律仍以立法为基础;假冒他人商品的法律,继续针对作出假冒的行为;假冒他人商品的法律是为了保护财产权利的观点,基本上遭到拒绝或遗忘。回想起来,假冒他人商品和商标侵权,可能被作为独立的民事侵权行为看待,但在一定程度上,是从同样的历史权威判决演变而来的。正如在早期未发表文学作品的盗版案件中,对于版权和违反保密协议并非总是加以区分的。"❶

欧洲人权法院必须考虑商标的注册申请是否创造了财产权利。该法院认为,商标的注册申请的确创造了财产权利。这一推理对注册商标更加适用。

ANHEUSER – BUSCH v. PORTUGAL

欧洲人权法院大法庭

www.echr.coe.int

2006年6月28日

考虑到这一点,法院充分注意到从注册商标申请中所产生的经济上的权利和利益。法院同意,这样的申请可能引起各种法律意义上的交易(譬如,支付对价的出售和许可协议),并且具有,或者能够具有重大的经济价值。针对与注册商标申请有关的交易的价值微不足道或仅具有象征性意义这一观点,值得注意的是,在市场经济中,价值取决于一系列因素,不可能从一开始就断定注册商标申请的转让将不具有经济价值。

所有这些因素表明,申请人公司申请商标注册的法律行为,产生了财产权性质的利益。确实,如果一个标志没有侵犯第三人的合法权利,就可以最终获得注册,并得到更大的保护。因此,从这个意义上讲,依附于注册申请的权利是有前提条件的。然而,当提出注册申请时,申请人公司有权认为,应当根据相关法律,审查该申请是否满足其他相关的实体和程序上的条件。因此,该申请人公司拥有一系列财产权利(这些财产权利与商标注册的申请相关联)。这为葡萄牙法律所承认❷,尽管这些权利在特定条件下可以被撤销。

安第斯共同体法院

Case No. 194 – 1P – 2006

《安第斯共同体规则》(Andine Community Rules)保护商标所有人的利益,赋予商标所有人对其特殊标志的排他使用权,同时也保护消费

---

❶ 引自 Inter Lotto (UK) LTD. v. Camelot Group Plc 案,[2003] EWHC (Ch)。
❷ 该案涉及葡萄牙的法律。

者在商品或服务的品牌来源、质量、状况等方面不被误导或混淆的权利。

商标被定义为是用以识别或区分市场上不同产品和服务的无形商品。

2.10 "商标，在某种程度上属于知识产权法中一个特殊的现象。"

MATTEL INC. v. 3894207 CANADA INC.

2006 SCC 22 ［加拿大］

宾尼法官：

与专利权人或版权人不同，商标所有人无须向公众提供一些与垄断权交换的新型利益。与之形成对照的是，商标所有人可以简单地使用一个普通名称作为标志，以区分其与竞争对手的商品。其拥有垄断权的主张，并非基于赋予公众专利或版权意义上的利益，而是基于对重大公众利益的保护，即确保消费者从他们认为的来源处购买商品，并获得与该特定商标相应的质量的商品。因此，商标可以说是引导消费者的一种快捷方式，并以这种方式在市场经济中发挥着关键的作用。商标法依赖于公平交易的原则。有时，据说有助于维持自由竞争和公平竞争之间的平衡。

2.11 商标既没有产生垄断，也没有创设一种版权

GLAXO GROUP LTD. v. DOWELHURST LTD.

［2000］ EWHC Ch 134 ［英国］

莱迪（Laddie）法官：

法院、律师和客户经常认为商标产生垄断权，或者在讨论商标时使用含有此类暗示的用语。但是，商标权并未产生真正意义上的垄断权。虽然商标表明商品来源和质量的排他权利，但商标只有在与产品相结合时才具有生命力或价值。一个商标不是一种版权。所有人对这样的标志并没有取得垄断权。比如，仅仅将一个标志复制在纸张上的行为，即使是在商业过程中，也没有侵犯任何商标权。结果是，相同或类似的标志，可以由不同的所有人在不同的商品或服务上使用。这是日常生活中的经验。劳埃德（LLOYDS）的名称，被包括一家连锁药店、一家银行和一家保险市场在内的实体使用；格兰纳达（GRANADA）的标识，被没有关联的公司在摩托车和电视出租业务上使用。一个标志始终与特定的产品相关联，基于这个原因，才有了以商标申请为目的的商品国际分类。也是基于这个原因，我们的商标法和欧洲共同体商标条例才要求商标申请针对特定的商品提出；这也是为什么注册商标与特定商品的关系，是寻求协调共同体内部商标法律的欧盟指令的根基。

KIRKBI AG v. RITVIK HOLDINGS INC.

2005 SCC 65 ［加拿大］

宾尼法官：

功能主义原则似乎是商标法的一个合乎逻辑的原则。其反映了商标的目的，即保护商品的独特性，而非保护对商品的垄断权。商标法明确表示，商标法不保护识别性外观的功能性特征。商标法以这种方式承认了商标法上一项由来已久的原则的存在和实用性。这一理论承认，商标法并非要阻碍对商品功能性特征的竞争性使用，而是要实现区分来源的功能。功能主义原则揭示了商标的本质。在加拿大和世界上的其他国家或地区，这一原则已成为商标法不可动摇的一部分。在知识产权法中，这一原则防止对产品及其生产过程滥用垄断强势。比如，一旦专利到期，该原则将阻止权利人以另一种形式的伪装来恢复专利权的企图。

MATTEL INC. v. 3894207 CANADA INC.

2006 SCC 22 ［加拿大］

宾尼法官：

公平，当然要求考虑公众和其他商人的利益、公开竞争的好处，以及商标所有人保护其投资于该标志的利益。一定要注意，不能制造一个超过商标法目的的独占和保护的领域。商标的目的在于创造和体现各种关联关系。

2.12 商标注册的滥用：商标注册者的滥用不是不为人知，相反，它是经常发生的事件。很多商标注册的价值或有效性是值得怀疑的，并且因为没有异议最终获得注册，原因在于申请注册时，无人对该特定的商标享有权益，以及一些商标注册处专业知识有限。❶

LUBBE NO v. MILLENNIUM STYLE

［2007］ ZASCA 10 ［南非］

哈姆斯法官：

有利用互联网抢注域名者和非法抢占商标注册的人。从该案的书面证据来看，［原告］注册商标是为了抑制竞争，而非出于法定目的。没有商标注册的异议或还没有类似的注册这一事实，并不意味着注册申请应该得到准许。这种做法会对知识产权造成不良的声誉。这种做法也会引起严重的质疑：这一部分法律是否包含任何的智力成分？

2.13 使用和排他的权利：一些法规，例如印度法令，规定商标的注册如果有效，将给予商标所有者在被注册产品或服务上排他使用该商标的权利。

---

❶ 参考上述第1.34段。

KIRKBI AG v. RITVIK HOLDINGS INC.
2005 SCC 65 ［加拿大］
勒贝尔（Lebel）法官：

  商标注册给予注册人在加拿大排他使用该商标的权利及对侵犯其权利的行为提起损害赔偿之诉的权利。此外，为了行使这些权利，无须举证该标志本身的存在。注册这一事实即为足够的证据。但是，无论注册与否，标志仍然是标志，因为它们的法律特性都是一样的。

  同时，商标权使得所有人有权阻止其他人将该标志作为商标使用。商标权常常被描述为消极权利，因为（争论如下）权利的存在不一定意味着所有人有权使用该商标。

COMPOMAR SOCIEDAD, LIMITADA v. NIKE INTERNATIONAL LTD.
［2000］HCA 12 ［澳大利亚］

  第58（1）条等条款赋予的"独占权"的本质与1905年法令的相关规定一致。在Leach v. Wyatt案中，首席法官哈维（Harvey）关于1905年法令的解释也适用于1955年法令。在该案中，衡平法院首席法官驳回了商标注册所有人有权在任何时候无条件地在澳大利亚使用商标的主张。他采纳了巴克利（Buckley）大法官在Lyle and Kinahan Ltd. 案中就早期英国法律所陈述的规则。巴克利大法官指出，商标注册所给予的唯一权利，是阻止他人将商标作为标志使用在其产品上的权利。

  2.14 商标应当予以使用。一个未使用或无意使用于特定商品或服务上的商标，不能得到注册；如果得到注册，则可能失去保护。

MATTEL INC. v. 3894207 CANADA INC.
2006 SCC 22 ［加拿大］
宾尼法官：

  不像其他形式的知识产权，指控商标权的根据是实际使用。相反，加拿大的发明者，有权拥有他或她的专利，即使该专利没有得到商业上的使用；剧作家保留版权，即使其剧本没有得到表演。但商标领域的格言是，"使用它或失去它"。如果没有使用，则注册商标可以被撤销。

DRISTAN Trademark
［1986］RPC 161（SC）［印度］
巴登（Madon）法官：

  商标的注册，授予该商标所有人非常有价值的权利。根据1958年法令第27（1）条，对侵犯未注册商标的行为，任何人均不能起诉要求停止侵权或损害赔偿。但对仿冒他人产品的人提起诉讼或提出索赔的权利，不因其商标未注册而受到影响。根据第28（1）条，商标的注册，如果有效，给予其注册所有人在注册商品上使用该商标的专有权利，以及按照该法令规定的方式，就商标侵权行为获得法律救济的权利。

如"商标"的定义所表明的，商标是使用或打算使用在相关商品上的标识，其目的是为了表明交易过程中，商品与有权使用该标识的人之间的关系。因此，商品在申请注册日已经存在，并非是注册一个商标所必需的条件。一个打算制造产品，或者已准备制造但还没有开始制造，其产品还未推入市场的人，仍然有权获得其打算在注册产品上使用的商标。在当今商业和工业领域，制造业不可能在一夜间开始或建立。在开始制造产品和销售产品之前，需要采取无数的准备步骤和履行无数的手续。这个必要过程是相当消耗时间的。

商标的目的，是为了区分一个人制造的商品和他人制造的商品。因此，商标不能在真空中存在。商标只能与使用或拟使用该商标的商品一起存在。其目的是要表明交易过程中商品和有权使用该标识的人之间的联系，而无论其是否表明该有权使用人的身份。

因为商标的注册授予其注册所有人如此有价值的权利，当还没有在注册产品上使用该商标，或者没有打算在注册产品上使用该商标时，没有人能够得到注册该商标的准许。

HÖLTERHOFF v. FREIESLEBEN
Case C-2/00 ［欧洲法院］

总法律顾问 FG·雅各布斯（FG Jacobs）报告如下：

商人注册或取得商标，主要不是为了制止他人使用该商标，而是为了自己的使用（虽然排他使用是理所当然的必然结果）。商标所有人的使用，确实是所有权主要的和必要的因素，［因为］在没有使用的情况下，权利可能失效或者无法实施。

2.15 防御商标：使用的要求不适用于防御商标。防御商标在有些法律体系中得到认可。注册防御商标，不是为了使用，而是为了保护在另一个类别注册的驰名商标的声誉。防御商标已经不再重要，因为根据 TRIPS，具有声誉的商标（驰名商标）有权获得更广泛的保护，而不仅仅是对抗在其注册的具体产品或服务上的使用。

2.16 地域性❶：商标权是地域性的。商标权仅在其注册或（如未注册）驰名的地域内有效。欧盟的商标也是仅仅在欧盟范围内有效。

PERSON'S CO. LTD. v. CHRISTMAN
900 F2d 1565（Fed Cir1990）［美国］

资深巡回法院法官爱德华·S.史密斯（Edward S Smith）：

地域性的概念是商标法的根基；根据各国的法律体系，商标权仅存

---

❶ 见上述第1.35段。

在于每个国家之中。

VICTORIA'S SECRETS INC. v. EDGARS STORES LTD.

1994（3）SA 739（A）［南非］

上诉法院尼古拉斯（Nicholas）代理法官❶：

在 Moorgate 案的判决中，特罗利普（Trollip）先生阐述：

"……商标完全是地域性的概念；商标仅在使用和注册的地域内有法律的执行力和效力。因此，根据这一条款，在［商标法］中所提及的所有权、商标的实际使用或者意图使用，都是以在南非共和国内为前提。"

因此，商标已被某人在国外注册并使用（甚至广泛使用）的事实本身，并不构成其他人在南非采用和注册该商标的障碍。

如果是一个外国商标，除非有更多的理由支持，否则在南非采用该商标并无法律障碍。因此，在宣读合议庭的一致判决时，法官波索夫（Boshoff）说道：

"根据这个理由提出异议的基础是，申请人在明知异议人是美国商标所有人的情况下不当抢注该标志。在目前的法律框架之下，商标是一个纯粹的地域性概念，而且总的来说，如果对于某一商标，没有其他人在同一地域内主张过类似的权利，是没有什么可以阻止任何人就该商标主张所有权的。"

BARCELONA. COM INC. v. EXCELENTISIMO AYUNTAMIENTO DE BARCELONA

189 F Supp 2d 367（ED Va 2002）［美国］

尼迈亚（Niemeyer）法官：

对由一家美国公司在美国法院就涉及一个由美国注册者管理的域名提起的诉讼，适用美国商标法的要求，［该法案］与我们现在作为商标法基础的地域性基本原则是相一致的。美国和西班牙长期遵守《巴黎公约》的规定。《兰哈姆法》（Lanham Act）第 44 条将《巴黎公约》引入美国法律当中，但仅"赋予外国国民由美国法律规定的、与所涉及公约实质性条款相一致的权利"。

在该案中，相关的实质性条款，是贯彻地域性原则的《巴黎公约》第 6 条第 3 款，该条款规定："在本联盟一个国家正式注册的商标，与在本联盟其他国家注册的商标，包括在原属国注册的商标在内，应认为是相互独立的。"如某一著名评论所解释的那样：

---

❶ 在 AM Moolla Group Ltd. v. Gap Inc.［2005］ZASCA 72［南非］案件中被引用。

"《巴黎公约》没有创造任何与'世界商标'或者'国际商标'类似的东西。相反,商标仅仅根据每个主权国家的法律存在,[在这个意义上]《巴黎公约》承认了商标的地域性原则。"❶

将地域性原则通过《兰哈姆法》第44条引入美国法律,意味着美国法院不会受理旨在行使纯粹依据外国法律存在的商标权的诉讼请求。

C. 商标的功能

2.17 商标是来源标志。 商标的主要功能是标明来源。在评估商标侵权时,必须考虑商标的这一功能,即区分商标所有人和其他人的商品和服务。因此,主要的问题是:侵权商标的使用是否对在先商标"来源标志"的功能产生了影响?

YALE ELECTRIC CORPORATION v. ROBERTSON
26 F 2d 972(1928)[美国]
勒恩德·汉德(Learned Hand)法官:

不公平贸易的法律几乎可归结于一点——正如法官们不断重复的那样——商人不得通过表示其销售的商品来自其他商人的方式,使得消费者从其他商人处转向自己。虽然有不同的表现形式,这一点一直是(也许现在更加是)对待这一问题现在及将来的规则。

商人的商标是他真实的标志;他通过商标对载有该标志的商品作出保证;商标传递着他的美誉或恶名。如果另一个人使用他的商标,则这个人剽取了商标所有人的信誉,使得信誉的好坏,不再由商标所有人掌控。即使抄袭者没有减损该商标,这仍然是一种损害行为,或者通过使用该商标减少商标所有人的销售量。因为名声有如面孔,是其所有人和创造者的象征,其他人只是将其用作伪装。因此,现在的共识是,这种行为是不合法的,除非商标抄袭者的使用与商标所有人的使用不相关,以至于确保两者毫无关联。

CANON KABUSHIKI KAISHA v. METRO – GOLDWYN – MAYER INC.
Case C – 39/97 [欧洲法院]
法院认定:

商标的基本功能,是向顾客或最终用户保证,载有商标的产品来源的同一性,使其能够毫无混淆地与其他来源的产品或服务区分开来。为

---

❶ 引自 MCCARTHY T. McCarthy on trademark and unfair competition [M]. 4th ed. 2002:29.(麦卡锡. 麦卡锡论商标与不正当竞争 [M]. 4版. 2002:29.)

了在真正的竞争体制中能够发挥必要作用，商标必须保证：所有载有某一商标的商品或服务的来源均由某一企业控制，且该企业对这些商品或服务的质量负责。

GLAXO GROUP LTD. v. DOWELHURST LTD.

[2000] EWHC Ch 134 [英国]

莱迪法官解释道：

  广义上讲，商标是一种标志，用于商品上或与商品有关的领域，以表明商品的来源。也就是说，商标的目的在于表明商品是其商标所有人的商品。在一般情况下，这将意味着这些商品是一个特定制造商的商品，如汽车的雷诺（RENAULT）商标、巧克力的吉百利（CADBURY）商标，以及摄影器材的爱克发（AGFA）商标；有时，意味着这些商品是由一个特定中间商所选择的或分销的商品，如自有品牌食物、花等的玛莎（MARKS & SPENCER）商标，邮购服装等的利特伍兹（LITTLEWOODS）商标，以及提供网上购书服务的亚马逊（AMAZON）商标。此外，如果商品经过数次转手，则可能发现不止一名所有人的商标被用于商品上或与商品有关的领域。

  一些通过网络购买书籍的人，可能会收到装在盒子里的书籍，并附有送达记录。书和送达记录带有各自零售商的商标，而书本身带有出版人的商标。与此相似，在大型百货商店购买产品的人，收到的产品是装在印有该商店商标的袋子里的。在一些商店里，商品的定价是写在印有商店名称的粘贴标签上的，因此，商品同时载有制造商和零售商的商标。有时，商标是匿名的。比如，杜松子酒的必富达（BEEFEATER）商标，以及清洁剂的 JIF、DAZ 和奥妙（OMO）商标，都不是制造这些产品的公司名称。在某些情况下，顾客会根据周围的环境判断某一商标表明的来源是制造商还是零售商。雷诺属于前一类，而玛莎属于后一类。有时，商标并不能清楚地表明商品的来源。比如，有名的哈罗斯（Harrods）百货商店，有很多商品带有哈罗斯商标。然而，它还有自己的面包店。当哈罗斯这一商标被用于面包和蛋糕上，或与面包和蛋糕有关的领域时，它既是制造商的商标，也是零售商的商标。这不仅反映了法学理论，也反映了现实世界。当顾客购买的商品有缺陷时，如果零售商/分销商或者制造商不同，顾客可以向零售商/分销商或者制造商投诉，也可以向它们同时投诉。❶对顾客来说，商标是属于分销商还是制造商，很可能并不重要，重要的是其来自特定的来源。所有人使用商标和顾客理解商标的多种方式，并不会破坏或削弱商标的价值或功能。

---

❶ 然而，消费者是否有权得到这样法律救济取决于所在司法管辖区的法律。

BREAKFAST DRINK II

德国联邦最高法院（BGH），2001 年 12 月 20 日判决 – I ZR 135/99 ［德国］：

> "根据欧洲法院的判例，回答这一问题的关键，是讨论中的标志，是否能够使人识别出商品或服务来源于一个特定的公司——即是否将它作为商标使用——或者是否用作其他目的。
>
> "因此，法院没有认为每个标志的商业使用都构成商标，其将重点放在了标识的区分功能上。
>
> "某一侵权行为在上述意义上对于一个商标的使用，要求该使用最起码在商品/服务的销售领域，也能起到将某一公司的商品/服务与其他公司的商品/服务予以区分的作用。然而，在该案中，'早餐饮品'这一称呼的使用（这是唯一受到争议的称呼），并未构成商标的使用。在其相反的判决中，尽管被告明确地指出了这一点，原审法院并没有注意到，该称呼并非在日常用语中会被理解为表示产品来源的独特文字组合，相反，该称呼是解释意义上的描述性表示，应当在普通用语的语境中予以理解——由具有普通认知能力、注意力和理解力的普通消费者对它的理解，才是问题的关键——其仅仅表示为一种早餐时消费的饮料，而非商品来源的表示：日常生活经验表明，普通消费者几乎不可能从该案受到争议的描述性称呼中推断出该称呼是来源的表示，而且原审法院没有举出任何支持相反结论的理由。"

2.18 来源标志的重要性

MISHAWAKA RUBBER & WOOLEN MANUFACTURING CO. v. SS KRESGE CO.
316 US 203（1942）［美国］

法兰克福（Frankfurter）法官：

> 商标保护是法律对标识的心理功能的认可。商标是商品销售的捷径，引导买家选择他想要的东西，或者他在诱导之下相信他想要的东西。商标所有人利用人类的这个习性，尽一切努力培育适当标识具有吸引力的市场氛围。不管用什么方式，都是为了同样的目的——通过商标，向潜在的顾客传递购买载有该商标的商品的欲望。只要达到这个目的，商标所有人便会获得某种有价值的东西。

2.19 商标保护大小型企业 ❶

LAUGH IT OFF PROMOTIONS CC v. SAB INTERNATIONAL（FINANCE）BV
［2005］ZACC 7 ［南非］

---

❶ 参阅上述第 1.37 段。

萨克斯（Sachs）法官：

[引用前述引言之后] 从生产者角度来讲，商标通过妥善区分产品或服务，促进创新、保护投资并且扩大市场份额。从消费者角度来讲，商标通过区分产品、保证产品来源和应有的质量，方便进行选择。而且虽然该案上演的是力量悬殊的较量（a David and Goliath contest），但需要商标保护的并不仅仅是这个世界上的巨人们。努力与巨人们争抢市场份额的小企业家们，积极地致力于彰显其自身的独特性及其产品和服务的独特性。商标的混淆、淡化或贬损，对他们造成的损害可能与对其他大公司造成的损害一样严重，甚至更加严重，因为他们减轻损害的能力会被削弱。

2.20　质量与广告：除了"来源标志"功能，商标还具有广告功能，并且提供一定的质量保证。因此，在一些法律体系中，以混淆或贬损的形式淡化注册商标声誉的行为也被视为商标侵权。

商标必须保证：所有载有某一商标的商品来源，均由对这些商品质量负责的企业控制。然而，商标并不对商品质量提供法律保证，但是商标所有人明白，消费者依赖商标所有人维护商标价值有其经济利益的事实。因此，商标对商品质量提供商业保证。

SCANDECOR DEVELOPMENTS AB v. SCANDECOR MARKETING AB
2001 UKHL 21 [英国]

尼科尔斯（Nicholls）大法官：

虽然商标的使用是以顾客对所提供的商品质量的关注为基础的，但商标本身并不代表质量。更确切地说，商标所表明的是，载有商标的商品符合商标所有人愿意以"他的名义"分销的标准。赖特（Wright）大法官在 Aristoc Ltd. v. Rysta Ltd. [（1945）62 RPC 65] 案中，提到了商标所有人对用他的商标进行销售的商品质量负责的概念：

"在这种情况下，'来源'一词无疑是在一种具体而且几乎是在技术层面上使用的，但其至少表明了流通的商品是在商标所有人保护下可以销售的商品，该商标所有人对商品承担责任，尽管这种责任仅限于选择，就像 Major v. Franklin [（1980）1 KB 712] 案中被授权的胡萝卜销售员一样。将载有其商标的商品投放市场，他就承担起了责任。"

因此，消费者依赖商标，并不是对质量法律保证的依赖，而是对维持其商标价值享有经济利益的商标所有人的依赖。允许旗下出售的商品质量下降，通常是与商标所有人自身利益背道而驰的。

2.21 来源标志与显著性的关系
SCANDECOR DEVELOPMENTS AB v. SCANDECOR MARKETING AB

2001 UKHL 21 [英国]

尼科尔斯大法官：

为了理解目前的法律状况和我们现在面临的关于解释1994商标法令（Trade Act 1994）的争议问题，有必要对第一原则予以回顾，然后，考虑一下法律随后发展的路向。商标是来源或源头的标志。商标的功能，是识别来自一个商业来源的商品与来自另一个不同商业来源的商品。它必须是"显著的"（distinctive）。这就是说，当买家购买带有商标标志的商品时，他能够识别出该商品与其他带有该商标、已具有良好品质信誉的商品，具有相同的来源。

这一基本理论仍然是真实的。在 S A CNL – Sucal v. HAG GF AG ［(1990) 3 CMLR 571（Case C – 10/89）］案中，欧洲法院将商标的必要功能描述为：给予消费者或最终用户"一个载有标志的商品来源身份的保证，使他们能够毫不混淆地区分该商品与其他不同来源的商品"。商标要实现这一功能，就必须保证所有载有某一商标的商品的来源均由某一企业控制，且该企业对这些商品的质量负责。

区分商品商业来源的需要，与贸易本身一样长久。商品的制造者努力获得并保持其商品质量的声誉，以鼓励顾客选择其商品，而不是选择其竞争者的商品。所以商品的制造者将一个可以识别的标志设置在商品上，以便于与他人的商品相区别。为了公众利益，他应该可以这样做，并且他应该能够阻止其他人使用他选择的标志。将标识附于商品上的功能，鼓励商品的制造者确立和维护质量标准，并使得顾客在市场上不同的商品之间，能够进行理智的选择。

2.22 安第斯法律

安第斯共同体法院

第15 – IP 2003 卷。2003年3月12日法庭解释：

商标真正和唯一的功能，是将一种产品或服务与其他产品或服务区分开来。虽然许多人在选择某一特定产品时，必须事先知道该产品制造商的身份，然而，这种信息可以从具有显著性的商标的外表得到。商标使得来自同一领域的产品或服务得以区分。如果一个特定的标志不能使一种产品或服务与其他产品或服务加以区分，则无法成为我们所理解的商标。

商标还有表示商品来源的功能和质量保证的功能；前者使得消费者可以知悉产品的来源，而后者向消费者保证，所有标有同样牌子的产品都具有同样的质量。这就意味着，在购买相同产品或寻求相同服务时，消费者希望得到与以前获得的产品或服务相同或者更好的质量。

最后，商标具有宣传功能，商标所有人通过商标来宣传由商标识别的产品。

2.23 南非法律

VERIMARK（PTY）LTD. v. BMW AG

[2007] ZASCA 53 [南非]

事实：Verimark 公司销售一种汽车抛光剂。作为广告活动的一部分，Verimark 公司展示了在宝马车上使用该抛光剂的情况。照片突出显示了宝马徽标。宝马公司主张，因为宝马公司对汽车及抛光剂上的徽标享有商标权，Verimark 公司的行为构成商标侵权。但这一指控没有成功。

哈姆斯法官：

商标是来源的标志，以及商标法不给予类似版权的保护，这已是老生常谈的话题。因此，对于直接侵权问题，以及在某种意义上给予绝对保护问题作出规定的第 34（1）（a）条，不能被解释为给予超过商标注册目的的保护。商标注册的目的，是将商标作为来源标志予以保护。在 Anheuser–Busch 案[1]中，欧洲法院被请求就商标所有人根据直接侵权的规定拥有制止第三人未经同意使用其商标专有权的条件作出裁决。欧洲法院认为（见该案裁决第 59 段）：

"商标所赋予的专有权，是为了使商标所有人能够保护他作为所有人的特定利益，即确保商标能够实现其功能。因此，该权利的行使，必须限于第三方对该标志的使用影响或很可能影响商标的功能，尤其是保证消费者识别商品来源的基本功能的情形。"

欧洲法院认为（见第 60 段），也就是这样一种情形，即该商标的使用，造成了"第三方商品与那些商品的生产企业之间存在贸易上的实质联系"的印象。如果能够证明，消费者可能将第三方使用的商标理解为指向或试图指向生产第三方商品的企业，才可能构成直接侵权。

2.24 德国法律：在一个法拉利跑车被作为奖品的酒类广告案中，德国联邦最高法院得出了类似的结论。

FERRARI v. JÄGERMEISTER AG

德国联邦最高法院，2005 年 11 月 3 日判决 – I ZR 29/03 [德国]：

如果设置在商标旁的标志清楚地表明赞助关系，而并没有造成赞助者和商标所有人之间有商业关系的印象，商标所有人就没有正当理由反对将带有比赛赞助者标志的商品作为奖品。

---

[1] Anheuser–Busch Inc. v. Budejovicky Budvar, narodni podnik Case C–245/02, 2004 年 11 月 16 日。

通过许诺将昂贵的商品作为奖品的方式，达到该公司显得慷慨的广告的效果，是这种特定比赛的自然结果。提供的奖品是著名豪华车辆的事实，从法律上讲，并没有导致错误的传达效果。

2.25 **商标也是一个富有创造性的无声推销员**。与英国法令（UK Act）第10（3）条（对驰名商标予以特殊保护）类似的规定，并不关注对于来源的保护或对混淆的防止。此类条款保护的是商标的经济价值，特别是商标的声誉及其广告价值或销售影响力。如托尼·马蒂诺（Tony Martino）所总结的那样：

"商标是一个'富有创造性的无声推销员'，它通过创造声誉和向买家保证所有带有同一商标的商品具有相同质量的方式刺激销售。'商标实际上销售的是商品；商标越具有显著性，其销售的影响力就越大'。"❶

D. 商标的要素

2.26 **商标的客体**：TRIPS（第15条第1款）定义商标保护的客体为：

"任何标记或标记的组合，能将一企业的商品或服务与其他企业的商品或服务区别开来的，就能构成商标。这类标记，尤其是文字（包括人名）、字母、数字、图形要素、色彩的组合，以及这类标记的任何组合，均适合于作为商标予以注册。如果标记缺乏区别有关商品或服务的固有能力，各成员可以将该标记可否注册取决于使用后所获得的显著性。各成员可以要求将视觉可以感知的标记作为注册的条件。"

2.27 **商标的要素**：由此可以明确，商标必须：

- 由"标志"或"标志"组合构成（通常有些可以用图形表示）；并且
- 从上述意义上讲，具有区分的功能，区分的功能可以是：
  - 为商标所固有，或
  - 通过使用获得。

印度的商标定义对此作了说明。即作为标志，可以用图形表示，并能够将一个人的商品或服务与其他人的商品或服务区分开，它可以包括商品的形状、包装以及颜色的组合。相应地，"商标"包括图案、铭牌、标题、标签、票签、姓名、签名、文字、字母、数字、商品的形

---

❶ 《商标淡化》（Trademark Dilution，牛津大学出版社1996年版）。

状、包装或颜色组合，或它们的任何组合。❶

DYSON LTD. v. REGISTRAR OF TRADEMARKS

Case C－321/03［欧洲法院］：

    由此可见，申请的主题必须满足三个条件才能够构成欧盟指令第2条规定的商标。第一，必须是标志。第二，这个标志必须能够用图形表示。第三，该标志必须能够将一个企业的商品或服务与其他企业的商品或服务区分开。

2.28 可感知性：商标必须能够被某种感官所感知。

安第斯共同体法院

CASE No. 194－IP－2006

    商标是无形商品，为被某种感官所理解或感知，它必须被形象化或被赋予物质的形态，也就是通过某一类型元素的使用，将无形或抽象的概念转换为某种感官可以感知或确认的东西。

    只有可感知的标志有可能构成商标，它给观察者留下的影像或印象，会导致对某种产品的区分和识别。

    一个标志为获得商标注册，必须能够以文字、图表、标记、颜色、数字等表示，以使其组成能够被观察者所鉴别。这是在官方刊物和工业产权公报上公开注册申请的一项重要特征。

2.29 商标的种类：商标有不同的种类。什么可以或不可以注册为商标，取决于相关国家立法对商标的定义。典型的有：图案或徽标、姓名［比如"福特"（FORD）］、文字［比如"苹果"（APPLE）］、字母（比如BMW）、数字（4711）、标语和形状、外形、式样、装饰物、颜色或商品容器（可口可乐瓶子）。一些司法管辖区允许任何可以进行区分的东西注册为商标，如音乐（如手机的彩铃曲调）或香水的香味。

WAL－MART STORES INC. v. SAMARA BROTHERS INC.

529 US 205（2000）［美国］

斯卡利亚（Scalia）法官：

    在判断商标的显著性时，法院认为，商标能够以两种方式中的一种体现识别性。第一，如果"一个商标从内在本质上能够识别某一特定来源"，则该商标具有固有显著性。在文字商标的情形中，法院运用了弗兰德利（Friendly）法官始创的如今已成为经典的检验方式（now－classic test），根据该检验方式，"臆造性"（fanciful）（"Camel"香烟）、"任意性"

---

❶ 英国商标法第1条将"商标"定义为："任何能够以图形表示、且能够将一个企业的商品或服务与其他企业的商品或服务区分开的标志。具体讲，商标是由文字（包括个人姓名）、图案、字母、数字或商品的形状或其包装构成。"

(arbitrary)("Kodak"胶卷),或"暗示性"(suggestive)("Tide"洗衣剂)的文字商标,被认为具有固有显著性。第二,一个商标即使不具有固有显著性,如果通过演变获得第二含义,即"根据公众的理解,其主要意义在于区分产品来源而不在于商品本身",则该标志已获得显著性。

黄晖提出了有益的阐述:

"首先,商标的显著性是相对于指定商品和服务而言的。虽然这个原则似乎是不言而喻的,但阐明这一原则在实践中是具有价值的。例如,按照这个原则,美国商标法理论将商标分为四个类别:臆造性商标(fanciful marks)、任意性商标(arbitrary marks)、暗示性商标(suggestive marks)和描述性商标(descriptive mark)。

"臆造性商标由一个或多个臆造性的文字组成,比如'柯达'(Kodak)或者'施乐'(Xerox)。将其与商品或服务相分离,这些商标在任何商品和服务上都具有显著性。任意性商标不是原创的,但因与指定商品或服务无关而具有显著性。'苹果'(Apple)之类的标志可以用作电脑或服装商标,但不能用作苹果本身的商标。因为作为一种通用术语,其对于该商品而言显然缺乏显著性。暗示性商标是诸如'Microsoft''Last Supper'或者'Easytone'等标志。当作为计算机软件、杀虫剂或电话的商标使用时,这些商标暗示着它们所代表的商品,但没有对商品进行直接的描述,因此它们能够成为有效的商标。描述性商标指直接描述商品或服务特征的商标,比如,'104键'(104 Keys)作为电脑键盘的商标,'易通话'(Easy Call)作为传呼机的商标。在商标保护的效力方面(保护程度和范围),臆造性商标受到的保护最强,任意性商标和暗示性商标次之,而描述性商标受到的保护最弱。"[1]

PLAYBOY ENTERPRISES INC. v. BHARAT MALIK

2001 PTC 328 [印度]

卡普尔(Kapoor)法官:

商标主要有四种类型。商标的名称可以是"通用性"(generic)的,这意味着它可能指明具体产品属于某一个种类。它可以是"描述性"的,这意味着它可能描述使用该商标商品的性质或类型。它可以是"暗示性"的,它涉及想象、思维和感知,可以得出有关商品性质的结论。它可以是"任意性"的或"臆造性"的,与商品的性质或类型没有任何关联。

---

[1] 商标显著性对商标注册及保护的影响 [EB/OL]. www.cpahkltd.com/Publication/Article/Ehh992.html.

卡塔赫纳协定法院

基多，1987年12月3日

审判号1-IP-87

商标根据其使用标志的性质或结构，可以是名称性的（denominative）、图形性的（graphical）或混合性的（mixed）。名称性商标——这对该案很重要——由几个字母构成，这几个字母构成了一个有实际意思或无实际意思的可以发音的整体。此外，还有图形性商标（视觉标志）、混合性商标（图形和名称）和所谓的"三维"商标，比如包装商标。

2.30 事实问题： 一个标志是否构成商标是个事实问题，处理时不应有任何不合格或分类的成见。旧的法规往往列出不能被注册成为商标的标志，比如人名、地名或赞扬性的词语。现在的趋势是取消这种做法。

DAVID WEST v. FULLER SMITH & TURNER PLC

[2003] EWCA Civ 48 [英国]

上诉法院雅顿（Arden）常任法官指出：

在很大程度上，该案说明了1994年商标法对我们国内历史所带来的变革。（该案商标）前两个缩写字母所代表的文字，仅仅是赞扬的词语，而商标全部由缩写字母组成，缩写字母所隐含的文字仅仅是描述性的。根据1994年之前的国内法律，这种字母串联的特征使得这个商标难以经受得住目前的抨击。如果克努特国王（King Canute）是商标代理人，丹宁大法官（Lord Denning）所描述的、冲上我们本土海岸的共同体法律之水，现在肯定已将他淹没。❶如被告所提出的，我们必须以忘记1994法令之前的成见为起点。根据1994商标法，商标可以注册的领域已经显著地扩大了，未经同意使用这类商标的商人，必定会越来越依赖1994年商标法第11条限制注册商标效力的规定。

认可非传统商标能够发挥商标的功能，即作为来源标志，是最近的事情。直到1986年，上议院❷仍然认为，将一个瓶子的形状（在该案中涉及典型的可口可乐瓶子）作为商标的想法是令人吃惊的。一旦得到认可，这些商标从法律角度而言，与任何其他种类的商标并无差异。❸

审核产品形状三维商标显著特征的标准，与适用于其他种类商标的标准并无不同。

---

❶ 根据传说，克努特国王通过证明海水不会在他的命令下消退，以斥责奉承他的朝臣。

❷ Coca-Cola Trademarks [1986] RPC 421 (HL).

❸ Henkel v. OHIM案，关联案件为（欧洲法院）C-456/01 P及C-457-01 P，2004年4月29日。

E. 什么不是商标？

2.31 商标不同于商品或服务本身

KONINKLIJKE PHILIPS ELECTRONICS NV v. REMINGTON PRODUCTS PTY LTD.
[2000] FCA 876 [澳大利亚]

事实：飞利浦（Philips）持有三头旋转式剃须刀的注册商标。雷明顿（Remington）制造了类似的剃须刀。问题是，这是否算是对飞利浦标志的侵权？法院认为这不是。按照其他法院（例如，欧盟法院等）的看法，该商标注册可能是无效的。[1]

伯切特（Burchett）法官认为：

在我看来，仅仅生产和经营具有某个商标所描述的功能性形状（在此，该商标的确比其他商标更加充分地描述了三头剃须刀具有功能的组成部分）的商品，并不构成澳大利亚法令（Australian Act）第7（4）条规定的"在商品上，或表示与商品具有自然的或其他的联系"而"使用"该标志的行为，也不构成第20（1）条规定的"与该商品具有联系"的"使用"该标志的行为。在这些情形中，名词"使用"和动词"使用"表示使用该商标的含义：（第一）标志是使用在商品上，或为了确定与商品的关系；（第二）标志的使用是为了实现传递商业来源信息的目的。标志是作为与商品不同的东西而附加的。它可能是与商品密切相关的，如书写在商品上、印制在商品上，或塑造在商品上，或当商品是液体的情况下，它可能装在一个既起到容器作用又是商标的容器内进行销售。但在所有这些情况下，商标均未丧失独立于商品之外的特性。与商品具有联系的商标使用的各种替代方法，并不包括仅仅将商品本身作为商标。理由很简单：市场上的商品被假定是有用的，如果它们是有用的，其他商人可能会希望合法地生产相似的产品（当然，除非当时有效的专利、外观设计或其他权利阻止他们这样做），所以，一个仅由商品本身构成的商标，无法区分商品的商业来源。而区分商品的商业来源，正是商标的功能。正如雅各布（Jacob）法官谈及"图像商标"时所说的：

"物品的图像相当于对物品的描述——两者均传递信息。如果图像显示的仅仅是商人们可以合法地希望制造的物品，那么我认

---

[1]（欧盟法院）Koninklijke Philips Electronics NV v. Remington Consumer Products Ltd. 2002。在第2.33段中有进一步论述。

为，它与代表商品的通用文字是相似的，和通用文字一样，它无法进行区分。"

这样的商标即使获得注册，也不会使得相似物品的生产和销售构成对该标志的商标性使用。

2.32 **不得作为商标注册的标志**：商标法通常列举出不得作为商标注册的标志。以下是英国法律中对不得作为商标注册的标志所作的列举，相当详尽。

- 不符合"商标"要求的标志，即不能明确地表示、且不能够区分一个企业的商品或服务与其他企业的商品或服务的标志；
- 缺乏显著特性的商标；
- 仅仅由在贸易中表示商品或服务的种类、质量、数量、用途、价值、地理来源、商品生产时间、服务提供时间或其他商品或服务特征的标识或标志构成的商标；
- 仅仅由在现代语言中或在善意和公认的商务实践中已习以为常的标识或标志组成的商标。

此外，如果一个标志仅由以下要素构成，则不得作为商标注册。

- 商品自身性质导致的形状；
- 商品为获得技术效果而必须具有的形状；
- 使商品具有实质性价值的形状。

这一禁止性规定，采纳了功能性原则，我们将在下面讨论。另外，以下各项所描述的商标也不得注册。

- 违反公共政策或公认道德原则的商标；
- 具有欺骗公众性质的商标（例如，涉及商品或服务的性质、质量或地理来源）；
- 根据法律或法规被禁止使用的商标；
- 恶意申请的商标。

F. 功能性原则

2.33 **商标必须是表明来源的标识**。❶ 根据公众的看法，容器和形状在美国人

---

❶ 另见，绝对禁止注册仅由以下要素构成的标志：(1) 商品自身性质导致的形状；(2) 商品为获得技术效果而必须具有的形状；(3) 使商品具有实质性价值的形状。[英国法令第3（2）条]

的说法中，通常不是表明来源的标识。❶容器通常被认为具有功能性、装饰性（如果未超出一般水平的话），但不具有来源标志性。这就意味着，虽然一个三维物体可以实现商标功能，法律并不赞同授予与产品本身相关的商标权。比如，乐高积木的形状易于识别积木的来源，但是，它是否有权获得商标保护？或者一片药剂的形状？❷或者一个剃须刀头的形状？或者一个酒瓶？❸或者鞋底的形状？❹一般的回答是否定的。

"仿冒他人商品的普通法和［加拿大］商标法都认为，产品独特的形状、外观或包装可以发挥商标的作用。但是根据理解，商标法提供的保护，应该是为了商标，而不是为了产品的功能性特征。一直以来，功能性原则都起着将物体的功能特征排除在商标保护之外的作用。因此，功能性原则有助于阻止过期专利的延续。它还阻止了利用商标法对非专利产品的功能特征获得专利性垄断。从根本上，功能性原则发挥了区分作为识别标志的商标和商标所依附的产品或包装的作用。"❺

QUALITEX CO. v. JACOBSON PRODUCTS CO.
514 US 159（1995）［美国］

布雷尔（Breyer）法官：

商标法寻求通过保护公司的声誉倡导竞争，功能性原则则阻止商标法允许一个生产者控制有用的产品特征而禁止合法的竞争。通过给予发明者对新产品设计或功能在一定期限内的独占权——专利期限之后竞争对手可以自由使用该发明——从而鼓励发明，这属于专利法调整的范围，而不属于商标法调整的范围。但是，如果一个产品的功能性特征可以作为商标使用，则对这一特征的专有权，可以不用考虑它是否符合专利的条件，就可以获得并且可以永久地延续（因为商标可以永久地续展）。（"功能性特点是产品商业成功的重要因素，并且，专利到期后，它不再是创始者的财产，而是产品本身。"）因此，功能性原则要求，举个假想的例子，即使顾客已经确定，一个新专利灯泡增强照明效果的形状来源于特定制造商，该制造商也不可以将那个形状作为商标。因为这样的做法在专利过期后，将妨碍竞争——不是保护灯泡原制造者的声誉，而是破坏竞争者生产类似增强照明效果灯泡的合法努力。因此，本

---

❶ In re Pacer Technology 338 F. 3d 1348，67 USPQ2d 1629（Fed. Cir. 2003）referring to Wal‐Mart Store Inc. v. Samara Bros Inc. 529 US 205，210（2000）；Two Pesos Inc. v. Taco Cabana Inc. 505 US 763，768（1992）；Tone Bros Inc. v. Sysco Corp. 28F. 3d，1192，1206（Fed Cir 1994）；and Seabrook Foods Inc. v. Bar‐Well Foods Ltd. 568 F. 2d 1342，1344（CCPA 1977）.

❷ Beecham Group Plc v. Triomed（Pty）Ltd.［2002］ZASCA 109［南非］.

❸ Bergkelder Beperk v. Vredendal Ko‐op Wynmakery（105/05）［2006］ZASCA 5［南非］.

❹ Lubbe No. v. Millennium Style［2007］ZASCA 10［南非］.

❺ Teresa Scassa（特蕾莎·斯卡萨）"Kirkbi案之后的商标法中的功能性原则"（2007）21 IPJ87.

院的解释是,"如果产品特征对物品的使用或目的是必要的,或者影响到物品的成本或质量",即如果该特征的排他性使用,将置竞争对手于与声誉无关的不利地位,则"一般而言,该特征是功能性的",不能作为商标使用。

BOGRAIN SA's TRADEMARK APPLICATION
[2005] RPC 14（CA）[英国]

上诉法院雅各布常任法官认为：

> 作为原则问题,我不接受仅仅因为一个形状对于相关商品是不寻常的,公众便会自动认为它表示商业来源,因此成为其制造者的标志这种说法。商标法的核心是商标作为来源标志的功能。公众的看法——普通消费者的看法——才是关键。[律师]有益地指出,可注册的标志种类,属于根据公众看法而决定的范围。这个范围开始于最独特的形式,如臆造的文字和充满想象力的图案。这个范围中间是半描述性的文字和图案之类的东西。随后是容器的形状。最后是商品本身的形状。最初,从性质上来说,标志可能被认为是置于商品上告诉你谁制造了这些商品。即使是容器,如充满想象力的汉高（Henkel）容器,也可能被视为由制造其所盛产品（如洗发水）的制造商特别选择,用以表示："看,这是我的产品,我是其所盛产品的制造商。"但是,归根结底,这类商品的形状,不太可能传递这样的信息。公众不习惯仅仅具有商标意义的形状。在"方便的原则"标语案判决（欧洲法院对 Erpo Möbel 案的判决 C-60/02P）第35段有相同的观点：
>
>> "[商标注册]机关可以考虑一个事实,即普通消费者没以这样的标语为基础来推定产品来源的习惯。"

PHILIPS RAZOR
德国联邦最高法院 [德国]

德国联邦最高法院,2005年11月17日判决-I ZB 12/04

> "无论如何,商标法中规定拒绝注册的理由,是与《巴黎公约》规定的理由一致的,因为通过商标法在德国得到执行的商标指令明确说明,该指令所有的规定,均与《巴黎公约》的规定完全一致。对抽象的'可商标性'的评估,因其固有的保护而被排除,但这并不是从技术上适应的情况。

> "对争议商标保护的真正阻碍,是它仅仅由形状构成,而该形状是该物品在任何情况下,为满足其技术功能所必须采取的形状。根据欧洲法院的判例法,如果可以证明产品形状的必要功能性特征,能够归因于它的技术效果,无论是否能够想象得到具有同样技

术效果的替代形状,该形状都没有资格作为商标得到保护。

"该案中,这些条件均被满足。构成争议商标的物品,为剃须刀的一个附属物,由在一个圆盘上呈等边三角形排列的三个剃须刀刀头组成。"

2.34 描述性用途。对于相关商品或服务的描述,一般不能依据该描述而对商品或服务加以区分。因此,Apple 不能作为苹果的商标,但作为电脑的商标却是很理想的。

CANANDIAN SHREDDED WHEAT CO. LTD. v. KELLOGG CO. OF CANADA LTD. (1938)55 RPC 125(PC)

拉赛尔(Russell)大法官:

一般来讲,真正区别一个人的商品(或服务)的文字,必须不能适用于任何其他人的商品(或服务)。

商标通过使用,已经变成指明商品或服务特定来源标志的事实,并不一定意味着它能够在商标意义上区分这些商品或服务。特别是,赋予产品实质性价值的产品形状不能构成商标,即使在申请注册之前,通过介绍所涉及产品具体特征的广告宣传,该形状已经作为独特标志得到认可并引起人们的注意。❶一个商标对商品或服务描述得越多,它区分商品或服务的可能性就越小。如果一个商标主要是描述性的,它需要有"足够多样的变化"才能够实现商标的功能。

这个原则也是成文法的一部分。例如,英国法令[第11(2)条]规定,注册商标在下列情形下并未被侵犯:

■ 该标志的使用,涉及种类、质量、数量、用途、价值、地理来源地、商品生产或服务提供的时间,或商品或服务的其他特征;或

■ 商标的使用是表明产品或服务(尤其是零件或备件)的用途所必需的,且该使用符合工业或商业活动中的诚实做法。

2.35 颜色商标:一种显著的颜色,可能具有商标法意义上的必要的区分功能,但颜色本身很少能够作为来源的识别标志。

WAL – MART STORES INC. v. SAMARA BROTHERS INC.
529 US 205(2000)[美国]

斯卡利亚法官:

对我们来说,类似颜色一样的设计,不具有固有的显著性。某些类别的文字标志和产品包装具有固有的显著性,原因在于,将一个特殊单

---

❶ Benetton Group SpA v. G – Star International BV Case C – 371/06(欧洲法院)。

词用于产品或将产品装入一个独特包装中,目的通常是识别该产品的来源。因此,消费者倾向于将这些符号视为制造者的标志。

就产品的设计而言,在其是颜色设计的情况下,我们认为消费者将特征等同于来源的倾向并不存在。消费者知道,在现实中即使最不寻常的产品设计——例如企鹅形状的鸡尾酒搅拌器——常常不是用于识别来源,而是用于提高产品本身的实用性或吸引力。

产品设计总是发挥识别来源以外作用的事实,不仅使得固有的显著性成为问题,而且还使得应用固有独特性原则会对其他消费者的利益造成更大的伤害。消费者因竞争所带来的利益不应被剥夺。就法律规定的产品设计本应达到实用性及美观性目的而言,其助长了以所谓固有显著性为理由、针对新的竞争者的貌似合理的诉讼威胁。

KRAFT FOODS(MILKA BRAND)
德国联邦最高法院,2004 年 10 月 7 日判决 – I ZR 91/02 [德国]

只有在受保护的颜色被作为来源指示使用的情况下,抽象颜色商标的权利才可能受到侵犯。这是因为商标的主要功能,是使消费者或最终用户能够在没有混淆风险的情况下,将这些产品或服务区分于其他的产品或服务,从而确保该商标所标志的产品或服务的来源。

给予商标所有人的保护,是为了确保商标能够实现这一功能,因此,这种保护仅限于第三方对标志的使用可能妨碍商标功能——特别是向消费者保证商品来源的功能——的情形。

然而,只在例外的情形下,用于产品包装上的颜色才可以被认为是来源的标志。原因是消费者不习惯于不考虑图形或文字因素,而仅仅从产品颜色或产品包装颜色中得出产品来源的结论。原则上,仅使用颜色本身作为识别的手段,并不是目前通行的做法。如果颜色本身以一种被认为是一种识别手段的方式突出于其他所有因素,则是一种例外的情形。比如,一方面,情况可能是,通过使用,所保护的颜色已获得较大的品牌显著性,而且公众已习惯于以我们所讨论的方式从产品受保护的颜色来推断其来源。另一方面,当颜色是外观设计的重要媒介,而且由于作为传统的来源标志获得普遍接受时,这种情况可能出现,即使是在争议的使用中也是如此。

G. 所有权与注册

2.36 注册要求:为能够行使法定的商标权,商标必须获得注册。

■ 商标所有人必须证明商标所获得的注册。

■ 注册证书或由注册处出具的证明，通常被视为注册的初步证据。

KIRKBI AG v. RITVIK HOLDINGS INC.

2005 SCC 65 ［加拿大］

勒贝尔法官：

商标的注册，给予注册人在加拿大使用该商标的排他权利，以及对侵犯该商标的行为提起损害赔偿诉讼的权利。此外，没有必要为行使这些权利而证明该商标的存在。注册本身即是充分的证据。然而，无论注册与否，标志就是商标，因为它们的法律特性是一样的。

2.37 注册所有人：行使法定权利的权利，通常属于商标的注册所有人。❶这取决于法律的规定。

福建省轻工业品进出口集团公司与福州万达铅笔工具有限公司、福州铅笔厂等商标侵权、不正当竞争纠纷上诉案

[（1999）知终字第8号]

中华人民共和国最高人民法院：

商标法所保护的商标专用权，为商标注册人享有。商标独占许可合同的被许可人，因享有使用上的独占权利，可以根据商标权人的授权排除他人使用商标，故其有权单独或者与商标注册人共同对商标侵权行为提起诉讼。而普通许可使用合同的被许可人，只享有使用商标的权利，其使用权不具有独占性，不产生排除他人使用的效果，不能成为指控商标侵权行为的权利依据。

2.38 没有要求具有名气或造成损失的条件。即使相关商标没有名气，商标权仍然受到保护；而且获得禁令无须以证明损失或损害为前提。在一些司法管辖区，获得赔偿无须以证明实际损失为前提。

2.39 商标所有人对其注册商标的使用不是侵权。❷ 在注册的商品或服务上使用注册商标，不构成对其他注册商标（即使是更早的商标）的侵犯。因在后商标注册而遭受权利侵害的在先商标的所有人，必须先申请撤销在后商标的注册，才能够以在后商标的使用侵害其在先商标为由寻求救济。

2.40 普通法上的权利和其他权利不受影响。关于未注册商标已有的普通法上的权利或其他法定权利，不受商标注册的影响。

■ 未注册商标的所有人，可以通过不正当竞争或假冒商标进行维权。

---

❶ 英国商标法第14条规定："（1）侵害注册商标，可以由商标所有人提起诉讼。（2）在商标侵权诉讼中，所有适用于侵犯其他财产权的救济措施，如损害赔偿、禁令、应获利润等也适用于商标所有人。"

❷ 英国商标法第11（1）条规定："注册商标不因另一个在后注册的商标在相关商品或服务上的使用而受到侵犯。"

■ 已获注册的权利，不得影响已有的、通过使用获得的在先权利的应用。
■ 《巴黎公约》中包含关于不正当竞争的具体规定，TRIPS 对这些规定作了进一步的完善。❶

---

❶ 见下文第 16 章。

第 3 章　商标：侵权

A. 导言（3.1~3.6）
B. "相同"商标的使用（3.7~3.9）
C. 商标在"类似"商品或服务上的使用（3.10~3.13）
D. 商标注册所指定的商品或服务（3.14~3.18）
E. 在经营过程中的使用及商标的使用（3.19~3.26）
F. 其他事项的使用（3.27~3.29）
G. 名义上的使用（3.30、3.31）

A. 导　言

3.1 本章的范围：本章讨论各种类型的商标侵权和一些基本概念。它须结合后续讨论侵权的特定方面的章节一起阅读。以下讨论的重点，是注册商标与被控侵权商标（美国的说法分别为在先商标和在后商标）之间所存在的混淆（一些法律中也称混淆或欺骗）的可能性。处理商标注册的判决，也将予以引用，因为对在后商标进行注册的衡量标准，是在后商标标志不得与注册（在先）商标构成相同或混淆性近似。

3.2 判断侵权的主观性：侵权案件是主观的，并且在很大程度上取决于相关法院的价值判断。

FUTURE ENTERPRISES PTE LTD. v. MCDONALD'S CORP.

［2007］SGCA 18　［新加坡］

陈锡强（Chan Sek Keong）首席法官：

上诉法院审理的众多商标案件表明，富有想象力与创造力的法律人，能够变魔术式地变幻出无数（主观认知的）近似点与不同点，并且用能够令人信服的语言表述出来。专家和有经验的法官，如莱迪法官认为，商标侵权"更多的是感觉问题，而非科学问题"（Wagamama Ltd. v. City Centre Restaurants plc［1995］FSR 713 第 732 号）。类似地，上诉法院赵锡燊（Chao Hick Tin）法官也曾间接提到，商标侵权是"感知"问题（The Polo/Lauren Co. LP v. Shop – In Department Store Pte Ltd.［2006］2 SLR 690）。鉴于评估近似和混淆可能性时主观性较强，我们同意上诉法院不应该干预商标法庭对事实的认定，除非存在原则上的重大错误。

该案涉及"MacCoffee"和"McCafé"，后者是麦当劳的商标。法院认为前者太过接近后者而令人不安。通过下面这个进行了编辑的案例，可以对这个问题有所了解。它也涉及注册事项，但根本问题是一样的。

MCDONALD'S CORP. v. FUTURE ENTERPRISES PTE LTD.

［2005］1 SLR 177　［新加坡］

上诉法院赵锡燊法官：

本上诉案涉及麦当劳对 FE 公司在第 30 类的三个商标注册申请的异议。我们对上诉进行了审理并驳回了其上诉请求，麦当劳败诉。

麦当劳拥有以下部分注册商标：(a) BIG MAC – 在第 29 类和第 30 类；(b) MAC FRIES – 在第 29 类；(c) SUPERMAC – 在第 29 类；(d) EGG McMuffin – 在第 29 类和第 30 类；(e) McChicken – 在第 30 类；(f) McNuggets – 在第 29 类和第 30 类；（以及）其主要商标"McDonald's"。

FE 公司申请在第 30 类注册三个商标，"MacTea""MacChocolate"和"MacNoodles"，每个申请都包括了鹰的图形。

初审法官认为，相关商标在视觉上或口头上与麦当劳商标并没有构成混淆性近似。而且申请商标所指定的商品，也不同于麦当劳商标所适用的商品。

麦当劳的关键论点是：它们所有商标的共同显著部分是前缀"Mc"，这是联系它所有商标的基本特征。因此，FE 公司在其申请注册的商标中采用前缀"Mac"将造成 FE 公司的产品和麦当劳的产品来源相同的印象。

非常明显，多年来，麦当劳在不同的司法管辖区，对第三方以"Mc"和"Mac"为前缀的商标注册申请提出了异议。在一些管辖区，麦当劳取得了成功，而在其他的管辖区，麦当劳则遭遇了失败。在每一案件中，商标审查官员或法院都仔细审查了与申请商标的使用相关的事实和背景、麦当劳各种商标被使用的情形，以及新申请的商标被误认为麦当劳商标的可能性。

比如，在涉及"McBagel""McPretzel"和"McSalad"商标的案件中，麦当劳（在美国）对指定使用在"餐馆、咖啡和自助餐服务"上申请注册"McIndians"商标的异议取得了成功；（在英国）则对指定使用在"准备消费用食物及饮料"上申请注册"McIndians"商标的异议取得了成功。（McIndians 不仅出售印度食物，而且还出售南方炸鸡、干酪汉堡包、炸薯条和混合饮料。）

同时，在澳大利亚商标局 1997 年处理的与 McMint 和 McVeg 相关的两个商标案件中，麦当劳的异议失败了，但在后来发生在的关于"McSalad"和"McFresh"的 McDonald's Corporation v. Macri Fruit Distributors Pty Ltd.［2000］商标异议案件中，麦当劳在澳大利亚获得了成功。

最后，我们将参考 Yuen（2001）案，在该案中，法院无视麦当劳的反对，允许申请商标"McChina"（在英国）注册，法官表示，麦当劳实际上是想独占所有以 Mc 或者 Mac 为前缀的名字或单词——至少是在食品或餐饮服务方面。

在这里，我们再参考两个加拿大的案件。第一个案件是 McDonald's Corp. v. Silcorp Ltd.（1989）24 CPR（3d）207，在该案件中，斯特雷耶（Strayer）法官认为，麦当劳不得主张对单独使用或与其他单词一道使用的"Mc"或者"Mac"的独占权。第二个案件是 McDonald's Corp. v. Coffee Hut Stores Ltd.（1994）55 CPR（3d）463，该案涉及

"McBeans"商标在精品咖啡上的注册申请。虽然注意到麦当劳在快餐业已建立声誉的事实,加拿大联邦法院仍表示,在该商业领域之外,麦当劳的商标没有任何内在显著性。

3.3 **商标侵权的类型:混淆**。商标侵权有三种类型,其中非常重要的因素就是混淆的可能性,可能构成直接侵权或者间接侵权。TRIPS第16条第1款对此作出了规定:

"注册商标的所有人,应当有阻止任何第三人未经其同意,在贸易中在相同或类似的商品或服务上使用相同或近似商标的排他性权利,如果第三人的这种使用,则会导致混淆的可能性。"

- 直接侵权,是指未经注册商标所有人同意,在贸易中,将与注册商标相同的标志,使用在与该注册商标所核定使用的商品或服务相同的商品或服务上。

- 间接侵权,是指未经注册商标所有人的同意,在贸易中,将与注册商标相同或近似的标志,使用在与该注册商标所核定使用的商品或服务相同或类似的商品或服务上,导致公众可能产生混淆,包括可能使公众误认为该标志和注册商标存在某种联系。

3.4 **驰名商标:不要求混淆**。另一种侵权类型,没有混淆的要求——但只适用于驰名商标。❶ TRIPS第16条第3款对此作了选择性的规定,这反映在欧盟指令[第5(2)条]的以下条款中:

"成员国也可规定,所有人应有权阻止第三人未经其同意,在贸易中在不类似的商品或服务上使用与其商标相同或近似的标志,如果该商标在成员国已具有声誉,而该标志的使用不合理地利用了或损害了该商标的显著特征或声誉。"

3.5 **英国商标法**:该法第10条是规定了TRIPS和欧盟指令所设想的所有保护的一个法规实例。

- 第10(1)条:
  如果一个人在贸易中使用的标志与已注册商标相同,并且该标志使用在与注册商标所核定使用的商品或服务相同的商品或服务上时,该人的行为就构成了侵犯注册商标权。

- 第10(2)条:
  一个人在贸易中使用标志的行为侵犯了注册商标权,如果:
  - 他使用的标志与注册商标相同,而且使用于与注册商标所核定使用的商品或服务类似的商品或服务上;
  - 他使用的标志与注册商标近似,而且使用于与注册商标所核

---

❶ 这反映在欧盟指令第5(1)条中。

定使用的商品或服务相同或类似的商品或服务上；

有导致公众混淆的可能，包括使公众误认为该标志与注册商标相关联的可能。

- 第10（3）条：

一个人侵犯了注册商标权，如果他在贸易中使用的标志：

- 与注册商标相同或近似；并且
- 使用于与注册商标所核定使用的商品或服务不类似的商品或服务上；

如果该商标在英国已具有知名度，在无正当理由的情况下，该标志的使用不合理地利用或损害了该商标的显著特征或名誉。

以下引用的两个判决，对这些条款之间的差别进行了讨论。

3.6 英国商标法第10条所区分的不同情形

JOHNSTONE v. R

［2003］UKHL 28 ［英国］

尼科尔斯大法官：

第10条处理几种不同的情形。第10（1）条是关于在贸易中将与注册商标相同的标志使用于该注册商标所核定使用的相同商品上。这种使用构成侵权。

第10（2）条处理下列情况：（a）将与注册商标相同的标志，使用于与该注册商标核定使用的商品相类似的商品上，或者（b）将与注册商标近似的标志，使用于与该注册商标所核定使用的商品相同或类似的商品上。这些情况下的使用，如果有使公众产生混淆的可能，则构成侵权。

第10（3）条是关于将与注册商标相同或近似的标志，使用于与该注册商标核定使用的商品不类似的商品上。简言之，如果该商标在英国已具有知名度，而上述标志的使用，不正当地利用或损害了该商标的显著特征或名誉，则这种使用构成侵权。

ARSENAL FOOTBALL CLUB v. REED

［2003］EWCA Civ 696 ［英国］

上诉法院奥尔德斯常任法官：

注意到第10（1）条和第10（2）条的区别是很重要的。该案涉及相同的注册商标和标志，以及相同的商品。如果被控侵权人在"贸易中使用"该标志，则构成侵权。第10（2）条处理商品和/或标志不相同的情形。在这些情形下，必须证明混淆的可能性。这要求商标所有人来证明存在这样一种风险，即公众可能相信涉案商品来自同一企业或经济相关联的企业。

B. "相同"商标的使用

3.7 混淆的推定：在相同商品上使用与商标相同的标志必然导致混淆。因此，TRIPS（第16条第1款）规定，将相同标志使用于相同商品或服务上的情形下，将被认为存在混淆的可能性。既然出现混淆，它就不再作为单独的要求被提出，并且无须用证据证明。在这种情形中，保护是绝对的。

3.8 相同商标：相同（identity）的定义是指，两个相比较的元素应当在所有实质性方面一致（be the same）。但是，在决定一个商标和标志是否相同时，必须以它们产生的整体印象为基础，包括视觉、听觉和概念上的类似。这种比较，必须忽略无关紧要的不同之处。❶

INTERNATIONAL BUSINESS MACHINES CORP. v. WEB–SPHERE LTD.
［2004］EWHC 529 ［英国］
刘易森（Lewison）法官：

> 因此，第10（1）条提供绝对的保护，但前提是商标和标志相同，相关商品和服务也相同。［第10（2）条］只要求近似而不是相同，但还要求混淆的可能性。

LTJ DIFFUSION v. SADAS VERTBAUDET
Case C–291/00 ［欧洲法院］：

> 对［在后］标志［'Arthur et Felice'］与［注册］商标［'Arthur'］相同的标准而言，必须进行严格的解释。相同的真正定义，是指进行比较的两个因素，必须在所有方面一致。实际上，欧盟指令第5（1）（a）条，对在与注册商标核定使用的商品或服务相同的商品或服务上使用与该商标相同的标志提供绝对保护，但这种绝对保护不能够扩展到所设想的情形范围之外，尤其是不能扩展到欧盟指令第5（1）（b）条提供特别保护的情形。
>
> 因此，如果该标志复制了构成商标的所有元素，而没有任何更改或添加，则两者是相同的。
>
> 但是，对标志与商标相同的理解，必须从一名普通消费者的角度进行全面的评估。普通消费者是指——在合理的程度上——消息灵通、观察力敏锐、谨慎的消费者。该标志给予普通消费者一个整体印象。而普通消费者几乎没有机会将该标志与商标进行直接比较，他们必须借助于

---

❶ 亦见 Bayer Cropscience SA v. Agropharm ［2004］EWHC 1661 ［英国］。

保留在脑海中的不完整的印象。

既然对标志与商标相同的理解,不是将所有元素进行直接比较的结果,标志与商标之间无关紧要的差异,可能被普通消费者所忽略。❶

3.9 不同商品上的相同商标:此种情形下,相同商标的使用不构成商标侵权。要构成主要侵权,商标必须使用在相同商品或服务上。

CELINE SARL v. CELINE SA
Case C-17/06 [欧洲法院]:

正如本院的判例法所清楚表明的那样,只有在以下四个条件得到满足的情况下,注册商标的所有人才可以根据欧盟指令第5(1)(a)条阻止第三人使用与其商标相同的标志:

■ 该商标在贸易中被使用;
■ 该使用未经商标所有人的同意;
■ 该商标使用于与注册商标所核定使用的商品或服务相同的商品或服务上;并且
■ 该使用必须影响或可能影响商标的功能,尤其是向消费者保证商品或服务来源的基本功能。

C. 商标在"类似"商品或服务上的使用

3.10 商品或服务的类似:如果商品或服务类似,对其使用相同商标可能构成间接侵权[第10(2)条]。会出现两种可能性,这取决于使用的是相同商标还是混淆性近似商标。本章节重点是商品或服务的类似:在什么情况下商品或服务构成类似?

ASSEMBLED INVESTMENTS (PTY) LTD. v. OHIM & WATERFORD WEDGWOOD PLC
Case T 105/05 [欧洲法院]
2007年6月12日

事实:申请人申请在来自南非某一特定地区的酒上注册"Waterford"商标。在玻璃制品上拥有"Waterford"商标的所有人,对这一注册申请提出异议。因为这两个商标相同,待解决的问题就是,这些商品(酒和玻璃制品)是否"类似"。法院认定商品不类似,并因此驳回

---

❶ 参见第3.28段。对欧洲法院的判决的批判性分析,参见案例:Reed Executive plc v. Reed Business Information Ltd. [2004] EWCA. (Civ) 159 [英国]。该判决认为,"Reed Business Information"的标志,与商标"Reed"不同。对"Compass"与"Compass Logistics"之间的判断也是如此,参见案例:Compass Publishing v. Compass Logistics 2004 EWHC 520 [英国]。

异议。

判决：

应当记住的是，为了评估所争议的商品是否类似，所有描述这些商品关系的相关特征因素都必须给予考虑，这些因素尤其包括商品的性质、用途、使用方法，以及商品之间是否相互竞争或补充。其次，对商品类似的评估，应当严格限于在先商标的"玻璃制品"，因为在先商标所指定的其他商品与酒无关。争议裁定清楚地表明，这类商品包括玻璃瓶、盛酒瓶和高脚杯或酒杯，用于酒类消费的特定物品。

双方对以下事项并无争议：涉案商品，即玻璃制品与酒，在性质和用途方面显著不同；它们之间不存在竞争或替代关系；它们的生产场地也不同。

在销售渠道方面，酒和某些玻璃制品有时候确实在同一地方销售，比如酒类专营零售商。但是，在没有相反信息证明的情形下，迹象表明这样的销售只占据相关玻璃制品总体销售的微不足道的部分。

同样地，虽然酒杯和葡萄酒一般来讲是分别销售的，但偶尔出于促销的目的也会被一起销售。但是，没有迹象表明葡萄酒生产商的这种做法，具有任何商业上的重要意义。此外，通常在消费者看来，酒杯和葡萄酒一起销售是为了对葡萄酒进行促销，而不是表明葡萄酒生产商的一部分业务涉及玻璃制品的销售。

综上所述，必须判定玻璃制品与酒不是类似商品。因此，存在争议的商标之间没有产生混淆的可能性，申请人的第二项请求必须被接受。

3.11 判断商品或服务之间是否类似需要考虑的因素

BRITISH SUGAR PLC v. JAMES ROBERTSON & SONS LTD.

[1996] RPC 281 [英国]

雅各布法官认为：

因此，我认为在考虑是否类似时应当考虑下列因素：

- 相关商品或服务各自的用途；
- 相关商品或服务各自的使用者；
- 商品或服务行为的自然属性；
- 商品或服务进入市场的相关商业渠道；
- 如果是消费者自助消费的物品，在实践中，可以或可能在超市里的什么地方被分别找到，尤其要考虑，这些物品是否或可能在相同或不同的货架上被找到；
- 相关商品或服务相互竞争的程度。

这种调查可以考虑在贸易中商品的分类方式，比如，毫无疑问地代表产业方的市场调研公司，是否将商品或服务放置或安置在相同或不同的区域或部门。

3.12 商品或服务的类似，与混淆的可能性是不同的问题。 法律在这方面并没有明确的规定。以下引用的判决，在这一点上，似乎与之前引用过的欧洲法院对 Assembled Investments（Pty）Ltd. v. OHIM and Waterford Wedgwood Plc 案的判决相互冲突。

BRITISH SUGAR PLC v. JAMES ROBERTSON & SONS LTD.
［1996］RPC 281 ［英国］
雅各布法官：

[原告试图] 淡化 [商品] 混淆和类似的问题。[它] 主张在与甜点调味品如此类似的产品上使用商标，有导致混淆的可能，因为该产品可能或将会用于相同的目的。我认为，以这种方式淡化这个问题是不合理的。该条款提出的问题，并不仅仅是"是否会产生混淆"；它提出的问题是："商品是否类似？"如果答案是肯定的，则接下来的问题是，"是否存在混淆的可能性？"这一点十分重要。因为如果人们忽视这两个问题，那么，一个"强的"商标所保护的商品范围，将比一个"弱的"商标所要保护的商品范围广泛得多。比如，在袜子或自行车上使用 KODAK 商标，很可能引致混淆，然而这些商品与胶卷或照相机显然不类似。

我认为，商品类似的问题，完全独立于作为注册对象或被告标志的特定商标。法院应该怎样对待商品类似的问题呢？我认为，必须把这作为一个原则性问题来考虑。第一，应当注意到，这个概念的范围越广，对商标的绝对保护的范围可能就越广。事实上，一项注册涵盖了指定的商品以及类似的商品，除非有其他正当的理由，不能在任何这些商品上使用注册商标或近似的商标。这要求我们慎重行事。否则，无论指定的商品的范围有多狭窄，实际上的保护都会相当宽泛。尤其是，这种情况就会在商标所有人仅仅凭借在狭窄范围的商品上的实际显著性获得商标注册的重要案件中成为现实。如果他因此在实践中，为范围广泛的商品获得保护，这肯定是错误的。如果一个商标所有人需要更广泛的保护，他可以随时提出请求，并且仅仅在他的请求合理的前提下获得广泛保护。

3.13 "相同类别"和"相同种类"

KENNY FOOD MANUFACTURING v. LEE TAK FUK TRADING
HCA3352/2000 ［中国香港］
惠利（Whaley）法官：

某些特定商品可能列入相同类别的事实，不是它们属于"相同种类"的证据。❶此外，判决已表明，在面包上使用一个核定使用在面粉上的注册商标，并不等于该商标在面粉上的使用（因为在这种情况下，面粉已不再在面包中存在）。

D. 商标注册所指定的商品或服务

3.14 **类别**：商品和服务类别按照尼斯分类来进行注册。❷《商标注册用商品和服务国际分类尼斯协定》（1957）为商标注册的目的制定了商品和服务的分类——《尼斯分类》。该分类由一个类别清单——共有34个商品类别和7个服务类别——和一个按照字母顺序排列的商品和服务清单构成。后者包括11000项。两个清单不时地由一个专家委员会进行修改和补充。

典型的商品类别如下：

第三类："洗衣用漂白剂及其他物料，清洁、擦亮、去渍及研磨用制剂，肥皂，香料，香精油，化妆品，洗发水，牙膏。"

服务类别如下：

第三十六类："保险，金融事务、货币事务，不动产事务。"

3.15 **商品与服务的分类**：商品和服务的分类是《商标法条约》第9条的要求，该条规定：

"(1)[商品和/或服务的名称]商标主管机关准予的每项注册和涉及商品和/或服务的任何一项申请或注册的公告，应注明商品和/或服务的名称，按照《尼斯分类》的类别分组，并按照该分类的类别顺序排列，每组商品或服务之前，应标明该组所属的《尼斯分类》的类别编号。

(2)[属于同一类别或属于不同类别的商品或服务]

(a) 商品或服务不一定因商标主管机关在其任何注册或公告中将它们列在《尼斯分类》的同一类别之下而被视为类似；

(b) 商品或服务不一定因为商标主管机关在任何注册或公告中将它们列在《尼斯分类》的不同类别之下而被视为不类似。"❸

---

❶ 以克雷商标法（第12版）第5-05段为依据。

❷ 该分类的现行版本，可在世界知识产权组织网站 www.wipo.int 上获得。

❸《商标法新加坡条约》规定：商标主管机关准予的每项注册和涉及商品和/或服务的任何一项申请或注册的公告，应注明商品和/或服务的名称，按照《尼斯分类》的类别分组，并按照该分类的类别顺序排列，每组商品或服务之前，应标明该组所属的《尼斯分类》的类别编号。

BRITISH SUGAR PLC v. JAMES ROBERTSON & SONS LTD.
［1996］RPC 281 ［英国］

雅各布法官解释道：

> 根据商标法，商品和服务被分为诸多类别。分类的主要目的是为了商标检索。譬如，如果你有一个在药物上的新标志，你可以对相关类别，即第五类进行检索。分类表将商品和服务进行多种分类。这种分类是国际上公认的《商标注册用商品与服务国际分类尼斯协定》的组成部分。该协定于1934年在尼斯举行的相关国际会议中制定。这一协定广泛地（实际上我相信是全球范围内）被商标登记机关所采用，同时也被根据《商标国际注册马德里协定》和《商标国际注册马德里协定有关议定书》所形成的所谓的商标国际注册体系所采用。这一分类不能且没有详细地指明所有类型的商品和服务。但是，其中有注册官员需要使用到、大量、全面的商品和服务清单。出于管理的目的，注册官员对商标或服务所属类别的判定是最终的。该清单在国际上得到普遍使用，并且不时被修订，修订通常涉及新的商品或服务。偶尔，一个特定的商品或服务，会从一个类别被转移到另一个类别。

> 一般来讲，判定特定物品归属于哪个类别是不困难的。但是，模棱两可的情况仍时有发生。对于这些物品，注册官员通常的做法是，对商品或服务进行描述，并增加"包含在本类"或"包含在第X类"的字样。这种做法的效果是，将对该商品的详细说明限定于符合该描述，且注册时可以被注册官员归入该类别。

> ［在判决的前一部分他说道］：在解释商标的详细说明中所使用的文字时，需要考虑到一个因素是，从贸易的角度出发，该产品实际上是怎样的产品。毕竟，商标的详细说明，都涉及在贸易中的使用。

3.16 服务商标：服务商标是近期的新生事物，对其予以规定的义务，不仅源于TRIPS，而且也来自《商标法条约》（1994）和《商标法新加坡条约》。在此之前，商标仅能在商品上注册。因此，涉及服务商标的判决很少，但是，由于适用的原则相同，这实际上并不成为问题。

印度商标法将服务定义为，向潜在用户提供的任何一种服务，包括提供与任何工业或商业业务有关的服务，比如银行、通信、教育、金融、保险、慈善基金、房地产、交通运输、仓储、材料处理、加工工业、电力或其他能源供应、膳食、住宿、影视、娱乐、文娱活动、建筑、维修、新闻或信息的传播以及广告。

3.17 类别的选择：一个商标比如"香奈儿5号"（CHANEL NO.5），由于它是香水，可以在第三类别中注册。它可以被注册在这个类别的所有商品上，或者仅限于香水，因为商标所有人可能认为"香水"和"牙粉"

没有关联，或者它在"牙膏"上可能没有任何利益。在香水上未经授权使用"CHANEL NO. 5"，将构成第10（1）条所规定的侵权。在牙膏上未经授权使用该商标，可能构成第10（2）条规定的侵权，并且，由于该商标是驰名商标，该使用也将构成第10（3）条规定的侵权。

3.18 对商品或服务的有限指定并不排除更广泛的保护

ASSOCIATED NEWSPAPERS LTD. v. EXPRESS NEWSPAPERS

[2003] EWHC 1322 [英国]

莱迪法官：

> 在处理这个问题时，我认为有必要牢记：注册商标所涵盖商品范围的宽窄，是由该商标所有人决定的。另外，由于第10（2）条的规定，一个狭窄的商品分类选择，并不意味着商标所有人被阻止对在该范围以外商品上使用商标的侵权行为提起诉讼。

E. 在经营过程中的使用及商标的使用

3.19 商标使用的含义

要构成侵权，被告必须是在经营过程中使用其商标，并且这种使用必须是"商标的使用"，即表明来源。在这些问题上，案例法并不都是一致的❶，因为该要求没有在 TRIPS 或法规中有明文规定，虽然在商标法的整个概念中有这样的暗示，即在经营过程中的使用必须是"商标的使用"。❷

JOHNSTONE v. R

[2003] UKHL 28 [英国]

尼科尔斯大法官：

> 多年以来，商标所传递的信息已经有所发展，这种发展伴随着商业行为中模式的变化而变化。但是，商标的本质一直是标识来源的标志。它表明贸易来源：是在经营过程中连接商品与商标所有人的一个纽带，这是它的功能。因此，授予注册商标所有人的专有权，仅限于可能被视为表示贸易来源的标志的使用。这种性质的使用，是侵权必不可少的先决条件。商标的使用若与表明商品或服务的来源无关，则没有侵犯商标所有人的专用权。上诉法院迪龙（Dillon）常任法官在 Mothercare UK Ltd. v. Penguin Books [1988] RPC 113 案中尖锐地指出：

---

❶ 参见 Anheuser Busch Inc. v. Budweiser Budvar National Corp. [2002] NZCA 264（CA）[新西兰]。

❷ 尼日利亚商标法对此有明确规定，因为任何人在经营过程中，使得一个与商标相同的标志或者非常近似的标志，以一种如同一个商标正在被使用的方式使用，可能导致欺骗或产生混淆，即构成商标侵权。

"按理说，商标法只应当涉及将标志的使用限制为商标或在商标意义上的使用，并且应当作相应的解释。如果描述性的文字［作为商标］合法地得到注册，也没有理由阻止其他人自由地在描述性意义上（而在非商标意义上）使用这些文字。"

关于这一点，我忍不住要提及深受商标律师喜爱的那个极端的假想例。如果一个杂志的出版商将问号"？"注册为杂志的商标，这不会阻止问号在其他杂志封面上的语法性使用。

沃克（Walker）大法官（在同一案件中）说：

"商标使用"是对注册商标的使用一种方便、简短的说法，即"为适当目的（识别和保证使用该商标商品的来源）而非其他目的对注册商标的使用"。识别完全落入界限一边或另一边的案件是容易的。伪造者出售仿造欧米茄的廉价手表，是欺诈性地从事商标使用（如［律师］所指出的，伪造者使用 HOMEGAS 商标，但是第一个字母和最后一个字母印刷得非常模糊，也是欺诈性地从事商标使用）。但是，如果出版商出版一本名为 MOTHER CARE/OTHER CARE 的书（对工薪族母亲抚养幼子的认真研究），则并非对 Mothercare UK Limited 注册商标的侵权，尽管事实上该商标已在不同类别商品（包括书籍）上获得注册。

NATIONAL FITTINGS (M) Sdn Bhd v. OYSTERTEC Plc
[2005] SGHC 225 ［新加坡］

安德鲁·菲·布恩·莱（Andrew Phang Boon Leong）法官：

我认为，对于侵犯商标权的指控，应该有作为商标使用的要求。我的这一观点，不仅获得［权威的判例］的支持，也被以下事实所支持：这样的要求也保证了对注册商标所有人权利的合法保护是正当的，因此，不能说该所有人滥用了事实上被称为不必要或过度的垄断权。毕竟，在最终分析中，商标都必须与相关商品的来源有关。

3.20 描述性使用不是商标使用

THE GILLETTE CO. v. LA – LABORATORIES LTD OY
Case C – 228/03（2005 年 3 月 17 日）［欧洲法院］

事实：被告在芬兰销售由手柄和可更换刀片组成的剃刀，以及它们自己的刀片。这些刀片以 Parason Flexor 商标出售，在包装上有以下对吉列公司（Gillette）的商标引用："所有 Parason Flexor 和 Gillette Sensor 手柄都与此刀片兼容。"

适用欧洲法院在以下引用的案件中设立的原则，芬兰最高法院判决被告没有侵犯吉列的商标。该法院认定，包装上的商标引用，是表明该

产品用途所必需的，并且符合诚实使用原则。❶

欧洲法院认定❷：

商标使用合法与否，取决于该使用是否为表明产品用途所必需。非商标所有人的第三方对商标的使用，应为表明该第三方销售的产品的用途所必需，即为维护该产品市场中的正常竞争制度，这种使用事实上构成向公众提供易理解、完整的信息的唯一途径。［法院必须决定］这样的使用是否是必需的，在作出这样的决定时，要考虑第三方销售的相关产品的目标人群的性质。

"诚实使用"的条件，实质上所表达的是公正对待商标所有人合法利益的义务。在以下列举的情形下，商标的使用与工商业事务中的诚实做法不符：

- 使用的方式，造成在第三方和商标所有人之间具有商业联系的印象；
- 商标的使用，因不正当利用商标的显著性或声誉，影响该商标的价值；
- 商标的使用，使该商标遭受诋毁或贬低；
- 或者第三方所提供的产品，是标示有商标的产品的仿制品或复制品，而该第三方不是该商标的所有权人。

第三方使用非其所有的商标，来说明其销售的产品的用途，并不一定意味着第三方表明该产品与其所用商标的产品具有相同的质量或同等属性。是否有这种表示，取决于案件的事实。

第三方销售的产品，是否展示了与其所有人所使用商标的产品具有相同的质量或同等属性，是相关法院在验证该商标的使用是否符合工商业行为中的"诚实原则"时必须考虑的一个因素。

WCVB – TV v. BOSTON ATHLETIC ASSOCIATION
926 F2d 42（1991）［美国］

事实：该案是关于一个电视台在其事件的报道中使用注册商标"BOSTON MARATHON"的案件。法院判决，主张"美国法定的合理使

---

❶ 芬兰最高法院判决，22. 2. 2006. KKO；2006；17。

❷ 欧盟指令中的相关条款，在英国法令（第6条）的条款中得以反映：

"商标不应授权其所有人禁止第三人在商业过程中使用：

（a）其自己的姓名和地址；

（b）与商品或服务的种类、质量、数量、用途、价值、产地来源、生产商品或提供服务的时间相关，或者与商品或服务其他特性相关的标志；

（c）商标——如果商标的使用为表明产品或服务的用途，尤其是作为附件或零件的用途所必需；

前提是，第三人对商标的使用符合工商业行为中的诚实原则。"

用"❶的这一抗辩是正当的,理由是,该商标主要是以描述性方式使用的。因为"时间、含义、背景、目的以及周围环境",法院认定不存在混淆的可能性。

法院判决:

> 波士顿马拉松(BOSTON MARATHON)一词,不仅引起对第5频道的注意;也描述了第5频道即将播出的事件。普通常识表明,当观众看到屏幕上这些闪动的词语时,就会相信第五频道将播出,或者正在播出,或者已经播出马拉松比赛,而不是第5频道得到[商标所有人]的某些特别授权而这样做。在专业商标术语中,为描述性目的而使用词语,被称为"合理使用",而且即使这些文字本身也构成商标,法律通常也允许这样做。

HÖLTERSHOFF v. FREIESLEBEN

Case C – 2/00 [欧洲法院]

> 事实:这个问题产生于两个注册商标(SPIRIT SUN 和 CONTEXT CUT,核定使用在未加工成珠宝的钻石和宝石)的所有人与被告之间的诉讼,后者在商业贸易过程中出于描述性目的对这些商标进行了使用。

总法律顾问的意见:

> "很清楚,商标赋予其所有人的权利的排他性意味着,能够制止其他人使用该标志来识别他们的商品或服务,因为他人的使用将否定其商标的基本功能。
>
> "然而,当与注册商标相同或近似的标志,由一个竞争者为商标基本功能之外的目的进行使用时,很难理解为什么该注册商标所有人有权阻止这种使用。并且,如对法院提出的意见中已经指出的那样,根据欧盟指令第5(1)条或者第5(2)条,可以制止的使用,仅限于出于区别商品或服务的目的的使用。也许更具有说服力的是,委员会在听审中指出,如果认为商标权人的权利涵盖了所有形式的使用,包括无法也无意表明供货商来源的使用,那么在有些情况下,允许商标权人制止第三方使用商标是明显不公平的,虽然商标指令并未规定其无权这样做。
>
> "在标志的使用不表明来源的情况下,从定义上来说,不可能混淆两种产品的来源,无论产品是相同的或仅仅是类似的,也不论该标志与受保护的标志是相同的或仅仅是近似的。在我看来,如果对非表明来源目的的使用予以制止的权利,在某些案件中取决于混淆的可能性,而在其他案件中,不取决于混淆的可能性,将会给确

---

❶ 另见下文第6.4段。

定的体制引入不必要的矛盾。"

法院判决：

在这方面，充分地表明，如国家法院阐述的那样，商标的使用没有侵犯任何第5（1）条意图保护的利益。这些利益不受此种情形的影响：第三方在与潜在的职业珠宝客户进行商业谈判的过程中引用此商标，这种引用仅仅是出于简单的描述目的。即为了显示向潜在客户许诺销售的产品的特性，而该潜在客户对涉案商标所涵盖的产品的特性是熟悉的，这种对商标的引用，不会被潜在客户解释为对产品来源的表示。

3.21 描述性使用与商标使用的不同

MIELE ET CIE GmbH & CO. v. EURO ELECTRICAL（PTY）LTD. 1988（2）SA 583（A）[南非]

事实：Miele 在家用和其他电器产品的广泛类别里，将 MIELE 这个名字注册为商标。一些注册包括以特殊手写体和按照一定精确尺寸（著名的 Miele 国际手写体形式）书写的 MIELE 一词。根据协议，被告被授权进口、销售、保养和修理 Miele 产品，并且按照其国际手写体形式，在其贸易名称和修理服务上使用 MIELE 一词。在该协议解除后，被告继续以往的经营，因此，Miele 申请禁止被告通过使用"Miele Appliances"商号作为其商店的商号而侵害其商标权。

上诉法院科贝特（Corbett）法官判决：

[辩护人]提出，并没有证据证实，Euro Electrical 在其商店正面使用 MIELE 名称，构成其经营 Miele 生产的产品这个事实以外的宣传。[Miele]承认，Euro Electrical 完全有权宣传，其销售的产品为正品的 Miele 电器。

在我看来这一说法不合理。对于我来说，检验标准是通常、合理的购买者会怎样看待和解释 Euro Electrical 将 MIELE 名称使用在其商店正门：是否作为经营方式或者商业名称，或者是否作为 MIELE 商品在商店里销售的宣传。考虑到霓虹灯招牌的大小、持久性、位置和数量，以及它们传达的一般印象，我认为，通常、合理的购买者会认为，它们表现了商店的名称或商店里从事的贸易，而非仅仅作为宣传。另一方面，标语牌会被视为广告牌。

因此，证据似乎证明，Euro Electrical 是将 MIELE 名称单独地或组合地（MIELE Appliance）作为经营方式使用的。大部分使用的，是以国际手写体书写的名称。在我看来，毫无疑问，我所列举的证据，证明了 Euro Electrical 在使用 Miele 商标。

3.22 商标在加拿大的使用[1]

COMPAGNIE GENERALE MICHELIN v. NATIONAL AUTOMOBILE, etc. WORKERS UNION

[1997] 2 FC 306 [加拿大]

事实：原告 Michelin 公司是一个生产、分销、销售轮胎和汽车配件等业务广泛的法国公司。Michelin 公司还提供旅游服务，包括旅游指南和地图产品。Michelin 公司持有 MICHELIN 文字商标和 Bibendum 图形商标（由轮胎组成的一个喜气洋洋的棉花糖般的胖乎乎的图像）。被告（CAW）是一个工会组织，试图组织 Michelin 公司加拿大三个轮胎厂的员工成立工会。活动期间在 CAW 派发的传单、展示的海报及发布的信息表上，载有未经 Michelin 公司许可复制的 MICHELIN 一词及 Bibendum 图形。Michelin 公司以 CAW 侵犯其商标权利为由，寻求永久禁止令和损害赔偿。CAW 以不存在商标使用为由，否认它侵犯了商标权。法院判定，CAW 没有在商品或服务上使用商标，并且进一步认定，原告不能证明在加拿大法令第 20 条规定的"使用"，该条款也规定，应当证明该标志作为商标的"使用"。

泰特鲍姆（Teitelbaum）法官说：

我认可被告的观点，即他们不是将"Bibendum"图形作为商标使用，以用来表示 Michelin 公司是该小册子和传单的来源。被告没有将"Bibendum"图形当作商标使用，而是将其作为宣传活动的方法，来吸引 Michelin 公司雇员进入工厂大门时的注意力。毫无疑问，CAW 是小册子和传单的原创者。在右上角使用的 CAW 徽标，以及呼吁在"为时已晚之前"，通过拨打在传单底部黑体字打印的 CAW 电话号码采取行动，充分地表明了其来源。同时，CAW 没有使用"Bibendum"图形来建立与 Michelin 公司的商品和服务的联系。反之，"Bibendum"图形的描绘，是为了吸引 Michelin 公司雇员的眼球，并且与通常的企业形象形成对照。在其整个被作为证据的开示证词中，被告 Wark 描述了工会使用原告"Bibendum"图形商标的意图的特征：

"你可以想象这个公司的态度，即将所有 Michelin 公司的员工约束起来，好像他们是一个大家庭，或者你也许可以接受我的沟通工具，它所传达的信息是，他是老板，并且他比你们大得多，强硬得多，有力得多。我的意图就是表述这一信息。因此，不要把他当作你的父亲，把他当作他自己，他是公司的老板，这就是工装裤的真正含义，所以要当心。"

---

[1] 关于商标在澳大利亚的适用参见：Musidor BV v. Robert William Tansing（1994）29 IPR 203。

在讨论商标法规定的侵权理由时，相关而且重要的是，确定被告CAW描述"Bibendum"的目的。既然"Bibendum"不是作为商标而使用，实际上根本就不存在对"Bibendum"的使用。

被告CAW信息手册中的"Michelin"一词，也不能视为对商标"作为商标"的使用。我不认可原告的意见，即被告CAW在信息表上使用"Michelin"，是为做出Michelin是信息表来源者的推论。"Michelin"一词放置在与CAW徽标分隔的一条细线之下，不足以表明被告CAW是将该标志作为商标使用的。原告作为证据，提交了一卷被告使用"Michelin"名称的宣传材料，但被告并未冒犯该名称，因为"Michelin"是在企业名称下而非作为商标引用。换句话说，"Michelin"一词不是作为商标，而只是作为公司名称本身的缩写而使用的。被告并没有试图在信息单上表明Michelin是信息单的来源者。

3.23 装饰性使用并不一定是商标使用。 但这不取决于被告的意图，而取决于公众的看法。

ADIDAS – SALOMON AG v. FITNESSWORLD TRADING LTD.
Case C –408/01 ［欧洲法院］

如果相似的程度依然使得相关公众在标志与商标之间建立起联系，则标志被相关公众视为装饰这一事实本身并不构成保护的障碍。

相比之下，如果相关公众将标志纯粹作为装饰看待，则其必然不与注册商标建立任何关联。因此，这意味着标志与商标之间的相似程度并不足以建立这样的联系。

因此，答案必然是，如果相似的程度依然使得相关公众，在标志与商标之间建立起联系，则标志被相关公众视为装饰这一事实本身，并不构成保护的障碍。相比之下，如果相关公众将标志纯粹作为装饰看待，则其必然不与注册商标建立任何关联，其结果是赋予保护的条件之一没有得到满足。

TOMMY HILFIGER LICENSING INC. v. INTERNATIONAL CLOTHIERS INC.
2004 FCA 252（CanLII）
上诉法院奈东（Nadon）法官：

初审法官［认定］，展示衬衫和男孩短裤套装特色的［注册商标］徽章并未被用于这些服装上，并且也没有出于将它们与其他商品区分的目的而在销售中使用。因此，他认定答辩人的徽章设计没有被作为商标使用。

在本次上诉中，我们面临的唯一问题是，答辩人使用徽章设计，是否"意在区别"其衬衫和男孩短裤套装，"或者是为了区别"这些商品和他人的商品。在我看来，对这一问题的答案必然是肯定的。

在 Meubles Domani's v. Guccio Gucci SpA [(1992) 43 CPR (3d) 372 (FCA) 379] 案中，本院赞同在 Fox 案中提出的观点❶，即在决定标志是否被当成商标使用时，使用者的意图和公众的认可是相关的考虑因素，其中之一便可能足以证明标志是被当作商标使用的。

在我看来，初审法官采纳了一种错误的法律解释，这种解释要求证明，使用者有意为将他的货物与其他货物进行区分而使用其标志。即使怀着最大的敬意，在我看来，初审法官显然未能解决至关重要的问题，即不论其意图如何，答辩人是否使用其徽章来表示衬衫和男童短裤套装的原产地，或以达到表明来源目的的方式使用该徽章。

3.24 排他权利的赋予，是为了确保商标能够实现其功能

ARSENAL FOOTBALL CLUB PLC v. MATTHEW REED

Case C - 206/01 [欧洲法院]

事实：阿森纳（Arsenal）是世界上著名的足球俱乐部。它以 Arsenal 或 Gunners 而闻名。阿森纳开展的部分业务涉及销售带有 Arsenal、Arsenal Gunners 文字及图案商标的产品。瑞德（Reed）先生是一个足球商品批发和零售企业的所有人。他出售的商品中，有阿森纳球迷可能感兴趣的纪念品和纪念物。这些包括带有 Arsenal、Arsenal Gunners 文字及图形商标的物品。他的抗辩是，"在经营过程中使用标志"的这一表述，要求使用为"商标使用"。据此，他的意思是，使用必须是以一种表明商品来源的方式进行的。他的论点是，他是将"Arsenal"一词以及其他商标作为球迷所喜欢的球队的标识来使用的，而不是用以在经营过程中表明商品与阿森纳存在联系。

判决：

注册商标赋予其所有人排他权，基于该排他权，所有人有权阻止任何第三方，未经其同意在经营过程中，在与注册商品或服务相同的商品或服务上，使用与注册商标相同的标志。

为了商标能够实现其在非扭曲的竞争制度中的重要作用，必须提供一个保证，即所有带有商标的商品或服务的生产或供应，由对其质量负责的单一企业控制。

为了确保对构成商标基本功能的标示来源的保证，商标权人必须得到保护，以阻止竞争者试图通过销售非法带有商标的产品，不正当地利用商标的地位和名誉。在这方面，欧盟指令的序言[参照 TRIPS 第 16 条第 1 款]指出：在商标和标志之间，以及涉案商品或服务与注册商品

---

❶ 加拿大商标及不公平竞争法（3ed. Toronto：Carswell，1972）at 22. FOX 将 Nicholson & Sons, Ld (1931) 48 R. P. C. 227 （Ch.） 260 案中 Romer（罗默）法官的意见作为主要理由。

或服务之间相同的情形下，商标所提供的保护是绝对的。由此，排他权的赋予，是为了使得商标所有人能够保护其作为所有人的特定利益，即确保该商标能够实现其功能。因此，该权利的行使必须限定于以下情形：第三方对标志的使用，影响到了或者可能影响到商标的功能，尤其是其向消费者保证商品来源的基本功能。

如果这种使用，在商标功能方面不影响其作为商标权人的自身利益，商标权人不得禁止与其注册商标相同的标志，在与其核定使用注册商标的商品相同的商品上使用。因此，纯粹出于描述目的的某些使用，被排除在［保护］的范围之外，因为这些使用不影响该规定所保护的任何利益，因此不符合该规定中"使用"的定义。

在上述"使用"的情况下，该标志被认为是支持或忠诚或附属于商标权人的徽章并不重要。

3.25 该案被发回至国家法院。在那里，莱迪法官作出了对里德有利的判决。在上诉中，他的判决被推翻。上诉法院的判决包括对欧洲法院判决的详尽分析，但仅引用了结论。

3.26 可能危及来源保证的使用

ARSENAL FOOTBALL CLUB v. REED

［2003］ EWCA Civ 696 ［英国］

上诉法院奥尔德斯常任法官：

我承认，欧洲法院作出的一个事实性结论是，在法官所认定的情形中，里德先生的使用可能危及来源保证，而这种保证构成阿森纳所拥有商标权的基本功能。我相信，那是此种情形下必然被认定的事实。正如法官所认定的那样，使用于商品的商标被购买，并被作为支持、忠诚于阿森纳和与阿森纳有关联的标志佩戴，但这并不意味着第三方的这种使用不会危及商标的功能，即保证来源的功能。相反，这种使用范围越宽广，商标越不太可能实现其功能。正如欧洲法院所指出的，里德先生的行为意味着该商品不是来自阿森纳，但载有其商标的商品却处于流通中。这影响了商标保证商品来源的功能。❶

F. 其他事项的使用

3.27 **确定被告的商标**：在可能对后一标志和注册商标进行比较之前，有必要

---

❶ 关于商标使用的不同情况，请见：The Rugby Football Union v. Cotton Traders Ltd. ［2002］ EWHC 467 ［英国］；SA Football Association v. Stanton Woodrush (Pty) Ltd. ［2002］ ZASCA 142 ［南非］。

确定被告正使用的商标：他是将标志作为商标使用来表示来源，还是为了其他目的而使用？❶ 为解释这一不同：在书籍上的"企鹅"商标，不意味着没有人可以出版书名中包含"企鹅"的书，比如，《企鹅的知识》(The Book of Penguin) 或者《企鹅的故事》(The Story of Penguin)，因为在这些情况下，企鹅一词是以描述的方式使用的，用以描述书的内容，而非其来源。

R v. JOHNSTONE

［2003］UKHL 28 ［英国］

尼科尔斯大法官：

如果一个杂志出版人，打算将一个普通的问号"？"注册为杂志的商标，这并不能阻止问号在其他杂志封面上作为文法性的使用。

MOTHERCARE UK LTD. v. PENGUIN BOOKS

［1988］RPC 113 ［英国］

上诉法院迪龙常任法官：

按理说，商标法只限制标志作为商标或在商标意义上的使用，并应作出相应的解释。如果描述性词语合法地注册［为商标］，仍然没有理由认为其他人不得在描述性意义上而非商标意义上自由使用这些词语。

3.28 附加事项的谬误：一旦被告的标志被确定，就不允许通过去除它所有区别于原告注册商标的附加要素，而使它更加接近于后者。这一"附加事项"原则，不允许对被控标志进行语境检查，因为不考虑标志在"上下文"中的整体使用会给普通消费者带来的影响，而以普通消费者眼光来比较被控标志是非常武断的。❷

在这方面，有必要提及以下法官意见的内容。

SAVILLE PERFUMERY LTD. v. JUNE PERFECT LTD.

(1941) 58 RPC 147

格林 (Greene) 先生：

法定的保护，在以下意义上是绝对的。即一旦一个标志被证实违法，该标志的使用人，不能通过证明"已通过实际商标本身以外的一些东西，将其商品与注册商标权人的商品进行了区别"而逃脱责任。

法院还主张：

一旦认定被告的标志是作为商标使用的，即使被告清楚地证明了由该商标标志的商品并非来源于原告这一事实，也对被告并无益处，因为侵权存在于将该标志作为商标使用，即表明商品的来源。

---

❶ Apple Corps. Ltd. v. Apple Computer Inc. ［2006］EWHC 996 ［英国］。

❷ 意译刘易森法官在 O2 Holdings Ltd. v. Hutchison 3G Ltd. ［2006］EWHC 534 (ch) 案中的判决。

02 HOLDINGS LTD. v. HUTCHISON 3G LTD.
［2006］EWCA Civ 1656 ［英国］
上诉法院雅各布常任法官：

没有理由认为，（对侵权）的考虑限于被告的标志与注册商标之间的比较。实际上，对使用情况的审查正是该条款的明确要求——你们必须考虑被告如何使用被控标志，来回答一个基本问题：他是否"在经营过程中使用"？因此，试图将被控标志从其使用情况中孤立出来是异常武断的。

这个问题能够以 The Polo/Lauren Co. LP v. Shop In Department Store Pte Ltd. ［［2005］SGHC 175、［2005］4 SLR 816（新加坡高等法院）］案件中的事实来作进一步说明。该案争议的是，经常涉诉的服装注册商标"Polo"。问题是，该商标是否被标志"Polo Pacific"所侵害。黎嘉才（Lai Kew Chai）法官驳回了如下观点，即"Pacific"一词，应被视为 Saville 案法官意见中的附加事项，并拒绝将"Polo"与"Polo"进行比较，而是将"Polo Pacific"与"Polo"进行比较。同样地，在 10 Royal Berkshire Polo Club Trademark ［［2001］RPC 32］案中，御用大律师 Geoffrey Hobbs 认定，标志"10 Royal Berkshire Polo Club"与"Polo"既不相同也不混淆性近似。另一方面，伯切特法官则在 Polo Textile Industries Pty Ltd. v. Domestic Textile Corporation Pty Ltd. ［(1993) 42 FCR 227、(1993) 26 IPR 246］案中认定，"Polo Club"侵犯了"Polo"商标权。

3.29 假设的公平和正常使用
BRITISH SUGAR PLC v. JAMES ROBERTSON & SONS LTD.
［1996］RPC 281 ［英国］

事实：前一商标 TREAT，被注册在甜食调料及糖浆上；全部包括在第 30 类商品中。被告生产奶糖口味的涂料。标签上的关键措辞是，"Robertson's Toffee Treat"并加上"不可抗拒的丰富奶糖涂料"的描述。"Robertson's"是以白色大写字体清楚地书写。"Toffee Treat"以一种花式字体显示。"Toffee"的大小至少是"Treat"两倍。这里所讨论的问题是：增加"Robertson's"和"Toffee"这些措辞，是否意味着不可能发生侵权。

雅各布法官说：

在 Origins Natural Resource Inc. v. Origin Clothing Ltd. ［(1995) FSR 280］案中，我谈到第 10 条：

"要求法院推定原告是以正常和公平的方式将商标使用于注册

商品上,然后评估与被告使用其标志相关方式的混淆的可能性,且不考虑附加的事项或情况。"

这在本质上是与旧法相同的规则。

为了比较,被告的标志仍须确定。在大部分案件中,这不存在困难。被告的标志要么存在,要么不存在。但是,标志可能被隐藏,或被淹没。譬如,只有填字谜才会说"treat"存在于"theatre atmosphere"之中。然而,现在并没有这类问题。"Treat"就在 Robertson 的产品之上,所有人都可以看见。它是否被作为商标使用,则是另外的事情。

评论:最后一句中的限定是很重要的。法院最终认定,被告没有将 TREAT 作为商标使用,并表示:"我没有被说服有任何证据证明这个短语本身被认为是商标。"法院进一步认定,TREAT 没有显著性,商标注册无效。

G. 名义上的使用

3.30 商标权人名义上的使用:在判断侵权时,应当考虑的是,商标权人依据注册,可能使用注册商标的方式,而不是该注册商标实际上如何被商标权人所使用。这是因为决定商标权人权利的,是注册的范围,而不是其对商标的使用。

SHELL CO. OF AUSTRALIA LTD. v. STANDARD OIL(AUSTRALIA)LTD.
(1963)109 CLR 407 [澳大利亚]

温德耶法官:

注册商标侵权争议发生时,最终参考的是,该商标是否被注册,而不是该商标如何被使用。一个标志是否与注册商标形式上或实质上相同,从而构成侵权,取决于它与注册商标的比较,而非它与商标权人在实际中倾向于使用的任何变化形式相比较。因为制止商标侵权的诉讼在本质上不同于反假冒的诉讼。然而,商标所有人使用商标的方式、描绘商标的形式、他通常围绕商标所作的设计或图例,所有这些,在判断另一个商标是否不仅近似,而且欺骗性地近似时,都可能成为相关的考虑因素。❶

3.31 被告名义上的使用:在判断侵权时,相关的是被告对其标志的实际使用,而不是被告名义上可能使用"侵权"标志的方式。

---

❶ 最后一句话与该段其余部分难以协调。事实上,有人认为,最后一句的表述是错误的。

**PLASCON – EVANS PAINTS LTD. v. VAN RIEBEECK PAINTS（PTY）LTD.
1984（3）SA 623（A）[南非]**

上诉法院科贝特法官：

在某些已经判决的案件中，法院认为，在比较时应当考虑注册商标与被控侵权商标"名义上的使用"的情况。意思是，在进行必要的比较时，法院不应局限于双方实际上使用其各自标志的方式：法院应该考虑的是，他们可以如何以公平和正常的方式使用其标志。我可以很清楚地看到，在考虑侵权的问题时，法院不仅应当考虑原告对其注册商标的实际使用，而且应当考虑其名义上的使用，即在依据其注册的条款而产生的排他范围内，对其标志进行公平和正常使用的所有可能。但是，我难以将"名义上的使用"这一方法应用于被告对其标志的使用，尤其是在涉及使用该标志的商品的类型时。

第4章　商标：混淆的可能性

A. "混淆"的相关性及含义（4.1～4.3）
B. 很可能被混淆的对象？（4.4～4.8）
C. 综合评估（4.9～4.15）
D. 用于评估混淆可能性的因素（4.16～4.20）
E. 视觉、发音和含义的近似（4.21）
F. 视觉近似（4.22）
G. 发音近似（4.23～4.25）
H. 含义近似（4.26）
I. 导致混淆的意图（4.27、4.28）
J. 混淆（可能性）的证明（4.29～4.31）

A. "混淆"的相关性及含义

4.1 本章的范围：本章对混淆这一要素进行讨论。上一章中，讨论的商标直接侵权和间接侵权均有混淆的要求。

4.2 混淆与欺骗：如前所述，一些商标法提及"混淆或欺骗"的可能性。根据 TRIPS，只提及"混淆"的商标法所提供的保护程度并不会降低。虽然这些措辞有不同的意思（"欺骗"意味着诱导人们去相信一些虚假的东西，而"混淆"则是造成困惑、怀疑或不确定）❶，在本文上下文中，它们通常被作为同义词或可以相互替换的词来使用。❷

PIONEER HI – BRED CORN COMPANY v. HY – LINE CHICKS PTY LTD.

[1978] 2 NZLR 50 [新西兰]

理查森（Richardson）法官：

> 受骗意味着错误的认识或心理印象的产生，而导致混淆可能仅仅止于困扰或混淆消费群体的意识。当欺骗或混淆的指控所针对的是商品的来源时，欺骗相当于误导公众使他们不认为带有申请人商标名称的商品有其他来源，混淆则相当于导致公众对带有申请人商标名称的商品是否有其他来源的问题感到疑惑。

4.3 混淆的可能性包括关联的可能性。公众方面的混淆可能性，包括将侵权标志与注册商标关联起来的可能性。

SMITHKLINE BEECHAM PLC v. ANTIGEN PHARMACEUTICALS LTD.

[1999] IEHC 144 [爱尔兰]

麦克莱肯（McCracken）法官：

> 就我所知，"关联"这一观点还没有被我们法院所考虑，但是，它看起来无疑是对 1963 年商标法中使用的"混淆"一词含义的延伸的设想。这个概念本身来自欧盟指令第 4（1）（b）条，并且明显地来源于比利时、荷兰、卢森堡关税同盟判例法。在 Union v. Union Solure [(1984) BIE 137] 案件中，有如下表述：
>
> "如果考虑到当前案件中的具体情形，如商标的显著性，各自被看作一个整体而又相互关联的商标和标志，显示出听觉、视觉或含义上的相似性，且标志和商标之间的关联正是在此相似性的基础

---

❶ John Craig (Pty) Ltd. v. Dupa Clothing 1977 (3) SA 144 (T) [南非]。

❷ Cadila Health Care Ltd. v. Cadila Pharmaceuticals Ltd. AIR 2001 SC 1952 [印度]；Boswell – Wikie Circus v. Brian Boswell Circus 1984 (1) SA 734 (N) [南非]。

上产生,则该商标和该标志之间存在近似性。"

B. 很可能被混淆的对象?

4.4 普通消费者:一个长期通用的规则要求,在决定是否存在混淆的可能性时,必须考虑有可能成为涉案商品或服务消费者的人群的类别。但是,问题是,不可能总是将特定商品或服务的消费者进行归类,因为它们的消费者来自社会各界,与文化水平和修养无关。因此,名义上的消费者,可能与合理的消费者一样难以琢磨,并且不可能轻易地发现。

SABEL BV v. PUMA AG, RUDOLF DASSLER
Case C–251/95 [欧洲法院]:

本条款的制定,仅为适用于这样的情形,即由于标志之间与其指定的商品或者服务之间的相同或相似,"公众方面存在混淆的可能性,其中包括与在先商标相关联的可能性。"从这些措辞中可以看出,关联可能性这一概念,并非混淆可能性概念的另一种说法,而是用于界定后者的范围。本条款的措辞本身,在公众方面不存在混淆可能性的情况下,排除了关联可能性的适用。

"公众方面存在混淆的可能性"这一措辞表明,在对混淆可能性的综合评估中,涉案商品或服务的普通消费者在心目中对商标的认识,起着决定性的作用。普通消费者通常将一个标志作为一个整体来看待,而不会去进一步分析其各种细节。

4.5 特定市场:如果市场是特定的,比如处方药,对有代表性的医生和药剂师必须加以考虑。

"我们相信,消费者是衡量商标法中所有事物的尺度。商标只有在消费者将其视为来源指示时才会存在。侵权只有在消费者认为一个商标指向另一来源时才会发生。作为知识产权中最'显示智力的'一种类型,商标纯粹是一种消费者意识中的财产。

可以说,商标法在知识产权法中最难以预料,当运用于事实时,其结果也是最难以预测。这是因为它要求约翰·肯特(John Kents)先生所称的'消极能力',更具体地说,即以消费者的角度考虑并仅以消费者眼光来看待市场的能力。"[1]

4.6 谨慎的买方:根据产品特性,公众购买时可能更加细心和谨慎。

---

[1] BEEBE B. Search and persuasion in trademark law [J]. Michigan Law Review, 2020. (比尔. 商标法中的探究与解说 [J]. 密歇根法律评论, 2020.)

CLAUDE RUIZ – PICASSO v. OHIM AND DAIMLERCHRYSLER AG
Case C – 361/04 P ［欧洲法院］：

> 因此，初审法院完全有权判定，为了评估与汽车相关的标志之间的混淆，必须考虑一个事实，即鉴于相关商品的性质，尤其是它们的价格和高技术特性，普通消费者在购买此类商品时表现出相当高的注意力。
>
> 如果事实证明，某一特定产品的客观特性意味着普通消费者只有在特别仔细地检查之后才会购买该产品，则在对这些产品和标志进行选择的关键时刻，上述事实可能会降低与该特定产品相关联的标志造成混淆的可能性。在法律实践中考虑到这一事实是很重要的。

4.7 理性的消费者：必须合理地向普通消费者公布必要的信息，而且普通消费者必须具有适当的观察力。

LLOYD SCHUFABRIK MEYER & CO GmbH v. KLIJSEN HANDEL BV
Case C – 342/97 ［欧洲法院］：

> 此外，混淆可能性的全面鉴别，在涉及争议标志在视觉、听觉和含义上的近似时，必须以它们的整体印象为基础，尤其要牢记它们显著、主要的组成部分。
>
> 普通消费者通常将一个标志作为整体看待，而不进一步分析其各种细节。
>
> 在进行混淆可能性的综合鉴别时，相关类别产品的普通消费者被认为是消息灵通的，并具有适当的观察力以及谨慎度。但是，必须考虑到一个事实，即普通消费者极少有机会对不同的标志进行直接的比较，而必须依赖于其脑海中留下的这些标志的不完整的印象。还应当铭记，普通消费者的注意力可能依争议商品或服务的类别的变化而有所变化。

4.8 相当数量的消费者：证明可能给相当数量的消费者造成混淆的这一举证责任，由商标权人承担。

PLASCON – EVANS PAINTS LTD. v. VAN RIEBEECK PAINTS（PTY）LTD.
1984（3）SA 623（A）［南非］
上诉法院科贝特法官：

> 在侵权诉讼中，证明欺骗或混淆的概率或可能性的责任在于原告。原告没有责任证明每一位对其注册商标的商品类别有兴趣或给予关注的人（通常作为消费者）都可能被欺骗或产生混淆。如果能够证明有相当数量的这样的人会被欺骗或产生混淆就已足够。"欺骗"或"混淆"的概念不限于在有兴趣的人的头脑中引起一种错误的观念或印象，即被告标志所适用的商品是注册商标所有人（原告）的商品，或者，被告的商品与原告之间有实质上的关联；原告能够证明相当数量的人将可能对商品的来源或上述这种关联是否存在产生混淆就已足够。

PIONEER HI – BRED CORN COMPANY v. HY – LINE CHICKS PTY LTD.
[1978] 2 NZLR 50 [新西兰]
理查森法官：

> 对欺骗或混淆可能性的检验，不要求在市场上所有的人都可能被欺骗或产生混淆。但是，仅市场上的某个人可能被欺骗或产生混淆是不够的。必须取得一种平衡。"一些人""相当数量的人""相当部分的公众"及"大量的这种买方"之类的术语已经得到运用。如库克（Cook）法官所言：
>
>> "判决中那些不同的术语提醒我们，并非总是要求有大量的人持有或可能持有我们所讨论的认识状态；相反，问题在于该数量相对于特定商品的市场的重要程度。"

C. 综合评估

4.9 商标必须作为整体予以考虑。考虑商标侵权的总体趋势是采用全面评估的检验标准。商标权存在于注册商标的整体而不是被分割或解剖后的商标，因为"一根根折断柴捆是荒谬的"（it is fallacy to break the faggot stick by stick）❶，并且，"加强或废弃商标一些组成部分的法律手术在决定被设计的标志对仅依赖记忆力的买方所产生的影响时没有多大的价值。"❷

这并不意味着商标的主要特征在决定混淆的可能性时不发挥作用。相反，它发挥着重要的作用。

2006年5月11日决定 – I ZB 28/04 [德国]
德国联邦最高法院：

> 根据德国联邦最高法院的长期以来的先例，决定一个特定案件中是否存在混淆的风险必须充分考虑所有的情形。这种考虑必须包括商品或服务之间的相同性或类似性，商标之间近似的程度和具有时间上优先性的商标的显著性，以及这样一个事实，即商品或服务之间程度较低的类似可能被商标之间较高程度的近似或前一商标较大的显著性抵消，反之亦然。
>
> 对立商标之间的近似性问题应根据其在声音、图像/文本及含义/内

---

❶ Joseph Schlitz Brewing Co. v. Houston Ice And Brewing Co. 250 US 28 (1919). 福尔摩斯（Holmes）法官。
❷ Grandpa Pidgeon's of Missouri Inc. v. Borgsmiller 447 F2d 586.

容方面的相似性进行判断,因为商标可以通过声音、图像和内容来影响目标人群。

为确定混淆风险的存在而在对立商标之间进行的相似判断,是将争论中的每一个商标作为一个整体考虑,并将它们形成的整体印象进行比较。这并不意味着,在特定情形下,一个组合商标中的一个或多个组成部分不可以是该商标在其目标人群头脑中形成的整体印象的分辨性特征。这也不排除一个组合商标或复杂符号中的单个元素标志可以独立地具有显著的地位,即使它不能控制或界定该组合商标或复杂符号的外观。如果这一独立具有显著性的组成部分与在先注册的商标或与已申请注册的商标相同或近似,则混淆风险的存在可能获得证实。因为这可能在目标人群中造成这样一种印象,即争议中的商品或服务来自至少在商业上与另一家公司存在关联的公司。

4.10 古典的普通法检验:以下检验方法已在大量的案件中被运用。❶

THE PIANOTIST COMPANY LTD.

[1906] 23 RPC 774 [英国]

帕克(Parker)法官:

你必须考虑这两个词语。你必须通过它们的外观和声音来判断它们。你必须考虑它们将适用的商品。你必须考虑可能购买它们的消费者的性质和类别。事实上,你必须考虑所有相关情形;你必须进一步考虑,各个商标被以正常的方式作为商标使用于这些标志各自所有人的商品上时可能发生的情形。如果考虑所有这些相关情形,你得出将出现混淆的结论——也就是说,不一定是一个人将遭受损害而另一个人将获得非法利益,而是公众意识中将产生困惑,这种困惑将导致商品上的混淆——则你可以拒绝商标的注册申请,或者更正确地说,在该案中你必须拒绝该商标的注册。

4.11 对全球评估检验标准的分歧意见:并非所有的司法体系都接受全面评估的做法,因为它可能不适合它们的立法框架。这不意味着 Pianotist 检验标准是适当的。

THE POLOILAUREN CO. LP v. SHOP IN DEPARTMENT STORE PTE LTD.

[2005] SGHC 175 [新加坡]

黎嘉才法官:

我拒绝全面评估检验标准有两个理由。第一,全面评估检验标准在

---

❶ 如 Cooper Engineering Co. Pty Ltd. v. Sigmund Pumps Ltd. (1952) 86 CLR 536(HCA)[澳大利亚]。被上诉人的商品与上诉人的商品属于同一类别(灌溉设备),唯一的问题是 RAINMASTER 与 RAIN KING 是否足够近似以致可能产生误导。法院认为不存在这种可能性。另见 Pepsico Inc. v. Hindustan Coca Cola 2001 PTC 699 [印度]。

类似情况下与我们的立法不符，并且，其事实上混淆了商标法令（TMA）中第27（2）（b）条所规定的侵权要素。第27（2）（b）条以明白的措辞清楚地表明，如果有任何混淆的可能性，它必须是注册商标与所争议的标志之间以及相关商品和服务之间相似导致的直接结果。如果混淆的可能性是由其他因素造成，则根据这一规定并不构成侵权。这一条也没有规定相似性仅仅是将予以考虑的因素之一。这样显然是合理的，因为商标法令保护的是所有人的商标所有权，而不是其他权利。如果我们采用全面评估检验标准——这种方法将是否存在混淆可能性的问题作为其最终的检验标准——那么这一概念上的清晰度就会丧失。

第二，根据全面评估检验标准的做法，因为混淆的可能性是侵权的最终检验标准，在先商标的显著性和名声等其他因素将决定这一问题。在先商标的显著性越强，混淆的可能性就越大。因此，如果我们不仔细地将所要求的要素分开，一个强大的商标会比一个弱小的商标得到更大范围的保护，即使所涉及的商品是很不相同或很不类似的。这似乎并不公平或并不合理。如果作出侵权的判定，这种判定应当以标志与注册商标之间，以及其所适用的商品之间的相同或类似为基础。

我应该再补充说明一点，即虽然全面评估检验标准的做法不可取，但采用该做法的案件中有一些有用的意见，尤其是与"法院应如何解决两个商标是否近似的问题"相关的意见。

但是，虽然全面评估检验标准的做法不可采用，我对于严格遵守旧的英国法律体系的做法同样感到忧虑。特别是，双方似乎同意根据这一做法对混淆可能性进行检验的范围过于狭窄。

4.12 应当避免对争议商标进行仔细分析

VEUVE CLICQUOT PONSANRIN v. BOUTIQUES CLIQUOT LTEE

2006 SCC 23 ［加拿大］

宾尼法官：

要运用的检验标准是普通消费者头脑中匆忙产生的第一印象，该消费者在被告店面里或发票上看到"Cliquot"这一名称，这时，他或她对"VEUBE CLICQUOT"商标只有不完善的记忆，没有停留下来对此事进行仔细的考虑或审查，也没有仔细地检查这些商标之间的近似或不同之处。

CADILA HEALTH CARE v. CANILA PHARMACEUTICALS

AIR 2001 SC 1952 ［印度］

基帕尔（Kirpal）法官：

正如高等法院所认为的那样，一名具有一般智力和不完善记忆力的不知情的买方不会将一个名称分割成其组成部分并去考虑词源学上的意思，或甚至去考虑组合词语的含义，譬如"current of nectar"或者"current of Lakshman"（印度教中一个重要的人物）。他考虑得更多的是药品整体结构和语音方面的相似性和药品的性质，这种药品他以前购买过，或听说过，或通过其他途径了解过，所以想购买。如果商品的主要消费群体是文盲或受教育程度不高的人，认为接受过印度语言教育的人会考虑词源或思想方面的含义并发现"current of nectar"和"current of Lakshman"的不同是没有任何意义的。

LABORATOIRE LACHARTRE SA v. ARMOUR – DIAL INC.
1976（2）SA 744（T）［南非］

事实：法院认定商标 DIATRIL 与注册商标 DIAL 和 MONDIAL 构成混淆性近似。

科尔曼（Colman）法官说道：

我们已经从［商标］登记员的书面理由和律师的争辩中受益。我们有充分的时间全面考虑和仔细比较这两个商标。但是，这些优势也有其自身的危险。它们导致在审查这些商标时，我们给予的注意力比公众可能给予的注意力要高得多，而公众可能的反应正是我们需要评估的；而且我们对相似点和不同点的敏感度也比公众在日常生活中可能有的敏感度要高得多。因此，现在我们必须做的是，将我们自己在想象中从法院或研究室置身于市场。如果这些商标是在正常和公平的商业中被使用，我们必须尽力像盥洗用品的假想消费者那样去看待这些商标，这些假想消费者来自不同种族，具有不同教育程度和不同的智力、兴趣和天分。我们不能假定"惊人地无知或特别的聪明"的消费者。我们要考虑的消费者是具有通常智力和适当眼光，并以普通的谨慎程度进行购买的人士。

4.13 全球评估检验标准涉及视觉、听觉和含义

SABEL BV v. PUMA AG，RUDOLF DASSLER
案例 C-251/95［欧洲法院］：

混淆可能性的评估"取决于大量的因素，尤其是市场上对该商标的认知，该商标与已使用或已注册商标之间可能建立的联系，以及商标之间、所指定的商品与服务之间的相似程度。"因此，混淆的可能性必须得到全面的评估并考虑和该案情形相关的所有因素。

对这些争议商标的视觉、听觉和含义上的全面评估必须以这些商标所带来的全面印象为基础，特别要铭记的是它们的显著和主要组成部分。"存在公众产生混淆的可能性"这一措辞表明，普通消费者对相关商品或服务上使用的争议商标的认知在评估混淆的可能性时发挥着决定性的作用。普通消费者通常将一个商标看作一个整体而不进一步分析其

各种细节。

从这个角度来说，在先商标越是显著，混淆产生的可能性就越大。

THE COURT OF LAW OF THE ANDINE COMMUNITY

案例 No. 194 – IP – 2006

两个商标可能因几个原因而构成近似：

当这些商标的字母相似时，当元音的次序、一个单词或多个单词的长度、音节数量、同样的词根和词尾可能增加混淆程度时，存在字形的相似。相关商标之间的近似性因同样排序的相同元音的存在而被确定。

当有相同的词根和词尾并且两个名称的补充音节相同或者非常难以区别时，存在发音的相似。必须补充说明，为了证明潜在混淆的存在，必须考虑各个案件的特殊情况。

意识上的相似性在引起相同或相似观点的商标之间存在。

由于商标的主要功能是区别或识别市场上的产品或服务，申请注册的商标最好与已经注册或已经申请注册的商标不近似或不相同，这样做的目的是为了避免造成消费者的混淆并事先保护商标所有人排他使用的权利。

4.14 相关因素的相互依存

CANON KABUSHIKI KAISHA v. METRO – GOLDWYN – MAYER INC.

案例 C – 39/97 [欧洲法院]：

事实：MGM 申请注册文字商标"CANNON"，指定使用于录制在录像带上的影片（录像磁带），为电影院和电视组织制作、销售和放映影片的商业行为。CKK 反对 MGM 的申请，反对理由是：MGM 申请注册的商标将侵犯其在先注册的文字商标"CANON"。"CANON"商标使用于静态和动态图像的摄像机和投影仪、电视拍摄和录制设备、电视转播设备以及电视接收和复制设备上，包括用于电视录制和复制的磁带和光盘设备。国家法院已经认定，虽然 CANNON 和 CANON 的发音相同，但是按照公众的认识，"录制在录像带上的影片"（录像磁带）与"录影带的录制和复制设备"（视频录制）来自不同的制造商，这意味着这两个商标可以共存。❶欧洲法院的判决实际上维持了该认定的正确性。

法院：

混淆可能性的全面检验标准暗示着相关因素之间的相互依存，特别是商标之间以及商品或服务之间的相似。因此，商品或服务之间较低的类似度可能被商标之间较高的近似度弥补，反之亦然。

---

❶ 这是一个事实上的认定，公众的认识可能因司法管辖区而不同，并且可能随时间而变化。

此外，在先商标越是显著，产生混淆的可能性就越大。由于商标的保护取决于混淆可能性的存在，自身具有或者通过市场上的知名度而获得高度显著性的商标比显著性较低的商标享有更广泛的保护。

在判断两个商标所指定的商品或服务之间的类似性是否足以产生混淆的可能性时，必须考虑在先商标的显著性特征，尤其是它的知名度。

如果公众对争议中的商品或服务的来源可能产生误认，则存在混淆的可能性。

相应地，公众可能相信争议中的商品或服务来自相同的企业——或者视情况而定，来自经济上相关联的企业——的这一风险有造成混淆的可能性。因此，为证明没有混淆的可能性，仅仅表明公众对商品或服务的来源没有产生混淆是不够的。

即使公众认识到产品或服务的产源不同，混淆的可能性也有可能存在。相比之下，如果公众似乎不可能相信商品或服务来自相同的企业，或者视情况而定，来自经济上相关联的企业，则不可能存在产生混淆的可能性。

4.15 具有较高显著性的商标比具有较低显著性的商标享有更广泛的保护
LLOYD SCHUFABRIK MEYER & CO GmbH v. KLIJSEN HANDEL BV
案例 C-342/97 ［欧洲法院］：

尽管商标之间近似程度较低，但如果它们所指定的商品或服务非常类似并且在先商标非常显著，还是存在产生混淆的可能性。

在判断商标的显著性特征并相应地评估其是否高度显著时，法院必须对商标区别其指定商品或服务的能力的大小进行全面的评估——这种区分是指确定商品或服务来源某个特定的企业，并因此将这些商品或服务区别于其他［企业］的商品或服务。

在作出这种评估时，应当特别考虑该商标的固有特征，包括其是否包含对已指定的商品或服务进行描述的要素；该商标占有的市场份额；该商标被密集地、广泛地和长期地使用的情况；企业为推广该商标而投入的费用金额；因该商标确定相应商品或服务来源某一特定企业的相关公众的比例；工商协会、其他贸易和专业协会所作的说明。

D. 用于评估混淆可能性的因素

4.16 需要考虑的因素清单：法院运用一些因素对混淆的可能性进行评估。并非所有这些因素在任何特定案件中都必然相关，但是，一份清单仍然是

有用的。这些因素被不同的法院以不同的方式表达出来。❶

VEUVE CLICQUOT PONSARDIN v. BOUTIQUES CLIQUOT LTEE

2006 SCC 23 ［加拿大］

宾尼法官：

在每个案件中，在判断一个商标是否在"所有情况下"会给有些匆忙的消费者造成混淆时，需要考虑的因素包括但不限于本法令第6（5）条列举的如下因素：

- 商标或商号的固有显著性及其被认知的程度；
- 商标或商号已使用的时间长短；
- 货物、服务或商业的性质；
- 贸易的性质；以及
- 商标或商号在外观、声音或者其所表明的含义上的近似程度。

这一事实清单并非穷举的，并且在具体的评估中，不同的事实将被赋予的权重也是不同的。

INTERPACE CORPORATION v. LAPP INC.

721 F. 2d 460 ［美国］

巡回法院詹姆斯·亨特（James Hunter）法官：

商标法保护商标所有人在其他人使用他们的商标可能引起混淆时排他使用权。当商标所有人和被控侵权人经营相互竞争的商品或服务时，法院很少需要看商标本身以外的情况。在这样的案件中，法院一般会审查注册商标，判断其是否具有固有显著性或者是否已获得充分的第二含义使其具有显著性，并将它和被质疑的商标进行比较。当原告和被告经营非相互竞争的系列商品或服务时，为了判断混淆的可能性，法院必须超越商标而调查产品本身的性质，以及产品被推广和销售的情况。产品之间的关系越紧密，以及它们的销售环境越相似，混淆的可能性就越大。

多年来，法院已经认定了一些在非相互竞争产品案件中用以协助判断混淆可能性的因素。这些因素是：

- 商标所有人的商标和被控侵权商标之间的近似程度；
- 商标所有人的商标的力度；
- 商品的价格和预示消费者在购买时应有的关心和重视程度的其他因素；
- 被告使用商标但没有造成实际混淆的时间长短；
- 被告采用该商标的意图；

---

❶ Suzy A Frankel "混淆的故事：法庭如何处理商标案件中事实混淆证据存在与否"［2001］VUWLRev 5。

- 实际混淆的证据；
- 相互之间不构成竞争的商品是否通过相同的渠道推销并通过相同的媒体宣传；
- 双方销售成果目标的相同程度；
- 由于功能的相似，商品在消费者头脑中的关系；
- 表明公众在消费中可能期待在先商标所有人制造被告市场上的产品或可能向该市场扩张的其他事实。

4.17 列表并非机械的清单

ELI LILLY & CO. v. NATURAL ANSWERS INC.

233 F. 3d 456 ［美国］

埃文斯（Evans）法官：

这些因素并非一个机械的清单，而且"给予每一项因素的权重也根据每个案件的情况而变化"。同时，虽然没有一个因素是决定性的，但商标的近似性、被告的意图以及实际混淆的证据是最重要的考虑因素。

4.18 商标的主要特征对评估的影响

PLASCON – EVANS PAINTS LTD. v. VAN RIEBEECK PAINTS（PTY）LTD.

1984（3）SA 623（A）［南非］

事实：上诉人在含有云母的涂料上拥有注册商标 MICATEX，并且在该商标名下销售质感油漆涂料。被上诉人进入含有云母的质感油漆涂料市场，在 MIKACOTE 名义下销售。法院判定这是商标侵权行为。

上诉法院科贝特法官：

对这些问题的判断实质上涉及被告使用的商标与注册商标之间的比较，并且，在考虑两个商标的近似性和差异性之后，要对一种影响作出评估，即被告的商标对可能购买这些商标所适用商品的普通消费者造成的影响。这种假想的消费者必须被设想为具有通常智力和适当眼光，并以一般谨慎态度进行购买的人士。

这种比较必须参照这些商标的含义、声音和外观。这些商标必须像在市场上那样被看待，并考虑相关周围环境背景。这些商标不仅应当被并列考虑，还应当被分别考虑。必须牢记的是，普通消费者在看到带有被告商标的商品时，对注册商标可能只有不完善的记忆，这一点必须给予适当考虑。

如果每个商标都包括一个主要或主导的特征或含义，就必须考虑这对消费者意识可能造成的影响。如已经指出的那样，商标被人们记住的是整体印象，或某种重要或突出的特征，而非摄影般的整体。最后，必须考虑的是这些商标可能的被使用方式，譬如，名称商标与对该商品通用描述的结合使用。

4.19 不完善的记忆[1]

AUSTRALIAN WOOLLEN MILLS LTD. v. FS WALTON & CO. LTD.
(1937) 58 CLR 641 (HCA) [澳大利亚]

迪克森（Dixon）及麦克蒂尔南（McTiernan）法官：

在决定这一问题时，当然不应当将这些商标并列地进行比较。应当尝试就寻求禁令保护的商标或图形对潜在消费者造成的影响或印象作出评估。任何质疑的商标或图形相同的误解必然是以这种记忆存留的印象为基础。必须考虑口头描述的效果。如果一个商标在事实上或从其本质来讲可能是一些名称或口头描述的来源，且消费者通过这些名称或口头描述来表达他们拥有这些商品的愿望，则它们在听觉和含义上的近似可能发挥着重要的作用。预测欺骗或混淆可能产生的标准，必须是普通人通常的认知。不应当期待商品的潜在购买者具有高度的感知或习惯性的谨慎。另一方面，特别的粗心或愚蠢则可以忽视。特定类型商品销售的商业途径和方式可以说设定了背景，而从整体上考虑的人的习惯和观察力则提供了标准。欺骗的事实如果被作为证据提供，则会产生重要的影响。

4.20 服务商标有所不同。

PPI MARKELAARS v. PPOFFSSIONAL PROVIDENT SOCIETY OF SA
1998 (1) SA 595 (SCA)

事实：答辩的社团是所展示的图形商标的所有人，该商标包括字母PPS。它是在金融和保险服务上注册的服务商标。上诉人在PPS经纪人名义下从事短期保险经纪人业务并且采用了包含字母PPI的徽标。法院判定这是商标侵权行为。

上诉法院哈姆斯法官：

在引用上述4.19的Plascon Evans后，判决书继续写道法官的附带意见所涉及的是商品商标，而非服务商标，即该案的主题。后一种商标在本质上有所不同：服务是短暂的；它们经常涉及提供第三方打上商标的产品；它们不是并列地出现，使消费者能够进行即时的比较；即使对它们有质量控制，这种质量控制也是困难的。另外，一些主题模糊的服务商标，譬如金融服务商标，比与衣服等相关的商品商标更不确定。基于这些原因，在我看来，可以公平地假设，与类似的商品商标案件相比，在该案这样的案件中混淆的可能性更容易被证明。

---

[1] 另见 Shell Co. of Australia Ltd. v. Esso Standard Oil (Australia) Ltd. (1963) 109 CLR 407 (HC)。

E. 视觉、发音和含义的近似

4.21 相对的价值： 作者帕蒂肖尔（Pattishall）、希利亚德（Hilliard）和韦尔奇（Welch）对视觉、发音和含义的相对价值作了很好的解释：

"外观的近似一直是判定混淆可能性的最重要的标准。如果说有什么（区别），那就是最近数十年来，其重要性由于电视、大量媒体广告和自助服务营销的影响被进一步加强了。

一般来说，法院在判定商标混淆性时较少考虑发音方面的近似，侵权者对它的关注程度也较低。甚至在视觉和图像时代，发音的近似仍然是一个主要的贸易标志的考虑因素。

含义近似的问题也引起了困难、微妙的语义问题。与外观和发音的问题一样，近似含义情况下，要讨论的问题仍然不是字典的明确定义是什么的问题，而是为数可观的可能遇见这些商标的人对它们的理解可能是什么的问题。"[1]

应当再次强调这些问题不能孤立地进行判断。

MÜLHENS GMBH & CO KG v. OHIM & ZIRH INTERNATIONAL CORP.
案例 C-206/04 P［欧洲法院］

首先，必须注意到对混淆可能性的评估取决于诸多因素，特别是，市场对该商标的认可、与已使用或已注册标志可能建立的联系、该商标与该标志之间及其识别的商品或服务之间的相似程度。因此，必须考虑与该案情形相关的所有因素，对公众方面混淆可能性的存在进行全面的评价。关于涉案商标之间在视觉、听觉或概念上的相似性，这种全面评估必须以它们造成的全面印象为基础，并且特别要铭记它们显著、主要的组成部分。

可以想象，商标间发音的相似本身可能导致混淆的可能性。但是，必须注意到，这种可能性的存在必须建立在对涉案商标之间概念、视觉和发音方面相似的全面评估上。在这方面，对任何发音相似性的评估只是以全面评估为目的一个相关因素。

---

[1] 参见《商标及不正当竞争（1996）》中的 74~75 页。

F. 视觉近似

4.22 混淆必须归因于商标本身的近似之处（或相反）而非外部事由
NATIONAL BRANDS LTD. v. BLUE LION MANUFACTURING (PTY) LTD.
2001 (3) SA 563 (SAC)

　　事实：上诉人在其注册商标 ROMANY CREAMS 下出售一种独特的巧克力饼干，该商标注册在与饼干相关的第 30 类上。被上诉人在 ROMANTIC DREAMS 商标下出售与该饼干极其类似的巧克力饼干。该案的争议是：被上诉人使用 ROMANTIC DREAMS 商标的行为是否对商标 ROMANY CREAMS 造成侵权。这一争议被归结为被上诉人的商标是否与注册商标极为近似以至于可能导致混淆。法院判定被上诉人没有侵权。

上诉法院钮金特（Nugent）代理法官：

　　重要的是要记住，特别是在与目前的案件类似的案件中，欺骗或混淆的可能性（或不可能性）必须归因于商标本身的近似之处（或不同之处）而非外在事由。商品本身或它们的表现形式的类似性可能构成假冒行为之诉的理由，但这并不是我们所面临的问题，且就当前的目的而言，它们必须被忽视。

　　在我看来，这些商标不太可能通过它们的发音造成欺骗或混淆。因为这两个短语的含义毫无相似性。但是，上诉人的律师将视觉外观作为最主要的理由，指出这两个商标的前面五个和后面五个字母是相同的。当这些字母被突出时，就如它们被置于争议的首要部分那样，这两个商标之间的近似性可能看起来令人印象深刻。但是必须记住，上诉人不太可能在公平和正常地使用其商标时以牺牲其他字母为代价来突显这些字母，也没有任何迹象表明被上诉人已经或者将会以这种方式使用其商标。相反，它们很可能是以这些单词通常被书写的形式来展示的，因此，应以该形式进行视觉比较。

　　文字商标，特别是使用普通语言的文字商标，并非仅仅是抽象符号的组合（至少对有文化的观察者而言），而是通常被视为一个整体。在这方面，我认为它的外观不能与它的含义完全分离。当一个文字商标的意思明显地不同于另一个文字商标时（如该案情形一样），特别是其中的注册商标为驰名商标时，欺骗或混淆的范围被缩小了，但这始终是程度的问题。我认为，该案中所争议的单词的视觉区别——也要记住它们立即让人联想起不同的画面——不太可能导致欺骗或混淆。

G. 发音近似

4.23 第一印象非常重要

FISONS PLC v. NORTON HEALTHCARE LTD.
（1994） FSR 745 ［英国］

事实：原告拥有注册商标 VICROM。它用于眼药水。被告以 EYE - CROM 销售类似的产品。原告申请临时禁止令阻止被告使用 EYE - CROM。问题是原告的商标是被读作 VI - CROM 还是会被读作 VIC - ROM。

奥尔德斯法官：

在该案中，毫无争议的是 VICROM 与 EYE - CROM 之间有近似之处，特别是它们的发音。因此，我必须继续考虑这种相似是否可能导致欺骗或混淆这一严重的问题。第 12 条规定的检验标准与第 4 条（涉及注册事项）的是相同的。因此，勒克斯穆尔（Luxmoore）上诉法院常任法官的意见可以适用，怀康特·毛姆（Viscount Maugham）在案件 Aristoc Ltd. v. Rysta Ltd.（1945） 62 RPC 65 中以肯定的态度引述了这一意见：

"判断一个单词的发音是否与另一个单词的发音太近似从而使得前者落入 1938 年商标法令第 12 条规定的限制内，几乎总是依赖于第一印象。因为很显然，一个对这两个单词都熟悉的人不会被欺骗或者产生混淆。可能被欺骗或者产生混淆的人是只知道一个单词并且可能对它有不完善记忆的人。因此，一个一个字母、一个一个音节，如演讲老师般清晰地发音，以这样的方式对两个单词进行细致的比较帮助不大。法院必须考虑到，根据商品说明去购买商品的消费者以及左右消费者消费方向的售货员都可能发生记忆不清、发音不正或沟通不畅的情况。（而且稍后他补充说道）我认为，一般来说，含糊地读以'a'开头的单词很常见，因此'Rysta'与'Ristoc'之间的相似将会非常明显。"

作出决定的是司法者的耳朵，但是结论必须以所有的周围环境为基础。被告提出 VICROM 会被读作"VIC - ROM"，但没有证据支持这种观点，我认为这种观点不能得到肯定。至少，大多数人会将它读作"VI - CROM"。

被告的 EYE - CROM 眼药水仅为处方药。但是，证据表明公众在电话或者在手术中会要求按照名称重复处方。这样的对话发生在公众与接待员之间以及公众和医生之间。既然这样,这两个商标是混淆性近似的。EYE – CROM 与 VICROM 这两个商标尽管不同但发音接近。采用案件 Aristoc 中的标准,如果一个只知道 VICROM 并且有不完善记忆的人被要求提供 EYE – CROM,他将不可避免地被欺骗或产生混淆,反之亦然。相似地,如果医生告诉对以前用药记忆不完善的病人他开的处方药是 EYE – CROM 或者 VICROM,病人会相信他们拿到的是同样的药品。我相信与此相反的情况是不能成立的。

GLAXO GROUP LTD. v. NEON LABORATORIES LTD.
[2004] F. S. R. 46（HC）[印度]
瓦奇夫达尔（Vazifdar）法官：

从第一印象来判断这些商标并且适用具有正常智力和不完善记忆的普通人的标准,该案的判决必是对原告有利。如果两个商标 TROX（注册商标）和 TREX 被作为整体来看待,毫无疑问,由于两者之间欺骗性的相似而存在混淆的可能性。用字母"E"代替字母"O"并未造成区别。这两个商标在视觉和发音上几乎相同。发音错误而导致人们将其中一个误认为是另外一个的可能性非常高。完美的发音、词语清晰的读音可能会显示不同之处。但这类词语并不总是以这样的方式发音。此外,正如在若干判决中已经注意到的那样,我们应当提到,词语往往不被正确发音,尤其是词尾常常含糊不清。即使其中任意一个词的发音正确,听到的人将其中一个误解为另一个的可能性同样很高。的确,混淆或欺骗的可能性是如此显然及明显,以至于我认为没有必要进一步探讨法律对这方面的细节考量。

4.24 商品或服务类似的程度： 所涵盖的商品或服务越类似,在先商标越显著,混淆的可能性就越大。

LLOYD SCHUFABRIK MEYER & CO GmbH v. KLIJSEN HANDEL BV
案例 C – 342/97 [欧洲法院]

事实：在先商标 LLOYD 和在后商标 LOINT'S 都用于鞋类。两者都只有一个音节,词首处唯一的元音组合在发音方面相同,在含有"s"三辅音字母的商标的最后一个辅音节有相似的形式（"t"而非"d"）,特别是,商标 LLOYD 和 LOINT'S 存在这种问题。

法院认为：

商标之间仅在听觉方面的近似性有可能产生混淆的可能性。所涵盖的商品或服务越类似,在先商标越显著,混淆的可能性就越大。在确定一个商标的显著性特征并相应地判断其是否具有高度显著性时,需要对该商标的区分能力——识别注册商标所适用的商品或服务来源于某一特定企业并因此将那些商品或服务与其他企业的商品或服务区分开的能力——的大小作一个全面的评价。在作出该评价时，应考虑到所有的相关因素，尤其是该商标的固有特征，包括一个事实，即该商标是否包含对其所适用的商品或服务进行描述的要素。商标是否具有鲜明的显著性特征，以该商标在相关公众中所获认可度的百分比等形式来概括说明是不可能的。

4.25　多元文化：必须考虑特定司法管辖区中的多元文化。

CORN PRODUCTS REFINING CO. v. SHANGRILA FOOD PRODUCTS
AIR 1960 SC 142 ［印度］

法院：

> 众所周知，两个商标是否可能导致混淆是一个第一印象的问题。这一问题是由法院决定的。英国判例遵循的是英国人说英语的方式，但可以说，说英语的方式并非总是相同的，它对印度判定发音近似的问题可能帮助不大。不能忽视一个事实，即该英语单词对多数印度人而言是一个外来词。众所周知，在判定两个商标是否近似的问题时，这些商标必须作为整体来考虑。

ALBION CHEMICAL COMPANY（PTY）LTD. v. FAM PRODUCTS CC
［2004］1 All SA 194（C）

特拉韦尔索（Traverso）法官：

> 一个事实被着重强调，即从视觉上，注册商标 ALBEX 由一个单词组成，而 ALL BLAX 由两个单词组成。在我看来，这绝对没有任何意义。这两个名称都以"AL"开头并以"X"结束，而且这两个商标都被附着在黑色的瓶子上，用于出售漂白剂。这两个商标的中心字母都是辅音字母"B"。在我看来，普通消费者不会认真查看标签并且认识到这两个名称的不同之处。它们的相似之处是明显的，而且将对消费者产生影响正是这一点，尤其是这些货物不被并列展示时。
>
> ALBEX 与 ALL BLAX 的发音不同这一事实被作为主要依据。在分析这种意见时，要记得这样一个事实：在南非这个多元文化的社会里，有多种语言并且同一语言有多种方言并存，每一方言有其独特的口音。因此，考虑一个具有英国殖民地英语口音的人如何拼读这些单词而不考虑在这个国家中可能遇到的多种发音是没有帮助的。鉴于我们社会不断改变的人口数据，发音的不同不应当限于开普敦方言与所谓标准发音之间。在该案中，人们只要分别重复两个商标，就会听出，它们之间存在明确的近似，且在考虑这些单词的声音时，必须设想发音不一定清晰和仔细的人士之间的对话，特别是因为不同的语言，他们对这些单词的发音有一种自然不同的趋向。

H. 含义近似

4.26 具有关联是不够的。两个商标在含义上的近似性并不足以引起混淆的可能性。

SABEL BV v. PUMA AG, RUDOLF DASSLER
案例 C-251/95 [欧洲法院]

事实：问题是何种程度上的含义近似可以决定是否存在混淆的可能性。Puma 的商标是在先商标。法院并未回答事实问题。

判决内容：

如果在先商标具有一个特别显著的特征，无论源于其本身或是源于其在公众中享有的知名度，那么因两个商标使用具有相似语义内容的图像导致含义上近似而产生混淆并非不可能的。

但是，如果在先商标并不特别为公众所熟知，且组成其的图像并不包含太多的想象性内容，则这两个商标在含义上近似这个唯一事实并不足以导致混淆的可能性。

"混淆的可能性包括与在先商标的关联"这一标准意味着，相似的语义内容导致公众可能在两个商标之间建立某种关联这一事实本身，并不能充分证明认定存在法律规定意义上的混淆可能性。

ZWILLING v. ZWEIBRÜDER
德国联邦最高法院，Urt. v. 29. April 2004 – I ZR 191/01 [德国]

事实：原告是驰名餐具商标 ZWILLING（双胞胎）的所有人。Twins 的文字与手牵手的人物形象共同构成这个商标。被告在相同商品上使用商标 ZWEIBRUDUR。ZWEIBRUDUR 的意思是两兄弟。法院判定这两个商标能够并存。

判决：

判定是否有混淆的风险时必须考虑个案中的所有情形。作为其中的一部分，必须考虑不同因素之间的关联性——尤其是，商标的近似性及其所标识的产品的类似性，以及在先商标的显著性。特别地，商标之间较低程度的近似性可能被产品之间较高程度的类似性或在先商标较高的显著性而抵消，反之亦然。

上诉法院认为，到目前为止，商标 "Zwilling" 具有较高的显著性，因为它经过了长时间的大量使用，并事实上因此达到了驰名的程度。

上诉法院关于对立商标之间近似程度的判决在法律上是错误的。

在判断对立商标在内容方面的近似性时，上诉法院运用了错误的推理并且没有考虑到所有相关的情形。商标"Zwilling"（意思为"双胞胎"）和"Zweibruder"（意思大致为"两兄弟"）在含义上并不像上诉法院认为的那样接近。

但是，混淆的风险并非一定在对立的标志本身之间存在，风险的形式可能是被质疑的标志由于在某一重要、核心方面与争议中商标近似而被认为是争议商标所有人的商标。在特殊情况下，这种混淆的风险甚至在这些标志之间仅仅有含义上的近似性时也可能产生。但是，这要求大部分公众因内容和外观方面而认同这些商标之间的关联，因为日常经验表明，公众通常按其感觉来理解作为商标使用的标志，而不对这些商标内容的潜在含义进行分析考虑。

标志旨在通过与不同商标的关联而使自身获得注意力这一事实并不足以证明指控。选择使用被质疑的商标并非出于偶然这一事实也不足以证明指控。

COWBELL AG v. ICS HOLDING LTD.
2001（3）SA 941（SCA）[南非]

事实：上诉人申请注册与奶牛图案连在一起的商标COWBELL。被上诉人是在同类别中一些商标的所有人，这些商标主要用于乳制品。被上诉人反对上诉人提出的申请。答辩人的商标由单词DAIRY BELLE和DIARY BELL与奶牛图案组合构成。注册说明中认可，奶牛图案经常出现在食物类别中。

上诉法院哈姆斯法官：

只要司法事实存在，第17（1）条的规定即构成对注册的绝对禁止。这种司法事实是：在欲注册或已注册商品或服务上使用两个商标将可能产生欺骗或导致混淆。这一决定涉及对价值的判断，并且

"毕竟，正如我已经说明的那样，最终的标准为，基于两个商标之间的比较是否可以适当地说，如果这两个商标在正常商业过程中一起以正常和公平的方式使用，则将会存在合理的混淆可能性。"

"可能性"指合理的可能性，但形容词"合理的"可能是多余的。在考虑被上诉人商标的使用是否可能产生欺骗或导致混淆时，必须考虑到商标的基本功能，即表明与它相关的商品的来源。注册商标并不会产生概念上或观点上的垄断。混淆的可能性必须"被全面地评估"，并且

"对争议商标在视觉、发音或含义上的近似性的全面评估，必须以它们导致的整体印象为基础，尤其要牢记它们显著、主要的组成部分。"

至于视觉方面的近似性，原审法院认为，一方面是上诉人的商标，

另一方面是被上诉人的商标，它们在视觉上是如此不同，以至于不可能产生欺骗或导致混淆。奶牛图案用于乳制品是人们可以预料的，并且如陈述和免责声明中表示那样，奶牛图案提供的只是一个共同的特征。这些奶牛是以非常不同的方式被表现的。由于被上诉人没有抨击这些认定的事实，对这一点就没有必要展开了。

原审法院没有用太多的笔墨将听觉方面的近似性作为单独问题来审查。因此只需要比较 DAIRYBELLE 与 COWBELL。因为后缀"–le"发音较弱，不知道这种发音的单词会意指挤牛奶女工的消费者可能无法清晰辨别。"Dairy"与"Cow"这两个单词相互没有听觉上的关系。被上诉人商标的重点在第一部分，该部分组成了该单词的主要部分。"Dairy"是双音节词，而"Cow"由一个音节组成。DAIRY BELLE 代表着单词间不同寻常的组合，并且从某种意义上讲是一个发明出来的单词，而 COWBELL 则是一个具有普通含义的常用单词。由于被上诉人没有提出混淆或欺骗在这一情形中有可能产生，我也没有必要对不存在这种可能性的结论进行详细分析。

关于含义上的近似，原审法院判决，当一个在收音机里听到过其中一个商标的广告的人在市场上见到另一个商标时，他不会精明到能够察觉它们是不相同的或者它们不是来自相同牧群的牛。设定的画面是，作为乳制品来源的奶牛场中的奶牛，这些奶牛戴着铃铛遍布整个奶牛场。原审法院认为，对于没有视觉比较机会的听众而言，这两个概念太过于接近以致令人不适。被上诉人采用了这种推理方法，强调道：

> "商标必须被视为整体；必须寻找每个商标传递给头脑的主要概念或大概印象，并考虑每个商标的本质特征而非具体细节。"

第17（1）条是关于混淆或欺骗可能性的。除非类似语义的内容可以合理地产生欺骗或导致混淆，否则与这一条款是不相关的。混淆或欺骗的危险必须是真实的。

简而言知，当具有牛奶场含义的单词或者以"–belle""–bel"结尾的与乳制品有关的单词没有构成商标的主要部分并且没有任何特定的显著特征时，被上诉人不能宣称拥有独家使用这些单词的权利。这就是为什么"Coco–Cola"和"Pepsi–Cola"已经能够并存的原因。〔参阅 The Coco–Cola Co. of Canada Ld. v. Pepsi–Cola Co. of Canada Ld.［1942］RPC 127（PC）〕

I. 导致混淆的意图

4.27 意图的相关性：在决定被告的商标是否混淆性地与原告的商标近似时，有时会考虑被告采用原告商标的意图或动机。理由是不能假定一个有意模仿的被告没有达到其目的。❶另一种观点是被告的主观心理状态在决定混淆是否存在时并不相关：

"几乎所有现代的判决都已经将重点从被告的主观心理状态上转移，并将混淆的可能性和随之而来的对消费者的欺骗作为最主要的议题。即可能给消费者造成混淆的客观事实要比试图对被告的主观意图进行证明更重要。纽约上诉法院表明：在个人姓名的案件中，'欺诈或欺骗、误导公众的主观意图'不是必要的。该法院的结论是：'被告的意图不能改变适用的原则。决定性的因素是不公平竞争和损害原告业务的事实而非被告的主观心态。'加利福尼亚州上诉法院断然地表明，在以后使用人使用其自身名称的情形下，'实际诈骗，即在后使用人的计划和设计不是必要的。'正如亚利桑那州法院注意到的那样，如果公众可能产生混淆，其损害并不因为被告诚实的目的而得到缓解：'第一使用者和公众都可能像狐狸那样容易被鸵鸟所伤。'"❷（省略了参考资料）

4.28 侵权的意图应当区别于竞争的意图

PECKITT & COLMAN SA（PTY）LTD. v. S C JOHNSON & SON SA（PTY）LTD. 1993（2）SA 307（A）［南非］

上诉法院哈姆斯法官：

被告与 Brasso 正面竞争的明确意图和其选择 Brasso 类型包装罐的有意识行为也被作为证据和理由。原告认为，被告怀着假冒 Brasso 产品的意图进入市场，在这种情形下，法院不应当聪明地认为被告并没有达到其目的。在该案中，被告的意图是进行竞争，而竞争的意图绝不能与欺骗的意图混淆。被告相信，这些容器已成为通用容器，且公众开始期待金属上光剂被装在这种一般性形状的容器中出售，根据被告这样的认识，其对 Brasso 类型容器的选择并不是欺骗性的。

---

❶ Cadbury – Schweppes Pty Ltd. v. The Pub Squash Co. Ltd. ［1981］RPC 429（PC）［英国］。

❷ McCarthy on Trademarks and Unfair Competition（4ed）第 13.22 段，在 Advantage Group Ltd. v. ADV E – Commerce Ltd. ［2002］NZCA 282（CA）［新西兰］中被引用并得到肯定。

J. 混淆（可能性）的证明

4.29 没有证据的要求。法院往往能够不依赖证据作出混淆可能性是否存在的决定。将两个商标简单地进行比较，然后便可得出这种可能性是否存在的结论。用证据说服法院这样或那样是不可能的，除非这些证据和法院的评估一致。但是，在专业市场的情形下，由于"普通消费者"的特殊性质，证据可能是必要的。

KAVIRAJ PANDIT DURGADUTT SHARMA v. NAVRATNA PHARMACETUICAL LABORATORIES

AIR 1965 SC 989 ［印度］

在侵权的诉讼案件中，原告无疑必须证明被告对其商标的使用可能导致欺骗，但如果原告的商标与被告的商标在视觉、发音或者其他方面非常接近，且法院判定存在模仿，就不需要进一步用证据来证明原告的权利受到侵犯。以另外一种方式表达就是：如果被告采用了原告商标的本质特征，则被告的装订、包装或被告的商品或用以销售商品的包装上的其他文字或标识显示了显著的差异或清楚指示了不同于注册商标所有人的来源这一事实就不重要了；而在假冒他人商品的情形下，如果被告可以证明这些额外的事项足以将他的商品与原告的商品区分开来，则他有可能逃脱责任。❶

GE TRADE MARK

［1973］ RPC 297（HL）［英国］

迪普洛克（Diplock）大法官：

法官们，如果商品不属于通常销售给一般公众的消费品或日用品，而是在由从事专门贸易的人士构成的专业市场上销售，熟悉该市场交易的人士对于有关混淆或欺骗可能性看法的证据是必需的。在评估这些证据的可信度和其作证的价值时，法官虽然必须运用常识，但不能以自己是否可能会被欺骗或者混淆的主观看法来补充这些证据的不足之处。

这些想象出来的证据的类型很难被形象化，且迪普洛克大法官的谦逊似乎是不必要的。证人相信自己不会迷惑或者被欺骗或相信自己会迷惑或被欺骗的证据似乎没有证明的价值。如果迪普洛克大法官所说的证据本意是表明在特殊贸易或行业中盛行的情形，这一陈述是无可厚

---

❶ 如 Playboy Enterprises v. Bharat Malik［2001 PTC 328（印度）］案所引述的那样。

非的。❶

4.30 实际混淆。实际混淆的证据（被误导的咨询、投诉或者邮件等）具有价值，但是很少有这种证据。有关贸易条件的证据，尤其是在特殊市场交易中，可能很重要。

4.31 专家和调查证据。心理学家和语言学家的证据即使被接受，也往往是非常没有帮助的，因为在最后的分析中，它们往往将个人观点伪装成科学原理或事实，并且试图巧妙地以证人的价值判断取代法官的价值判断。❷

调查证据产生两个问题：在诉讼中是否被法院采纳为证据的问题（证据可采纳性问题），以及需要结合调查进行的方式而考虑的调查价值的问题（证据力问题）。在证据可采纳性方面，现在在普遍被接受的观点是，一个妥当进行的调查的结果是可以被采纳的（有时依据的是传闻证据规则的法定例外规定）。❸在证据力方面，法院有时往往在处理这些证据时持一定程度的怀疑态度。

IMPERIAL GROUP PLC v. PHILIP MORRIS LTD.

［1984］RPC 293 ［英国］

惠特福德（Whitford）法官：

不论市场调研在辅助商业机构如何最好地进行商业活动方面多么令人满意，总的来说，如其他案件中的经验所表明的那样，市场调研在试图证明可能成为争议问题的事实方面并不令人满意。

TRADITION FINE FOODS LTD. v. OSHAWA GROUP LTD.

［2005］FCA 342 ［加拿大］

上诉法院马龙（Malone）法官：

在很多案件中，法官会赋予其认为缺乏说服力的调查证据较低的证明力。法官不受专家证据的约束，并拥有合法的权力作出最终的决定。法官对专家提供的证据作出评估，而不是以自己的观点取代专家的观点。

如果调查要具有一些价值，则调查中的相关问题应该是公正合理的，并且在设计这些提问时应当排除有偏重性的或附条件的回答。❹

---

❶ The Upjohn Co. v. Merck 1987（3）SA 221（T）［南非］。

❷ Reckitt & Colman SA（Pty）v. S C Johnson & Son SA（Pty）Ltd. 1993（2）SA 307（A）［南非］。

❸ 如新西兰：Customglass Boats Ltd. v. Salthouse Brothers Ltd［1976］RPC 589；英国：GE Trademark Case［1969 RPC］418（Ch）；［1970］RPC 339（CA）and［1973］RPC 297（HL）；Stringfellow v. Mccain Foods（GB）Ltd.［1984］RPC 501（Ch D and CA）；南非：Mcdonald's Corppration v. Joburgers Drive – Inn Restaurant（Pty）Ltd. 1997（1）SA 1（A）。

❹ Hoechst Pharmaceuticals（Pty）Ltd. v. Beauty Box（Pty）（in Liq）1987（2）SA 600（A）［南非］。

第 5 章　商标：驰名商标

A. 导言 (5.1)
B. 商标何时能成为驰名商标？(5.2~5.6)
C. 依据《巴黎公约》第 6 条之二所获得的保护 (5.7~5.10)
D. 商标淡化 (5.11~5.19)

A. 导　言[1]

5.1 **本章的范围**：对驰名商标的保护有两种类型。

- 第一类保护是以《巴黎公约》第6条之二规定的公约义务为基础。这种保护是提供给外来商标所有人的，即使这一外来商标在该司法管辖区内没有注册，但只要它在当地广为人知即可。
- 第二类保护提供给在该司法管辖内注册的驰名商标。即使不存在混淆，这些商标也可以获得反淡化的保护。这种保护被TRIPS认可，是选择性而非强制性的。

B. 商标何时能成为驰名商标？

5.2 **确定一个商标是驰名商标**：在这方面产生的一个实际问题是，商标是否必须被所有公众知晓，还是被与商标有利益关系的相关公众知晓就足够了。其他的问题涉及必须知晓商标的人数，以及商标必须被知晓的程度。

5.3 **所要求的知晓程度**：《世界知识产权组织关于保护驰名商标规定的联合建议》（以下简称《联合建议》）第2条中，包含了确定商标是否为驰名商标的实用指南。《联合建议》没有强制效力。

考虑因素：

- 在决定一个商标是否构成驰名商标时，主管当局应当考虑任何能够推断该商标是否驰名的情形。
- 特别是，主管当局应当考虑向其提交、与能够推断该商标是否驰名的因素相关的信息，包括但不限于涉及下列各项的信息：
  - 相关公众对该商标的知晓或认可程度；
  - 该商标使用的持续时间、程度和地理范围；
  - 该商标的任何推广工作的持续时间、程度和地理范围，包括在交易会或展览上对商标所使用的商品和/或服务的广告宣传和展示；
  - 以反映该商标使用或认知度（情况）为限，该商标注册和/或注册申请的持续时间和地理范围；

---

[1] 参见1999年《世界知识产权组织关于驰名商标保护规定的联合建议》。

■ 商标权利被成功保护的记录，特别是该商标被主管当局确认为驰名商标的情况；

■ 与该商标相关联的价值。

■ 以上作为指导方针，帮助主管当局决定某个商标是否构成驰名商标，但并非作出决定的前提条件。相反，每个事例的决定因素，应取决于该事例的具体情况。在一些事例中，所有的因素都可能相关。在其他一些事例中，可能只有其中的某些因素相关。而在另一些事例中，上面的因素可能都不相关，作出决定可能要基于一些未在上述（b）分段列明的额外因素。此类的额外因素可能单独相关，或与上述（b）分段列明的一个或多个因素相结合后相关。

不应规定的因素：

成员不得将下列因素规定为认定驰名商标的条件：

■ 该商标已在该成员中使用，或已获得注册，或已提交注册申请；

■ 该商标在除该成员以外的任何司法管辖区内驰名，或已获得注册，或已提交注册申请；或

■ 该商标为该成员的公众广为知晓。

5.4 相关公众：TRIPS 第 16 条第 2 款涉及"相关公众"的概念：

"在确定一个商标是否为驰名商标时，应该考虑该商标在相关公众范围内的知名度，包括在该成员由于对该商标的宣传而形成的知名度。"

《联合建议》第 2 条中包含以下有关这方面的实用指南：

■ 相关公众应当包括，但并不限于：

　　■ 使用该商标的商品或服务的实际的或潜在的消费者；

　　■ 使用该商标的商品或服务的营销渠道所涉及的人员；

　　■ 经营使用该商标的商品或服务的商业界。

■ 如果一个商标被某成员认定至少为该成员一个相关领域的公众所熟知，该商标应当被该成员认定为驰名商标。

■ 如果一个商标被某成员认定至少为该成员一个相关领域的公众所知晓，该商标可以被该成员认定为驰名商标。

■ 即使一个商标未在某成员中为任何相关公众所熟知，或者未被适用前款规定的成员中的任何相关公众所知晓，该成员亦可将该商标认定为驰名商标。

McDONALD'S CORP. v. JOBURGERS DRIVE – INN RESTAURANT（PTY）LTD. 1997（1）SA 1（A）[南非]

事实：麦当劳即便不是世界上最大的快餐店经销商，也是最大的之一。它在南非没有进行过贸易，也没有使用过任何商标。南非当地一家

公司，决定使用与麦当劳相同的商标设立快餐店并申请商标注册。麦当劳申请以《巴黎公约》第 6 条之二为基础的法定保护。这里所讨论的问题是，一个商标要成为"驰名"商标，需要在公众中有多高的认知程度？法院判定这些商标在南非是驰名的。该判决日期早于上述《联合建议》的形成时间。

上诉法院埃姆·格罗斯科夫（EM Grosskopf）法官：

这一争论引出了两个问题：

（a）该商标是否必须为所有公众所知晓；及

（b）无论相关公众可能是哪些人，这些相关公众对一个商标需要有怎样的知晓程度，该商标才可以被适当地称为驰名商标？

我认为对问题（a）的答案是明确的。（该条规定）意在为其商标在南非为人所知但没有经营的外国商人，在商标保护方面提供一个切实可行的解决办法。南非的人口在很多方面是多元化的。在收入、教育、文化价值、兴趣、品味、个人生活方式、业余活动等方面存在很大差异。立法机关通过新法令时显然知道这一点。如果保护只给予被所有人（或者大部分人）知晓（且不说驰名）的商标，即使有商标能通过这一检验标准，数量也一定是极少的。因此，立法将无法达到预期目的。此外，施加这一严格的要求，似乎没有任何必要。在辩论中，我们听到了一个例子，这个例子涉及一个可能被所有对高尔夫感兴趣的人所熟知的商标。在决定是否保护这样一个商标时，与"不打高尔夫的人，可能从未听说过这个商标"的事实，有什么关系呢？因此，我认为，如果一个商标被对相关的商品或服务感兴趣的人所熟知，那么该商标在南非就是驰名的。

接下来的问题则是：该商标应该被这样的人士知晓到怎样的程度？在目前的情况下，重要的问题不是该商标是否被少数人熟知，而是它是否被足够多的人充分了解，从而能够获得保护，以对抗欺骗或混淆？

多少人算足够呢？立法提供的唯一参考在于"驰名"这一表达。在我看来，立法机关意图将反假冒商品的保护扩展，以保护在南非没有经营或商业关系的外国企业，前提是它们的商标在南非驰名。上述所要求的商标的知名程度，与现行假冒商品法律保护的程度是类似的，接受这一点，似乎是符合逻辑的。"相当数量的人"的概念是确定的。它提供了一个与法律规定相一致的实用又灵活的标准。

这些结论必须适用于公众中的相关类别。我认为，潜在特许经营商，毫无例外的是知晓麦当劳和其商标的那类人。在潜在消费者中，对商标的知晓程度会降低。许多可能有兴趣买汉堡包的人，可能并未听说过麦当劳。但是，购买即食商品需要一定的经济能力。极端贫穷的人，不太可能会光顾麦当劳。在其他可能光顾麦当劳的人当中，至少有相当一部分人，必然是可能听说过麦当劳的，并且知道其全部或部分商标。Joburgers 餐馆占用这些商标的动机，支持了这个推论。

5.5 **中国**：2007 年 2 月 1 日，《最高人民法院关于审理不正当竞争民事案件应用法律若干问题的解释》规定：在中国境内具有一定的市场知名度，为相关公众所知悉的商品，应当认定为"知名商品"。人民法院认定知名商品，应当考虑该商品的销售时间、销售区域、销售额和销售对象，进行任何宣传的持续时间、程度和地域范围，以及作为知名商品被相关机构保护的情况等因素，进行综合判断。原告应当对其商品的市场知名度负举证责任。

5.6 **美国**：美国联邦商标淡化法案中有一个应考虑因素的非排他性清单：
- 商标固有，或获得的显著性的程度；
- 商标在其适用的商品或服务上使用的持续时间和程度；
- 商标的广告和宣传的持续时间和程度；
- 商标使用的交易地区的地理范围；
- 使用商标的商品或服务的交易渠道；
- 商标在交易地区被认知的程度和商标所有人使用的交易渠道，以及法院禁令所针对的被申请人；
- 第三方使用相同或近似商标的性质和程度。

C. 依据《巴黎公约》第 6 条之二所获得的保护

5.7 **《巴黎公约》**：根据《巴黎公约》第 6 条之二第 1 款，一名外国商标所有人，即使其商标没有在当地司法管辖区内注册，但在当地驰名，他可以：
- 反对注册；
- 请求撤销；或
- 禁止使用商标；

一个商标，如果该商标构成
- 复制；
- 模仿；或
- 翻译；

易造成其商标的混淆。根据 TRIPS，成员有义务遵守本条规定。本条规定如下：

"本联盟各国承诺，如本国法律允许，应依职权，或依利害关系人的请求，对商标注册国或使用国主管机关认为在该国已经驰名，属于有权享受本公约利益的人所有，并且用于相同或类似商品上的商标构成复制、模仿或翻译，易于产生混淆的商标，拒绝或撤销注册，并禁止使用。这些规定，在商标的主要部分构成对上述驰名商标的复制或模仿，易于产生混淆时，也应适用。"

5.8 《巴黎公约》第6条之二所固有的限制：第6条之二包含一个限制：被驳回的商标，必须用于"相同的或类似的商品"。这个限制有两个方面：该保护仅针对商品商标而非服务商标；而且该保护仅针对在与权利人的商品类似或相同的商品上的使用。

为了消除这一限制，TRIPS的第16条第2款规定，《巴黎公约》第6条之二的保护也适用于服务商标，而不仅仅是商品商标。而且它还适用于特定、相互间不类似的商品或服务，即（TRIPS第16条第3款）——

"适用于与商标注册的商品或服务不相类似的商品或服务，但是以该商标使用于各该商品或服务会暗示各该商品或服务与该注册商标所有人之间存在联系，而且以注册商标所有人的利益很可能因这种使用而受到损害为限。"

5.9 《巴黎公约》第6条之二的例外性质：这些规定构成一些重要的商标原则的例外。这些重要原则为：

■ 属地（商标只在注册的司法管辖区内有效）；
■ 特定对象（商标保护其注册使用的商品和服务）；以及
■ 注册（注册是获得保护的前提条件）。❶

5.10 《巴黎公约》依据第6条之二获得保护的要求：外国商标依据第6条之二获得保护的要求是：

■ 外国商标的所有人，必须在缔约国有真实、有效的工业或商业机构。
■ 部分人必须"对与该商标相关的商品或服务有利害关系"。
■ 属于以另外一个国家为基地的企业的商标，必须在本地司法管辖区内驰名。
■ 众多人士必须对其具有相当的认知。
■ 本地商标必须构成对该外国商标的复制、模仿或者翻译。
■ 本地商标肯定导致混淆。

---

❶ 王艳芳. 驰名商标的保护 [EB/OL]. http://www.chinaiprlaw.com/english/forum/forum21.htm.

AM MOOLLA GROUP LTD. v. THE GAP INC.
[2005] ZASCA 72 [南非]

事实：20世纪70年代早期，一个美国公司开始以 GAP 的名称在美国销售服装。大概在同一时期，一家本地公司，在南非注册了同样的商标。美国公司若干年后发展成为该行业最大的公司之一。1999年，美国公司声称其商标在南非已成为驰名商标，并申请撤销本地公司的商标注册。这一请求被驳回。

上诉法院哈姆斯法官：

现在我们来分析被上诉人（The Gap Inc.）是否证明了其商标应当得到保护的理由。从头开始分析，南非法令第35（3）条的导言部分，即"有权获得《巴黎公约》（第6条之二）保护的商标所有人"，要求为能获得南非法令第35（3）条规定的保护，该外国商标所有人，必须是南非法令第35（1）条所规定的"适格"的人。通常的原因是，因为被上诉人在缔约国有真实有效的工业或商业机构，这一要求已得到满足。另外一个要求是，申请人在其本国范围内必须是相关驰名商标的"所有人"，这一点是没有争议的。

上诉人指出，被上诉人以南非法令第35（3）条为基础的主张是有缺陷的，因为该部分的规定是为了防止未注册商标对驰名商标的侵犯，而不是针对在本地已注册的商标。根据这一主张，已经注册的商标本身，构成了根据南非法令第35（3）条规定获得法律救济的绝对障碍。然而，《巴黎公约》第6条之二明确要求，成员国保护驰名商标，不受注册和未注册商标的侵犯。没有明显的理由说明立法机关希望对此有另行规定。

于是，接下来的问题是，被上诉人的 GAP 商标，在南非是否是（或者曾经是）驰名的，如果是，什么时候开始的？这里产生了一些相关的问题，上诉法院法官埃姆·格罗斯科夫在麦当劳案件的判决中，对这些问题予以了确定。

- ■ 第一个问题是，认定"对与该商标相关的商品或服务有利害关系的"公众问题。
- ■ 接下来的问题是，该商标是否在本地司法管辖区内，作为以另一国家为基地的公司的商标而驰名。
- ■ 最后的问题是，确定对该商标具备必要认知的人，是否代表了该特定领域内众多数量的人。

为了能够获得南非法令第35（3）条的保护，被异议的商标必须构成对一个"适格的"当事人的"驰名商标的复制、模仿或翻译"。换句话说，除非本地公司复制、模仿或翻译"外国"商标的时候，该外国商标是驰名的情况以外，根据属地原则，该外国商标不能获得《巴黎公约》第 6 条之二的保护。

一个获得有效注册的本地商标，不能只因为其他人的名声超过它，而失去它的价值或对它应有的保护。

虽然争议中的这些商标，可能乍看之下，似乎是对被上诉人商标的模仿或复制。但关键点是，模仿或复制发生时，其模仿或复制的并非在本国"驰名"的商标，而是在本国非驰名的商标。正如我们所看到的那样，复制或模仿一个非驰名商标，现在不是，也从来不是一种错误。（本地公司）在南非是这些商标的第一个所有人，并且在被上诉人的商标还未驰名时，就已成为这些商标的所有人。

D. 商标淡化

5.11 **防止注册驰名商标被淡化的保护**：对驰名的注册商标，即在本地境内注册的商标，还有一种特别的广泛保护。这些保护的典型做法包含在 TRIPS 第 16 条第 3 款、欧盟指令和 1994 英国商标法令第 10（3）条中。我们可以回忆一下，欧盟指令（第 5（2）条）的规定是这样的：

"成员国还可以规定：如果该注册商标在该成员国中享有声誉，而且该标志的不合理使用，将导致对该商标的显著性特征或名声的不公平利用或损害，商标权人应该有权制止任何第三方，未经其同意，在贸易中，在与其指定商品或服务不相类似的商品或服务上，使用与其注册商标相同或近似的标志。"

如果一个商标在本地管辖领域内注册且享有声誉，而被异议商标构成对该注册商标的显著性特征或声誉的不公平利用或损害，那么被异议商标的使用人，构成对该注册商标的侵权。这些情形，通常被称为商标的淡化、模糊或者贬损。

从语义角度看，"驰名"（well-known）或者"著名"（famous）以及"知名"（with a reputation）商标之间似乎有所不同。然而，欧洲法院对这些概念一视同仁，并且将会遵循这种做法。❶

5.12 **美国法律**：美国联邦商标反淡化法是另外一个例子。该法规定，如果另一个人的使用是在该商标知名后开始的，并导致该商标显著性的淡化，著名商标的所有人有权获得禁止令，以阻止另一个人在商业中使用一个商标或者商号。

---

❶ Davidoff & Cie SA v. Gofkid Ltd. Case C 292/00 [欧洲法院]。

该法将"淡化"定义为，著名商标标示和区别商品或服务能力的降低，而不论是否存在：

■ 著名商标所有人与其他当事人之间的竞争；或

■ 混淆、误导或欺骗的可能性。

该法还规定了若干具体抗辩事由：另一方在比较性的商业广告或促销中，合理地使用他人的著名商标，以识别著名商标所有人的竞争性商品或服务；商标的非商业性使用；以及所有形式的新闻报道和新闻评论。

5.13 不正当利用：基本原则是，商人不得不正当地利用他人的商标。这可以通过多种方式实现。主要方式是通过模糊或者贬损而淡化该商标。对此，并不要求造成混淆。

VEUVE CLICQUOT PONSARDIN v. BOUTIQUES CLIQUOT LTEE

2006 SCC 23 ［加拿大］

宾尼法官：

著名商标不是只有一个固定的模式。一些商标可能是驰名的，但它们具有非常特定的关联（尽管 Buckley 牌止咳药水的味道非常不好，但是它的广告却是有效的，然而，人们也许会认为，它不是一个适用于餐馆的品牌形象）。其他著名商标，如 Walt Disney，可能的确被广泛应用于不同种类的产品。

原审法官判定：普通消费者在心理上，不会在这些商标与当事人的商品和服务之间建立任何联系。这一判定是关键的，因为"商标并非作为孤立的标的物获得保护的，而是作为区别一人与另一人的商品（或服务）来源的标志获得保护的"。

贬损或反淡化的救济措施，有时被称为"超级武器"，为了公平竞争的利益，需要对它们不断进行检测。J. T. 麦卡锡（J. T. McCarthy）教授写道：

"甚至于淡化［或者贬损］的可能性也应该用证据加以证明，而不是只在理论上对可能发生的情形作出假设。法院应该将反淡化的主张，分解成具体的内容，并且严格地要求出示有关这些内容的证据。"

PREMIER BRANDS UK LTD. v. TYPHOON EUROPE LTD.

［2000］FSR 767 ［英国］

纽伯格（Neuberger）法官：

最后，正如［律师］所提出的那样，可以正确地说，第 10（3）条并非旨在发挥杜绝的效应，以阻止任何与注册知名商标相同或近似的标志的使用；第10（3）条也并非为了使知名注册商标的所有人，理所当然地能够反对其他人使用可能令人联想到其商标的任何标志。商标注册处在其至少三个裁决中表明，第10（3）条规定所要制止的，是使用一个利用已有商标的显著性或声望的标志，这种利用的方式，可以是该条规定（a）段和（b）段中的一种或两种。

5.14 对损害的检验

OASIS STORES LTD'S TRADEMARK APPLICATION

［1998］RPC 631 ［英国］

阿伦·詹姆斯（Alan James）先生（审查官）说道：

> 某种程度上，在不相同的商品或服务上使用相同或近似的商标，都可能淡化在先商标的显著性。这条规定明显的意图，并非杜绝注册与知名商标相同或近似的商标。因此，它似乎是一个程度的问题。在我看来，在考虑本项损害时，应该恰当地考虑：
>
> - 在先商标的固有显著性；
> - 在先商标享有声誉的程度；
> - 在先商标享有声誉的商品或服务的范围；
> - 该标志在市场上的显著性或其他特性；
> - 虽然各自的商品/服务不类似，它们是否以某种方式相关联，或者可能通过同样的渠道进行销售；
> - 在先商标在知名商品/服务上的显著性是否比以前有所降低。

5.15 苏格兰的视角

PEBBLE BEACH COMPANY v. LOMBARD BRANDS

［2002］ScotCS 265 ［苏格兰］

> 事实：在一项临时禁令（禁止令）的申请中，申请人 Pebble Beach，是加利福尼亚著名高尔夫球场和休闲度假地的所有人。他所主张的，是在第41类和其他类别中注册的 PEBBLE BEACH 商标。其中第41类包括"体育活动、课程、运动教学（有针对性的训练），以及组织高尔夫和网球比赛"。被申请人计划以 Speyside Malt PEBBLE BEACH 的名称，销售一种新的麦芽威士忌。该申请已被驳回。

孟席斯（Menzies）大法官：

> 这也是一个初步证据确凿的案件。该初步证据显示，被申请人商标的使用，不正当地利用了申请人商标的显著特征或名声。这种利用必须是不正当的，而且必须达到足够严重的程度，才可以制止被假定为非混淆性使用的行为。值得注意的是，这些规定一般不应被过于广泛地适用。总法律顾问在 General Motors（［1999］ALL ER 8659（EC））案的意见中评论道：

"尤其要注意的是，[欧盟指令]第5（2）条并非仅指前提条件被满足的风险或可能性。该条规定的措辞是更为明确：'不正当地利用，或者损害'。此外，不正当的利用或者损害必须属实，也就是说，有适当的证据让国家法院确信：国家法院的认定，必须有造成实际损害，或不正当利用的证据予以支持。"

在 Pfizer Limited v. Eurofood Link（UK）Ltd. [2000] ETMR896 案中，御用大律师西蒙·索利（Simon Thorley）评论道：

"'不正当利用'的概念，要求对被告使用被投诉商标获得的利益进行调查；'损害'的概念，要求对以该商标的名义销售商品的商业信誉遭受的损害进行调查。这种利用或损害，必须达到足够严重的程度，才可以制止被假定为非混淆性使用的行为。"

纽伯格法官在 Premier Brands UK Ltd. v. Typhoon Europe Ltd. [2000] FSR 767 案中评论道：

"第10（3）条并非旨在发挥杜绝的效应，以阻止任何与注册知名商标相同或近似的标志的使用；第10（3）条也并非为了使知名商标的所有人，理所当然地能够反对其他人使用可能令人联想到其商标的任何标志。

"最后，被告的利用，不仅必须是不正当的，而且必须是超越最低限度的——参见 Barclays Bank Plc v. RBS Advanta [1996] RPC 307 案的判决：'使用必须给被告带来好处，或者给注册商标的特征或声誉造成超越最低限度的损害。'"

5.16 英国法律规定的分析

PREMIER BRANDS UK LTD. v. TYPHOON EUROPE LTD.

[2000] FSR 767 [英国]

事实：本诉讼是由注册商标所有人 Premier，以 TEL 为被告提起的商标侵权案件。诉讼请求以 1994 英国商标法第 10（3）条为基础，该条是为实施欧盟指令第 5（2）条而作出的规定。Premier 是茶叶供应商，其商标 TY. PHOO 即使不是所有类别上最驰名的品牌，在英国也是最驰名的茶叶品牌之一。涉诉注册商标，是注册在茶叶上的纯文字商标 TY. PHOO。TEL 使用 TYPHOON 商标，向家庭用品专卖店销售东方厨房用品。因为 TY. PHOO 注册的商品与使用 TYPHOON 的商品不类似，Premier 主张的是第 10（3）条的诉求。

纽伯格法官：

(a) ［1994英国商标法第10（3）条的内容］

［欧盟指令］第5（2）条的目的是"为知名商标提供广泛的保护"，这种保护的意图，明显超过并高于对非驰名商标的保护。正如已经指出那样，第10（3）条对迄今为止给予本国注册商标所有人的保护，进行了重大扩展。

(b) ［不正当的利用］

在Dimple［1985］GRUR 550案中，德国联邦最高法院阐述道：

"法院已经多次判定，以利用竞争一方的商品或服务的良好声誉来提升自己的销售业绩为目的，将自己的商品或服务的质量与具有竞争力的知名产品相关联的行为，构成不正当竞争行为。"

(c) ［造成损害：淡化］

这些评论，对于"不正当地利用"已具有良好商业信誉标志的情形而言，是恰当的。德国联邦最高法院在另一案件Quick［1959］GRUR 182中的评论，与另一类案件有关，即标志的使用，对已具有良好声誉的商标"造成损害"的情形：

"具有显著特征商标的所有人，对维护其花费大量时间和金钱所获得的排他性地位，有着合法的利益，而任何可能对其显著商标的独创性和显著特征，并且由其独特性所获得的广告效应造成损害的行为，都应予避免。其根本目的，不是防止任何形式的混淆，而是为了保护已取得的财产不受损害。"

这类损害，一般被称为"淡化"，并被认为通常以如下两种方式中的一种方式出现，即"模糊"（blurring）或者"玷污"（tarnishing）。

虽然淡化是一个应记住的确定概念，但是，这并不一定意味着每个构成第10（3）条规定的侵权的案件，都必然涉及淡化，也不一定意味着每个能够证明淡化事实的商标所有人，都必然可以成功地证明第10（3）条规定的侵权。

(d) ［模糊］

模糊是在商标的显著性被削弱的情况下发生的。在评论Taittinger SA v. Allbev Ltd.［1993］FSR 641案件时，托马斯·宾汉爵士（Sir Thomas Bingham）先生对［假冒商品情形中的］模糊作了精辟的解释：

"第一原告在其描述的香槟上的名声和商誉，不仅仅源于第一原告酒的质量和迷人的化合过程，而且源于该种香槟的稀有和尊贵，以及没有对其品质的质疑和仿制品。在我看来，允许将非香槟的任何产品描述为香槟,必然会削弱该香槟的稀有性和尊贵性,并给第一原告造成潜在的严重损害。"

(e)〔玷污〕

最著名的商标玷污的例子,可能体现在比荷卢法院对 Lucas Bols v. Colgate – Palmolive(1976)7 IIC 420 案的判决中。在该案中,在洗涤剂上使用的 KLAREIN 商标,被判定侵犯了杜松子酒的标识 CLAERYN。法院认定:

"〔使用〕相关的近似商标的商品,可能会使公众产生一种感觉,这种感觉削弱了注册商标的吸引力,并且'激发公众购买注册商品的欲望的能力'。"

5.17 商标的玷污和对商标所有人权利的限制

LAUGH IT PROMOTIONS CC v. SAB INTERNATIONAL(FINANCE)BV
〔2004〕ZASCA 76〔南非〕

这个判决,在下一个引述的判决中关于损害可能性这一小问题上,被宪法法院推翻。这样一个案件的结果,可能取决于特定宪法体制中言论自由的价值,和对"侵犯"商标权含义的解释。

上诉法院哈姆斯法官:

(a)〔玷污〕

然而,该案与模糊无关,而是与玷污有关。弗姆·莫斯特(FM Mostert)〔著名及驰名商标(第二版)1 – 103〕引述了另外一个德国案件来说明:驰名香水"4711"的所有人,可以禁止一家下水道公司将该号码使用在有恶臭的储罐车上,但那些号码只构成其电话号码的一部分。不同司法管辖区的法院,基于类似的事实,在这方面得出了类似的结论。譬如,在避孕套上使用美国运通卡及"如影随形"(Don't leave home without it)的标语,在美国法院看来是不可接受的〔American Express Co. v. a Vibra Approved Laboratories Corp. 10 USPQ 2d 2006(SDNY 1989)〕。在德国,联邦最高法院判定,在由避孕套组成的恶搞物件上,使用糖果的商标 Mars 及其标语"它将带给你活力"(it will liven you up),构成对商标 Mars 的玷污〔Case I ZR 79/92,1995〔26〕IIC 282〕。在英格兰,试图在避孕套上注册 Visa 商标,以同样的理由被驳回〔A Sheimer(M)SDN BHD's Trademark Application〔2000〕RPC 13(p 484)〕。

(b)〔言论自由〕

每个人都应该认识到,在现代社会,俏皮话、只言片语及短信,已经成为最受喜爱的沟通方式,它们取代了政治、宗教和社会的专著和小册子。

重要的是，要注意到，不为第 34（1）（c）条所禁止的行为，以及该条在多大程度上不与言论自由发生冲突。上诉人在贸易中，可以附条件、自由地使用其漫画；他不能将漫画使用在商品或服务上。上诉人可以把该漫画印在 T 恤衫、旗帜或其他与商品或服务有关的方面，但条件是，这种使用不是在贸易中的使用。这或多或少是加拿大法院认为工会在劳动争议过程中，对雇主的商标进行讽刺描述的行为，不构成商标侵权的原因。加拿大法院判定：如果上诉人能够以其他方式说出其想要说的话，则言论自由不会受到任何影响。美国法院也已经判定：在其他合适的沟通途径存在的情况下，商标无须受制于权利法案第一修正案。人们不需要决定这些判定是否绝对正确，因为可以说，存在适当的替代途径，是这种情形下应当考虑的一个相关因素，这就足够了。

(c) ［商标是财产］

回到商标是财产的这个事实：一些法院已经判定，言论自由并不授予一方损害他人私人财产的权利。公众均认为，在私人财产上（或者甚至是在公共财物上）涂鸦，是对言论自由的滥用。为什么这一点只是因为该财产是商标而不同呢？这并不是说，双关语之类的言谈得不到支持，或者商标所有人的过度敏感应该得到迁就。然而，法院一般不欣赏与性和毒品相关的"拙劣的模仿"，即使它们是聪明或有趣的。原因很简单，因为对商标的损害，往往超过对言论自由的影响。在相同的原则下，一般不应该纵容对一个商标所有人进行不公平或不合理的种族主义辱骂（即使没有使用仇恨或近似仇恨的言论），尤其在像我们这样的社会中。有关声誉的重点是，就像神智健全的人一样，它作为一个适用的假定而应用——质疑它，本身就是贬低它。

(d) ［拙劣的模仿］

单纯对商标进行嘲弄的"拙劣的模仿"，也不应获得保护。在这方面，诽谤原则可能会有所帮助，而真实、公共利益及公平评价之类的事项，对决定漫画的使用是否合理，可能会发挥一定的作用。

如同版权侵权的情形一样，拙劣模仿的本身，不能根据第 34（1）(c) 条成为商标侵权的抗辩理由。它只是像以上提及的因素一样，在判断被告违反第 34（1）（c）条规定使用商标的行为是否获得宪法保护时，必须加以考虑。在巴黎大审法庭对案件 Greenpeace France v. Esso ［26 February 2003 General index registration number：2002/16307，2002/17820］的判决中，有一个关于合理地进行拙劣模仿的好例子。绿色和平组织（Greenpeace）在批评 Esso（埃索）的生态纪录时，使用了 E\$\$O 标志，而不是 ESSO 商标。法院判定这是合法的，因为绿色和平组织应该可以在文字资料或网站上，以其认为符合其所追求的目标的方式，对 Esso 的某些工业活动造成的环境影响和人类健康风险进行谴责。法院指出，这种自由不是绝对的，它受到保护其他人权利的必要限制。虽然E$$O 标志指向的是 Esso 的商标，但是，绿色和平组织并没有以商业为目的推广其产品或服务，而是为了辩论而使用E$$O 标志。这里强调了一个观点，即拙劣的模仿，在法国本身不是一个商标侵权的抗辩理由，但是与商标相关的拙劣模仿，似乎可以为法律所允许，只要在结合其他因素的情况下，该模仿滑稽作品不是为商业目的而制作，并且未超出拙劣模仿的界限。

另一方面，在 Mutual of Omaha Insurance Co. v. Novak［836 F 2d 397 402］案件中，被告抗议核扩散，并在 T 恤衫和咖啡杯上使用了一家保险公司的商标，以表达其观点。被告的这种使用，被判定为不构成拙劣模仿，因为被告不是就原告的商标或业务进行评论。在 Anheuser - Busch Inc. v. Balducci Publications［28 F3d 769（1994）］案件中，被告设置了一个其认为幽默的假广告，在该广告中，原告的 Michelob 啤酒被呈现为油性产品。该广告是为了表达对漏油的关注，而漏油事件与 Michelob 啤酒和一般的水污染并没有关系。被告并未提供其破坏性暗示行为（Michelob 啤酒包含油的成分）的其他正当事由。在衡量了第一修正案保护的权利和商标所有人的权利之后，法院判定，第一修正案的抗辩，必须让步于 Michelob 的权利。

5.18 损害不应当是轻微的或简单的。损害必须是实质性的，即它很可能对商标的显著性和声誉造成实质的损害。

LAUGH IT OFF PROMOTIONS CC v. SAB INTERNATIONAL（FINANCE）BV［2005］ZACC 7［南非］

莫森尼克（Moseneke）法官：

正因为如此，第 34（1）(c) 条关于反淡化的禁止性规定，试图在效果上消除与知名注册商标相关的特定表达行为。因此，它对包含在宪法中的言论自由的权利构成了限制。这反过来促使我们对第 34（1）(c) 的规定，作出与言论自由的权利最为协调的解释。这一反淡化的规定，从含义上来说，必须最低程度地削减已确定的一些权利，在该案中，所指的就是言论自由的权利。法定禁止的范围，必须限制在为实现该条款目的，而最不侵害其他权利的方式之内。法院必须明了，不要将对通常由强大的经济利益集团控制的驰名商标的反淡化保护措施，变成一种不利于表达其他权利主张行为的垄断，而其他表达行为，起码在我们广泛的社会当中，具有同等的重要性和价值。

我同意 SCA 的观点，正确的解读是，这一条款要求，商标侵权仅在"不合理的利用",或者"不合理的损害"可以被证明的情况下才可能发生。同样需要清楚的是,所主张的损害,必须是实质性的,而不是表面的或轻微的,即它很可能对商标的独特性和声誉造成重大的损害。因此,该条款的条件,包含了内在的限制。它规定了合理性及实质性的标准。这一条款,不限制对该商标的合理使用,或者对该商标的声誉并无实质性损害威胁的使用,甚至也不限制以合理方式进行的可能造成损害的使用。什么是合理的使用,必须在个案中进行评估,并适当地考虑案件的背景事实,以及其他方面的情况。法院必须仔细地权衡商标所有人的权利,和未经允许的商标使用人提出的言论自由的主张。

这种权衡要求比较两者的重要性,即对所涉及的言论自由进行限制的目的、性质、程度和影响的重要性进行评估,以及对注册商标进行不合理利用或可能造成实际损害的主张进行评估。总之,为了成功地得到法律的保护,商标的所有人负有证明可能造成实质损害或危害的责任,且这种实质损害或危害从案件的情况来看是不合理的。剩下要解决的是,该条款规定的实质性损害的范围。

我认为,在根据第34(1)(c)条的权利主张中,寻求否决宪法保护的表达行为的一方,必须在事实上证明该行为可能对其商标造成实质的经济损害。确实,对于"在以商标玷污为依据的权利主张中,本条款所规定的对商标的实质损害的可能性,必须被限制于经济和贸易上的危害"这一主张,需要说明的很多。在本质上,这种保护针对的是商标的声誉损害,它不是保护商标的尊严,而是商标的销售吸引力。公众中公开、民主、有价值的表达行为,不应该轻易地受到与商标本身背后的商业价值无关的最低限度的损害或危害。

5.19 混淆不是确定"不合理利用"的必要条件。

ADIDAS – SALOMON AG v. FITNESSWORLD TRADING LTD.
Case C – 408/01 [欧洲法院]

事实:Adidas – Salomon AG 是注册在一些服装类商品上的图形商标的所有人。该商标是由非常醒目的三个同等宽度平行的条纹组成的图案,显示在服装整体的侧下方。该图案可以组合成不同的尺寸和颜色,只要保持其与服装的基本颜色相对照即可。Fitnessworld 以 PERFETTO 的名称销售健身服装。它销售的一些服装,带有与主要颜色相对照即可的两条平行等宽条纹的图案,这些条纹显示在服装旁边的接缝处。国家法院判定,在事实上,消费者上不会被混淆,因为被告只是将两个条纹的图案用于点缀或装饰。

欧洲法院:

国家法院试图在根本上确定欧盟指令第5(2)条赋予的保护,是否以认定知名商标和标志之间的近似度为前提条件,这种近似度可能造成相关公众对知名商标和该标志之间的混淆。

在这方面,首先必须注意的是,欧盟指令第5(2)条为知名商标的利益确立了一种保护,这种保护的实施不要求这种[混淆]可能性的存在。欧盟指令第5(2)条适用的情形是:保护的特定条件,由对争议商标的无故使用所构成,这种无故的使用,不合理地利用了或损害了该项商标的显著性或声誉。

商标和标志之间相似的条件,尤其要求存在视觉、发音或含义上的相似性。欧盟指令第5(2)条规定的构成侵权的情况是,当商标和标志之间的近似性达到一定的程度,令相关公众将该商标和标志关联起来,也就是公众在该商标和标志之间建立了一种联系,即使这种联系并未给他们造成混淆。在综合考虑与案件相关的所有因素的情况下,必须全面评估是否存在这种联系。

因此,结论必须是,欧盟指令第5(2)条赋予的保护,不是以知名商标和标志之间的近似程度,足以造成相关公众对他们之间的混淆为前提条件。知名商标和标志之间的近似程度,只要令相关公众在标志与商标之间建立起关联就足够了。

以上的结论表明,给予知名商标保护的条件之一是:知名商标和标志之间的近似程度,必须是令相关公众在它们之间建立起了一种关联。

PREMIER BRANDS UK LTD. v. TYPHOON EUROPE LTD.
[2000] FSR 767 [英国]
纽伯格法官:

第10(3)条中没有提及混淆,尤其是参考第10(2)条的相关规定,在我看来,这强调了商标所有人可以主张某一标志的使用侵犯了其权利,尽管该标志与其商标之间并不存在任何混淆。欧洲法院在对Sabel案的判决中,解决了这个问题。该判决清楚地表明,根据第5(1)(b)条进行裁决时,第5(2)条不要求混淆。

[律师]辩称,第10(3)条规定的影响是,某一特定商标的独特性越强,声誉越高,就越容易证明对其的损害。我认为,这是对的。第一,如前述讨论所支持的那样,它似乎遵循了第10(3)条中所表达的必然逻辑。第二,我认为,这一争议得到欧洲法院在 General Motors [(1999) ALL ER 865 (EC) 第878页] 案件中论证的支持。

第6章 商标：抗辩事由

A. 导言（6.1~6.3）
B. 合理使用（6.4）
C. 比较性广告（6.5~6.8）

A. 导　言

6.1 **抗辩**：在迄今为止的讨论中，已经间接提及一些商标侵权的抗辩事由。一般的抗辩事由，涉及原告不能证明侵权的成立。

6.2 **商标注册的无效**：在特别抗辩事由方面，最重要的一项，关系到商标注册的无效。违反前面提到的禁止性规定而注册的商标是"无效的"，这意味着，它可能从商标注册登记中注销。

一些法律制度允许被告提出商标无效作为抗辩事由。其他的法律制度要求提出一个更正商标注册的相反申请。这一要求的假定是：只要一个商标处于注册状态，它就是有效力的。

6.3 **法定的抗辩事由**：商标法包括特别的抗辩事由。譬如，英国法规定，以下使用行为不构成对注册商标的侵犯：

- 个人对自己名称或地址的使用；
- 对标志的使用，涉及商品或服务的种类、质量、数量、用途、价值、产地来源、生产商品或提供劳务的时间，或者商品或服务的其他特征；或者
- 商标的使用是表明商品或服务（特别是作为配件或备用零件）的用途所必需的，只要这种使用符合工商业活动中的诚信法则。

商标法进一步规定，在特定地区的贸易过程中，使用只适用于该地区的在先权利，不构成对注册商标的侵犯。"在先权利"是指，未经注册的商标或其他标志，由某人或其在先权利人，在商品或服务上持续使用，而且开始使用的日期早于以下日期（以较早的为准）：

- 商标所有人或者其在先权利人，以其名义首次在相关商品或服务上使用商标的时间；或者
- 商标所有人或其在先权利人，以其名义在相关商品或服务上首次注册商标的时间；如果在先权利在某地的使用受到法律的保护（尤其是仿冒法），那么在先权利应该被视为适用于该地。

B. 合理使用

6.4 **合理使用**❶：美国的法律，为以下情形明确规定了合理使用的抗辩

---

❶ 参考上述第3.20段。

事由：

"被控侵权的对名称、术语或图形的使用，是非标志性的使用……仅为描述该当事人的商品或服务或其产地来源而公平、诚信地使用描述性的术语或图形。"❶

合理使用的抗辩事由的目的，是制止商标所有人垄断或占用描述性的词语或词组，因为每个人都可以自由地使用一个术语最初的、描述性的含义，只要这种使用不造成消费者对商品或服务来源的混淆。❷

"法定的合理使用的抗辩事由的目的，是允许商标的非所有人准确地描述他们的商品。因此，抗辩事由只能在商标为描述性的标志且该描述性术语是被用作描述性词语时适用。因为这种使用是'非标志性的使用'，对他人描述性商标的'合理使用'，应该不太可能造成混淆。"❸

NEW KIDS ON THE BLOCK v. NEWS AMERICA PUBLISHING INC.
971 F. 2d 302［美国］

柯辛斯基（Kozinski）法官：

当被告使用一个商标对原告的产品进行描述，而并非描述其自己的产品时，我们认为，一个商业使用者有权运用"指明商标权人的合理使用"的这一抗辩事由，只要他符合以下三个要求：第一，争议中的商品或服务，必须是不使用该商标就不容易被识别的；第二，该商标或这些商标仅在合理、必要地识别相关产品或服务的范围内使用；第三，这种使用，在与该商标相结合的情况下，没有暗示商标所有人的赞助或许可。

CENTURY 21 REAL ESTATE CORPORATION v. LENDINGTREE INC.
425 F. 3d 211［美国］

伦德尔（Rendell）巡回法官：

指示性合理使用，据称是在被控侵权人使用（商标所有人的）产品时发生的，即使被控侵权人的最终目的是描述自己的产品。指示性合理使用，也发生在使用注册商标是指明某物的唯一可行方式的这种情形中。与之形成对比的是，典型的合理使用，出现在被告使用原告的商标来描述被告自己产品的情形中。

汽车修理工在广告中使用"Volkswagen"一词，描述其修理的汽车的种类，已被判定为指示性合理使用。显然，该汽车修理工在广告中提及其他人的产品，但他这样做是为了描述他所从事的工作。另一方面，

---

❶ 美国《兰哈姆法》第33（4）（b）条。

❷ Zatarains Inc. v. Oak Grove Smokehouse Inc. 698 F. 2d 786（5th Cir. 1983）［美国］。此案与前面在第3.19段中讨论过的"商标使用"的要求即使不相同，也是类似的。

❸ CELEDONIA B H. 商标的合理使用［EB/OL］. www.cll.com/practice/intellectualproperty/articles.cfm.

使用"micro - colors"一词，被归类为典型的合理使用——"micro - colors"是一家化妆品公司的注册商标，被不同的相互竞争的化妆品公司用于指明其产品上使用的色素。在此，引用他人商标是为了描述自己的产品及该产品的特征。

C. 比较性广告

6.5 比较性广告： 一些法律允许出于比较性广告的目的使用某一商标（在广告中明确地或隐含地指出竞争者或竞争者的商品或服务）；其他的法律不允许这种使用。但是，那些允许这种使用的法律，对使用施加了限制。事实上，比较性广告是不公平竞争的一个方面。

BENCHMARK BUILDING v. MITRE 10（NEW ZEALAND）LTD.
[2003] NZCA 213 [新西兰]

高尔特·P（Gault P）认为：

对注册商标进行以比较性广告为目的的使用，不会侵犯该注册商标权。但是，如果任何这种使用不遵守工商业活动的诚信法则，无故、不合理地利用了该注册商标的显著性或名誉，或对该商标的显著性或名誉造成损害时，就必须被认定为是对该注册商标的侵害。

6.6 欧盟指令： 通常说来，这些规定类似于欧盟的比较性广告指令。就比较行为而言，如果以下条件得到满足，则比较性广告是被允许的：

- 比较行为不具误导性；
- 所比较的是满足同样需要或具有同样用途的商品或服务；
- 其客观地比较这些商品或服务的一个或多个重要、相关、可被证实且具有代表性的特性，其中可以包括价格；
- 其并未在市场上造成广告者与竞争对手之间，或两者间的商标、商号、其他显著性标志、商品或服务的混淆；
- 其并未诋毁或贬低竞争对手的商标、商号、其他显著性标志、商品、服务、活动或环境；
- 对于具有产地标志的产品，在个案情况下，比较行为是与具有相同来源标志的产品相关的；
- 其并未不合理地利用竞争对手的商标、商号或其他显著性标志的声誉，也未不合理地利用竞争产品的产地标志；
- 其并未将商品或服务显示为标有受保护的商标或商号的商品或服务的模仿品或复制品。

6.7 印度法律： 印度法律在这点上并无不同。举例来说，其规定，如果该广告具有下列情形,则对某一注册商标的广告,构成对该商标的侵犯。

■ 不合理地利用、并违反了工商业活动中的诚信法则;或

■ 对该商标的显著特性造成损害;

■ 损害该商标的声誉。

6.8 对消费者和广告者利益的考虑

SIEMENS AG v. VIPA

案例 C-59/05 [欧洲法院]

在判定一个广告者是否不合理地利用了竞争对手的商标、商号或其他重要标志的声誉时,必须考虑这一比较性广告给消费者带来的好处。

另一方面,广告者从比较性广告中获取的利益本身,不能单独成为判断该广告者的行为是否合法的因素,因为从本质上来说,这种获益在所有案例中都是不证自明的。

第 7 章　版权：公约与法律

A. 《伯尔尼公约》（7.1~7.6）
B. 《世界知识产权组织版权条约》（1996 年）（7.7~7.9）
C. TRIPS（7.10~7.12）
D. 《世界版权公约》（7.13）
E. 邻接权（7.14~7.18）
F. 法律文件（7.19~7.23）
G. 对版权法的解释（7.24~7.27）

A. 《伯尔尼公约》

7.1 《伯尔尼公约》的缔结，可以追溯到1886年9月9日。它经过多次修订，该公约1971年7月24日修订的巴黎文本，被TRIPS和《世界知识产权组织版权条约》以要求其成员和缔约方遵守的方式而"纳入"其中。

7.2 享有版权的"作品"的定义：《伯尔尼公约》使用了一个宽泛的"文学和艺术作品"的定义［第2（1）条］，以"包括"文学、科学和艺术领域内的一切成果，不论其表现方法和形式如何，诸如：

- 书籍、小册子和其他文字作品；
- 讲课、演说、布道和其他同类性质的作品；
- 戏剧或音乐剧作品；
- 舞蹈作品和哑剧；
- 配词或未配词的乐曲；
- 电影作品和以类似摄制电影的方法表现的作品；
- 素描、彩色画、建筑、雕塑、版刻和石印作品；
- 摄影作品和以类似摄影的方法表现的作品；
- 实用艺术作品；
- 图示、地图、设计图、草图；以及
- 与地理、地形、建筑或科学有关的立体作品。

7.3 基本原则：《伯尔尼公约》以三项基本原则为基础。❶

- 国民待遇。来源于某一缔约国的作品（作者是该国国民的作品或在该国首先出版的作品），在其他各缔约国必须受到与后者给予其本国国民作品的保护相同的保护。（第2（6）条、第3条和第5（3）条）
- 自动保护。版权保护不得以履行任何手续为先决条件。这意味着版权保护不依赖于登记。（第5条）
- 保护的独立。版权保护，与作品的来源国是否给予保护无关。（第5（2）条）但如果某缔约国规定的保护期长于《伯尔尼公约》规定的最短期限，则一旦作品在来源国不再受保护，该缔约国即可拒绝继续给予保护。（第6（1）条）

7.4 专有权：版权通常被看作防止未经授权而使用享有版权的作品制作产品

---

❶ 摘自介绍这些条约的世界知识产权组织网站：www.wipo.int。

的权利。但是，它远不止这一点。例如，近些年来，发行权得到确认，这使版权所有人有可能控制作品的发行，特别是控制视听（电影）作品的发行。正如在德国法中反映出来的，主要的权利为复制权、发行权和传播作者作品的权利。❶

除了准许某些保留、限制或例外，必须确认为授予专有权的权利包括以下种类：

- 翻译权；
- 对作品进行改编或编辑的权利；
- 公开表演戏剧、音乐剧和音乐作品的权利；
- 公开朗诵文学作品的权利；
- 向公众传播该作品表演的权利；
- 播放权；
- 以任何方式或形式制作复制品的权利；
- 使用已有作品摄制视听作品的权利；以及
- 复制、发行、公开表演或向公众传播该视听作品的权利。

7.5 新闻和有关信息：《伯尔尼公约》并未将版权保护延伸至每日新闻或具有单纯新闻报道性质的各种事实。[第2（8）条]

7.6 法定例外：在对所列举的作品提供版权保护的一般义务方面，《伯尔尼公约》准许各国规定有限数量的例外。例如，可以全部或部分地将政治言论或在诉讼过程中发表的言论排除在版权保护范围之外。同样，国内立法可以确定在新闻报道目的的合理限度内，对公开发表的讲演、演说和其他同类性质的作品进行报刊登载、播放、以有线方式向公众传播或以其他方式公开传播的条件。（第2条之二）

（例如）德国法规定了这一例外：

"在作品发表之后，准许对作品的章节、短小的文字作品或音乐作品、单幅的视觉艺术作品或摄影作品进行复制、发行和公开传播，作为收编大批作者作品的汇编的一部分，并按其性质仅供学校教学、非商业性教育培训机构、职业培训机构或教堂使用。在复制品上或公开传播过程中，应明确指出汇编的计划用途。"

德国宪法法院这样评述这一例外：

教堂和学校的使用
德国联邦宪法法院（BVerfG），1971年7月7日［德国］

版权法第46条对该法规定的版权施加了一种限制。这一规定与财

---

❶ 作者享有以物质形式利用其作品的专有权；这一权利尤其包括复制权（第16条）、发行权（第17条）和展示权（第18条）。

产权的保障不相一致。

财产权没有限定、绝对的定义；财产权的概念和功能可以也必须适应社会和经济的关系。因此，宪法将确定财产权的内容和限制的任务，交付给立法机关。这也适用于作者的经济权利，这些权利像有形财产权一样，必须在立法中体现出来。但宪法并未准许立法机关以任何方式恣意行事。在规定这一权利所包含的权限和义务时，立法机关必须维护财产权保障的基本内容，并且保持与其他所有宪法准则一致。为使版权保护符合宪法，它必须包含由这些准则产生的内容。

版权作为宪法意义上的财产权的一个基本特点是：作者的创作性作品的商业成果，根据民法准则，原则上属于作者，作者有权以其认为适宜的方式利用其创作成果。这构成受宪法保护的版权的精髓。

此外，《伯尔尼公约》附录包含了自由适用的有关除外规定。例如，对于以印刷形式或类似复制形式出版的作品，发展中国家有权在符合某些条件的情况下，以主管当局授予非专有的和不可转让的许可制度代替专有翻译权。例如，附件第 3 条规定，为教育目的出版某些已出版的作品，准许采用某种许可制度。

B. 《世界知识产权组织版权条约》（1996 年）

7.7 《世界知识产权组织版权条约》通过要求缔约方遵守《伯尔尼公约》的全部实质性条款而将它们纳入其中。此外，它还提到两种应受版权保护的客体：

- 计算机程序，不论其表现方法或形式如何；
- 数据或其他资料的汇编（"数据库"），不论采用任何形式，只要因其内容的选择或编排构成智力创作即可。

7.8 《世界知识产权组织版权条约》还涉及某些作者（不仅仅是计算机程序或数据库的作者）的某些权利，并授予他们三种权利，即发行权、出租权和传播权。

- 发行权和出租权仅适用于计算机程序、电影作品和包含在录音制品中的作品的原件和复制品。
- 发行权是指授权通过销售和其他转让所有权的方式，向公众提供作品的原件和复制品的权利。
- 出租权是指授权向公众商业性出租三类作品的权利。
- 传播权是指授权以任何方式向公众进行传播的权利。它包含两种权利。第一种是以电子方式传输作品的权利；第二种是向公众提供作品，以使公众成员可以在其个人选定的地点和时间获得该作品的权利。从侵权方面来说，以电子方式传输享有版权作品的行为构成侵权。而且将作品置于互联网上而使他人可以随意获得该作品也是一种侵权。

这些权利都是专有权，并受到某些限制和例外的约束。它们是对以物质形态复制的复制权的补充，禁止从互联网上下载侵权文件并随后进行保存。

7.9 发行权的性质和范围[1]

案件编号：2001（JU）No. 952
最高法院第一小法庭（日本）
判例来源：民集，第56卷，第4号，第808页

电影作品发行权，是因实施《伯尔尼公约》（1948年6月26日布鲁塞尔修订版）有关电影作品发行权的规定引入的。仅就电影承认发行权，是因为电影制片需要大量投资、为保证有效收回投资而需要控制发行、（以反复出租为先决条件的）向电影院供片的电影发行制度，并且控制有违版权所有人意愿的电影放映，也是一件困难的事情。这样，也就有必要控制发行以及复制品的转让和出租。出于这些原因，版权法被解释为，具有为公映目的而转让或出租电影的权利并未穷竭的含义。

INTERSTATE PARCEL EXPRESS CO. PTY LTD. v. TIME – LIFE INTERNATIONAL (NEDERLANDS) BV

［1977］HCA 52 ［澳大利亚］

吉布斯（Gibbs）法官：

专利法与版权法之间还有一个重要区别。通过授予传统形式的专利权，专利权所有人就其发明被授予"制造、使用、实施和销售"的独占权。从购买者的角度来看，如果他没有权利使用或转售他购买的专利产品，即使该产品是由专利权所有人销售的，也无济于事。因此，为了给予这种销售一种商业功效，似乎有必要推定存在一个条件，即专利权所有人同意购买者和因他而主张权利的人使用专利产品。这样，法律通常也确实推定专利权所有人同意，对专利产品进行"不受干扰和不受限制的"使用。仅为避免专利权所有人本来可能对使用专利产品进行的限制而作出这样一种推定，看来与有关合同条款推定的一般规则完全一致。但销售受版权保护的图书，不存在作出这种类似推定的必要性。版权所有人对使用或销售受版权保护的作品不享有专有权。受版权保护的图书的购买者，无须经版权所有人同意，即可阅读甚至销售该图书。销

---

[1] 另见下面第16章D部分。

售受版权保护的图书，不存在销售专利产品时推定合同中包含这一条件的必要性。销售图书的复制品，并不默示，也不可能默示一种对实施版权所涵盖的行为的许可。❶

C. TRIPS

7.10 TRIPS 包含若干与版权和邻接权有关的条款。特别是世界贸易组织的成员有义务遵守《伯尔尼公约》的主要条款。

7.11 版权的涵盖范围：可受版权保护的客体种类，被明确地延伸至计算机程序和数据汇编（第 10 条）：

- 计算机程序，不论表现为源代码还是目标代码，均须作为《伯尔尼公约》（1971 年）规定的文学作品来保护。
- 数据或其他资料的汇编，不论表现为机器可读形式还是其他形式，只要因其内容的选择或编排而构成智力创作，均须作为智力创作来保护。这一保护不延及数据或资料本身，也不影响数据或资料的任何已有版权。

7.12 保护期：TRIPS 规定了最短保护期（第 12 条）：

"除摄影作品和实用艺术作品外，如果某作品的保护期并非按自然人有生之年计算，则保护期不得少于经许可而出版之年年终起 50 年，如果作品自完成起 50 年内未被许可出版，则保护期应不少于作品完成之年年终起 50 年。"

《伯尔尼公约》也包含类似条款，但现在某些国家已采用 70 年期限，有的国家甚至采用 99 年和 100 年的期限。

D. 《世界版权公约》

7.13 《世界版权公约》（1952 年）：该公约由联合国教科文组织管理，它要求缔约国对文学、科学和艺术作品（包括文字、音乐、戏剧和电影作品以及绘画、版刻和雕塑）的作者和其他版权所有人的权利提供充分而有效的保护。缔结这一公约的原因，是美国此前一直拒绝参加《伯尔尼公

---

❶ 在 Creative Technology Ltd. v. Aztech Systems Pte Ltd.［1997］FSR 491（CA）［新加坡］案中被引用。关于购买者转售某些作品的复制品的自由，有明确的规定，因为发行权是法律仅就权利所有人本人或经其授权的首次销售授予的，而不涉及已销售的复制品的以后销售。

约》，因为这将要求对其版权法作出重要修改，特别是在精神权利、受保护作品的登记要求和强制性版权标记方面。由于美国于1989年改变了态度而参加了《伯尔尼公约》（该公约还被纳入TRIPS），《世界版权公约》从此不再具有太大意义。

TRIPS并未要求适用《世界版权公约》的条款，后者也不包含任何与本书有关的条款。

E. 邻接权

7.14 邻接权：与版权相关的权利，由除《伯尔尼公约》以外的其他公约予以规定。本书虽然列举了这些公约，但不准备分别进行讨论，因为几乎收集不到任何判例法，而且这些公约并未引起解释或适用方面的问题。

7.15 《保护表演者、录音制品制作者和广播组织罗马公约》（1961年）：该公约对表演者的表演、录音制作者的录音制品和广播组织的广播节目，规定了20年期限的保护。

- 表演者（演员、歌唱家、演奏家、舞蹈家和表演文学或艺术作品的其他人）受到防止实施某些未经其同意的行为的保护。这些行为是：播放和向公众传播其现场表演；录制其现场表演；复制这种录制品，只要该原始录制品的制作未经其同意或复制目的不同于其同意的目的。

- 录音制作者享有授权或禁止直接或间接复制其录音制品的权利。录音制品按《保护表演者、录音制品制作者和广播组织罗马公约》的有关定义，是指表演的声音或其他声音的任何单纯的听觉录制品。当为商业目的发行的录音制品，被进行二次使用（诸如播放或以任何形式向公众传播）时，使用者必须向表演者或录音制作者或向二者支付单独一笔合理报酬；但缔约国可以不适用这一规则或限制其适用范围。

- 广播组织享有授权或禁止实施某些行为的权利，这些行为是：转播其广播节目；录制其广播节目；复制这种录制品；向公众传播其电视节目，只要这种传播是在收取入场费的公共场所进行的。

7.16 《保护录音制品制作者防止未经许可复制其录音制品公约》（1971年）。该公约责成各缔约国保护作为另一缔约国国民的录音制作者，防止下列情况出现：

- 未经制作者同意而制作复制品；

■ 进口这种复制品，只要制作或进口是为了向公众发行；

■ 向公众发行这种复制品。

"录音制品"是指单纯的听觉录制品（不包含电影声带或盒式录像带等），而不论其形式如何（唱片、磁带或其他形式）。缔约国可以自行决定通过版权法、特别（邻接权）法、反不正当竞争法或刑法给予保护。保护必须自录音制品的首次录制或首次发行起持续至少 20 年。（但 TRIPS 第 14 条第 5 项规定了一种将表演者权利和录音制作者权利的保护期延长至 50 年的义务，它不涉及广播组织。）

7.17 《关于播送由人造卫星传播载有节目的信号布鲁塞尔公约》（1974 年）：公约责成各缔约国采取适当的措施，以防止未经授权而在其境内或从其境内传送由卫星传输的任何节目信号。

7.18 《世界知识产权组织表演和录音制品条约》（1996 年）：它规定了两种受益人的知识产权，这两种受益人是表演者（演员、歌唱家、演奏家等）和录音制作者（提出倡议并对录制该声音负责的自然人或法人）。

该条约就录制在录音制品（而不是电影等视听录制品）中的表演，授予表演者四种经济权利，即：

■ 复制权；

■ 发行权；

■ 出租权；及

■ 提供权。

F. 法律文件

7.19 **本地法**：本书的基本假说是，各国均有与其国际义务相一致的适当的法律。

普通法国家与大陆法国家有关版权的法律之间，存在若干重要区别。存在这些区别，是因为处理问题的理论方法不同。与现在的讨论有关的区别，这里将会着重予以阐述。欧共体版权法的协调，并未消除这些区别。

7.20 **普通法国家**：在作为不列颠帝国一部分的普通法国家——英国，版权法最初以 1911 年英国版权法（乔治五世元年和二年，英国法律第 46 章）为基础，它直接适用于这些国家，或通过采纳为国内法而适用。❶ 该法

---

❶ 第 1（1）条规定："除本法另有规定外，每一件独创的文学、戏剧、音乐和美术作品的版权，均在遍及陛下所有自治领域和下面提及的期限内存续……"另见 Butterworth and Co. (Publishers) Ltd. v. Ng Sui Nam［1987］PRC 485（CA）[新加坡]案。

后来被英国1956年版权法（伊丽莎白二世四年和五年，英国法律第74章）替代，成为大多数普通法国家版权法进一步发展的基础。最后，还有现行的英国1988年版权、外观设计和专利法（经修改），除必须符合TRIPS外，该法还必须符合欧共体的版权指令。在形式上，尽管在很大程度上是相同的，它仍与典型普通法上的版权制定法有所区别。由于各国版权法相类似，没有特定的版权法将被用来作为讨论的基础。

美国有关版权的法律，是部分以宪法规定为基础的，并在某些实质方面存在差异，因而，探讨美国判例时必须考虑到这一点。

7.21 普通法：所有普通法国家均没有关于版权的共同的法律。❶

THEBERGE v. GALERIE D'ART DU PETIT CHAMPLAIN INC.
2002 SCC 34 ［加拿大］
宾尼法官：

在本国［加拿大］，版权是因制定法的规定而产生的，它提供的权利和救济是详尽列举的。这并非说，加拿大版权法是与世界其他国家相隔绝的。加拿大已参加《伯尔尼公约》和有关这一主题的其他国际条约，包括《世界版权公约》。鉴于所谓"文化产业"的全球化，最好在加拿大立法准许的限度内，协调加拿大与其他观念相似的国家对版权保护的解释。至少，在大陆民法传统与英国版权传统之间，对于作者权利，仍然存在某些观念上的差异，而这些差异看来才是引起本上诉案的误解的实质所在。

BUTTERWORTH AND CO. (PUBLISHERS) LTD. v. NG SUI NAM
［1987］ RPC 485（HC）［新加坡］
西亚（Thean）法官：

版权是因制定法的规定而产生的，某类作品是否享有版权保护，取决于是否有制定法授予这类作品版权。它不是一个"商事"法或任何此类判例的问题。

7.22 欧共体版权指令：欧共体版权指令的通过，是在某些方面协调共同体版权法的一种尝试。1993年10月29日理事会指令（93/98/EEC）的主要目标，是确保在欧盟范围采用一种统一的版权和邻接权保护期。

7.23 数据库指令：1996年3月11日指令（96/9/EC），涉及数据库的法律保护。数据库是指"独立的作品、数据或其他资料，经过系统或有条理的编排而形成的汇编作品，其中的内容，能够单独以电子方式或其他方式获得"。它享有版权保护，只要它因对其内容的选择或编排而构成作者

---

❶ Fauolo v. Gray ［1997］WSSC 1（西萨摩亚最高法院）。"版权起源于普通法，但现在因版权法的规定而产生。"Ashdown v. Telegraph Group Ltd. ［2001］EWCA Civ 1142。美国的状况由于其联邦结构而要复杂得多。

本人的智力创作。留待不断"完善"（其中条目按客观标准选择）的数据库，不享有版权保护，而享有特殊数据库权利。版权保护的是作者的创作性；数据库权利专门保护"在内容的获取、验证或显示方面进行的质量上和（或）数量上的重大投资"：没有重大投资（未必是在资金上）的数据库不受保护。这些特殊数据库权利的保护期是 15 年，其他数据库权利则是 70 年。

G. 对版权法的解释

7.24 版权法是综合性的：必须根据可适用的立法，来就版权提出主张和就侵害版权作出抗辩。

FRANK & HIRSCH（PTY）LTD. v. A ROOPANAND BROTHERS（PTY）LTD.
1993（4）SA 279（A）［南非］

科贝特首席法官：

> 某一客体中的版权的所有人，享有一系列由制定法创设和规范的无形财产权。制定法确定这些权利何时及如何产生，可以如何转移，以及何时及如何终止。

7.25 解释适用的一般规则

BISHOP v. STEVENS
1990 CanLII 75（SCC）［加拿大］

拉默（Lamer）首席法官：

> 对这些论点进行分析时，必须首先强调版权法是纯粹的制定法，它"只是创设了制定法所规定的条件和情形下的权利和义务"。因而，该案首先是一个制定法解释的问题。

CCH CANADIAN LTD. v. LAW SOCIETY OF UPPER CANADA
2004 SCC 13［加拿大］

麦克拉克林（Mclachlin）首席法官：

> 在解释版权法规定的权利和救济的范围时，法院应采用现代的制定法解释方法，使"某一法律的措辞，按其完整的上下文，以及按与该法的体系、目标和议会的意图协调一致的语法含义和普通含义来理解"。

7.26 有针对性的解释：定义是打算用来涵盖各种新发展的，因而需要对定义作出有针对性的解释。❶

---

❶ 见 Navitaire Inc. v. Easyjet Airline Co.［2004］EWHC 1725（Ch）（2004 年 7 月 30 日）案。

GOLDEN CHINA TV GAME CENTRE v. NINTENDO CO. LTD.
[1996] 4 All SA 667（A）［南非］
上诉法院哈姆斯法官：

如同该法及其前身所采用的很多定义，一向采用含义极为宽泛的术语。这样做的唯一原因可能是：立法机关试图通过使用概括的词语，来涵盖未来的技术革新。立法上的惰性，不应妨碍人类的创作力和对这种创作力的合理保护。计算机程序就是典型的例子。该法的宽泛措辞，使得有可能对它们像对文学作品一样给予保护。立法机关先前只有在修改法律时才能处理这一问题。该法采用这一概括方案表明，对该法的定义的解释，应具有"变通性，以使之在新技术出现时，即可涵盖它们，而不是一方面狭义地解释这些条款，另一方面［立法机关］又不得不定期更新该法"（WGN Continental Broadcasting Co. v. United Video Inc. 693 F. 2d 622 at 627）。

立法机关谨慎地选择了对与普通含义略有不同的术语加以界定。这意味着定义更加重要，至少在该法的上下文中，为迎合有关这些术语已有或应有含义的先入之见，而缩减宽泛的语意将是错误的。制定该法的意图不是抑制而是促进人类的创作力和产业的发展。

ROBERTSON v. THOMSON CORP.
2006 SCC 43 ［加拿大］
阿贝拉（Abella）法官：

版权法被设计为随技术发展而同步更新，以鼓励智力、艺术和文化创作。在将版权法适用于一个包含该案争论的互联网和数据库在内的领域时，法院遇到了非同寻常的挑战。但在正视这些挑战时，应重点考虑数字世界所包含的公共利益。

7.27 平衡私人利益和公共利益

THEBERGE v. GALERIE D'ART DU PETIT CHAMPLAIN INC.
2002 SCC 34 ［加拿大］
宾尼法官：

版权法通常表现为一种平衡手段，它一方面鼓励艺术和智力作品的创作和传播，促进公共利益，另一方面给创作者以合理的回报（更准确地说，防止除创作者以外的其他人侵占可能产生的任何利益）。这并非一个新的观点。

在这些与其他公共政策目标之间保持适当的平衡，不仅在于确认创作者的权利，也在于对这些权利的有限性给予适当的重视。从极端的经济角度来看，就像对艺术家和作者补偿不足会弄巧成拙一样，就复制权给予他们过度的补偿，也不会有什么成效。作品的经授权制作的复制品，一旦销售给公众中的某一成员，通常是由购买者而不是作者来决定如何处置它。

版权及其他形式的知识产权的所有人的过度控制，可能会不适当地限制公有领域为社会整体的长远利益而整合或发挥创新的能力，或对适当的使用造成实际障碍。

ROBERTSON v. THOMSON CORP.

2006 SCC 43 ［加拿大］

阿贝拉法官：

本院一再认为，版权法的首要目的是双重的：鼓励艺术和智力作品的创作和传播，以促进公共利益，以及给作品的创作者以合理的回报。由于这两个目的往往是相互对立的，法院"应力求在这两个目标之间维持一种适当的平衡"。

第 8 章　版权：版权的性质

A. 版权是积极权利还是消极权利（8.1~8.4）
B. 版权与作者权利（8.5）
C. 精神权利还是人格权（8.6~8.11）
D. 创意与表达形式（8.12~8.15）
E. 版权与假冒（8.16）

A. 版权是积极权利还是消极权利

8.1 版权是一种消极权利吗？ 按照通常的说法，版权是一种消极权利。
ASHDOWN v. TELEGRAPH GROUP LTD.
［2001］ EWCA Civ 1142 ［英国］
菲利普斯（Phillips）大法官：

  尽管有（英国版权法）第 2（1）条和第 16（2）条的规定，版权在实质上却不是一种积极权利，而是一种消极权利。英国版权法中没有任何规定，明确授予文学作品的版权所有人出版它的权利。该法授予版权所有人防止他人实施该法所确认的、只有所有人有权实施的行为的权利。因而，版权与言论自由相对立。它防止除版权所有人以外的任何人，以受版权保护的文学作品形式传递信息。

8.2 《伯尔尼公约》：即使在当今的英国法中，这一阐述的正确性也几乎未被接受。例如，根据《伯尔尼公约》，受保护的文学和艺术作品的作者，在其原创作品权利的整个保护期内，享有翻译和授权翻译其作品的专有权（第 8 条），他们还享有授权以任何方式或形式复制其作品的专有权［第 9（1）条］。

  防止他人实施作者专有权所控制的行为的权利，完全是积极权利的对立面。复制权与出版权（尽管它们可能重合）还有一个区别——只有前者才是版权的内容。

8.3 普通法国家的法律：这一观点在加拿大和南非等普通法国家的法律中反映出来。加拿大法律就作品给"版权"下的定义为：以任何物质形式制作或复制作品或其任何实质部分，公开表演作品或其任何实质部分，或在作品未出版的情况下出版作品或其任何实质部分的排他权利。类似地，南非法律规定："文学或音乐作品的版权，授予在南非共和国境内实施或授权实施［诸如］以任何方式或形式复制作品等任何［所列］行为的专有权。"

8.4 大陆法国家的法律：大陆法没有什么区别。荷兰版权法（第 1 条）规定，版权是文学、科学或艺术作品的作者向公众传播和复制该作品的专有权。德国法的规定是：

  "版权在与作品相关的智力及人格方面，以及就作品的使用方面保护作者。它还保证作者因作品的使用而获得适当的报酬。"

B. 版权与作者权利

8.5 "作者权利"未得到普通法的适当确认。普通法未在与大陆法相同的范围内确认作者权利的概念。如同下面所讨论的,"作者"的定义,涵盖众多并非该词常规意义上的作者,而是对最终结果享有投资利益的人。例如,计算机程序的作者,是控制它的制作的人。因而,特别是在普通法传统中,有理由怀疑这一哲学前提。商业利益往往比作者的利益更重要。弗兰克·缪尔(Frank Muir)曾在这方面写道[The Frank Muir Book(1976)]:

"一个想要成为职业作者的人,在18世纪初,遇到的最大困难是:他对他的图书的销售,没有获得版税的法定权利。在古罗马人统治时期,以及持续至中世纪,手稿的版权,属于被写在上面的那件载体的所有人;它只是一个拥有一件有形财产的问题。当印刷术传入英国时,政府急忙通过授予书籍出版业公会一种有关出版的垄断权,以对出版进行检查,从而使书籍出版业公会成为全部版权的所有人。

"反对书籍出版业公会垄断权的压力,在17世纪后半叶逐渐增大,向继任政府呈交的请愿书,强烈请求废止这种垄断权。这一运动最终取得胜利,1709年通过一项法案——安妮法(安妮女王八年,第十九章),它是世界上第一部将作者的财产权授予其本人的制定法。

"支持制定该法的书商,并未考虑促进作者职业的繁荣。这是一次为书籍的销售贸易利益而打破垄断的行动,作者只是这一行动的借口。按照该法的法条,作者享有其作品的版权,但授权出版该作品的行为,使书商就该作品取得14年的专有权,此后权利被认为回归于作者。实际上,这意味着书商一旦为取得版权而向作者支付了少量几尼(译注:英国的旧金币,值一镑一先令),就可以在14年期间,利用这一财产,或在他们之间进行交换,而无须再向作者支付任何报酬:

'作者所失,书商所赚,恰似

寄生鸨母忙数钱,痴情客人卖家产。'"

[引自讽刺诗人亚历山大·蒲伯(Alexander Pope)(1688~1744年)的讽刺诗]

C. 精神权利还是人格权

8.6 《伯尔尼公约》规定的义务。《伯尔尼公约》要求成员国按照以下要求确认精神权利：

"不受作者经济权利的影响，甚至在上述经济权利转让之后，作者仍保有要求其作品作者身份的权利，并有权反对对其作品进行有损其声誉的任何歪曲、割裂或其他更改行为，或与其作品相关的其他损害行为。"

尽管如此，确认精神权利的方法在普通法国家与大陆法国家仍有区别。一般而言，大陆法国家的保护范围更加广泛。

THÉBERGE v. GALERIE D'ART DU PETIT CHAMPLAIN INC.
2002 SCC 34 [加拿大]
宾尼法官（代表多数意见）：

该法案规定，被上诉人对其作品享有经济权利和"精神"权利。这两类权利之间的区别，以及它们各自的法定救济是至关重要的。

一般而言，加拿大版权法一向在传统上更关注经济权利而不是精神权利。1924年生效的加拿大版权法，基本上沿袭了1911年英国版权法。艺术家或作者的主要经济利益，曾经是（现在仍然是）在其终身再加50年的期间内，"以任何物质形式制作或复制作品或其任何实质部分的排他权利"。经济权利是基于艺术和文学作品在本质上是商品的观念存在的。（实际上，最早的1709年版权法，就是为消除印刷商而不是作者的忧虑而通过的。）始终由于这一点，这类权利可以全部或部分、在世界范围或限于某一地域、涉及版权整个保护期或其部分期间进行买卖。因而，版权所有人可以但未必是作品的作者。

相比之下，精神权利起源于大陆法传统。它们承认艺术家与其作品之间存在一种更高尚的关系，而不仅是纯金钱关系。艺术家的作品被视为其人格的延伸，具有值得保护的尊严。它们主要是艺术家在经济权利（即使已转让给他人）的整个保护期内，保护作品的完整性与作者身份（或如其所愿而隐名）的权利［依照第14.1（2）条，这些精神权利不能转让，但可以放弃］。在现行成文法中，精神权利的主要特点是：作品的完整性，仅在对作品的改动有损作者的名誉或声望的情况下才受到侵害［第28.2（1）条］。

遗憾的是，现行版权法的文本对于促成法律规定的精神权利和经济权利的结合几乎毫无帮助。因为没有一个可以涵盖这两类权利的全面的版权定义。作为版权的定义而起草的该法第 3 条，仅提到版权的经济特性。精神权利是在完全不同的条款中规定和限定的。由于没有一个统称，议会每当需要引用版权的两个方面和有关侵害精神权利的类似救济条款时，均不得不分别提及"版权"和"精神权利"。❶

8.7 **精神权利的性质**：在原则上，精神权利是发表作品、被确认为作者、保持作品完整的权利。这些权利如何限定属于地方立法和司法解释的问题。它们可以在作者死亡后仍然存续。

8.8 **普通法方式：加拿大法律**。根据加拿大法律，作者享有保持作品完整的权利，以及在合理的情况下，通过署真名或化名，而作为作者与作品相联系的权利，以及不署名的权利。但只有在作品被曲解、被割裂或被以其他方式改动，或被进行与某一产品、服务、动机或机构相联系的使用，以至有损作者的名誉或声望的情况下，作者保持作品完整的权利才受到侵害。

8.9 **大陆法方式：荷兰与法国**。根据荷兰法，作品的作者，即使在转让版权后，仍然享有以下权利：

- 防止在未署其姓名或以其他方式指明其为作者的情况下，向公众传播作品的权利（该权利可以放弃），除非这种反对不合理；
- 防止以他人姓名向公众传播作品的权利；
- 防止更改作品名称或作者署名的权利（该权利可以放弃）；
- 防止以其他方式更改作品的权利（该权利可以放弃），除非这种反对因更改的性质而显得不合理；
- 防止对作品进行可能有损作者的名誉或声望或有损其尊严的曲解、割裂或其他毁损的权利。

在法国，与在作者死亡后存续 70 年的经济权利不同，某些精神权利是永久的、不可转让的，且不受时间方面的限制；在作者死亡后，它们由作者的继承人取得。❷

8.10 **印度案例**：这一判决并不反映普通法对精神权利的典型态度。

---

❶ 另见 Desputeaux v. Éditions Chouette 案，[2003] 1 SCR 178, 2003 SCC 17［加拿大］。
❷ 法国法律还依照《伯尔尼公约》第 14 条之三确认了一种权利：
（1）对于艺术作品原作和作家与作曲家的手稿，作者或作者死后由国家法律所授权的人或机构，享有不可剥夺的权利，从作者第一次转让作品之后，在对作品进行的任何出售中分享利益。
（2）只有在作者本国法律承认这种保护的情况下，才可在本同盟的成员国内要求上款所规定的保护，而且保护的程度，应限于被要求给予保护的国家的法律所允许的程度。
（3）分享利益之方式和比例由各国法律确定。

AMAR NATH SEHGAL v. UNION OF INDIA
2005（30）PTC 253 ［印度］

事实：原告是世界著名的雕塑家，曾为一个重要的政府建筑物雕刻了一幅青铜壁饰（长140英尺，高40英尺）。该壁饰曾被普遍视为印度艺术遗产中不可缺少的一部分，但后来被移动，并在存放处被损坏。于是雕塑家要求返还作品并获得损害赔偿。

普雷迪普·南德拉乔格（Pradeep Nandrajog）法官：

在物质世界，法律适合于保护获得合理报酬的权利。但生命是超脱于物质的。它也是短暂的。我们很多人相信灵魂。作者的精神权利就是其作品的灵魂。作者有权通过其精神权利保存、保护和培育其创作。

当作者创作了一件艺术作品或文学作品，人们就可以想象出很多随之产生的权利。人们首先想到的是作品的"生父权"，即在作品上署名的权利。它也可以称为"身份确认权"或"身份归属权"。人们想到的第二种权利是公开作品的权利，即"披露或公开权"。它可以包含为价值相当的报酬而出售作品的经济权利。人们可以想到的第三种权利与"生父权"相联系，即维持作品的纯粹性的权利。没有完整性，就不可能有纯粹性。它可能是一个见仁见智的问题，但作者无疑可以反对他认为对其作品实施的毁损其声誉或以某种方式贬低其作品的行为。这就是"完整性"的精神权利。最后，人们可以想到的是，从出版中收回其作品的权利，只要作者认为因作品内容过时或观点改变而最好收回作品。这就是作者的"收回权"。

除"披露或公开权"也许受商业报酬的影响之外，其他三种权利均来源于一个事实：有创作力的个人与生俱来的天赋，使他唯一地拥有创作能力和掌握创作秘诀，从而建立了有创作力的作者与其作品之间的特权关系。

装饰印度科学宫（一个大型会议中心）的壁饰雕塑，是原告辛勤创作的成果。它不仅提高了原告的声誉，而且获得了印度现代国宝的地位。

作者身份是一个事实问题。它是已经存在的事实。确认作者身份，不仅指明了创作者，也指明了他对民族文化的贡献。它也使得人们有可能了解一个国家的文化发展过程。完整性权利与民族文化领域的总体完整性相互联系，相辅相成，完整性权利最终促成了民族文化领域的总体完整性。第57条的规定，并未排除与文化遗产有关的完整性权利。文化遗产包括艺术家，该艺术家的创作力和智慧是该民族有价值的文化资源。通过第57条的规定，使得印度文化遗产有可能在法律上通过艺家的精神权利来保护。

本人的意见是：不论壁饰今天是什么形态，它都是非常珍贵的，而不容沦为碎片而搁置在印度政府的仓库中遭受冷落。只有原告才有权重新创作其作品，因而有权收回损害的壁饰。原告还有权因被告的违法行为造成其声望、名誉损失和精神损害而获得补偿。

8.11 日本案例

CASE NUMBER：2003（WA）NO. 13385
(2005. 6. 23)
[日本] 东京地方法院第四十六民事庭

乙请雕塑家甲制作两尊青铜雕像，甲照办了。但在两尊雕像的基座上出现了乙的姓名。甲要求乙确认甲享有精神权利（使用其姓名的权利），且乙必须将甲是作者之事告知雕像现在的所有人。

尽管在提出制作青铜雕像的请求之后，并且在雕像实际制作完成之后，被告（乙）允诺向原告支付［雕像］制作费，并一再向原告表示感谢，但被告最近辩称，制作青铜雕像的人实际是被告，而原告只是辅助者。原告的自尊受到严重伤害。

作为一项适宜措施，作为创作者的原告，应有权要求被告告知青铜雕像现在的所有人：原告是雕像的创作者。要求被告告知该所有人，将确保［承认］原告是创作者，防止将来在原告与该所有人之间产生纠纷，因而将是法律所称的"适宜措施"。

D. 创意与表达形式

8.12 对表达形式的保护：TRIPS 确立的一项原则是：版权保护不延及创意、工艺、操作方法或数学概念本身，而仅适用于表达形式（第9.2条）。

DESIGNER'S GUILD v. RUSSELL WILLIAMS TEXTILES LTD.
[2000] 1 WLR 2416（HL）[英国]
霍夫曼（Hoffman）大法官：

人们常说创意没有版权，而创意的表达形式有版权。表达形式与创意的区别，可见于英国参加的 TRIPS。尽管如此，这一问题仍需要谨慎处理。这是什么意思？正如圣马里波恩的海尔斯幸（Hailsham）大法官在 LB（Plastics）Ltd. v. Swish Products Ltd.［1979］RPC 551 案中所说的，"这完全取决于人们所说的'创意'指的是什么"。

坦率地讲，仅仅存在于头脑中的创意，不可能有版权，因为它还没有以文学、戏剧、音乐或美术作品等可受版权保护的形式表达出来。但创意与表达形式之间的区别，不可能是指任何这种微不足道的区别。另一方面，一件艺术作品的表现形式的每一基本成分（除非出于偶然或强迫而产生），都是作者的创意的表达形式。它代表作者选择了斑纹而不是圆点，选择了鲜花而不是蝌蚪，选择了一种颜色和涂抹技法而不是另一种等。这些创意的表达形式，不仅在作为一个累积的整体的情况下受到保护，而且在它们构成作品的"实质部分"的情况下也受到保护。尽管"实质部分"一语可能暗示一种数量检验，或至少暗示根据数量或质量而指明一个可以视为实质的分离部分的能力，但根据有关判例，这两种检验显然都不是正确的检验。Ladbroke（Football）Ltd. v. William Hill（Football）Ltd.［1964］1 WLR 273 案表明，实质性取决于质量而不是数量。有很多判例表明，被视为实质的"部分"，可以是从作品中概括出来的，而不是构成一个分离部分的某一特点或某些特点的结合。这就是法官所认定的该案中被复制的部分。或者再举一例，戏剧或小说情节的原始基本成分，可以是实质部分，因而一件对原作品即使一句话也未复制的作品仍然可能侵害版权。如果要问在这样一种情况下受到保护的是什么，除了说是在享有版权的作品中所表达的创意之外，很难作出其他任何回答。

　　诸位阁下，如果观察一下已对创意和创意的表达形式加以区分的案例，我想可以发现，它们支持两种完全不同的主张。一种主张是享有版权的作品，可以表达某些因为与作品的文学、戏剧、音乐或美术性无关而不受保护的创意。正是基于这种主张，例如，一件描述某一系统或发明的文学作品，并不使作者有权要求保护其系统或发明本身。就一件艺术作品中表达的发明观念而言也是如此。不论它如何引人注目，或具有多大程度的独创性，他人（只要没有专利保护）均可以自由地在其自己的作品中表达它。另一种主张是享有版权的作品所表达的某些创意，因为不具有独创性或过于平常，不构成作品的实质部分（尽管它们属于具有文学、戏剧或美术性的创意），所以无法获得保护。正是基于这种主张，合并斑纹和鲜花的单纯概念，不会构成原告作品的实质部分。经过那种程度的概括，创意虽然以图案表达出来，但仍不足以充分表现作者的技巧和劳动而受到版权保护。

8.13 公有财产不能成为版权客体

R G ANAND v. MIS DELUX FILMS
1978 AIR 1613［印度］

莫塔萨·法齐尔·阿里（Murtaza Fazal Ali）法官：

　　　　因而，该观点看来是：作为公有财产的创意、原则或主题，或历史事实、传奇故事的题材，不能成为某个特定的人的版权的客体。任何人从来都可以选择一种创意作为题材，以自己的方式加以发挥，通过不同于他人的处理方式来表达这一创意。在两个作家就相同主题进行写作的情况下，由于两个中心创意是同一的，必然会出现相似之处。但从这种相似或巧合之处，不能得出不容反驳的剽窃或盗版的结论。以大诗人兼大戏剧家莎士比亚为例，他的大多数戏剧——像《威尼斯商人》《哈姆雷特》《罗密欧与朱丽叶》《裘力斯·凯撒》等——都是基于希腊-罗马和英国神话、传奇故事创作的，但莎士比亚在他的每一部戏剧中，对题材的处理又是一贯的那样清新、与众不同、充满诗歌一般的热情洋溢、精美、渊博和新颖，以至最终结果本身成为一件原创作品。实际上，他在表达上的能力和热情，他唯一、雄辩和杰出的风格，以及这些戏剧具有的感染力和跌宕起伏，都是莎士比亚本人所特有的，而且并未使他所采用的原始主题陷于矫揉造作。因而，指控这一伟大的剧作家进行剽窃将是荒谬的。实际上，由于他的独创性思考、才能和持续不断的写作，莎士比亚已将一种旧创意转换为一种新创意，以至每一部戏剧都构成英国文学杰作。形容"莎士比亚的每一部戏剧都喻义深长"是很正确的。

这样，在原告指控被告侵犯版权的情况下，需要确定的基本事实是：被告是否不仅采用了享有版权的作品表达的创意，而且采用了其手法、编排形式、情节、背景；是仅作较小改动，还是在多处作出精彩的补充或修饰。当然，如果对照享有版权的作品，可以看出被告的作品是明显的改述，或是对原作品实质性重要部分的翻版，这样，对剽窃的指控必然可以证实。但必须小心辨别，被告是仅仅掩盖盗版，还是实际上以不同的形式、不同的风格、不同的思路使原作品得以再生，以至给他所改编的、享有版权的作品所表达的创意注入了新的生命。在后一种情况下，不存在对版权的侵犯。

8.14 示例。在世界知识产权组织的出版物《版权原则：案例与资料》（2002年）中，大卫·瓦韦尔（David Vaver）教授以下列标题概括了"创意与表达形式"二分法：

- 风格没有版权；
- 单纯的新闻没有版权；
- 历史、史实没有版权；
- 科学原则或技术说明没有版权；
- 单纯的原则或方案没有版权；
- 操作方法没有版权；
- 一般创意（如为娱乐目的）不受版权保护；
- 创意仍可以通过版权之外的其他方式给予保护。

8.15 作者不是单纯完成机械功能的人[1]

CALA HOMES v. McALPINE

[1995] FSR 818 [英国]

莱迪法官：

> 在我看来，仅仅考虑谁执笔的有关作者身份的观点，不免过于狭隘。绘画或文学作品的版权所保护的，不仅仅是在纸张或其他某种媒介上留下印迹的技法。写出的文字或画出的线条，以及由这些文字或线条以某种有形形式固定下来的，在创作、选择或汇编具体概念、数据或情感的过程中表现的技法和付出的努力，均是受到保护的。认为只有机械地实施固定行为的人才是作者的观点是错误的。在顺利的绘画过程中，完全可能包含技法和专长，但这并不意味着只有技法和专长才具有意义。如同（辩护律师）已经说过的，如果两人或两人以上共同创作一件作品，并且每个人均贡献了重要的一部分受版权保护的技法和劳动，那么他们就是合作作者。

E. 版权与假冒

8.16 欺骗：版权未必与欺骗有关联，而欺骗构成不正当竞争的要素。

DESIGNER GUILD LTD. v. RUSSELL WILLIAMS（TEXTILES）LTD.

[2000] UKHL 58 [英国]

米勒特（Millett）大法官：

> 必须记住，这是有关侵害版权的诉讼。它不是有关假冒的诉讼。有关假冒的诉讼的要点，是欺骗性的相似。被告被指控欺骗公众，使之误将被告的商品当成原告的商品。唯一需要做的往往是对相互竞争的物品进行视觉上的比较。如果总体印象是"它们看起来确实不够相似"，原告就会败诉。
>
> 但有关侵害艺术作品版权的诉讼大不相同。它不涉及被告的作品的外观，而涉及它的来源。版权所有人起诉，并不是因为被告的作品与他的相似，而是因为被告抄袭了享有版权的作品的全部或实质部分。这种抄袭，可以是完全按原样进行的，也可以是故意加入一些变化的——包括有时所称的改样抄袭或变相模仿。即使在完全按原样抄袭的情况下，被告仍然可能将抄袭来的特点并入一件篇幅大得多的作品，这件作品的很多内容或大部分内容具有独创性或派生于其他来

---

[1] 见 Heptulla v. MIS Orient Longman 案，1989 PTC 157 [印度]。

源。但尽管被抄袭的特点必然是享有版权的作品的实质部分，它们却未必构成被告的作品的实质部分。因而，被告的作品的整体外观，可以与享有版权的作品存在很大区别。但并不能因此得出被告的作品不侵害原告版权的结论。

第 9 章 版权：版权的存在

A. 登记（9.1、9.2）
B. 权利归属（9.3~9.11）
C. 版权的授予（9.12~9.15）
D. "作品"（9.16~9.23）
E. "作品"与"原创"的关系（9.24）
F. 原创性（9.25~9.30）
G. 固定（9.31）
H. 证明版权的存在（9.32~9.36）

A. 登　记

9.1　不要求登记：前面提到，版权的取得，不取决于登记等手续的履行。如果法律规定可以登记，也只是为了提供证据：推定登记有效，以及经登记的版权所有人确实对被交存或被描述的作品享有版权。

9.2　举证责任的效力：版权不经登记这一事实，意味着希望主张版权的人必须证明版权的存在。就计算机程序和电影一类的作品而言，这可能是一件费钱费力的事情。❶

VAGAR v. TRANSAVALON（PTY）LTD.
1977（3）SA 766（W）［南非］
麦克尤恩（McEwan）法官：

　　版权是一个专业问题。在我看来，主张享有全部或部分版权的人，必须提供证据来证明能够支持其主张的必要专业要点，即使是在有正当理由使用传闻证据的情况下，也应提供该证据。

B. 权利归属

9.3　权利归属与版权的授予：版权的授予与版权归属未必是一致的。这个问题有三个方面："作者"一词的广泛含义；"作者"与"权利所有人"的区别；以及权利的可转移性。这三个方面将在下面几段予以讨论。

9.4　"作者"的广泛含义：在其定义中，"作者"的概念，通常涵盖并非实际作者但对作品的产生负责的人。虽然就文学、音乐或美术作品而言，"作者"是首先制作或创作作品的人，但这一点未必适用于其他作品。例如，就摄影作品而言，"作者"可能是对摄影构图负责的人；录音制品的作者可能是协调制作该录音制品的人；电影作品的作者可能是确定制片的人。❷

9.5　作者与权利所有人：作者未必是作品的版权所有人。尽管实际作者通常是原始版权所有人，但原始版权所有人也可以是其他人。例如，由国家或某些国际组织创作或在其指导或控制下创作的作品，通常被授予版权，这种版权的所有人身份，被首先授予国家或有关国际组织，而不是

---

❶ 这一问题在本章 H 部分讨论。
❷ 根据《伯尔尼公约》第 14 条之二的规定，还有其他的可能性。

作者。

9.6 雇员：对于作者依照雇佣合同或学徒合同在受雇过程中创作的作品，雇主（而不是实际作者）往往是该作品的原始版权所有人。这种属于普通法国家的典型规定，也可见于日本等大陆法国家的法律中。在这些大陆法国家，经雇主提议而由雇员在履行其职务的过程中创作、并由雇主作为作者署名发表的作品（程序作品除外），其作者身份被授予雇主。（但在法国，雇主的出版权不包括再版权，理由是雇佣合同的存在不表明创作者放弃其知识产权；在未依照法定条件订立特别协议的情况下，创作者并不因首次出版这一唯一事实，而将复制其作品的权利转让给雇主。）❶

这一原则在任何情况下均普遍适用于计算机程序。德国法提供了一个示例：

"如果计算机程序是由雇员在其履行职务的过程中或依照其雇主的指示创作的，除非另有约定，只有雇主有权行使计算机程序的所有经济权利。"

9.7 独立订约人：另一方面，作为独立订约人的作者，则保留版权。❷ 有时，在委托他人拍摄照片、绘制肖像、制版、摄制电影或制作录音制品并支付报酬或约定支付报酬，而且作品依照这一委托创作产生的情况下，也适用这一原则——委托创作该作品的人，可以成为该作品的版权所有人。

9.8 版权的可转移性：最后，版权可以通过转让或法律的实施而转移，但如同前面提到的，精神权利不能转移。

9.9 起诉权：起诉权（除非涉及精神权利）属于"权利所有人"，他可能是受让人或承受人。

FRANK & HIRSCH（PTY）LTD. v. A ROOPANAND BROTHERS（PTY）LTD. 1993（4）SA 279（A）［南非］

科贝特首席法官：

根据该法第 24（1）条，"版权所有人"可以就侵害版权提起诉讼。第 21 条规定了授予版权所有权的对象。第 22 条主要涉及版权的转让。它规定：版权可以像动产一样通过转让而转移；版权的转让范围可以加以限制，以便仅适用于版权所有人的专有权控制的某些行为，或仅限于版权的部分保护期，或仅限于某特定国家或其他地理区域；以及除非由

---

❶ 法国最高法院（第一民事庭），2001 年 6 月 12 日，Rillon c/ Sté Capital Méda。

❷ 见 Telephonic Communicators International Pty Ltd. v. Motor Solutions Australia Pty Ltd. 案，［2004］FCA 942 ［澳大利亚］。

转让人或其代理人书面签字，版权转让不生效力。有效转让的结果是，转让所涵盖的作品的版权所有权由受让人取得，并使受让人有权就对该版权的侵害提起诉讼。

9.10 **被许可人**：专有许可的被许可人，也有权提出诉讼请求，而不影响版权所有人的权利。

KLEP VALVES (PTY) LTD. v. SAUNDERS VALVE CO. LTD.
1987（2）SA 1（A）［南非］
上诉法院格罗斯科夫（Grosskopf）法官：

尽管根据第24条，版权所有人是有权对侵权人提起诉讼的主要当事人，但第25条也将受让人的起诉权和获得救济权授予了被许可人（它们实际上与版权所有人的相同）。但该条并未规定对专有许可的被许可人的授权，将导致版权所有人权利的相应减少，也未规定专有许可的被许可人将在所有方面被视同受让人。这种视同，可能默示这种权利的减少。这样，纯粹作为一个法律解释问题，这似乎表明，权利所有人的出庭资格，并未因专有许可的被许可人有权起诉而被剥夺。

这一观点，在同时考虑版权所有人和专有许可的被许可人各自权利的情况下得到证实。即使在尽可能广泛的方面授予专有许可，版权所有人并未丧失其所有权。其所有权的实际价值可能有所变化，但在大多数情况下仍然具有重要性，因为他向被许可人收取报酬的权利，以及在许可出于任何原因而终止时，有关权能的复归均依赖于这一所有权。因此，立法机关的意图是剥夺版权所有人的出庭资格这一可能性，似乎是不可想象的，因为他可能需要这种地位，来保护在授予专有许可之后所保留的权利。

9.11 **合作作者**：版权法确认了合作作者的概念。❶

FLYDE MICROSYSTEMS LTD. v. KEY RADIO SYSTEMS LTD.
［1998］EWHC 专利 34 ［英国］
莱迪法官：

版权、外观设计和专利法（1988年）第10（1）条将合作作品界定为："两个或两个以上的作者，通过合作而创作的作品，其中各个作者的创作部分与其他作者的无法区分。"这一规定并没有使不是作者的某人成为作者。它涉及对两个或两个以上的作者投入劳动而产生的作品的分类。在这一诉讼中，需要回答的问题是：整部 KEYPORT 作品的作者，是西德尔（Seedle）先生一人，或是还有一个作者，即安德鲁·马雷特（Andrew Barrett）先生。

---

❶ Brighton v. Jones 案，［2004］EWCH 1157 ［英国］。

C. 版权的授予

9.12 版权可以在三种选择情况下被授予：
- 如果作者是一个合格的人；
- 基于作品首次出版；或
- 属于国家（王室）版权。

9.13 **合格的人**：每一件作品在创作产生时，其作者是"合格的人"而有资格享有版权的作品被授予版权。这适用于已出版和未出版的作品。"合格的人"是：
- 本国国民或在该国定居、居住的个人；或
- 根据本地法设立的团体。

为使《伯尔尼公约》规定的国民待遇要求生效，《伯尔尼公约》成员国国民，或在该国定居、居住的人，以及在该国设立的法人，均被视为"合格的人"。

9.14 **首次出版**：作品即使并非由合格的人创作，但如果在本国或《伯尔尼公约》某一成员国首次出版，也被授予版权。在这些情况下，原始版权所有权被授予作者，除非作品是在雇佣过程中和范围内创作的，或是经委托创作的。

9.15 **国家（王室）版权**：由国家或某一国际组织创作，或在其指导，或控制下创作的作品，也被授予版权。在这种情况下，原始版权被授予国家或国际组织，而不是作者。

D. "作品"

9.16 **作品的种类**：不同的版权法，对可以享有版权的作品的界定方法可能有所不同。一些版权法对文学作品❶、音乐作品、美术作品、电影作品、录音制品、广播节目、节目信号和已发行版本（汇编）进行了区分。各类作品均有定义，各类作品所附带的权利也作了划分。这些定义各式各样，变化范围很广。

像加拿大等其他国家，将"原创的文学、戏剧、音乐和美术作品"一语界定为，文学、科学或艺术领域内的每一件原创产物，不论其表现

---

❶ 依照 TRIPS 的要求，计算机程序必须作为文学作品受到保护。

方法或形式如何，"诸如"汇编作品、图书、小册子及其他著作，讲演、戏剧或音乐剧作品，音乐作品，译作，与地理、地形、建筑或科学有关的图案、草图和立体作品。

这与大陆法传统国家没有太大区别，在这些国家，对《伯尔尼公约》中的"文学、科学和艺术"作品这一通用术语，是通过类似的列举加以界定的。但可以发现，定义的涵盖范围有所扩大，因为这种列举并非详尽的，如同荷兰法中的定义，可以"广泛（包括）文学、科学或艺术领域内的任何创作，不论其表现方法或形式如何"。

上面引述的最后一句，促成荷兰最高法院判决，香水的独创气味，因为是可感知的，所以可以成为艺术作品而享有版权。❶ 法院对香水的气味，与它的配制原料或包含它的液体作了区分，并将后者比作图书的纸张，这种纸张不是版权的客体，而图书的内容才是。这意味着，包含完全不同成分、但闻起来气味相同的香水，仍可能构成侵权。几乎刚过了一天，法国法院就作出了不同的判决。❷

9.17 确定"作品"的必要性❸

MICROSOFT CORPORATION v. PC CLUB AUSTRALIA PTY LTD.

［2005］FCA 1522 ［澳大利亚］

康迪（Conti）法官：

只有版权法中提到的"文学、戏剧、音乐和美术作品"或"除作品之外的客体"才能受到版权保护。就侵害文学作品的版权提起诉讼的第一步，是必须证明该作品享有版权。

NOVA PRODUCTIONS LTD. v. MAZOOMA GAMES LTD.

［2007］EWCA Civ 219 ［英国］

上诉法院雅各布常任法官：

首先必须指明所涉及的艺术作品，然后再确定其整体或实质部分是否已被复制。这是适用该法第3（1）条和第16（1）条的结果。它是英国版权法中尚未被欧盟法律协调所触及的一个方面。

9.18 "文学作品"的定义。

在普通法国家，文学作品在历史上曾被界定为，"包括"：小说、故事、诗歌作品；戏剧作品、舞台指导说明、电影脚本、广播剧本；教科书、专著、史册、传记、散文、论文；百科全书及词典；书信、报告、备忘录；讲义、演说词、布道辞；不论是否具有文学性，也不论表现方法或形式如何。

---

❶ HR, 2006 年 6 月 16 日，LIN AU8940, Kecofa/Lancôme。

❷ Société Bellure NV v. SA L'Oreal 案判决，2004 年 5 月 26 日，巴黎大法庭 – RGn 03/05891。

❸ 另见随后的第 10.2 段。

现行英国法将它界定为，除戏剧或音乐作品之外、经书写、口述或演唱出来的任何作品，因而包括：（a）表格或汇编；及（b）计算机程序。荷兰法也类似，对"图书、小册子、报纸、期刊及其他所有文字作品"给予版权保护。

9.19 "文学"扩大的和非传统的含义：所有这些定义赋予"文学"的含义均与传统含义有很大不同。

UNIVERSITY OF LONDON PRESS LTD. v. UNIVERSITY TUTORIAL PRESS LTD.
［1916］2 Ch 601 ［英国］
彼得森（Peterson）法官：

> 对该法使用的"文学作品"一词加以界定可能有些困难，但看来很明显，它并不局限于"文学作品"一词适用于诸如梅瑞狄斯（Meredith）的小说和罗伯特·路易斯·史蒂文森（Robert Louis Stevenson）的著作时的意义。说到这种作为文学作品的著作，人们想到的是它们所展示的品质、风格和文学成果。根据保护"图书"的1842年法案，很多称不上拥有文学风格的书写物品均取得了版权，如经注册的卖据清单、猎狐犬及狩猎日清单、贸易目录等。我认为，没有任何根据得出现行法律打算削减作者权利的结论。按照我的看法，"文学作品"一词，涵盖以印刷或书写形式表现的作品，不论是否具有很高的品质或风格。"文学"一词，指的是书写物或印刷品，似乎多多少是在类似于政治或选举活动宣传品中，使用的"印刷品"一词意义上进行使用的。

9.20 "原创文学作品"是一种复合表述
EXXON CORP. v. EXXON INSURANCE CONSULTANTS LTD.
［1982］Ch 119（CA）［英国］
上诉法院奥利弗（Oliver）常任法官：

> 该成文法中使用的"原创文学作品"是一种复合表述，我并不认为，采用一种复合表述的正确方式是——甚至必须是——先确信某特定客体符合各复合成分的含义，然后说整体表述符合复合成分的全部要旨。按照我的看法，解释一种法定表述时，未必需要忽略实际，而使常人难于理解。在我看来，该案中要求给予保护的客体（EXXON这一名称的版权），并不具有任何便于常人理解的性质。

9.21 "艺术作品"的定义。对"艺术作品"，通常以广泛涵盖的方式加以界定，以至几乎没有多少作品需要是"艺术的"，而且"艺术的"作品，也并不要求具有艺术价值甚至艺术用途。这一术语可以指下列作品：

- 平面作品、摄影、雕塑或拼贴，不论是否具有艺术性；
- 作为建筑物或建筑物模型的建筑作品；或
- 美术工艺作品。

"平面作品"包括：
- 任何彩色画、素描、图形、地图、航海图或设计图；及
- 任何版刻、蚀刻、石印、木刻或类似作品。

NOVA PRODUCTIONS LTD. v. MAZOOMA GAMES LTD.

［2006］EWHC 24 ［英国］

基钦（Kitchin）法官：

需要指出，"平面作品"的定义是广泛包容的。彩色画、素描和类似作品，是受该法保护的平面作品的示例，但该定义所涵盖的范围，并不局限于列举的特定示例。

9.22 作品符合艺术作品的条件，不必刻意具有"艺术性"。

KLEP VALVES（PTY）LTD. v. SAUNDERS VALVE CO. LTD.

1987（2）SA 1（A）［南非］

上诉法院格罗斯科夫法官：

所以，显而易见，除了工艺作品和建筑作品外，在"艺术作品"的定义中提到的各种项目，并未明确要求一定具有任何艺术性的成分。实际上，所使用的措辞暗示了一种更为广泛的含义，而在立法机关想就工艺作品和建筑作品引入某种特殊艺术性要求的情况下，它是明确规定这种要求的。

9.23 计算机程序

TELEPHONIC COMMUNICATORS PTY LTD. v. MOTOR SOLUTIONS PTY LTD.

［2004］FCA 942 ［澳大利亚］

塞尔韦（Selway）法官：

在1968年版权法中，计算机程序是"为产生某种结果而在计算机中直接或间接使用的一组语句或指令"。计算机程序是"文学作品"。在符合若干限定条件的情况下，计算机程序的原作者享有该程序的版权。版权使其所有人享有与该程序有关的各种独占权，包括复制、改编、公开发行该程序，以及就其订立商业性出租协议的权利。侵犯这些独占权，是一种侵害版权的行为。相关的复制未必是完全按原样的复制。对该程序的"实质部分"的复制就足够了。未经版权所有人许可而销售计算机程序，且销售者明知或按理应知制作该程序构成版权侵权，也是一种版权侵权行为。

NOVA PRODUCTIONS LTD. v. MAZOOMA GAMES LTD.

［2006］EWHC 24 ［英国］

基钦法官：

在这一背景下，法官［在 Navitaire Inc. v. Easy Jet Airline Company（2004）EWHC 1725（Ch）案中］开始考虑有关基于采用"运行逻

辑"，而对整体程序文本不构成侵权的主张。显然，他在确定某种程度的摘录时遇到困难，这种抽象概念，描述了某种不仅在软件运行的商业功能的性质中固有的，而且比命令集和屏幕显示更广泛的性质。这使得他转而考虑计算机程序的功能与小说的构思之间存在相似之处的这种意见。（他）说：

> "这并没有回答我面对的问题，我认为它是计算机程序所特有的。说它是一个新问题的原因是：两个完全不同的计算机程序，可以产生完全相同的结果，不仅在某种程度的摘录上相同，而且在任何程度的摘录上也相同。即使其中某一程序的作者根本未接触过另一程序，而仅接触过另一程序所产生的结果也是如此。因此，用构思作类比是不恰当的。用构思作类比不恰当还有其他原因。说这两件程序具有构思，就像是说手工操作的售票员所使用的操作说明书具有构思；但操作说明书没有主题，没有事件，没有叙述。计算机程序也没有主题，没有事件，没有叙述，特别是反应取决于特定事项中输入的记录的程序。它没有构思，只有一系列事先确定的、用于应顾客要求而实现预期结果的操作方法。"

E. "作品"与"原创"的关系

9.24 这两个问题是客观的而且可能密切相关。作品必须是原创的。所谓的作品，是否属于版权保护的合格客体，涉及一个既有关原创性又有关"作品"的客观检验。这两个问题可能变得密切相关。（下面的案例涉及日志的原创性。）

WAYLITE DIARY CC v. FIRST NATIONAL BANK LTD.
1995（1）SA 645（A）[南非]
上诉法院哈姆斯法官：

> 该法中列举的各类作品，如果是"原创的"，则"有资格享有版权"。通常（这）以两个不同的问题为先决条件：所涉及的作品是否属于作品中的一类；如果属于，它是否是原创的。然而，如同布莱克尼（Blakeney）与迈克尤（McKeough）在《知识产权：评述与资料》（1987年）第27页所指出的：

>> "在某种程度上，该法中'作品'的概念与原创性的概念是紧密相关的。仅讨论什么构成'作品'，而不讨论原创性是很困难的，因为没有足够程度的'原创性''作品'将不会产生。"

辩护律师认为，这一阐述并不正确，因为它并未考虑一个事实，即作品是不是艺术作品是一个客观的问题，而原创性则涉及一个主观的问题。我并不认为这一辩解的后半部分是正确的。固然，在确定原创性时，作者花费的实际时间和付出的实际努力，是一个需要考虑的重要因素，但这种时间和努力是否显示了某种原创性，仍然是一种价值判断。

要说明这一论点，可以提一下 Francis Day and Hunter J Ltd. v. Twentieth Century Fox Corporation Ltd. ［1940］AC 112（PC）案。在该案中，一首名为《掏空蒙特卡洛赌场的人》歌曲［弗雷德·吉尔伯特（Fred Gilbert）作词并作曲］的歌名版权，成为争议焦点。这一歌名后来由被告用作一部电影的名称。赖特大法官对此阐述道：

"通常，标题不涉及文学创作，也不具有充分的实质性，以证实要求保护是合理的。这一陈述并不意味着在特殊情况下，标题也不可能因为占有很大的比例和具有很重要的性质，以至成为适合的保护客体而不能抄袭。但该案的事实并非如此。考虑到该歌曲的主题，甚至选择该歌名（虽然再平淡无奇不过了），都可能含有某种（虽然不是很高）程度的原创性。'掏空赌场'是一种被频繁使用的表述，'蒙特卡洛'则是——或曾经是——可能出现这种成就或机遇的最显而易见的地点。电影的主题不同于歌曲的主题，法官大人们并不认为，版权法中有任何根据可以证实上诉人主张制止被上诉人使用这几个平淡无奇的词是合理的，它们完全不具有实质性，以至根本不可能构成侵权，特别是当这些词被用于完全不同的方面时。"

这一阐述暗示，所谓的作品是否为合格的版权保护客体，涉及它是否具有原创性和是否构成"作品"两方面的客观检验，而且这两个问题可能变得密切相关。上面引述的最后一句表明，在确定一件作品是否有权受到保护时，可以考虑一下确认某件实质性并未确定的作品的版权所产生的后果。

F. 原创性

9.25 **整体的原创性**：需要确定的是"作品"整体是否是原创的，而不是它所包含的各部分是否是原创的。即使其创作涉及对另一作品版权的侵犯，作品仍可能具有原创性。任何作品的第二个版本均可以享有自己的版权，只要它在实质上有别于第一个版本（并非纯粹的复制）。如果被告并未复制原告的"作品",而是从中摘录了基本属于常见内容的一些部分,原告证明其作品具有原创性和遭受侵权就更加有难度。这并不表明原告的作品可以被拆解。

HENKEL KG v. HOLDFAST

[2006] NZSC 102 [新西兰]

蒂平(Tipping)法官:

在这一争议焦点上,最好说一说上诉法院在贝拉格瓦纳思(Baragwanath)法官宣读的判决中所采用的解决方法,在我们将要处理的问题上,看来该法院其他成员的观点与他是一致的。我们认为,该法官不适当地拆解了享有版权的作品。他并未将它作为一个整体来看待。

我们认为,该法官暗示了设计的样式——严格地说——图样的样式没有原创性。他在上下文中的表述方式,暴露了他对原创性和新颖性的混淆的风险。后来,该法官正确地指出,所涉及的原创性,存在于对没有原创性的若干部分的编排中。但该法官进而又说,初审法官未能"撇开不具有原创性的编排内容"。恕我直言,这不是处理有关编排的案件的适宜方法。如果该法院按照贝拉格瓦纳思法官所暗示的去做,该作品将什么也不会留下。有关编排的案件,涉及作者对本身没有原创性的各部分进行的编排。原创性存在于编排行为中。在这种情况下,撇开对没有原创性内容的编排,将不会留下可以编排的任何东西,因为将留下的,只会是没有任何内容的空白纸张。

9.26 "额头流汗":一般而言,遵循英国先例的普通法国家所要求的"原创性"程度很低,而且将原创性要求降低为作者是否复制了他人作品的问题。采用这种广泛解释方法,可能是因为一个事实,即英国法不承认不正当竞争构成一般侵权,本可以由一般侵权行为法保护的客体,因此被给予了长期的、慷慨的版权保护。

9.27 典型英国方式

UNIVERSITY OF LONDON PRESS LTD. v. UNIVERSITY TUTORIAL PRESS LTD.

[1916] 2 Ch 601 [英国]

彼得森法官:

"原创"一词,在这一方面,并非指作品必须是原创的,或创造性的思想的表达形式。版权法不涉及创意的原创性,而涉及思想的表达形式。就"文学作品"而言,涉及思想的印刷或书写的表达形式。所要求的原创性,与思想的表达形式有关。但该法所要求的,并非表达必须具有原创的或新颖的形式,而是作品不得抄袭他人的作品,(而且)它应出自作者本人的创作。

在该案中,并未提出任何试卷是抄袭的。(主考人)证实,他们已仔细考虑过他们所出的试题，以及他们为用作未来试题而作了批注或摘录，并利用这些批注来确定他们所出的试题。他们准备的试卷，出自他们手笔，因而在法律意义上是原创的。

但对方当事人提出，他们所利用的知识，对于数学家而言都是很普通的，他们在出题上花费的时间也不多。这些并不能成为确定是否存在版权的检验标准。如果为了取得版权，作者不得利用对他本人和同一学术分科的学生而言很普通的知识，只有发现了最新史实的历史学家，才能就其作品取得版权。如果将花费时间长短作为检验标准，像拜伦勋爵那样，可以迅速写出一首短诗的作者，可能反倒难以取得版权，而且作者越是完整地掌握其创作题材，他主张版权的胜诉机会就越小。

9.28 美国方式：美国联邦最高法院更强调"原创性"的真正含义。Feist案涉及对电话簿中所包含的信息的复制。法院判决，电话簿汇编者对电话簿中的信息不享有任何版权。

FEIST PUBLICATIONS INC. v. RURAL TEL SERVICE CO.
499 US 340（1991）［美国］

奥康纳（O'Connor）法官：

该案涉及两种已被确认的观点之间的相互关系。一种观点是，客观的事实不能获得版权；另一种观点是，事实的汇编一般有版权。每一种观点的论据均不容置疑。

这两种观点之间，有一种不可否认的对立。很多汇编所包含的仅仅是原始数据——即完全是不附带任何原创的书面表达形式的事实信息。就这样一种汇编，主张版权的根据又是什么呢？常识告诉我们，一百件没有版权的客观事实被汇集在一起时，不会魔术般地改变其性质。但版权法似乎预见了将完全由客观事实构成的汇编纳入其保护范围的可能性。

解除这种冲突的关键，在于理解客观事实为什么不能获得版权。版权保护的要件是具有原创性。有资格受到版权保护的作品，必须来源于作者的创作。在版权意义上使用"原创"一词时，仅指作品是由作者独立创作的（与抄袭其他作品相对），以及它至少具有某种最低程度的创作性。毫无疑问，创作性的必要程度非常低，只要稍有少许即可。绝大多数作品均能轻易达标，因为它们具有某种创作火花，而"不论怎样粗糙、微小或平淡无奇"。原创性并不意味着新颖性：一件作品即使与其他作品非常相似，但只要这种相似是出于偶然而不是抄袭，它也可以是原创的。例如，两个互不知晓的诗人，各自创作了完全相同的两首诗，两首诗均不具有新颖性，但均具有原创性，而可以享有版权。

正是版权的这一基本原则，准许法律在表面上区别对待客观事实与客观事实的汇编。"没有人能就事实主张原创性。"这是因为事实并不来源于创作行为。

另一方面，客观事实的汇编可能具有必要的原创性。汇编者通常要作出选择，以决定收集哪些事实，按什么顺序排列，以及如何编排这些收集来的数据，以便可以供读者有效地使用。这些选择和编排只要是由汇编者独立进行的，并具有最低程度的创作性，即具有充分的原创性，以至国会可以通过版权法来保护这种汇编。因而，即使是仅仅包含不受保护的书面表达形式（单纯客观事实）的通讯录，只要在选择或编排上具有原创性，也符合宪法规定的版权保护的最低要求。

这一保护受到严格的限制。作品享有版权，并不意味着它所包含的每一成分均可以受到保护。版权保护的要件仍然是具有原创性。因而，版权保护只能延及作品中来源于作者创作的那些成分。

这就消除了理论上的对立：版权以完全一致的方式对待客观事实与事实的汇编。客观事实不论是单独的，还是作为汇编的一部分，均没有原创性，因而不可能受到版权保护。客观事实的汇编，只要在事实的选择或编排上具有原创性，即有资格享有版权，但版权仅限于该特定的选择或编排。无论如何，版权均不可能延及客观事实本身。

无疑，"额头流汗"说，是无视版权的基本原则的。从整个历史来看，版权法已"承认对传播客观事实作品，比对传播虚构作品或荒诞作品有更大的需求"。但采用"额头流汗"说法的法院，持有相反观点，它们授予客观事实某些财产利益，并断言，依据已有作品中所包含的客观事实，作者完全没有付出时间和精力。

然而，如同前面所讨论的，原创性要求并不特别严格。汇编者可以依据他人已作出的选择或编排进行处理，而不要求新颖性。原创性仅仅要求作者独立进行选择或编排（不抄袭另一作品的选择或编排），以及表现出某种最低程度的创作性。可以推测，绝大多数汇编将通过这一检验，但不是全部。还有一小类作品，完全缺乏创作火花，或创作火花微不足道，以致实际上并不存在版权。

9.29 中间立场：加拿大的法律制度正转向中间立场。加拿大最高法院的这一判决，涉及两种对立的观点，并提出一种折中解决方案。

CCH CANADIAN LTD. v. LAW SOCIETY OF UPPER CANADA

2004 SCC 13 ［加拿大］

事实：法律判例汇编的出版者指称，法律协会的图书馆提供判决书的复印件，或向会员提供复制设施，侵害了其版权。一个争议焦点是，法律判例汇编是否具有原创性。法院在这一方面认定，判决摘要、案例概述和标题索引是"原创"的，但被汇编的司法判决的正文不是，即使它们经过出版者的编辑。

麦克拉克林首席法官：

(a) ［背景］

关于版权法中"原创"的含义，有两种对立的观点。一些法院认为，作品只要来源于作者，而并非对另一作品的单纯复制，即足以具备享有版权的根据。例如，参见 University of London Press Ltd. v. University Tutorial Press Ltd. ［1916］2 Ch 601 案。这一处理方式与原创性的"额头流汗"或"勤奋"标准一致，它以自然权利或"善报"的洛克［约翰·洛克（John Lock）］学说为前提，即作者应就其创作作品的努力获得回报。另一些法院则要求，作品必须具有创作性才能是"原创"的，从而受到版权保护。例如，参见 Feist Publications Inc. v. Rural Telephone Service Co. 499 US 340（1991）案。这一处理方式，也与财产法的自然权利说一致，但它没有那么绝对，因为只有那些属于创作性成果的作品才能受到版权保护。它表明：原创性的"创作性"，有助于保证版权保护仅延及不同于基本思想或事实的创意表达形式。

我的结论是：正确的立场，是这两种极端观点的折中。作品要具有版权法意义上的"原创性"，它必须不构成对另一作品的单纯复制。同时，它无须在新颖性或唯一性的意义上具有创作性。思想的表达形式获得版权保护的条件，是作者要运用技能和作出判断。运用技能，是指在创作作品的过程中，运用知识、已开发的才智或已练就的能力。作出判断，是指在创作作品的过程中，运用识别能力，或通过比较可能存在的不同选择方案，而运用形成某种观点或作出某种评价的能力。这种运用技能和作出判断，将必然涉及智力活动。创作作品所要求的运用技能和作出判断，绝不能是微不足道的，以至可以被描述为纯机械性的。例如，仅仅变换作品的字体而制作的"另一"作品，由于可能涉及的技能和判断过于肤浅，而不足以作为"原创"的作品受到版权保护。

作出这一结论时，我考虑的是：（1）"原创"的普通含义；（2）版权法的历史；（3）近年来的司法实践；（4）版权法的宗旨；及（5）这形成了可行而公平的标准。

（判决书进而详细叙述了这五项中的每一项。其中某些摘录如下。）

(b) ［"原创"的普通含义］

"原创"的普通含义至少是指，运用技能和作出判断所必需的某种智力活动。"原创"的普通含义，不仅仅表示某种不属于抄袭的性质。即使不是创作性本身，它也至少包含某种智力活动。正如基尔瓦斯（Gervais）教授所指出的："当仅用来指作品必须来源于作者时，'原创'被抽去了其核心含义。它变成了'来自'的同义语，而未能反映该词的普通含义。"

(c) [版权法的历史]

"智力创作"的观念，是《伯尔尼公约》规定的文学或艺术作品的概念中所固有的。加拿大于1923年参加该公约，该公约成为加拿大1924年通过的第一部版权法的前身。里基森（Ricketson）教授指出，英国等普通法国家采用"额头流汗"的标准或"勤奋"的标准，来确定什么是原创的，"即使未背离（伯尔尼）公约的条款，也背离了其精神"，因为付出时间、劳动或金钱制作，但并非真正智力创作的文学或艺术作品被给予了版权保护。

(d) [近年来的司法实践]

虽然加拿大很多法院采用了相当低的原创性标准，即"勤奋"标准，但近年来一些法院也开始提出这一标准是否适宜的问题。美国联邦最高法院在上述Feist案中，否决了原创性的"额头流汗"法则。关于这种否决，奥康纳法官解释说，按照其本人的观点，"额头流汗"法则与版权法的宗旨不一致。

(e) [版权法的宗旨]

前面提到，本院在Théberge案中阐明，版权法的宗旨，是平衡公众在促进鼓励艺术和智力作品的创作和传播中所获得的利益，与给创作者以合理的回报。当法院采用仅要求某一成果不属于单纯复制品，或某人只须表现出勤奋，即可构成某一作品版权基础的原创性标准时，它们使天平向作者或创作者权利一方倾斜，使维持一个充满活力的公有领域的社会利益遭受损失，而充满活力的公有领域，可能有助于促进未来的创新。

(f) [可行而公平的标准]

要求原创的作品，是运用技能和作出判断的产物，是一个可行而公平的标准。原创性的"额头流汗"法则，是一个过低的标准。它偏护版权所有人的权利，而在很大程度上破坏了版权保护的平衡，导致版权难以保护为最大限度地促进智力作品的创作和传播的公共利益。另一方面，原创性的创作性标准则过高。创作性标准，意味着某种成果必须是新颖的和非显而易见的——这些概念用于专利法比用于版权法更适宜。对比之下，要求在创作作品的过程中运用技能和作出判断的标准，避免了这些问题，而且是一个符合版权法政策目标的、可行且适宜的版权保护标准。

9.30 大陆法方式：大陆法有一个比较严格的处理方式。它要求创作性。作品必须带有作者的个人印迹。

RUDOLPH JAN ROMME v. VAN DALE LEXICOGRAFIE BV

霍赫·拉德（Hooge Raad），1991年1月4日，nr. 14 449 ［荷兰］

事实：该案的争议焦点，涉及关键词或条目的汇编能否享有版权这一法律问题。有关作品，是著名的 Van Dale 标准荷兰语词典。荷兰最高法院必须就这一法律问题作出决定。它认定，这样一种作品有权享有版权，只要它具有唯一性和原创性，并带有作者的个人印迹。该案后来被发回重新根据事实作出判决，Van Dale 的版权得到确认。需要指出，关于该词典本身的版权，从未发生争议，因为每个人均同意，由该书（它对被列举的词语作出解释）构成的整体作品，有权受到版权保护。

在评价这一争议时，首先必须说的是，某一成果要被视为版权法第1条（结合第10条）所称的文学、科学或艺术作品，必须具有本身的原创性，并带有作者的个人印迹。

构成荷兰语一部分的词语的汇编，并不能自动满足这一要求，因为这样一种汇编，在实质上是一堆本身没有资格受到版权保护的事实数据。该案只有在汇编属于一种表现作者个人观点的选择结果时，才会发生变化。

从法院的裁决并不能作出该案中存在这样一种选择的推论。相反，它仅提到"构成荷兰语一部分的词语的词库"，在这一方面，就选择标准而言，所能说的是：它们是值得被收入诸如 Grote Van Dale 之类的现代词典的词语。

案号：2003（WA）NO. 12551，2004（WA）NO. 8021
东京地方法院第四十七民事庭 ［日本］

该案必须根据日本法中"作品"的定义来理解，即"作品"是指文学、科学、艺术或音乐领域中，以创作性方式表达思想或情感的产物。具有重要意义的是创作性要求。

一部供普通公众阅读的法律图书的作者兼版权所有人认为，被告的同一性质作品中的文字和图表，与他的完全相同，或十分相似，因而侵犯了他的版权。

在享有版权的已有作品与另一作品的相同部分，由不属于版权客体的法律、诉讼通知、判决书、裁定书等组成的情况下，不构成复制或改编。在相同部分属于法律要旨并自然受法律、判例或学说引导的情况下，也不构成复制或改编，因为相同部分并非表达形式本身。

虽然法律流程和要旨的图解表述需要有某种匠心，但任何仅根据法律要旨编排的图表，将不可避免地被任何人（以相同的方式）来表达（除非从唯一角度进行编排或概括另有特殊表达形式）。所以，图表中的相同部分（如果）只是法律要旨的一种编排，它不是复制或改编，因为相同部分，并非思想或情感以创作性方式表达的部分。如果不是这样，则可能禁止他人对相同的法律流程进行图解表述。

此外，如果相同部分属于有关某一法律问题的作者的观点或一般看法，只是思想和观点的相同，而不是创作性的表达形式的相同。有关某些法律问题的观点本身，并不构成可以受版权法保护的表达形式，表达相同的观点，无须以版权法加以禁止。

在描述法律要旨和法律术语的含义，以及在引证有关某些法律问题的一般法律解释和实际运作时，是受到约束的。这是因为经确认的法律术语，必须以先前限定的方式进行使用，或者必须阐述自然受到法律、判例或理论予以规范的法律一般性解释。

因此，不考虑法律行文的顺序或对例外表述的编排和概括，（除非）在从唯一角度进行归类的表达上独具匠心，当按照法律法规的特定顺序简述法律法规的要旨时，或当使用一般在法律法规中用于描述法律术语或由普通法律书籍等撰写的定义来进行说明时，任何人最终均不可避免地采用相似的表达形式。毕竟，在这种情况下，不能说作者的个性得到表现。因而不得不说，受版权法保护的作品的创作性，在这里未被确认。总之，相同部分如果只是上述不包含创作性表达的部分，则不属于复制或改编范畴。

另一方面，虽然在表达上受到限制，但如果特定表达形式中的某一连贯的组成部分（包括描述顺序）相同，即应解释为可能存在侵害复制权的情况。换言之，在创作性的范围不大，尽管可能有不同的表达形式，但相同部分达到超出某一程度的固定数量的情况下，仍应解释为侵害了复制权。

OPERATING INSTRUCTIONS
德国联邦最高法院，1991年10月10日，Ⅰ ZR 147/89 ［德国］

从法律上看，"下级法院"（BerG）的假定是正确的，即科技性质的文字作品的版权保护所必需的个人智力创作投入，可以主要通过对可获得的资料进行汇集、分配和编排表现出来。

文字作品是否具有足够程度的个人创作性的问题，是根据该有关作品整体，与已有作品的全面比较，而给人的智力创作性的印象来回答的。如果与已有作品的全面比较，表明存在某些创作成分，它们必须对照一般创作活动来评价。一件用于实用目的的文字作品，要取得受版权保护的资格，它必须在原则上明显超出使用这些资料时所涉及的共性、示范方法和版面及技术编排。科技说明获得保护所需的较低要求，不适用于这类文字作品。

"下级法院"的这一假定，没有法律上的反对意见，即操作说明的编写、其表达方法和其描述的其他方面，主要是由它的用途所限定的，也是实现它的用途时常见的。否定通过突出标题、小节及个别词语的排印，以及操作说明仅使用一种语言的性质即构成个人创作，也是正确的。

EXPLODED DIAGRAM

德国联邦最高法院，1991年2月28日，I ZR 88/89 ［德国］

  从法律上看，"下级法院"假定，科技说明的个人智力创作投入，必然在于形式本身是正确的。认可以下主张也是正确的，即对个人创作形式的要求，在这一情况下，不应定得太高：这类操作说明，尽管通常用于限制个人创作自由的实用目的，实际上，仍受版权保护。因此，在技术制图领域的作品标准之外，在描述中，再有一些个人智力活动的表达形式就够了，即使个人创作性或个性的程度很低。然而，个性程度越低，有关作品受保护的范围越小。

G. 固　定

9.31　固定是一种选择性要求：根据《伯尔尼公约》，任何特定国家的立法，均可以自行规定，一般作品或任何特定种类的作品，除非已经以某种物质形式固定下来，否则不受保护。（不同国家的法律，在这一方面所采用的专门术语不尽相同。）一般而言，在普通法国家，作品除非经过书写、录制、以数字数据或信号来表现，或以其他方式"转化为某种物质形式"，否则不享有版权。

  这一规则不适用于文学、戏剧或音乐领域以外的作品，诸如广播节目或节目信号。要享有版权，它们需要被广播或传输。

GREEN v. BROADCASTING CORPORATION OF NEW ZEALAND

［1989］ RPC 469 ［新西兰］

萨默斯（Somers）法官：

  这一陈述很有说服力：书写只是使作品具有必要程度的确定性，而证明法律有理由授予垄断权的方式之一，通过以其他有形形式对它进行固定，也可以得到同样的保证。

GORMLEY v. EMI RECORDS（IRELAND）LTD.

［1998］ IESC 44 ［爱尔兰］

  事实：原告的声音，多年前被一名教师录制，当时该教师在她的课上，用磁带录制了孩子们讲述的故事。被告得到该磁带的复制品，并经该教师许可，出版了收编这些故事的一本书。原告试图行使她对该故事所声称的文学作品版权，争议的焦点是，磁带上的音轨，是否构成一种标记法，并且被上述定义中"其他有形形式"这一表述所涵盖。

巴仑（Barron）法官：

在这一方面，没有关于"其他有形形式"是指什么的权威判决。为了确定作品自哪一天产生，它必须以不论哪一种形式记录下来，似乎没有理由排除作者以外的其他人进行这种记录。Walter v. Lane［1900］AC 539 案可能暗示了相反情况，但它并未明显涉及这一问题。在该案中，某一记者逐字记录了一段政治言论，并在后来出版了它，他主张另一记者侵害了他对该出版物享有的版权，后者也一字不差地出版了该言论的复制品，但在该言论发表时并不在场。第一个记者被判享有言论的版权，并有资格胜诉。但当时作品取得版权并不要求是原创的，而政治家也未就其本人的言论主张版权。

显然，作品即使未经书写或具有其他物质形式也可以存在。可以认为，从逻辑上讲，其他物质形式，仅适用于戏剧或音乐作品，因为它们可以通过书写以外的其他方式记录下来。见 Green v. Broadcasting Corporation of New Zealand［1989］RPC 469 案。它基本上是有关戏剧作品的案件。

尽管如此，对这一规定的适当解释，必须使其他物质形式也可以适用于文学作品。原则上，将言论以速记方式书写下来和以磁带录制下来并没有任何区别。然而，按照我的观点，构成标记法的符号，必须至少能被理解。就磁带音轨而言并非如此。因此，它没有权利作为文学作品受到保护。实际上，根据缺少物质形式而作出这样一种结论，不违反《伯尔尼公约》的规定。

陈某某诉成都电脑商情报社侵犯著作权案

（1999）海知初字第 18 号

海淀区法院知识产权庭［中国］

"作品"一词，是指文学、艺术或科学领域内具有原创性、并能以有形形式复制的智力创作。智力创作应以有形表达媒介固定下来，并保持足够的稳定性，以便公众有可能直接或借助某种机械进行复制或接触。该作品属于 3D 技术的文字说明，具有原创性。此外，它能以数字格式固定在电脑硬盘中，通过万维网（www）服务器上传到互联网上，并保持足够的稳定性，以便公众通过任何主机获得并复制。因此，该作品被视为享有版权的作品。其首次发表的时间，应是它首次被上传到个人主页"谈谈 3D"的时间。

H. 证明版权的存在

9.32 版权存在的证据：马上就会看清楚，证明版权的存在，可能是一件很麻烦的事情。因此不足为奇，大多数国家均作出专门规定来缓解这一问题。有三种并不相互排斥的模式：

■ 登记（公告），

■ 宣誓证据，以及

■ 推定。

9.33 登记。最有效的方式是规定版权登记。登记不是——也不能是——版权存在的先决条件，但它可以提供版权存在的初步证据。美国过去曾要求登记作为版权存在的先决条件，它现在仍准许登记。这种登记服务于上述目的，因为在作品首次出版前或首次出版后 5 年内办理的登记证构成版权有效的初步证据。❶

登记或事先登记，显然仍是（美国公民）提起民事诉讼的先决条件。它是否为提起刑事诉讼的先决条件，并不明确，不同法院关于此事的裁定也有所不同。❷

南非也在单独立法❸中规定了版权登记，但仅与（版权法中所界定的）电影有关。登记的目的，是便于在民事案件和刑事案件中证明版权的存在。❹ 该法规定了登记的公开办理，因为申请书必须被公布，并可以就申请书提出异议。登记还可以根据申请而予以撤销。❺

9.34 宣誓证据：一般仅准许使用与争议焦点有关的口头证据的制度，确实也准许使用宣誓证据来证明版权的存在。

澳大利亚法律和新加坡法律准许在民事和刑事诉讼中使用宣誓证

---

❶ Computer Crime & Intellectual Property Section. US Department of Justice. Trafficking in counterfeit trademarks, service marks, and certification marks：18 U.S.C. §2320 ［M/OL］. www.cybercrime.gov/18usc2320.htm.（计算机犯罪与知识产权科. 美国司法部. 假冒商标、服务标志和证明标志的非法交易：18 U.S.C. §2320 ［M/OL］. www.cybercrime.gov/18usc2320.htm）：

"一旦登记证被政府采用，并被法院接受其真实性，举证责任即转移给被告，以证明版权不具有效力或登记证是以欺骗手段获得的⋯⋯此后，原告可能反证登记证是真实的，登记证是以正当手段获得的，或以其他方式反证版权是有效的。如果作品在其首次出版 5 年后办理登记，登记证的证据力由法院酌情裁定。"

❷ 对照 United States v. Cleveland, 281 F. 249, 253（S.D. Ala. 1922）与 United Stated v. Backer, 134 F. 2d 533, 535–36（2d Cir. 1943）。

❸ 1977 年南非电影版权登记法。

❹ "在所有与电影版权有关的民事和刑事诉讼中，某人被登记为电影版权所有人或被许可人的事实，应系该版权的原始登记及其此后所有转让及转移具有效力的初步证据。"

❺ 中国香港法律准许通过规例就版权登记作出规定，但登记显然不免除宣誓的要求，尽管宣誓无须像在其他类诉讼中那样广泛。见下面的讨论。

据。这种证据可以证明下列事项：

- 在某特定时间，与诉讼有关的作品或其他客体享有版权；或
- 在某特定时间，该作品或客体的版权，属于某特定人所有，或作为专有许可授予某特定人；或
- 在某特定时间，该作品或客体的版权，不属于某特定人所有，或未作为专有许可授予某特定人；或
- 某特定行为的实施，未经该作品或客体的版权所有人或专有许可的被许可人授权。

被告有权善意申请对宣誓证人进行反询问。如果法院准许进行这种反询问，除非宣誓证人作为反询问证人出庭，或法院经酌情裁定后同意无须宣誓证人出庭而采用该宣誓，不得采信该宣誓。

中国香港可适用的立法可能最为详细和具体。它准许采用自称是由作品的版权所有人或代表作品的版权所有人作出的、并包含以下陈述的宣誓：

- 作品创作产生或首次出版的时间和地点；
- 作品的作者的姓名、住所地、居所地或居留权；
- 作品的版权所有人的姓名；
- 作品享有版权；以及
- 按宣誓书出示的作品复制品是作品的真实复制品。

在没有相反证据的情况下，在宣誓中所作的陈述被推定为真实，宣誓被推定为正确作出并经过认证。宣誓书必须在听审之前提供给被告，而被告在听审之前也可以送交通知，要求宣誓证人出庭。如果法院认为版权的存在或归属确实存在争议，宣誓证人必须口头作证。

9.35 **推定**。最后，有一些相关的推定来源于《伯尔尼公约》（第15条）：

- 受该公约保护的文学艺术作品的作者，只要其名字以通常方式出现在该作品上，在没有相反证据的情况下，即视为该作品的作者，并有权在该同盟成员国中对侵犯其权利的人提起诉讼。即使作者采用的是笔名，只要根据作者的笔名，可以毫无疑问地确定作者的身份，该款也同样适用。
- 以通常方式在电影作品上署名的自然人或法人，除非有相反的证据，应推定为该作品的制片人。
- 对于匿名作品和笔名作品，如果出版者的名字出现在作品上，在没有相反证据的情况下，该出版者应视为作者的代表，并以此资格有权维护和行使作者的权利。如作者公开其身份，并证实其为作者，则该款规定不予适用。
- 对作者的身份不明、但有充分理由推定其作者为该同盟某一成员国国民的未出版的作品，该国法律得指定主管当局代表该作

者，并有权维护和行使作者的权利。

适用这一条款的典型事例，可见于澳大利亚版权法（第132A条）。它适用于刑事诉讼，例如，它规定，除非有相反证明，如果作品的复制品，或其包装物，或容纳物上带有标签或印记指明：

- 作品的首次出版，或创作产生的年份和地点，则该年份和地点被推定为标签或印记所指明的年份和地点；
- 某特定人、在某特定时间是作品的版权所有人，则该人被推定为在该时间是版权所有人。

还有性质类似的其他推定，但提及适用于计算机程序的推定，应该就足够了。如果体现计算机程序的物品（通过销售或其他方式）被提供给公众，且在提供之时，这些物品或其包装物上带有由符号©、某特定年份和某人姓名构成的标签或其他印记，则推定该程序系原创作品，在该年份首次出版，且该人在这些物品被附加标签或印记的时间和地点是该程序的版权所有人。

并非所有的版权推定必然适用于刑事案件。

9.36 推定的适用： 下面这一判决，是作为适用澳大利亚立法中某些推定的事例而引证的。

MICROSOFT CORPORATION v. PC CLUB AUSTRALIA PTY LTD.

[2005] FCA 1522 [澳大利亚]

康迪法官：

由于被告否认Windows XP Home和Windows XP Pro享有版权，并否认微软公司是其版权所有人，在该诉讼中，版权的存在和归属问题有待解决：另见版权法第126条（a）项和（b）项。❶为了证明这些程序的版权的存在和归属，申请人援用了版权法第128条中包含的推定，此外，至少在选择上，援用了第126A条❷和第126 B条这两条证据规定。

---

❶ 澳大利亚版权法第126条规定：在根据本规定提起的诉讼中
(a) 如果被告未就作品或其他客体享有版权的问题提出异议，应推定该诉讼所涉及的作品或其他客体享有版权；并且
(b) 在证明版权存在的情况下，原告应被推定为版权所有人，只要他（或她）自称是版权所有人，且被告未就其所有人身份的问题提出异议。

❷ 澳大利亚版权法第126A条规定：
(1) 本条适用于根据本规定提起的诉讼，其中，被告就该诉讼涉及的作品或其他客体是否享有版权的问题提出异议。

标签或印记
(2) 如果作品或其他客体的复制品或其包装物或容纳物上带有标签或印记，指明作品或其他客体的首次出版或创作产生的年份和地点，除非有相反证明，应推定该年份和地点是标签或印记所指明的年份和地点。

外国证书
(3) 如果主管国根据该国法律颁发证书或其他文件，指明作品或其他客体首次出版或创作产生的年份和地点，除非有相反证明，应推定该年份和地点是证书或文件所指明的年份和地点。

(4) 为适用本条，某份文件如果表明是第（3）款中提到的证书或文件，除非有相反证明，应被推定为这样一种证书或文件。

第 128 条❶，在同样涉及微软公司计算机程序的 DHD Distribution 案中被加以考虑。在该案中，原告向勒翰（Lehane）法官出示了首次出版的有关程序的原件。对于这些计算机程序，在版权法第 128 a 条规定的 50 年期间，在美国首次出版的事实经过确认之后，法官大人考虑，根据第 128 b 条的规定，需要什么证据来证明，这些原件上所标明的姓名或名称，就是出版者的姓名或名称。勒翰法官认为，这些计算机程序的原件，在首次出版时，明确指出"微软公司"是该程序的版权所有人，这一事实具有重要意义。这样，法官大人认定，就这些程序提及"微软公司"，是"明确指出第一申请人，是在这些作品的复制品首次出版时发行或授权发行它们的人"，因而，微软公司有权就这些程序的版权的存在和归属，享有由第 128 条的推定所产生的利益。

同样，我确信，申请人出示的证据证明，第 128 条包含的推定，可以适用于微软公司。根据版权法第 126A（3）条，Windows XP Pro（如同前面所指出的，该程序完全包含 Windows XP Home）的版权的美国登记证，系其中所指明事实的初步证据，即微软公司的 Windows XP Pro（作为一种推论，还有 Windows XP Home），于 2001 年 10 月 25 日在美国首次出版，完全在第 128（a）条规定的 50 年期间内。由于美国是《伯尔尼公约》成员国，依照版权法第 184 条和版权条例第 4 条，版权法第 128 条适用于在美国首次出版的文学作品。此外，我认为，与 DHD Distribution 案相同，首次出版的程序及其包装物上适当地标明了微软公司是发行或授权发行有关程序复制品的实体的名称，并声明了对其拥有版权。因此，除非我认为被告作出了相反证明，我必须认定 Windows XP Home 和 Windows XP Pro 享有版权，并且微软公司是该版权的所有人。

双方当事人均提交陈述意见，主张经各自证明的、已有初步证据的该案，具有将举证责任转移给对方的效力。申请人的陈述意见是：在免除了实施第 126A 条、第 126B 条和第 128 条的举证责任之后，被告仍须提供充分的证据来排除这些条款各自规定的推定。

申请人极力主张，第 128 条中规定的"除非有相反证明"一句，具有以下效力，即除非经对可能性的权衡作出相反证明，版权存在且属于其名称在首次出版的该作品上被指出的实体的推定将成立。被告对此并

---

❶ 澳大利亚版权法第 128 条规定：在根据本规定提起的有关文学、戏剧、音乐或美术作品的诉讼中，如果前一条不适用，但当事人证明了以下事实：
（a）作品在澳大利亚首次出版，且在提起该诉讼的公历年年初之前届满的 70 年期间首次出版；并且
（b）首次出版的作品的复制品上，标有出版者指明其身份的姓名或名称；则除非有相反证明，应推定作品享有版权，并推定其姓名或名称被如此指明的人，在出版之时系版权所有人。

无太多争议，因而，我认为这一主张是正确的。

被告质疑第126A条和第126B条初步证据条款所必须达到的证明标准，是不太明确的。（在评议之后）我同意申请人的主张：除非被告补充证据，经过对可能性的权衡，证明有关电脑程序没有版权，以及微软公司不是其版权所有人，否则，第128条中关于版权的存在和归属的推定一旦认定，即可成立。

第 10 章 版权侵权

A. 国民待遇（10.1）
B. 侵权的种类（10.2~10.7）
C. 复制（10.8~10.15）
D. 对实质部分的复制（10.16~10.18）
E. 改编（10.19、10.20）
F. 直接侵权与间接侵权（10.21~10.25）
G. 共同侵权（10.26~10.32）
H. 对因遭受侵权而提出的主张的抗辩（10.33~10.42）

A. 国民待遇

10.1 "国民待遇"的含义：版权所有人享有国民待遇。这意味着公约某成员国国民，在其他成员国享有与该国国民同等的保护。

FRANCOIS LUCAZEAU v. SOCIETE DES AUTEURS（SACEM）

［1989］EUECJ R – 110/88 ［欧洲法院］

根据国际版权公约，由某缔约国立法确认的版权所有人，在其他各缔约国境内，在防止侵权和就这种侵权获得救济方面，享有与该缔约国国民同等的保护。

B. 侵权的种类

10.2 作品的性质❶：授予版权所有人的权利，以及这些权利可能被侵害的方式，因受保护的"作品"的性质不同而有差异。例如，由于性质的不同，侵害文学作品的行为，将有别于侵害广播节目的行为。

HENKEL KG v. HOLDFAST

［2006］NZSC 102 ［新西兰］

蒂平法官：

侵害版权的诉因，必然涉及清晰、准确地识别被告被控侵权行为所涉及的享有版权的作品。先前的 Page v. Wisden（1869）（17 WR 483）案，以实例说明了这一原则。马林斯（Malins）副大法官说：

"在作者为保护某一作品提起诉讼，而仅对该作品中一小部分享有版权的情况下，他有义务告诉被告它是哪一部分。"

在版权案件中，要求提供准确的细节，是普遍适用的原则。在本案中，Henkel 未能将它最终试图依赖的享有版权的作品纳入诉因，必然导致它无法凭借该作品的版权胜诉。

10.3 复制或抄袭：侵权的主要形式是复制或抄袭享有版权的作品。盗版复制品，通常是整体作品的复制品。

10.4 复制一部分：复制作品的实质部分（而不是整体）也构成侵权。确定实质性的问题，往往是一个困难的事实问题。

---

❶ 另见第 9 章的第 9.17 段。

10.5 改编：对作品的改编，也可能构成侵权。"改编"一语通常在制定法中加以界定。根据其广义的概念，可以将间接复制涵盖在内，例如，有可能通过将平面美术作品转换为立体表现形式而进行间接复制。

10.6 直接侵权与间接侵权：间接侵权主要是指，进口如果在进口国制作即侵害版权的货物。追究这种案件中的法律责任，要求是明知侵权。

10.7 特定行为：版权法通常界定其他的权利或侵权行为，如翻译、公开表演或播放作品。在此讨论所有问题是不太可行的，重点将放在一些对执法而言较为重要的问题。

C. 复 制

10.8 复制的含义

ROBERTSON v. THOMSON CORP.

2006 SCC 43 ［加拿大］

阿贝拉法官：

《伯尔尼公约》第 9 条保证作者享有"以任何方法或形式"复制作品的权利。世界知识产权组织出版的《世界知识产权组织管理的版权及相关权条约指南与版权及相关权术语汇编》第 55 页，就该权利作了如下阐述：

"《伯尔尼公约》的文本中，没有关于'复制'的完整而明确的定义，但复制概念中的某些要素仍然可以确认。第 9（3）条所作的阐述（视为复制品的录音或录像制品）就是一个不错的例子……这一阐述明确了一点：就复制而言，作品的复制品可被直接感知不是一个条件，只要复制出来的作品可以通过适当的设备被感知就足够了。"

将世界知识产权组织指南的阐述适用于报纸的情形，"作品"就是出版者在选择和编排报纸所包含的文章时，运用技巧和作出判断的体现。出版者的报纸整体，即使缺少某些编排特色，在数据库中仍然是可被"感知"的（与视觉复制相对），因为出版者选择和编排的每一篇文章，均包含在数据库中，并像这样留下痕迹。

以数据库等数字存储形式复制，并不导致版权的丧失。这一点被《世界知识产权组织版权条约》第 1（4）条的有关议定声明（规定于该条的脚注中）进一步确认：

"《伯尔尼公约》第 9 条所规定的复制权及其所允许的例外，完全适用于数字环境，尤其是以数字形式使用作品的情况。不言而喻，在电子媒体中，以数字形式存储受保护的作品，构成《伯尔尼公约》第 9 条意义下的复制。"

如同作者个人并不因其文章被纳入电子数据库而丧失其文章的版权一样，报纸出版者也不因同样的使用而丧失复制其报纸（包括其所包含的文章）的权利。

实际报纸页面在数据库中并未全部地或完全一样地复制，因而文章以不同于印刷报纸的形式再现这一事实，是无关紧要的。具有决定意义的不是作品的物质表现形式，而是该产物是否以可感知的形式复制了作品创作中包含的出版者运用的技巧和作出的判断。

SPECTRAVEST INC. v. APERKNIT LTD.

[1988] FSR 161 [英国]

米勒特法官说道：

复制并非指精确的仿制。某人可以使用他人的作品作为灵感，以自己的方式处理同一主题，以创作自己的新作品。但他无权窃取它的基本特点和实质内容，将它们保留下来，而仅作一些细微的和无足轻重的改动。问题在于，两件作品的显著特点之间是否存在很大的相似性，以至于可以说其中一件是另一件的复制品。在考虑原告的作品的实质部分是否经被告复制时，注意力必须主要放在原告声称被复制的部分，而不是那些未被复制的部分。

10.9 涉及制作复制品的复制

THÉBERGE v. GALERIE D'ART DU PETIT CHAMPLAIN INC.

2002 SCC 34 [加拿大]

宾尼法官（代表法庭多数意见）：

在该上诉中，我们必须确定艺术家在援用版权法规定的法定权利和救济时，能够在多大程度上控制处于第三方购买者手中的作品授权复制品的最终使用或展示。

享有国际声誉的著名加拿大画家 Claude Théberge，试图阻止制作海报艺术品等产品的上诉人为转售目的而将其美术作品的授权复制品从画纸上转移到画布上。按照我的观点，出于下述原因，上诉人并未因此而"复制"了被上诉人的美术作品。他们合法购买了其绘画的海报复制品，并使用化学方法将绘画上的颜料层从画纸上取下来并在画布上显示。他们作为物质海报（其中合法包含享有版权的表达形式）的所有人，这样做并未超出其自身的合法权限。最终并未产生被上诉人作品的新复制品。按照我的观点，也不存在版权法第 3（1）条含义上的"任何物质形式的"新美术作品产生（或复制）。最初经被上诉人授权而制作的海报，仍然还是海报。

版权法中"复制"概念的历史范围不应忘记。如同我们从"版权"这一用语所预见到的,"复制"通常被界定为以任何物质形式制作作品的额外或新的复制品的行为。复制品数量的增多,将是从"复制"这一物理概念推出的必然结果。

我国版权法第3(1)条,是参照英国法制定的。根据英国法作出的判决,反映了对"复制"的类似理解,即以物理形式制作先前并不存在的某物。

10.10 复制必须是实质的或重要的才能被诉

RG ANAND v. MIS DELUX FLIMS❶

[1978] 4 SCC 118 [印度]

法院认定:

这样,根据对关于上面讨论的问题的各种权威观点和判例法的细致考虑和阐述,提出以下看法:

- 创意、题材、主题、情节、史实等不可能享有版权。在这种情况下,对版权的侵害,仅涉及享有版权作品的作者编排及表达其创意的形式和方式。
- 在同一创意被以不同方式表述的情况下,显然,由于有共同来源,必然出现相似性。在这样一种情况下,法院应确定这些相似性是否涉及享有版权作品所采用的表达方法的根本方面或实质方面。如果被告的作品是对享有版权作品的逐字模仿(虽然附带一些零星变化),它将构成对版权的侵害。换言之,复制品必须是实质的或重要的,可立即得出被告实施盗版的结论,才能提起诉讼。
- 确定版权是否受到侵害的最确实、最可靠的检验方式,是审视读者或观众在阅读或观看这两件作品后,是否产生一种明确的判断并获得一种明确的印象:后一作品看来似乎是对前一作品的模仿。
- 在主题相同,但以不同方式表现和处理,以至于后一作品完全变成一件新作品的情况下,不发生侵害版权的问题。
- 如果两件作品除了相似之处之外,还具有重要的、广泛的不相似之处,可据以否定存在抄袭原作品的意图,且两件作品中出现的巧合显然是偶然的,则不存在对版权的侵害。
- 由于侵害版权构成盗版行为,它必须在经过上面讨论的判例法规定的各种检验之后,通过确凿的、令人信服的证据证实。

---

❶ 在 Gupta v. Dasgupta (2003) FSR 18 (HC) [印度] 一案中被引用。

■ 但如果是电影制片者或导演侵害舞台剧版权的问题，原告证明盗版的任务就变得更加困难。显然，与舞台剧不同，电影的视野要广阔得多，场地要开阔得多，背景要宏大得多，被告可以通过引入各种插曲，而赋予一种与享有版权的作品表达创意的方式有所不同的色彩和外观。即便如此，如果观众在看完电影之后，得到的总体印象是电影大体上是对戏剧原作的模仿，仍可以认定侵害版权。

10.11 单纯采用流行的观念及创意与版权意义上的抄袭的界限

BAIGENT v. THE RANDOM HOUSE GROUP LTD.

[2007] EWCA Civ 247 [英国]

侵害版权的主张，在某些方面与众不同，但它仍需要通过参考在较为常规的案例中具有意义的原则来检验。如果在后一作品中可以看到在享有版权的前一作品中也包含的内容，而且后一作品的作者被证明接触过前一作品，则可以作出可能存在抄袭的推断。然后需要考虑的是实际上是否存在任何抄袭。关于这一问题，后一作者可能说，他是通过独自努力或从不同来源获得这一内容的。如果认定后一作品中的相同内容完全取自前一作品，随之产生的问题是：被抄袭的部分，是否属于前一作品的实质部分。

如果享有版权的有关作品是文学作品，原告的主张通常会是：在后一作品的创作过程中，前一作品的部分文字被逐字或变相地抄袭。在该案中，这并不是原告声称的主张侵害版权的事实根据。被控抄袭的是享有版权的作品的主题。创意并没有版权；版权保护的是创意的表达形式，而不是创意本身。在这些案例中，并未制定，也不可能制定明确的原则，以区分寻求保护的是创意还是表达形式。

HARMAN PICTURES NV v. OSBORNE

[1967] 1 WLR 723 [英国]

戈夫（Goff）法官：

然而，必须慎重，绝不能仅仅因为普通情节或可见于涉及历史人物的历史、部分历史及虚构文学中的情节相似，而匆忙得出存在抄袭的结论。在这种情况下，由于存在共同来源，原告（包括该案中的原告）显然处于困难的境地。

IPC MEDIA LTD. v. HIGHBURY – LEISURE PUBLISHING LTD.

[2004] EWHC 2985（Ch）[英国]

莱迪法官：

不用说，在单纯利用一般观念及创意与版权意义上的抄袭之间划清界限，是不可能的。勒恩德·汉德法官在 Nichols v. Universal Pictures

Co. 45 F 2nd 119（2nd Cir. 1930）案中说，这条线无论画在哪里，看来都是武断的。他还说：

"由于越来越多的情节被省略，大量越来越具有普遍性的风格，将会广泛适宜于任何作品，特别是戏剧作品。最后剩下的，可能只是简介该戏剧最普通的陈述，有时可能只是它的标题。但这一系列抽象过程，在达到一定程度后，将不再受保护。否则，剧作家将能够阻止他人使用其'创意'，而这种'创意'——除了它的表达形式之外——是他的财产权永远涵盖不了的。"

10.12 平面绘画可以通过立体形式进行"复制"

KING FEATURES SYNDICATE INC. v. O AND KLEEMAN LTD.

[1940] 2 All ER 355（Ch）[英国]

事实：原告是一大批作为核心人物来描绘著名的波佩或大力水手波佩这一角色的绘画或漫画的版权所有人。这些漫画也被做成玩具。被告销售了象征波佩的塑料机械塑像和石膏玩具。原告诉被告侵害了漫画的版权。法院认定被告侵害了这些绘画的版权，即使它的玩具可能不是按这些绘画而是按原告的被许可人制作的物品复制的。

上诉法院克劳森（Clauson）常任法官：

"毫无疑问，实际上，复制了基本上由同一形象的草图构成的原美术作品的形象，仍是原美术作品的复制品，因为它的制作者不是直接按原作复制它的，而是按直接或间接从原作派生的表现物复制它的。下级法院似乎暗示有一事实妨碍了原告证明其主张：被控侵权物是立体的，而原作是平面的。我赞成这位博学的法官的观点：尽管这种情形可能增加了就侵权物与原作的相似程度作出结论的难度，但该法的明确表述（'以任何物质形式'）排除了任何将立体复制品看作对平面草图的侵权物时另外可能存在的困难。"

10.13 "凡值得复制的，即值得保护。"这是一条被经常引用的警句，但它充满危险，并回避了问题的实质。❶

NETWORK TEN PTY LTD. v. TCN CHANNEL NINE PTY LTD.

[2004] HCA 14 [澳大利亚]

上诉法院麦克休（McHugh）法官、古茂（Gummow）与海恩（Hayne）法官：

辩护律师援引了在 University of London Press Ltd. v. University Tutorial Press Ltd. 案中所作的一段著名陈述。这是一个侵害文学原作版权的案

---

❶ 另见 Lambretta Clothing Company Ltd. v. Teddy Smith (UK) Ltd. 案，[2004] EWCA Civ 886。

例，彼得森法官适用了"凡值得复制，即可初步推定为值得保护"这一概括的实用检验法。但后来的判例正确地强调了一点：尽管复制是表明原告知识产权与被控侵权行为之间因果关系的侵权要素，但并不能得出任何复制均构成侵权的结论。莱迪法官在他的以下陈述中强调：

> "此外，很多版权案件涉及被告对原告劳动成果的公然窃取。这已导致法院有时几乎带着传教士的热诚来适用'你不可偷盗'的戒律。如果这已使得版权保护的界限必须进一步延伸，这一点已做到了。这已导致有关版权的大量判例法的产生，这些判例法在其延及的某些更广的范围内，会使立法的起草者感到惊讶，因为这些立法本来是应该被实施的。"

在澳大利亚，萨克维尔（Sackville）法官对援引 University of London Press 案中的陈述带来的危险作了如下解释：

> "这种检验法带有某种'自助'性。与文学作品有关的实质性问题仅仅在作品至少已被部分复制或出版的情况下产生。如果从字面上适用这种检验法，就意味着所有复制案件将被描述为对作品的实质部分的复制。因此，这种检验法对确定某一复制是否涉及作品或版权客体的实质部分，不可能有多大帮助。"

10.14 因果关系：复制不仅要求制作相同的作品，而且要求它必须已被"仿制"，即在享有版权的作品与"仿制物"之间必须有因果关系。❶

UNIVERSITY OF WAIKATO v. BENCHMARKING SERVICES LTD.

[2004] NZCA 90 [新西兰]

兰德森（Randerson）法官：

相同的是，确定以复制品形式抄袭的侵权有三个要求：

- 复制必须是对整体作品或其某一实质部分进行的。
- 在享有版权的作品或其某一实质部分与侵权物之间，必须具有足够的客观相似性。
- 在享有版权的作品与侵权物之间，必须存在某种因果关系。版权必须是侵权物产生的原因。

CREATIVE TECHNOLOGY LTD. v. AZTECH SYSTEMS PTE LTD.

[1997] FSR 491 [新加坡]

上诉法院加迪杰苏（Karthigesu）法官、上诉法院邓立平（LP Thean）法官、黎嘉才法官：

---

❶ Baigent & Anor v. The Random House Group Ltd. [2007] EWCA Civ 247 [英国]；Toy Major Trading Co. v. Hang Shun Plastic Toys Civil Appeal No. 11 of 2007 [中国香港特别行政区]。

其次，我们来看双方当事人各自的编程命令之间存在的文字上的相似性（包括程序设计错误）。当进行完全考察后，不得不作出这一推论：Aztech 一方独立开发的可能性很小。尽管普莱斯考特先生作出了努力，我们仍然认为 Aztech 未能提供合理的解释，即与不存在通过分解进行任何复制相一致的解释。按照我们的看法，博学的司法专员在作出其决定时，未能处理所有相似性（包括非实质部分和错误的相似性）所累积的分量和意义的问题。关于非实质部分相似的证据效力，霍夫曼法官在 Bilhofer Maschinenfabrik GmbH v. TH Dixon & CO. Ltd.［1990］FSR 105 案中所说的话颇具启发意义：

"正是享有版权的作品中非实质部分的相似性，即细小的、多余的，甚至错误的成分中的相似性，才具有最重要的意义。这是因为它们最不可能是独立设计的结果。"

就侵权主张证明被告接触和抄袭了其作品的证明责任，并非始终由原告承担。在两件作品显示有足够相似性的情况下，他可以请求法院作出存在抄袭的推定。然后，被告有机会对这一推论进行反驳；在可能的情况下，就相似性给出其他不同的解释。按照我们的看法，举证责任此时发生转移。

版权所有人必须在实质上证明，"因果关系"是对作品与侵权物之间的相似性的解释。但还有其他可以成为抗辩理由的可能性：原告抄袭了被告；双方抄袭了某一共同来源；或双方独立地完成了各自的成果（见 Corelli v. Grey［1913］29 TLR 116 案）。我们认为，Ibcos Computers Ltd. v. Barclays Mercantile Highland Finance Ltd.［1994］FSR 275 296－297 案中雅各布法官的判决很有帮助。该案中的相关问题是：抄袭的推定，能否被 Aztech 关于他们实际上如何完成设计且他们并未通过抄袭来完成的证据推翻？这一问题是由 LB（Plastics）Ltd. v. Swish Products Ltd.［1979］RPC 551（at 621）案引出的；这一主张在 Ibcos 案中，被雅各布法官描述为，与其说是法律主张，还不如说是"普通的合理想法"。

上述陈述，绝不能理解为享有版权的原告被裁定负有较低标准的举证责任。他仍然必须尽全力来处理好他的案件，以证明存在促成作出抄袭推定、可作为证据的相似性，然后被告仍有机会通过解释来消除异议。

10.15 整体的复制："整体的复制"几乎很少涉及实质性的事实问题或法律问题。任何整体作品的抄袭物，实际上均不可能不是由原作品产生的，除非原作品并非真正的"原作品"，两件作品均由另一来源产生。

HENLEY ARCH PTY LTD. v. CLARENDON HOMES（AUST）PTY LTD.
［1998］41 IPR 443［澳大利亚］

梅克尔（Merkel）法官：

版权法中的复制问题，涉及与享有版权的作品相似和对享有版权的作品进行实际使用这两个要素。这两个要素被描述为"两件作品之间的足够的相似性"与"原告作品和被告作品之间的某种因果关系"。在两人各自独立创作出实质性相似的作品的情况下，不存在版权法意义上的复制。

D. 对实质部分的复制

10.16 对实质部分的复制：对享有版权的作品的某一"实质部分"进行复制，构成侵权。这引出了颇为困难的事实问题。

NETWORK TEN PTY LIMITED v. TCN CHANNEL NINE PTY LTD.
［2004］HCA 14［澳大利亚］

上诉法院麦克休法官、古茂与海恩法官（多数意见）：

"实质部分"一语来源于立法。它曾出现在1911年英国版权法第1（2）条中。1911年英国版权法于1956年被1956年版权法废止，后来被该法第5（1）条排除在澳大利亚继续适用。当时，在1911年版权法中纳入这一用语，反映了对先前的版权立法的司法解释。与沿袭它的英国法及澳大利亚立法一样，1911年版权法的内容保持了"实质部分"和"合理处置"这两个概念之间的区别。因此：

"对非实质部分实施的行为，不构成对版权的侵害，合理处置抗辩仅在至少涉及实质部分时才有效。"

将认为实质部分的利用问题，可以通过直接援用合理处置抗辩来规避的观点，作为看待侵权主张的立足点是十分错误的。

如同已在这些理由中所强调的，侵权人即使没有完全利用受保护的客体整体，至少必须利用了其中的某一实质部分，这一要求在版权法中起到一种根深蒂固的支配作用。产生的是质量（可能包括广播节目中的特定图像或声音或二者的潜在影响力）问题和数量问题。

10.17 对实质内容的检验，而不是对数量的检验

LADBROKE（FOOTBALL）LTD. v. WILLIAM HILL（FOOTBALL）LTD.
［1964］1 All ER 465（HL）［英国］

里德（Reid）大法官：

如果他确实进行了复制，则他是否复制了某一实质部分的问题，在很大程度上取决于他所利用部分的质量而不是数量。可采用的一种检验法，是看他所利用的部分是新奇、显眼的，还是仅对普通词句或众所周知的数据进行普通的编排。这样，只问被利用的部分是否单独构成版权客体，有时可能倒是一个方便的捷径。但按照我的观点，这只是一个捷径；更正确的方法是首先确定原告的整体作品是不是"独创"的，以及是否受版权保护，其次再问被告利用的部分是不是实质部分。如果最初就将原告的作品分解，并问分解出来的这一部分能否成为版权客体，那一部分能否受到保护等，就可能很容易得到一个错误的结果。我认为，不能因为被分别利用的片段没有版权，就得出整体作品不能享有版权的结论。实际上，往往被人承认的是，如果在设计对整体作品的编排时，运用了充分的技巧并作出了充分的判断，这在确定整体作品是否受版权保护时就可以成为一个重要的因素，甚至是决定的因素。

10.18 两种情况。在这一标题下有两种情况应当予以考虑：第一种，被利用的部分可以辨认；第二种，原作品被改动。

DESIGNER GUILD LTD. v. RUSSELL WILLIAMS（TEXTILES）LTD.
［2000］UKHL 58（HL）［英国］

斯科特（Scott）大法官：

  1988年版权法第16（3）条规定，复制享有版权的作品构成对版权的侵害，只要复制的是"整体作品或其任何实质部分"。第16（3）条可以在两种完全不同的情况下适用。一种情况显然是：整体作品中某一可辨认的部分被复制，而不是整体被复制。例如，可能仅仅是一幅画中的一部分被复制，或仅仅是一首诗或一本书中的一两句，甚至仅仅是一个短语被复制，或仅仅是一首乐曲中的一两个小节被复制。在这种情况下，对这部分的复制是否构成侵权的问题，取决于被复制部分在质量上的重要性，这需要联系享有版权的作品整体来评估。在Ladbroke（Football）Ltd. v. William Hill（Football）Ltd.［1964］1 WLR 273案中，里德大法官说：

    "他是否复制了某一实质部分的问题，在很大程度上取决于他所利用的部分的质量而不是数量。"

  使实质性问题可能变得有意义的另一种情况是：复制不是对享有版权的作品完全按原样的复制，而是带有改动的复制。这种复制在莱迪的著述❶中被称为"改动性复制"。这种情况的一个例子，是将文学作

---

 ❶ LADDIE，PRESCOTT，VICTORIA. The modern law of copyright and designs［M］.（莱迪，普莱斯考特，维多利亚. 现代版权与外观设计法［M］.）

品翻译成另一种语言或将小说剧本化。译文、戏剧或电影中可能没有一个词语与原作品相同。但假设原作品有版权，这种"复制"完全可能——在逐字翻译的情况下无疑将会——构成对版权的侵害。

然后，在进行改动性复制的情况下，产生了应采用哪一种检验法来确定复制物是否构成对版权的侵害的问题。如果改动的范围足够大，复制有可能根本不构成侵权。莱迪在其著述❶中提议采用的确定改动性复制是否构成侵权的检验法是：

"侵权人是否将原作者在创作享有版权的作品时所付出的独立的技巧、劳动等纳入自己的作品？"

诸位法官大人，我认为这是一个实用的检验法。它所依据的实际上是版权法的一项基本原则，即复制者没有权利侵占由他人的技巧和劳动所产生的利益。

E. 改 编

10.19 改编的定义：对作品的改编，涉及以不同形式对作品进行创作，其中包含同一独创性作品。这一术语通常在法律中界定。就文学作品而言，"改编"可以包括：

- 就非戏剧作品而言，将该作品改写成戏剧作品形式；
- 就戏剧作品而言，将该作品改写成非戏剧作品形式；
- 对作品进行翻译；或者
- 对作品中的故事或情节的全部或主要部分，创作为适宜在图书或报纸、杂志或类似期刊上复制的图画形式。

就美术作品而言，"改编"有时被界定为包括以原作品或其实质特点仍可辨认的方式对该作品进行的改变。

10.20 改编是作品的不同版本

BENCHMARK BUILDING v. MITRE 10（NEW ZEALAND）LTD.

[2003] NZCA 213 [新西兰]

高尔特·P 庭长：

　　律师的辩论意见，将这些享有版权的作品等同于这些小册子，认为 Benchmark 为自身目的而改编了这些小册子。但是，这种意见对这一受

---

❶ LADDIE, PRESCOTT, VICTORIA. The modern law of copyright and designs [M]. （莱迪，普莱斯考特，维多利亚. 现代版权与外观设计法 [M].）

限行为的性质有所误解。它针对的不是使用享有版权的作品或其复制品。侵权行为是对作品进行改编。以这种方式（改编）实施的侵权，仅在涉及文学、戏剧或音乐作品时发生。它不适用于美术作品。因此，我们必须将注意力集中在这些小册子中可能构成文学作品的文字部分上。

对作品进行改编，涉及以不同形式对作品进行创作，其中包含作者的同一独创性产物，其表达方式不能称为复制，但仍基本上表现了同一作品。利用小说写剧本或电影剧本，利用计算机程序源代码制作目标代码，都是典型的例子。如同在莱迪的著述❶中所指出的，重要的是原作品的智力内容被利用。对作品进行改编，完全不同于使用作品（或作品的复制品）。第34（2）条规定，以书写或其他方式记录时发生改编行为。该款行文明确了一点：改编所涉及的不仅仅是不加变化地利用或使用原作品。

CASE NUMBER：2005（NE）NO. 10023
［2005. 6. 14］
知识产权高等法院第二庭［日本］

版权法中的"改编"，是指基于已有作品，在保留该作品的同一基本表达形式的同时，通过对特定表达形式进行改动、增补、删减、变更等而创作另一作品，以创作性地表达一种新思想或情感的行为。依照这一规定，接触该另一作品的人，必须能够直接感知该已有作品的基本表达形式。按照这些准则，基于已有作品创作的另一作品，如果仅仅与已有作品在本身并非表达形式或不具有表达创作性的某一方面（如已有作品中的思想、情感、观念、事实或事件）相同，则不构成改编。《七武士》是一件远比《武藏》具有艺术性的作品，这两件作品仅在其创意上具有相似性或共同点。从《武藏》并不能感知《七武士》的基本表达形式。因此，相似性或共同点并不构成对版权（改编权）或作者精神权利（作者身份权和作品完整权）的侵害。

F. 直接侵权与间接侵权

10.21 直接侵权：这是一种常见的情况。非版权所有人的任何人，如未经所有人许可，在特定司法管辖区内实施或导致任何他人实施所有人享有专有

---

❶ LADDIE, PRESCOTT, VICTORIA. The modern law of copyright and designs ［M］. （莱迪，普莱斯考特，维多利亚. 现代版权与外观设计法［M］.）

权实施或授权实施的行为，均构成对版权的侵害。

10.22 间接（从属）侵权：这主要是在明知的情况下，进口或销售这种产品的情况。澳大利亚法（第102条）规定：

"未经版权所有人的许可，为下列目的，将某物品进口到澳大利亚，即侵害……享有的版权：
- 销售、出租或为销售、出租目的而以交易方式展示或陈列该物品；
- 为下列目的发行该物品：
  - 为交易目的；或
  - 为其他任何以致对版权所有人产生不利影响的目的；或
- 以交易方式公开展览该物品；

只要进口者明知或按理应知：如果该物品是由进口者在澳大利亚制作的，该物品的制作即构成对版权的侵害。"

10.23 第103（1）条规定：

"在澳大利亚，未经版权所有人的许可，实施下列行为即侵害……享有的版权：
- 销售、出租或为销售、出租目的而以交易方式展示或陈列某物品；或
- 以交易方式公开展览该物品；

只要……就进口物品而言，行为人明知或按理应知：如果该物品由进口者在澳大利亚制作，该物品的制作即构成对版权的侵害。"

10.24 侵权行为的性质：这一判决涉及南非法的相应条款。

FRANK & HIRSCH（PTY）LTD. v. A ROOPANAND BROTHERS（PTY）LTD. 1993（4）SA 279（A）［南非］

科贝特首席法官：

戈德斯通（Goldstone）法官在 Twentieth Century Fox Film Corporation v. Anthony Black Films（Pty）Ltd. 1982（3）SA 582（W）案中，考虑到了第23（2）条的规定。在这一案件中，法院认为：
- "如果该物品在南非共和国制作，将构成这样一种侵权"的规定，适用且只能适用于进口的物品，即并非在南非（本地）制作的物品；
- 法院根据这一规定应当作出的假设是：进口物品是由实际制作它的人在南非（本地）制作的；及

■ 如果该人可以合法地在南非（本地）制作它，则不存在对版权的侵害。

我慎重地认为，这些主张是对第 23（2）条的有关规定的正确解释。作为一种逻辑推断，可以说，如果制作该物品的人，未能在南非合法地（在不侵害版权的情况下）制作它，那么只要符合知情要件且未经许可，不论将该物品进口到南非或在这里销售或发行，均实施了第 23（2）条所称的侵害版权的行为。

EURO – EXCELLENCE INC. v. KRAFT CANADA INC.

2007 SCC 37［加拿大］

罗斯坦（Rothstein）法官：

Kraft 公司诉称 Euro – Excellence 通过为销售或发行目的将 KFS 和 KFB 享有版权的作品的复制品进口到加拿大而实施了"间接侵权"。间接侵权在该法第 27（2）条中作了规定。[1] 在 CCH 案中，本院认为，证明间接侵权必须证实三个要素：（1）直接侵权；（2）间接侵权人应知其本人正在处置侵权制品；及（3）间接侵权人销售、发行或为销售而展示侵权货物。也许最直接形式的间接侵权发生在销售侵权作品的复制品之时。依照第 27（2）（a）条，"任何人……销售……作品……的复制品的行为，均构成对版权的侵害，只要该人明知或应知该复制品侵害版权……"

第 27（2）（e）条显然是 CCH 案中间接侵权首先要求有直接侵权这一规则的例外，因为不像第 27（2）（a）条至第 27（2）（d）条，它并未要求有实际直接侵权，而是仅要求有假设直接侵权。依照第 27（2）（e）条的规定：

"任何人……进口……作品……的复制品的行为，均构成对版权的侵害，只要该人明知……该复制品若由其制作人在加拿大制作即构成对版权的侵害。"

第 27（2）（e）条用假设直接要侵权代替了实际直接侵权。侵权进

---

[1] 第 27（2）条规定：

任何人：

(a) 销售或出租，

(b) 在对版权所有人产生不利影响的程度上发行，

(c) 以交易方式发行，为销售、出租目的而展示、陈列或公开展览，

(d) 为实施（a）项至（c）项提到的行为而占有，

(e) 为实施（a）项至（c）项提到的行为而向加拿大进口，

作品、录音制品、表演者表演或传播信号的固定物的复制品的行为，均构成对版权的侵害，只要该人明知或应知该复制品构成对版权的侵害或若由制作该复制品的人在加拿大制作即构成对版权的侵害。

口物品有可能是在加拿大境外合法制作的。尽管如此，它们仍被视为侵权，只要进口者进口到加拿大的物品若由在境外制作它们的人在加拿大境内制作即构成对版权的侵害。

第27（2）（e）条的目的显然是：在加拿大版权所有人对其作品不享有外国版权的情况下，给他们增加一层保护。第27（2）（e）条为加拿大版权所有人提供反"平行进口"的保护，将这种行为视为对版权的侵害，即使进口物品在制作国并未违反版权法。如果没有第27（2）（e）条，外国版权所有人可以在国外比较廉价地生产该物品，可以使该物品涌入加拿大市场，从而使加拿大版权变得毫无价值。因而，第27（2）（e）条表明了加拿大议会确保加拿大版权所有人获得合理回报的意图，即使他们在国外不享有版权。

10.25 明知或视为明知。间接侵权通常要求明知或视为明知。直接侵权则无此要求。

BAIGENT & ANOR v. THE RANDOM HOUSE GROUP LTD.
[2007] EWCA Civ 247 [英国]
劳埃德（Lloyd）法官：

侵犯版权不取决于故意或明知（虽然依照1988年版权、外观设计和专利法第97条的规定，这些条件对在某些案件中获得救济是具有意义的）。詹姆斯·佩奇-伍德大法官（James Page – Wood VC）在 Jarrold v. Houlston（1857）3 K & J 708 案中提到盗窃意图说，当时的法律有很大差异，而且除了是否发生了复制（尽管被否认但仍被认定）之外，首要问题是进行过的使用是否合理。在 Ravenscroft v. Herbert（1980）RPC 193案中，布赖特曼（Brightman）法官指出，盗窃意图与被利用的部分是否为实质部分的问题相关，因此，意味着复制者一方为节省自己的劳动，而从享有版权的作品中攫取实质内容的一种故意。

不论在贾罗尔德（Jarrold）诉斯顿（Houlston）之时法律的状况如何，现在的问题是有没有发生复制，而不是复制者在复制时的意图如何。如果被控侵权人否认复制而不被原告认可，那么要紧的是就随后发生的对复制的事实认定。虽然他的否认不被认可，无疑也可能对法官在该案中的认定具有其他辩论效力。不论在总体上，还是在被复制部分是不是享有版权的作品的实质部分这一问题上，我都无法看出实施复制的意图在法律上如何与（或可能与）复制是不是侵权的问题相关。

POLYGRAM RECORDS v. RABEN FOOTWEAR
[1996] 797 FCA 1
福斯特（Foster）法官：

第102条和第103条规定的侵权的最后一个要件，是进口者必须具备这两条所要求的明知或视为明知。第 102 条的要求是：

"进口者明知或按理应知：如果该物品由进口者在澳大利亚制作，制作该物品的行为即构成对版权的侵害。"

因此，在这些诉讼程序中，需要回答的有关知情的问题可以这样确切地表述为：拉宾（Raben）是否明知或按理应知：如果其在澳大利亚制作了每张 Pilz 光碟，这一制作行为即构成对 PolyGram 唱片（雪儿歌曲）中录音制品版权的侵害？

在这一方面，在其来源国制作这些光碟是否构成对版权的侵害，是无关紧要的。此外，不要求拉宾必须明知（或应知）被侵害的录音制品版权属于申请人。

我注意到第 102 条和第 103 条其实并未要求考虑进口物品的实际制作方式。它们也未要求考虑实际制作者制作该物品的行为是否侵害了任何录音制品版权。当然，如果制作者制作该物品的行为侵害了版权，而进口者明知这一侵权，那么这一事实将无疑支持作出以下结论：进口者明知如果他（或她）在澳大利亚制作该物品，这一制作行为即构成对版权的侵害。但在该案中，并未证实被告实际上知道 Pilz 制作有关光碟的行为构成对 PolyGram 的美国版权的侵害（如果它确实构成了对版权的侵害）。

那么，这两条规定的知情问题应如何处理呢？判例提供了指导。在 Meccano Ltd. v. Anthony Hordern & Sons Ltd.（1918）SR（NSW）606 案中（审理依据为不包括知情检验"按理应知"的较早的法律），哈维法官阐明，原告仅需证明被告明知重要事实，且证明被告明知这样的事实可能引发"版权存在且正受侵害"的合理猜测就足够了。

数年以后，哈维法官在 Albert v. S Hoffnung and Co. Ltd.（1921）22 SR（NSW）75 案中提炼了这一检验法。法官阐明：

"按照我的意见，该条中的明知，只能是指注意到可以使理性人联想到违反版权法的行为正在实施的事实。"

这一检验法在 Apple Computer Inc. v. Computer Edge（1984）2 IPR 1 案中被以赞许的方式引证。在该案中，洛克哈特（Lockhart）法官补充了"不要求知道法律"。

在 Milpurrurru v. Indofurn（1994）30 IPR 209 案中，冯·杜莎（Von Doussa）法官以下列文字提到先前的判例：

"在第 37 条（与第 102 条相同）中，明知是指，注意到可以使具有（特定商业领域中的人士理应具有的）通常理解能力的理性人联想到侵害版权的行为正在实施的事实。不要求知道法律。只要实际得知或推定得知知识产权将受侵害就足够了，即使不知道这些权利的准确性质。"

G. 共同侵权

10.26 引诱或鼓动直接侵权
METRO – GOLDWYN – MAYER STUDIOS INC. v. GROKSTER，LTD.
380 F. 3d 1154 ［美国］
苏特法官：

故意引诱或鼓动他人直接侵权的人，实施了共同侵权；从直接侵权中获利，而拒绝行使权利以阻止或限制该行为的人实施了间接侵权。虽然"版权法并未明确规定任何人对他人实施的侵权行为承担责任"，但从普通法原则中仍产生了这些从属责任学说，而且它们在法律中得到了充分的确认。

当引诱他人侵权或通过广告等"怂恿、劝说他人"侵权时，则发生具有非法目的的直接证据的典型案件。因而在普通法上，某一版权或专利被告如果"通过广告不仅预见了而且引发了（侵权使用）"，依照法律各部分确认的原则，是负有侵权责任的。

10.27 促成版权侵权
CBS SONGS LTD. v. AMSTRAD CONSUMER ELECTRONICS PLC
［1988］1 AC 1013 ［英国］
坦普曼（Templeman）大法官：

诸位法官大人，我赞同促成版权侵权的被告对原告因侵权而遭受的损害与侵权人负连带责任。被告是共同侵权人，他打算、促成和参与制订将实施侵权的共同方案。被告可能通过引诱、教唆或劝说而促成侵权。但在该案中，Amstrad 并未通过许诺销售可以用于合法或非法复制的机器而促成侵权，他们也未通过广告吸引可能决定进行非法复制的购买者对其机器的注意而促成侵权。Amstrad 不关心也不可能促成非法复制。购买者不会因为他被 Amstrad 引诱、教唆或劝说制作非法复制品而这样做；购买者只会因为他决定制作非法复制品自用而这样做。Amstrad 的广告，可能会说服购买者购买 Amstrad 的机器，但不会影响购买者此后作出的侵害版权的决定。

在 Belegging – en Exploitatiemaatschappij Lavender BV v. Witten Industrial Diamonds Ltd.［1979］FSR（at 65）案中，上诉法院的常任法官巴

克利认为，"便利某一行为的实施，显然不同于促成该行为的实施"。普遍地向公众销售或宣传可以用于合法或非法目的（包括侵害版权）的机器，不能说是"促成"使用该机器的公众成员此后实施了对版权的所有侵害。一般而言，引诱、教唆或劝说侵权，必须是由被告向个别侵权人进行的，而且必须可以看出是促成某特定侵权的，才能使被告作为共同侵权人承担责任。

10.28 "授权"侵权：版权法通常规定"授权"侵权的被告对这种侵权承担责任。例如，澳大利亚法［第36（1）条］规定：

"除本法另有规定外，某人如果并非版权所有人，且未经版权所有人许可，在澳大利亚实施或授权在澳大利亚实施版权所涵盖的任何行为，即构成对（作品）版权的侵害。"

问题通常发生在图书馆服务和提供复印机或复印设备的情况下。关于这一问题，有两个完全不同的判决。澳大利亚高等法院判某大学图书馆对学生制作的复制品承担责任，而在类似情况下，加拿大最高法院判图书馆不承担责任。

澳大利亚的判决引发了立法修订，它涉及这一问题：它规定在确定某人是否授权实施任何这种行为时，必须考虑的因素包括：

- 该人阻止有关行为实施的权限（如有的话）范围；
- 该人与实施有关行为的人之间存在的任何关系的性质；
- 该人是否采取了任何合理步骤来阻止或避免这种行为的实施，包括该人是否遵守了任何有关行规。

这两个判决将在下面引述。

10.29 澳大利亚判决：授权意味着批准、认可或赞同[1]

UNIVERSITY OF NEW SOUTH WALES v. MOORHOUSE
(1975) 133 CLR 1 ［澳大利亚］

雅各布斯法官：

无疑，布伦南（Brennan）侵害了他从《美国人，伙计》复印的故事的版权。他（两次）复制了整个故事，在这种情况下，它构成该作品的实质部分，而且他并非以研究或私人学习为目的通过合理处置的方式进行这一复制的。问题是：在这一案情下，上诉人提供图书馆藏书并在图书馆提供使制作复制品成为可能的机器的行为，是否构成对侵权的授权。答案取决于1968年版权法第36（1）条中"授权"一语的含义，以及该用语的含义一旦明确后的事实结论。

---

[1] Universal Music Australia Pty Ltd. v. Sharman License Holdings Ltd. ［2005］FCA 1242 ［澳大利亚］。

被认可的是，该用语不限于委托人对代理人的授权。在授予这样一种代理权的情况下，代理人的行为就是委托人的行为，因而可以说委托人本人实施了版权涵盖的行为。但授权要广于代理权。就先前的版权立法中的类似使用而言，它被赋予了取自牛津词典的"批准、认可、赞同"的含义。我毫不怀疑该用语在第36（1）条中是在相同的含义上被使用的。它是一种较广的含义，就准许或邀请而言，既适合于在明确准许或邀请实施版权涵盖的行为的情况下采用，也适合于在可能暗示这样一种准许或邀请的情况下采用。在可能暗示某种一般准许或邀请的情况下，授权人显然未必知道版权涵盖的某特定行为将被实施。

被控授权人的作为和不作为，必须在实施版权涵盖的行为的情况下来审视。这些情况可以包括将实施这样一种行为的可能性：

> "法院可以从未达到直接和积极程度的行为推断存在授权或准许；由作为或不作为的行为表现出来的冷淡，可以达到由此推断存在授权或准许的程度。从被控授权人的行为作出的真实推断是什么，在各特定案件中都是一个事实问题〔根据班克斯（Bankes）上诉法院常任法官在 Performing Right Society Ltd. v. Ciryl Theatrical Syndicate Ltd. ［1924］1 KB 1 案中的阐述〕。"

10.30　加拿大方式：某人不因授权单纯使用可用于侵害版权的设备而构成授权侵权。

CCH CANADIAN LTD. v. LAW SOCIETY OF UPPER CANADA
2004 SCC 13 ［加拿大］

麦克拉克林首席法官：

> "授权"是指"批准、认可及赞同"。"赞同"在授权版权侵权的上下文中必须按其最贴切的词典含义来理解，即"认可；批准，准许；纵容，鼓动"。授权是一个取决于各特定案件情节的事实问题，可以从不够直接和积极（包括达到足够程度的冷淡）的行为中推断出来。但某人不因授权单纯使用可用于侵害版权的设备而构成授权侵权。法院应仅在某种行为符合法律规定的情况下推定授权人授权实施了此种行为。如果被控授权人与实施侵害版权的人之间被证明存在某种关系或某种程度的控制，这一推定可以被推翻。

> （下级法院）部分基于澳大利亚高等法院在 Moorhouse v. University of New South Wales 案中作出的判决，得出以下结论：Law Society 由于未能控制复制，而仅仅张贴公告，声明自己对机器的使用者制作的复制品不承担责任，默示地批准、认可或赞同了对出版者作品版权的侵害。

> 恕我直言，我不同意认定这一行为构成授权侵害版权。Moorhouse

案与先前加拿大与英国对这一问题的处理方式并不一致。按照我的观点，Moorhouse案对授权的处理方式因偏护所有人的权利，不必要地干扰了为社会整体利益而正当使用享有版权的作品，从而在很大程度上破坏了版权的平衡。

10.31 指示者的责任：承担责任不要求个人有过错，只要指示者已授权、促成或指示侵权即可。

MICROSOFT v. AUSCHINA POLARIS
［1996］71 FCR 231 ［澳大利亚］

林格伦（Lindgren）法官：

"促成或指示"检验法，有时称为"授权、促成或指示"检验法，其注意力集中在指示者的意图与被法律描述为侵权行为的特定法人行为之间的关系上。支撑这一检验法的，看来是这一概念：公司必然只能通过自然人来实施侵权行为，而且在可以确定涉入其中的、在适当程度上负有责任的特定自然人的情况下，在政策上，他通常至少应承担责任。毕竟，即使受害人未起诉他，他显然在公司对受害人承担责任方面，仍有责任给予公司补偿。

10.32 其行为与侵权有因果关系，但既不是一般所称的侵权，也不构成帮助或教唆侵权人的责任。这种人承担的较广泛的责任，见于德国的这一判决。它与普通法是否一致尚不明确。

INTERNET AUCTION II
德国联邦最高法院 JurPC Web Document 108/2007 ［德国］

在2000年6月7日到2001年1月25日这一期间，在被告的互联网平台（eBay）上，有大量带有劳力士标识和带有原告受保护的其他标识的手表销售。这些手表中，有一些是假冒产品。从产品名称或产品说明的信息来看，这在部分信息中是一目了然的。但在某些情况下，对商标侵权的怀疑，只是因为起拍价与正品手表的广告价相比过低而产生的。

尽管如此，被告被排除了作为侵权人或共同侵权人的责任。

被告向销售者提供第三方拍卖平台，使他们可以许诺销售侵害商标权的产品，但自己并未实施（即将发生）商标侵权行为。被告自己并非在许诺销售假冒产品或使假冒产品进入流通，也未在其广告中使用被质疑的商标。

但根据在上诉法院指称的事实，并不能排除认定被告承担妨害责任的可能性。

在（即将发生）侵害欧共体商标权的案件中，禁止再次答辩令不仅可以针对直接侵权人发布，而且可以针对妨害人发布。

禁止妨害令可以对尽管不是侵权人或共同侵权人，但自愿并充分直接地以任何一种方式促成对产品权利侵害的某一当事人发出。由于妨害责任不能延及本人未实施非法干扰行为的第三人，审判庭的判例要求妨害人仅在违反审查义务的情况下才承担责任。这一义务的范围是通过被控妨害人是否以及在多大范围内在有关情况下对审查负有责任来确定的。

由于该案涉及对绝对权的侵害，因而无须提出妨害责任是否也适用于违法行为的问题。

在受保护的权利尚未遭受侵害，但根据情况，有理由担心这样一种侵害可能在将来发生时，是否可以对妨害人发布预先禁令，审判庭此前并未就这一问题作出决定。如果有理由相信潜在的妨害人将开始实施违法行为，对这一问题就应作出肯定的回答。实际上，这正是从预先禁令的性质得出的结论。根据这一性质，如果某一受法律保护的利益受到威胁，则无须等到可能损害这一利益的行为实际实施。

根据审判庭的"互联网拍卖第 1 号"判决确立的原则，被告作为第三方拍卖的互联网平台的提供者，如分享由此产生的收益，则不仅必须在商标权所有人提醒其注意明显的侵权行为后暂停特定产品的销售，而且必须采取预防措施尽量保证将来不允许发生此类商标侵权。在这一方面，必须保证商标权所有人指控商标侵权时，其指控必须也包含涉案销售者的行为是出于商业利益考虑的指控。

但没有争议的是，被告可以在某种程度上采用过滤软件，利用适当的检索词来检测可疑情况，然后进行必要的人工评估。如果没有用于搜索引擎的适宜标准，对它们就不可能有更多合理的期待。至于被告主张目前在技术上还无法利用无故障预先筛选过程来捕捉所有侵权，并不妨碍他们因疏忽而承担责任。即使对他们发布了禁令，被告也仅在其本人有过错的情况下承担侵权责任。就无法被他们选择的过滤过程确认的商标侵权而言，将不会认定他们有过错。

H. 对因遭受侵权而提出的主张的抗辩

10.33 言论出版自由：其宪法保护言论自由权（包括出版自由）的国家，可能需要考虑某特定版权主张是否可能被宪法所禁止。

ASHDOWN v. TELEGRAPH GROUP LTD.

[2001] EWCA Civ 1142 ［英国］

事实：原告保存了一份政党之间非公开会议的秘密会议记录。他希望在适当时候出版他的日记和非公开的文件。一家报纸获得并出版了这一会议记录，以便"以正视听"。这家报纸以它享有言论自由权作为对原告主张的抗辩。

菲利普斯大法官：

对版权的侵害，构成对"和平享用所有物"的妨害。而且它妨害的是根据制定法产生的权利，该法授予的权利经国际公约确认，并经欧洲法协调。因此无可置疑，为保护版权而在民主社会对言论自由权进行必要的限制，可以被证明是合理的。但1988年版权法给予的版权保护本身是受到某些限制的。因而，言论自由权与版权都是经法律授予的权利。该上诉引出的问题是：当这两种权利冲突时，如何使之归于平衡。

在目前的情况下，重要的是强调版权保护的仅仅是文学作品的形式。版权通常不阻止披露该文学作品所传达的信息。因而，版权所阻止的仅仅是使用他人设计的文字方案来表达信息的自由。这通常不会构成对言论自由的重大损害。言论自由的第一要义，是使公民能够自由表达观点和传递信息。另外也很重要的是，公民应可自由地以自己选择的文字形式来表达观点和传递信息。认为包含使用他人设计的文字形式传播观点和信息的自由，是超出言论自由的概念的。

言论自由既保护披露信息的权利，也保护获取信息的权利。有时为了公共利益，不仅应披露信息，而且应将某人使用的文字形式告知公众，尽管作者对文字形式享有版权。实际上，有时令人感兴趣的恰恰是文件的形式而不是它的内容。

我们并不认为这一结论会导致援用言论自由来抗辩侵权主张案件的大量产生。以公共利益为由来证明对享有版权的作品的形式进行复制是合理的，这种情况很少会发生。

10.34 以公平处置及合理使用作为正当理由。《伯尔尼公约》规定准许引用已合法公之于众的作品，只要引用符合公平惯例，而且不超出该目的所证明的合理范围，包括以新闻提要形式引用报刊文章［第10（1）条］。

此外，版权法一般均就侵害版权规定了有时称为合理使用的例外。这种规定是在《伯尔尼公约》（1967年修订）中作出的。它规定国内立法可以准许在某些特殊情况下复制作品，只要这种复制不与作品的正常利用相冲突，也不致不合理地损害作者的合法利益。换言之，这种处置可以证明复制是合理的。

10.35 《伯尔尼公约》的要求。《伯尔尼公约》的要求（它们是渐进且逐一适用的）是以下列措辞来明确表述的:❶

---

❶ JEHORAM C. Restrictions on copyright and their abuse［J］. EIPR，2005：359.（约兰. 对版权的限制及其滥用［J］. 欧洲知识产权评论，2005：359.）；RICKETSON. The Berne Convention for the protection of literary and artistic works：1886—1996［M］.（里基森. 保护文学和艺术作品伯尔尼公约：1886—1996［M］.）

- 准许规定"特殊"情况下的例外。《伯尔尼公约》不准许规定广泛的例外，而仅准许就十分特殊的目的规定例外。"特殊"是指显然有被某种公共政策或其他例外情况证明为正当的理由。
- 例外不得与作品的正常利用相冲突。
- 不得使版权所有人遭受不合理的损害。

这一制度可见于很多国家的法律，特别是法国、中国、葡萄牙和西班牙等民法传统国家，但现在也可见于澳大利亚版权法。该法由于近年来的修改，规定在符合下列所有条件的情况下，使用作品或其他客体的行为不侵害该作品或客体的版权：

- 使用情形构成特殊情况；
- 由图书馆、档案馆、教育机构进行使用，或由残疾人或为残疾人进行使用；
- 使用不与作品或其他客体的正常利用相冲突；
- 使用不致不合理地损害版权所有人的合法利益。

这种规定的效果，是法院必须在各个案件中，判断这些条件是否全部满足。其他国家对《伯尔尼公约》的解释有所不同。

10.36 美国法是按"合理使用"的概念运作的，其中列举了各种目的，为这些目的，对某一特定作品进行复制的行为可以被认为是"合理的"，诸如批评、评论、新闻报道、教学、学术和研究。它还规定了在确定特定使用是否合理时必须考虑的四个因素：

- 使用的目的和性质，包括这种使用是具有商业性质还是出于非营利性教育目的；
- 享有版权的作品的性质；
- 被使用部分相对享有版权的作品整体的篇幅和实质性；
- 使用对享有版权的作品的潜在市场和价值的影响。

马上就会清楚地看到，这些因素不同于澳大利亚立法中列举的那些因素。

TY INC. v. PUBLICATIONS INTERNATIONAL LTD.
292 F. 3d 512 [美国]
波斯纳（Posner）法官：

合理使用抗辩，最初由法官确定，现在已编入成文法，它在版权法中起了一种基本作用。没有它，对享有版权的材料的任何复制都将构成版权侵权。图书评论者没有出版者的许可，将不能引用他正在评论的图书。实际上，将这种引用视为侵权，除了因为使版权所有人可以控制公众对其作品的批评而损害言论自由外，还将在很大程度上降低图书评论的可信度，从而有损于版权所有人的整体利益，尽管最差图书的版权所有人的利益未受损害。图书评论将不再成为有益于广大读者的购书指南。图书评论引用（"复制"）被评论的图书，实际上扩大了对享有版权的作品的需求量。因此，将这种复制视为侵权是不合常理的。而合理使用原则准许进行这种复制。

另一方面，如果图书评论者在其评论中引用了整部图书，或引用量之大，达到评论可以取代图书本身的程度，他将挤占出版者的市场，合理使用抗辩将不能成立。用经济术语对已成为合理使用判例法中这一传统判例加以概括，我们可以说：衬托享有版权的作品（在钉子衬托锤子的意义上）的复制是合理使用，但取代享有版权的作品（在钉子取代销钉或螺钉的意义上）或享有版权作品的衍生作品的复制，则不是合理使用。

10.37 **合理使用**：某些国家的态度是：什么行为构成合理使用，是由立法机关来规定的。这些至关重要的条件，在最终决定该问题时与法院无关。

普通法传统的典型，是爱尔兰法律。仅从诸多规定中引述一项规定来说明该问题。例如，该法准许为研究或私人学习目的而对文学、戏剧、音乐或美术作品、录音制品、电影、广播节目、有线电视节目、非电子独创数据库进行"合理使用"。

"合理使用"被界定为，"出于某一不致不合理地损害版权所有人利益的目的，并在该目的限定的范围内"使用已合法公之于众的（作品）。

10.38 **公之于众**：合理使用仅可能对已通过合法方式公之于众的作品适用。❶
BELOFF v. PRESSDAM LTD.
［1973］1 All ER 241 ［英国］
昂戈德－托马斯（Ungoed－Thomas）法官：

法律通过将版权授予未发表的作品，也就授予了根本防止它被发表的权利。即使未发表的作品未被自动排除适用合理使用抗辩的可能性，出版未发表的作品也是一种远比出版已发表的作品严重的侵权行为。

10.39 **对普通法传统中"合理使用"的判断**❷
ASHDOWN v. TELEGRAPH GROUP LTD.
［2001］EWCA Civ 1142 ［英国］
菲利普斯大法官：

有关时事报道的合理使用抗辩的判例非常少见。但（下级法院）赞同地评述了莱迪、普莱斯考特和维多利亚（Vitoria）的《现代版权与外观设计法》第20.16节关于在第30条规定的一般情况下检验合理使用的总结。我们也认为这是一个准确、有用的总结，并为讨论目的将它

---

❶ HRH the Prince of Wales v. Associated Newspapers Ltd. ［2006］EWHC 522（Ch）［英国］。
❷ 另见 CHH Canadian Ltd. v. Law Society of Upper Canada 2004 SCC 13 ［加拿大］案。

引述如下：

"就什么是合理使用，规定任何严格的定义都是不可能的，因为这是一个事实、程度和印象的问题。但到目前为止，第一个最重要的因素仍然是，被控合理使用实际上是否对版权所有人利用享有版权的作品构成商业竞争，从而替代了经授权的复制品及类似复制品的可能购买。如果是，合理使用抗辩几乎肯定不能成立。如果不是，而是一种适度使用，且没有特殊的不利因素，抗辩就很可能成立，特别是在被告其他目的是纠正一种错误、公开一种合理抱怨、参与政治争论等情况下。

"第二个最重要的因素，是作品是否已发表或以其他方式向公众披露。如果不是，特别是如果资料是通过泄露秘密或其他手段或通过非正当交易获得的，法院将很难说这是合理的。但这也绝非一成不变的，因为有时有必要为了合法的公开争论目的而使用'已泄露的'信息。

"第三个最重要的因素，是被使用的作品的篇幅和重要性。因为尽管准许使用作品的实质部分（否则首先就不会存在侵权的问题），但在某些情况下进行过量使用，或进行少量但多处使用，合理使用也将被否认成立。"

10.40 合理使用是印象和事实的问题

HUBBARD v. VOSPER

［1972］1 All ER 1023（CA）［英国］

丹宁大法官：

界定什么是"合理使用"是不可能的。它必然是一个程度的问题。首先你必须考虑引用和摘录的篇幅和范围：它们总的来说，是否太多太长而不合理？其次你必须考虑使用的目的：如果它们被用作解说、批评或评论的基础，则可能是合理使用；如果它们被出于竞争的目的用于传递与作者传递的信息相同的信息，则可能是不合理的。最后你必须考虑使用的比例：进行较长的摘录而附加较短的评述可能是不合理的，但进行较短的摘录而附加较长的评述可能是合理的。还可以想到其他需要考虑的因素。但归根结底，它必然是一个印象的问题。如同诽谤法中的公正评论一样，版权法中的合理使用也是如此。必须对事实作出裁断。

FRASER – WOODWARD LTD. v. BRITISH BROADCASTING CORPORATION BRIGHTER PICTURES LTD.

［2005］EWHC 472（Ch）［英国］

曼（Mann）法官：

如果对享有版权的资料的使用落入第30（1）条规定的范围，那么该使用必然构成"合理使用"。在考虑该案中的使用是否构成合理使用（原告认为不构成）时，下列准则具有相关性：

- 考虑使用者的动机具有重要意义（与批评和评论的问题进行对比，在批评和评论的情况下，重点主要放在实际使用上，而不涉及或不太涉及动机）。
- 是否存在合理使用，是一个印象的问题：

"什么构成合理使用，必然取决于特定案件的事实，而且必然在某种程度上是一个印象的问题。最具有重要意义的是，考虑使用享有版权的作品的当事人的实际目的。第30条的用意，在于保护可能善意希望使用享有版权的资料来说明其评论或批评的评论家或批评家。"

- 如果某种程度的使用是合理的，那么，过度的使用就可能使这种使用变得不合理。
- 在确定某一使用是否合理时，法院可能要考虑作品的实际用途，并将倾注精力来辨别在作品据称的用途中的任何虚假成分：

"必须考虑作品的真实用途：它确实是用作批评或评论，还是其他什么用途，诸如试图假借批评来掩盖对他人版权的侵害，并由此不公平地从他人的作品获利？"

- 在同一思路下，被使用的作品的篇幅可能具有重要意义：

"但我可以补充一点，按照我的观点，被复制部分的实质性，是法院在就所进行的使用是否属于合理使用作出结论时将考虑的一个因素。举例而言，如果被告出版了原告的作品中较长和较重要的摘录，而给这些摘录增加了某些简短的批评，我想法院将很可能作出这不属于该条规定的合理使用的结论。"

- 但这一点对摄影必须谨慎适用。它对被使用的文学或音乐作品较有意义。如果评论某幅摄影或利用它来批评另一作品，则媒介的性质意味着任何提及均可能是通过将作品的绝大部分纳入另一作品而实现的，否则，这种提及将没有太多意义。这一注意程度对电视节目特别适宜，因为电视节目的屏幕显示不像（诸如）以印刷形式出版的那样持续或长久。
- 复制不应不合理地损害作者的合法利益，或与作者对作品的正常利用相冲突［见《伯尔尼公约》第9（2）条］。

10.41 商业利用不是合理使用

NEWSPAPER LICENSING AGENCY LTD. v. MARKS & SPENCER PLC

[2000] EWCA Civ 179 [英国]❶

查德威克（Chadwick）常任法官：

合理使用的概念，不仅见于第30（2）条，也见于第29条（为研究或私人学习目的的合理使用）和第30（1）条（为批评或评论目的的合理使用）。对这一短语的解释，必须在这一上下文中进行。当将这些规定放在一起来审视时，在我看来，某人为其本人的商业利益（对版权所有人的商业利益带来实际或潜在的不利影响）而对享有版权的作品进行的处置，将不被视为"合理使用"，除非有某种公共利益主导因素证明将版权所有人的权利置于次要地位是合理的。按照我的观点，这就是承认：1988年版权法及先前的制定法授予版权所有人的财产权（除该法另有规定外，版权所有人有权保护和利用），应在适当的情况下让位于公共利益，以促进研究或私人学习、评论或批评的出版，或时事新闻的报道。正是这种公共利益，促使议会将合理使用条款纳入立法中。我看不出有什么理由，使议会在缺少某种公共利益主导因素的情况下，打算准许某人为其本人的商业利益，在对版权所有人的商业利益带来实际或潜在的不利情况下，处置享有版权的作品；也看不出有什么理由，仅仅因为将要获得的特殊商业利益，而以更方便（或更经济）的方式在商业组织内部通过传阅剪报的复印件，传播时事新闻报道而准许实施，否则将构成侵害版面编排设计的版权的行为。

10.42 外观设计抗辩：难题
被承认的一点是：由于版权保护可能与外观设计保护重叠，注册外观设计的所有人如果有权主张版权，就可以获得双重保护。另一问题涉及与零部件有关的版权保护：利用版权法防止竞争者制作零部件是否合理？❷ 不同国家的立法机关解决这些问题的方式有所不同，提供一套普遍适用的规则是不可能的。❸

---

❶ 该判决经上诉而被否决（但是在另一争议要点上）：见[2001] UKHL 38案。

❷ British Leyland Motor Corp Ltd. v. Armstrong Patents Co. Ltd. [1986] 1 All ER 850 [英国]；Klep Valves (Pty) Ltd. v. Saunders Valve Co. Ltd. 1987 (2) SA 1 (A) [南非]。

❸ 参见 Samsomite Corporation v. Vijay Sales [2000] FSR 463 (HC) [印度]；Lambretta Clothing Company Ltd. v. Teddy Smith (UK) Ltd. [2004] EWCA Civ 886.

第 11 章　专利：一般原则

A. 立法文本（11.1）
B. 专利与发明（11.2~11.5）
C. 专利授予的权利（11.6~11.11）
D. 地域性（11.12~11.15）
E. 专利的类型（11.16）
F. 专利诉讼（11.17~11.22）
G. 说明书的形式（11.23、11.24）
H. 说明书正文（11.25）
I. 说明书正文与权利要求的关系（11.26~11.28）
J. 什么是侵权？（11.29）
K. 权利要求书的作用（11.30~11.32）
L. 仅与专利相似不构成侵权（11.33）
M. 权利要求的技术特征（11.34~11.36）
N. 实施方案（11.37）
O. 实验用途（11.38）

A. 立法文本

11.1 TRIPS：TRIPS 规定，世界贸易组织成员有保护专利的义务，并通过援引的方式，吸收了《巴黎公约》的一些规定。在讨论过程中，其中的一些条款将被提及并作为讨论基础。和以前一样，我们假定世界贸易组织成员的法律是符合这些条款的规定的。为便于说明，一些国家的法律将会被引用。

B. 专利与发明

11.2 发明专利：尽管"专利"一词经常被用作"发明"的同义词，但实际上，这两个词的含义并不相同。专利是授予发明的。一项专利是国家授予一项发明的专有权。换句话说，发明是专利权的主题。例如，汤姆斯·爱迪生（Thomas Edison）发现电流经过钨丝后会产生亮光，于是他就利用这个发现，发明了电灯泡。这项发明使他获得了专利权。

11.3 可专利的主题：发明要获得授权，必须具有可专利的主题。这项要求在 TRIPS（第 27 条）中有明确的表述，其中规定，专利应适用于任何发明

- 无论它是产品还是方法；
- 包括所有技术领域；
- 只要这些发明具有：
  - 新颖性；
  - 创造性（非显而易见性）；及
  - 工业实用性（或实用性）。

专利的利用与专利权的享有，不得因下列各项受到歧视：
- 发明的地点；
- 技术的领域；及
- 无论产品是进口的还是本地制造的。

11.4 限制：缔约方根据法律，可以拒绝对特定类型的发明授予专利，以保护其领土内的公众利益或社会公德，包括保护人类、动物或植物的生命及健康，或避免对环境的严重污染，只要此种排除不是仅仅由于该发明的实施为其国内法律所禁止。另外，缔约方还可以排除下列各项的可专

利性：

- 在人体或动物体上施行的疾病诊断、治疗和外科手术方法；
- 除微生物之外植物和动物；及
- 除非生物方法和微生物方法之外的生产植物和动物的基础生物方法。

然而，缔约方有责任以专利或者一种有效的特殊体系或两者的结合，对植物新品种给予保护❶。

例如，《欧洲专利公约》（第52条）从"发明"的定义中排除了以下类别：

- 发现、科学理论和数学方法；
- 美学创作；
- 执行智力行为、进行比赛游戏或经营业务的计划、规则和方法；
- 计算机程序❷；及
- 情报的提供。

在关于商业方法和计算机程序的可专利性方面，它与美国的立场有显著的不同。

11.5 发现和发明：发现（包括自然法则、物理现象和抽象观点）不是可授予专利权的发明，即使法律规定——如美国——"无论是谁发明或发现任何新的和有用的方法、机器及产品，均以由此获得专利权"。例如，玛丽·居里（Maire Curie）发现了放射性元素镭，把它分离出来，并确定了它的特性。在没有任何工业应用的情况下，她不能凭此发现获得专利权。而伦琴（Röntgen）"发现"的X射线，由于将放射性物质的特性应用到医疗领域，因此是一项本可以被授予专利权的发明。❸

目前已知的最早的英国发明专利，是1449年由国王亨利六世向佛兰德人约翰·尤特纳姆（John of Utynam）授予的制造彩色玻璃的方法专利。这项专利给他20年的垄断期限。彩色玻璃被用于伊顿公学的窗户，而之前这项方法在英国并不被知晓。

DIAMOND v. CHAKRABARTY

（1980）447 US 303，100 S Ct 2204

伯格（Burger）首席法官：

自然法则、物理现象和抽象观点，一直被认为是不可授予专利的。

---

❶ 植物保护公约不受世界知识产权组织的管理。关于知识产权的著作通常也忽略对这一主题的讨论。
❷ 关于此类排除的确切范围，是很多判例的主题。
❸ Genentech Inc's Patent［1989］RPC 147（CA）［英国］；Chiron Corp. v. Murex Diagnotics Ltd.［1997］RPC 535（CA）［英国］。

因此，在地球中发现的一种新矿物质，或者在野外发现的一种新植物，都不是可授予专利的主题。同样地，爱因斯坦不能将他著名定律 $E = mc^2$ 申请专利，牛顿也不能将万有引力定律申请专利。这些发现属于"大自然的表现形式，任何人都可以自由使用，而不能为任何人独享"。

GENENTECH INC'S PATENT
[1987] RPC 553

惠特福德法官：

> 发现不能被授予专利权，已经是老生常谈了，但如果在发现的基础上，你可以告诉人们如何有效地将它加以利用，那么就会产生可授予专利权的发明。在我看来就是这样，虽然说你一旦发现了什么，但这种发现可以被有效利用的方式就显而易见了。

C. 专利授予的权利

11.6 专利保护的原理

FREE WORLD TRUST v. ÉLECTRO SANTÉ INC.
2000 SCC 66［加拿大］

宾尼法官解释道：

> 专利保护是以发明人与公众之间的利益交换这一理念为基础的。作为将发明公之于众的回报，发明人获得在有限期限内的独占实施权，而且一直是这样。甚至在垄断法规（1623年）颁布之前，国王就已通过授予发明人有限的垄断权利，来换取"王国范围内的新发明和新贸易……或者任何人对任何事物的新发现"的公开：Clothworkers of Ipswich Case (1653) Godb 252, 78 ER 147，在该案中，法庭继续陈述，认为不合理的垄断将"消灭自由贸易，而自由贸易是每个子民与生俱来的权利"。

CFS BAKEL BV v. STORK TITAN BV
AU6098，Supreme Court, C04/334 HR［荷兰］

> 该案诉讼请求涉及专利权人的损害赔偿责任，因为专利权人试图实施已被证明无效的专利。在判断该诉讼请求的合理性（实质上是要求法院重新考虑如下所述的荷兰国内的主流学说）时，应考虑以下两种观点。
>
> 一方面，专利权的授予是对专利中所体现发明成就的尊重，也是对所实施的研究及所投资的时间和金钱的尊重。这鼓励了发明创造，也服务了公共利益。如果基于这些考虑，则似乎不应认为，因为专利权后来被撤销或宣告无效，所以专利权人实施了非法行为，应对其竞争对手负

责。否则，专利权人将没有勇气对藐视其权利的人行使权利，而这可能会挫败其进行发明创造的动机。

另一方面，专利权的授予（或至少是专利权的主张）会限制竞争，并赋予专利权人竞争优势。向第三方主张专利权，通常是影响第三方的行为，使之朝着有利于权利人的方向发展的适当手段。我们的社会系统是精确地建立在为公共利益而鼓励自由竞争这一基础上的，以这个角度来说，如果某人所主张的是一件后来被撤销或被宣告无效的专利，允许这个人承担其主张被驳回的风险也是有理由的。

11.7 TRIPS 的要求。专利所授予的专有权包括（TRIPS 第 28 条）：

- 如果该专利所保护的主题是产品，则有权制止第三方未经许可实施下列行为：制造、使用、许诺销售、销售，或为上述目的而进口（这项权利，如同依照本协定享有的有关商品使用、销售、进口或其他经销权利一样，均适用第 6 条的规定）该产品；
- 如果该专利保护的是方法，则有权制止第三方未经许可使用该方法的行为，以及下列行为：使用、许诺销售、销售或为上述目的进口至少是依照该方法而直接获得的产品。

11.8 消极权利：从定义可以看出，专利并未赋予专利权人实施发明的权利，而仅仅赋予其阻止他人实施发明的权利。对后续（从属）专利的实施，即使该专利是有效的，也可能会侵犯在先的主专利（尽管后续专利的权利人也许能够获得强制交叉许可）。尽管如此，专利权人通常还是可以实施专利发明，且如果不实施还可能导致强制许可。

PANDUIT CORP. v. STAHLIN BROS
575 F2d 1152 ［美国］

马基首席法官：

法律必须赋予专利权"私人财产的特性"。35 U.S.C. §261. 排他权是人权中所谓"所有权"的本质属性。这种排除他人免费使用受有效专利保护的发明的权利，与排除他人免费使用某人的汽车、农作物，或属于私人财产的其他物品的权利并没有什么不同。每项人权，包括存在于发明中的人权，在适当环境下都会受到挑战。财产权可能受到来自非法侵入的威胁，也可能受到来自盗窃或侵权的挑战，但这并不影响所有"财产"的最基本的印记，即排他权。

11.9 专利权不会滋生垄断[1]

UNITED STATES v. DUBILIER CONDENSER CORP.

289 US 178（1933）［美国］

最高法院陈述：

> 尽管经常被这样描述，但准确地说，专利并不是一种垄断，因为专利权不是由行政机关创造产生的，不是以损害除权利人外的全体公众的利益为代价的。"垄断"一词的含义是授予购买、销售、经营或使用某种物品的专有特权，而该物品在授权前是由公众免费享有的。因此，垄断从公众中拿走了某些东西。而发明者不但没有剥夺公众在其作出发明之前的任何权利，而且还通过增加人类知识的方式，赋予公众有价值的东西。

这段表述是有争议的，取决于个人对垄断在经济学术语中的理解。[2]

11.10 专利权人有权为其产品定价

CANON IN. v. RECYCLE ASSIST C，LTD.

［2006］JPIPHC 3 ［日本］

区域大陪审团：

> 再循环援助公司（Recycle Assist）批评佳能公司的商业模式（以低价出售打印机，但迫使打印机使用者以高价购买正版的打印机墨盒，以此来赚取不合理的利润），认为佳能对专利权的行使将损害消费者的利益，并对专利权人提供过度的保护。
>
> 然而，没有证据表明佳能的商业模式像再循环援助公司所认为的那样。此外，作为将一个具有工业实用性的发明向公众公开的补偿，专利权人被赋予实施该发明专利的专有权以获取利润，而专利权持有人可酌情设置专利产品和其他相关产品的价格，除非出现特殊情况，即这种定价根据反垄断法等法律的规定，损害了公共利益或公众秩序。如果像再循环援助公司所争论的，佳能公司把正版产品的价格，设在一个显著高于其生产成本的水平，并且从销售其正版产品中获得了超额利润，考虑到正版产品和再生产品的价格差距，以及佳能公司和再循环援助公司分别负担的成本（再循环援助公司需负担制造和运输再生产品的成本，但节省了研发专利发明的成本和制造墨盒的成本）等因素，再循环援助公司（通过侵权）也获得了超额利润。因此，再循环援助公司所争辩的观点，即从消费者利益方面考虑，佳能公司对专利权的行使不应被允许

---

[1] 参见案例 Panduit Corp. v. Stahlin Bros supra 引用的第一章。

[2] 参见 LOUGHLAN P. Patents：breaking into the loop［J］. Sydney Law Review, 1998（20）：553.

的观点，是不合情理的。

11.11 保护期限： 专利保护的最低期限是 20 年，从申请日起计算而不是从授权日期计算。TRIPS 第 33 条在此方面有明确的规定：

"可获得的保护期限，至少应为自申请日起 20 年。（脚注：对于无原始批准制度的成员，保护期限应自原始批准的申请日起算。）"

在提出专利申请若干年后（有时候是很多年后）才会被授予专利权，这意味着专利保护的有效期限要明显少于 20 年。另一个复杂因素是基于这样一个实际情况，即对于像药品之类的特定产品，在其投放市场之前需要经过某些监管批准，而这会再次缩短保护的有效期限。由于这个原因，一些国家或组织过去规定，对于在专利保护期内不能收回成本的情况，可以延长专利权的保护期限，而如欧盟的其他国家或组织，则有补充保护证书的规定，这种补充保护证书和延长保护期限具有同样的效力。

D. 地域性

11.12 地域性： 专利权是有地域性的。这项原则在《巴黎公约》第 4 条之二有明确的表述，其规定：

"本联盟国家的国民向本联盟各国申请的专利，与在其他国家，不论是否本联盟的成员国，就同一发明所取得的专利是相互独立的。

上述规定，应以不受限制的意义来理解，特别是指在优先权期间内申请的各项专利，就其无效和丧失权利的理由以及其正常的期间而言，是相互独立的。"

11.13 该原则的效力： 实际上，该原则的意思是，A 国家的发明人，可以在 A 国申请专利，并且可以在一年的期限内，向 B 国就相同的发明申请专利。这两项专利权将独立存在。两者可以在范围上不同。其中一项专利被终止或被撤销，并不会对另一项专利造成影响。这还意味着，专利权人只可以在该发明被授权的国家提起侵权诉讼。[1] 该原则还与判断平行进口（进口所谓的灰色物品）的合法性以及专利权用尽的原则相关。[2]

---

[1] 更多内容参见第 1 章司法管辖权一节。
[2] 参见以下第 16 章关于权利用尽的论述。

KODAK AG v. JUMBO MARKT AG

瑞士联邦法院（第一分庭）❶：

联邦法院的实践说明，瑞士专利法所规定的地域范围是相当严格的。这尤其意味着，瑞士专利所提供的保护，止于瑞士边境。瑞士专利法所竭力提供的保护，仅在瑞士国境内有效，专利侵权也只有在对瑞士产生影响时，即非法制造或使用的仿冒专利产品进入瑞士领土时，才受瑞士专利法的规制。举例而言，这意味着，无论产品是否仅打算供第三国使用，瑞士均不能被视为合同的签订地。如果产品仅打算供第三国使用，瑞士专利法所提供的保护的范围将延及瑞士境外。在瑞士境外制造侵犯瑞士专利的产品的行为，也仅在该产品被进口至瑞士，用于在瑞士境内销售，或甚至是仅用于在瑞士境内存放以备再出口的情形下，才受瑞士专利法的规制。根据地域性原则，未经许可使用专利发明的行为，只有发生在瑞士时，才构成对瑞士法律的违反。但是，这并不意味着，在瑞士境外实施的行为，在任何情况下都不具有相关性。相反，瑞士境内的非法使用，如果源于瑞士境外的鼓动或积极怂恿，这就足够了。此外，根据瑞士法律，无论该行为发生于何处，如果该行为构成瑞士境内使用的实质原因，则实施该行为的一方，应对任何行为或疏忽承担法律责任。

地域性原则在国际专利法律中也同样被确认。在瑞士加入的国际条约中，专利保护总是被限制在合法当事人明确要求保护，且保护所需满足的适当形式得以满足的国家。

DEEPSOUTH PACKING CO. v. LAITRAM CORP.

406 US 518（1972）［美国］

怀特（White）法官：

成文法明确规定，在美国境外制造或使用专利产品不构成侵权。因此，为了获得所申请的禁令，（原告）必须证明（被告）在美国境内直接侵犯专利权，也就是说，（被告）在美国边境内"制造""使用"或"销售"专利产品。

这一针对特定事实而作出的判决，其影响是通过美国专利法的一项修正案而消除的，但是，即使该修正案的适用范围也是有限的，见以下摘要。

MICROSOFT CORP. v. AT&T CORP.

550 US（2007）［美国］

金斯伯格（Ginsburg）法官：

对于微软公司的行为没有落入（修正案）范围的质疑，都会被反对行使域外司法管辖权的假定所解决。美国法律只在本国有效而不能控

---

❶ As reported in translation［2001］ENPR 11.

制世界的假定，在专利法律中具有特别的效力。那种认为我们的专利法"只能在本国实施而不能延及国外活动"的传统看法，已经扎根于美国专利法本身，该法规定，专利赋予一项发明在美国境内的专有权。

而且作为普适性原则，我们已经声明，法庭应当"假定立法者在立法时已考虑到其他国家合法的主权利益"。因此，美国在这个案例中准确地表达了如下考虑："境外行为（一般）受境外法律的管辖"，特别是，境外法律"关于发明人、竞争者和公众对专利发明享有相关权利可能有不同的政策判断"。

11.14 《布鲁塞尔公约》规定的司法权问题

GESELLSCHAFT FÜR ANTRIEBSTECHNIK MBN & CO. KG v. LAMELLEN UND KUPPLUNGSBAU BETEILIGUNGS KG

Case C – 4/03（2006年7月13日）

欧洲法院：

因此，在专利被注册或登记的缔约国内，缔约国的法院在有关专利注册或有效性的诉讼程序中，享有专有的管辖权是正确的。事实上，这些法院在判决关于专利有效性和注册登记是否存在的纠纷时具有最大的优势。在缔约国管辖区内进行专利注册的，该国的法院可以依据自己本国的法律，对于涉及诉讼的专利在本国内的有效性和其效力进行判决。这种对合理的司法管理的关注显得越来越重要，由于此领域的特殊性，一部分缔约国已经建立了专门的司法保护系统，以保证这类案件能都由专门的法庭来处理。

专利的争端，使国家行政权力的参与成为必要，这证明了专有司法管辖权的正确性。

在德国法律中，对于专利有效性的间接判决，仅限于参与诉讼的各方。关于这一问题的争论，并不是对此风险的恰当反应。这种判决的效力，事实上是由本国法律所决定的。在一些缔约国内，宣告专利权无效的决定，会对所有人都起作用。为了避免产生相互矛盾的判决的风险，限制法院的司法管辖权更为必要，而不是对存在争议的专利案件，用本国的法律间接地判决外国专利有效性，并产生仅对诉讼各方有效的判决。然而，对判决有效性的限制，会导致曲解，从而破坏《布鲁塞尔公约》中关于缔约国和相关人的权利与义务的平等与统一。

11.15 专利的独立性

BBS案

日本最高法院

1997年7月1日

《巴黎公约》第4条之二否认了专利的相互依存性，并明确规定了在各个巴黎联盟成员国之间，专利的产生、变更及丧失应具有独立性。也就是说，关于专利的无效、权利丧失或者正常的维持有效，一个国家的专利相对于另一个国家的专利具有独立性。关于是否允许专利权人在一定条件下行使其专利权，《巴黎公约》第4条之二没有涉及。

专利的地域性原则意味着，在《巴黎公约》成员国内的专利权，应由各成员国的法律界定，包括专利权的授予、转让、有效性判定及其他事务。同时，该专利权也仅能在该国领土内行使。假如一个日本专利权人在日本行使专利权，如何考虑专利权人已在国外合法地销售被诉产品的事实，以判断专利权人是否能在日本对被诉产品行使专利权，则完全应该由日本专利法来解释。

这一问题与《巴黎公约》或者地域性原则都不相关。

E. 专利的类型

11.16 专利的类型：依据TRIPS第28条的规定，专利可以被分为（a）产品专利或（b）方法专利。同一个专利一般可能包含这两种类型的发明。

方法专利不仅保护专利权人在司法管辖区内限制他人使用该方法，而且限制他人进口依同样方法生产的商品。《巴黎公约》（第5条之四）作了如下规定：

"一种产品进口到对该产品的制造方法有专利保护的本联盟国家时，专利权人对该进口产品，应享有按照进口国法律，他对在该国依照专利方法制造的产品所享有的一切权利。"

另外，如TRIPS所规定的，依专利方法生产出来的产品，也在保护范围之内（不包括用其他方法生产出来的产品）。同时，还有一种被称为瑞士型权利要求的保护发明的方式。

ACTAVIS UK LTD. v. MERCK & CO. INC.
［2008］ EWCA Civ 444
法院解释：

在英国，早已采用了瑞士型权利要求。这种权利要求为可专利性排除了两个障碍，一个是新颖性要求，另一个是对于施于人体的治疗方法的禁令。它从瑞士联邦知识产权局（［1984］OJ EPO 581）声明实施"用途权利要求"而来。这种权利要求的通常形式为："在制造用于特定（并且是新的）治疗用途的医药中使用化合物X。"当X是一种新的化合物时，不需要应用此权利要求，因为X本身就能申请专利。但当X是一种已知的物质时，瑞士型权利要求可以使其具有新颖性，并且它还不是关于治疗方法的权利要求。

欧洲专利局扩大委员会在案例 Eisai，G5/83［1985］OJ EPO 64 中支持了这种观点：

"允许在权利要求中指明，将一种物质或组分用于生产一种新的、有创造性的医疗应用的药物，这在原则上是合理的，即使制造该药物的方法与已知生产相同有效成分的方法没有区别。"

所以，制造用于新的治疗方法的已知物质，被欧洲专利局扩大委员会认为具有新颖性。新的治疗用途，是具有新颖性的正当理由。并且，由于权利要求所针对的是化合物的制造，因此，它并非针对医疗方法的权利要求。

F. 专利诉讼

11.17 **特别法庭或一般法庭**：侵犯专利权是违法的（民事侵权或犯罪）。专利侵权案件的管辖权，有时授予排除其他法庭的特别专利法庭，有时授予给该国的普通法庭。然而，在普通法国家中，专利上诉案件一般是由普通的上诉法庭来审理的（美国是个明显例外），但在有些民法法系国家也设有专门的专利上诉法庭。

11.18 **原告**：侵权诉讼可以由注册的"专利权人"提起（由于专利权可以进行转让，因此"专利权人"可能不是发明人）；也可由获得专利实施许可的人提起（仅在被许可人要求专利权人起诉之后，在这种情况下，专利权人也必须作为原告一起起诉）。以上所述和本部分以下所述，只是各国专利法规定的一般情况。

11.19 **作为原告介入**：专利权人必须将已经提起诉讼的情况通知该专利所有已登记的被许可人，这样可以使这些被许可人能够作为共同原告，挽回侵权造成的损失。同样地，提起诉讼的共有专利权人，也必须通知所有其他共有权利人，使其可以作为共同原告介入，并挽回自身的损失。

11.20 **授权**：原告必须声称并证明专利已被授权（而不仅仅是已提出申请），且在所有相关时段内均存在。尽管并非必要，但按惯例需要证明专利是有效的。通常会假设已注册的专利权是有效的。[1] 专利是公开的文献，

---

[1] 在印度专利法中有一条特别的规定，使该假定失去存在的基础，参见：Standipack Pty Ltd. v. Oswal Trading Co. 1999 PTC（19）479。

而且可以由专利注册机构签发的专利证书或其他类似文件证明其效力。

11.21　侵权行为：原告必须声称并证明被告侵犯了一项或多项专利权利要求。在这方面，实践中的做法是主张一项或多项侵权事实，并提供证明这些事实的证据。如果这些行为被确认，接下来就会进行损害调查，在这个过程中会判定侵权范围。

11.22　无效：被告可以两种方式利用专利权的无效：在辩护中作为抗辩理由；也可以选择通过反诉撤销专利权。不提出撤销专利权的反诉，对被告而言几乎没有任何益处。

在一些国家中，侵权案件的管辖与专利权无效案件的管辖是分开的。结果是，侵权案件可能被中止审理，直到另一法院的专利撤销案件审理结束。

无效的理由通常列举在成文法中，并且数量有限。被告有责任声明并举证专利权的无效，而且每一个特定的、依法证明专利权无效的理由都应分别清楚地提出，法庭也应分别地予以考虑。虽然每一个无效理由都应被分别的考虑，但是，一个方面的证据往往与另一方面有联系。

对专利权无效的攻击，必须尽可能指向原告所主张的权利要求，因为在某些司法管辖区内，原告可能因为专利权部分有效而获得救济。

GESELLSCHAFT FÜR ANTRIEBSTECHNIK MBH & CO. KG v. LAMELLEN UND KUPPLUNGSBAU BETEILIGUNGS KG

Case C-4/03（2006年7月13日）

欧洲法院认为：

然而，在实践中，专利权有效性问题经常被作为侵权行为的抗辩理由而提出，被告试图溯及性地否定原告所主张的权利，从而使针对他的诉讼案件被驳回。如同在主诉讼程序中一样，在确认不侵权之诉中，也可提出专利权有效性问题，但确认不侵权之诉的原告试图证明的是，被告对涉案发明并无可行使的权利。

G. 说明书的形式

11.23　内容。一份典型的专利说明书必须包含以下内容：

- 发明人姓名（根据《巴黎公约》的规定，发明人享有署名权）；
- 发明名称；
- 说明书正文；及
- 权利要求书。

加拿大专利法（第 27 条）是成文法中对说明书作出全面规定的一个范例。该法规定发明的说明书必须符合下列条件：

- 依照发明人的构思，准确、充分地描述发明本身及其操作或用途；
- 以全面、清楚、简明并且准确的方式，清楚地说明流程中的各个步骤，或者构造、制造、合成或使用机器的方法，物质的制造与合成，使本领域或者密切相关领域的技术人员能够制造、构造、合成或者使用该发明；
- 关于机械，解释机械的原理，以及发明人所构思的应用该原理的最佳实施例；
- 关于方法，解释不同步骤的必要次序（如有），以使该发明区别于其他发明；
- 最后，写明一项或多项权利要求，以清晰的语言清楚地确定发明的主题，确定要求保护的排他权或所有权。

11.24 **专利权的授予**：专利授权文本中，还将包含专利申请日、授权日和是否享有《巴黎公约》中规定的优先权日（该专利申请是否基于已经在某公约成员国递交的专利申请）。

H. 说明书正文

11.25 **充分公开**：正如上述加拿大专利法所规定的，说明书必须充分描述并且确定发明本身及其实现方式。必要的时候，应当使用附图阐述或举例说明，使该发明领域的技术人员能够实施本发明。

除了发明描述，说明书通常还包括：对现有技术背景的总体描述、发明人面临的问题，以及对创造性步骤的解释。说明书还可能包含实例和附图。有些国家的法律还要求提交摘要，但摘要不能用来解释说明书。说明书还可能包含所谓的"康西斯托条款"（consistory clause），即能体现发明核心的一段或一部分内容。它常常是对第一项或最广泛的权利要求的详述，把它放在说明书中，是为避免权利要求缺乏适当的基础或说明书公开不充分的问题。

I. 说明书正文与权利要求的关系

11.26 权利要求书不构成独立的文件
ELECTRIC AND MUSICAL INDUSTRIES LTD. v. LISSEN LTD.
(1938) 56 RPC 23 [英国]
罗素（Russell of Killowen）大法官发表了如下著名言论：
> 权利要求的作用，是清楚、准确地描述所要求的独占权利，从而使其他人得知不得越界进入的区域的准确界线。其主要目的，是限制而非扩大独占权。没有写入权利要求的，即是放弃的权项。权利要求必须毫无疑问地作为整个文件的一部分被阅读，而不能作为独立的文件看待。但是，禁止的范围必须以权利要求而非其他部分为依据。

11.27 没有写入权利要求的是放弃的权项
FELLOWS v. THOMAS WILLIAM LENCH
(1917) 34 RPC 45 [英国]
帕克大法官：
> 关于权利要求可以这样理解，没有明确要求的，即是放弃的权项。放弃这些权项的原因，可能只有发明人知道，法院并不知道。

SARTAS NO.1
(30 IPR 486) [澳大利亚]
古茂法官：
> 把说明书作为一个整体阅读时，应当关注权利要求和说明书其他部分的不同作用。以精确的语言书写的权利要求，为所授予的专利独占权划定了法律界限，而且"没有写入权利要求的，即是放弃的权项"。而说明书则记载了如何实施所述的方法，和专利权人已知的实现它的最好方法。❶

RA – LIPASE CASE
日本最高法院
1991年3月8日
> 当审查专利的新颖性和创造性是否作为先决条件被满足时，必须要对专利申请中的发明概述进行评估。除了在特殊情况下之外，这一判断必须以作为专利申请材料附件的说明书所明确的专利权利要求的范围为依据。

---

❶ 在 Leonardis v. Theta Developments [2000] SASC 402 [澳大利亚] 案中被引用。

仅当包含在权利要求范围内的技术含义不能被清楚或明确理解时，或者根据发明的详细描述，权利要求书的范围有明显错误时，才能对说明书中的详细解释加以考虑。从专利法中也很容易得知，只有说明书中作为发明构思的本质要素部分，才可以纳入到权利要求书的考量范围。

11.28 说明书中各部分都有独立的作用

WELCH PERRIN CO PTY LTD. v. WORREL

［1960］HCA 91 ［澳大利亚］

孟席斯法官：

说明书必须作为一个整体来解读。但是，这一整体是由几个部分所组成的，而这些部分具有不同的功能。法院经常强调，通过援引说明书的其他部分，对权利要求的文字作额外解释，来缩小或扩大权利要求的文字所确定的独占权的边界的做法，是不合理的。

J. 什么是侵权？

11.29 侵权不一定是由法令所界定的

LEONARDIS v. THETA DEVELOPMENTS

［2000］SASC 402 ［澳大利亚］

威廉姆斯（Williams）法官：

1990 年（澳大利亚）专利法中没有包含侵权的定义。根据第 13 条（且在符合该法规定的前提下），一项专利赋予专利权人在专利区域内（确切地说是澳大利亚）和专利保护期内实施和许可他人实施该专利的独占权。因此，可以得出这样的结论，破坏专利权人独占权的行为即侵权行为。

还有其他法律适用这样的规定，例如，南非专利法［第 45（1）条］规定：

"专利权的效力应在于，授予专利权人在南非共和国内（在符合本法规定的前提下）和专利期限内，排除他人制造、使用、实施、销售或许诺销售，或进口该发明的权利，使他或她可以享有发明所带来的全部收益和利益。"

这一规定中的"发明"，指"权利要求所定义的发明"，而不是范围更宽泛的发明或某个发明创意。

K. 权利要求书的作用

11.30 权利要求书限定了专有权。因此，侵权涉及对权利要求书中所要求保护的发明的侵犯。权利要求书确定了"独占权"的范围，相当于界定了该发明，其目的是为了给"独占权"的范围设定限制。❶

CUTTER I

德国最高联邦法院2002年3月12日判决—X ZR 168/00［德国］

根据专利法第14条和与之有相同规定的《欧洲专利公约》第69条第1款，专利权所赋予的保护范围，是由各项权利要求的文字及解释这些权利要求的说明书和附图来确定。根据参议院起草的相关指南，对专利权利要求书的解释，不仅可以澄清不明确之处，也可以解释其中使用的技术用语，并阐明所述发明的含义和范围。

对说明书的解读，应从本领域技术人员的角度出发：专利权利要求书内容的含义——包括其中使用的术语——正是以本领域技术人员的理解为基础，且在根据权利要求书的文字判断专利权利要求所赋予的保护范围有多大时，本领域技术人员的理解，也具有决定性意义。在判断被控侵权人是否使用了专利所保护的发明时，必须首先基于专业人员的理解，来确定专利权利要求书的内容——也就是说，专业人员从权利要求书的文字中推断出来的含义。

11.31 围栏和边界

FREE WORLD TRUST v. ÉLECTRO SANTÉ INC.

2000 SCC 66［加拿大］

宾尼法官：

专利的权利要求书经常被类比为"围栏"和"边界"，用来明确划定专有权"领域"的界线。因此，在 Minerals Separation North American Corp. v. Noranda Mines Ltd.［1947］Ex CR 306 案中索尔森·P（Thorson P）对这一问题作了如下描述：

"发明人通过权利要求书，为其专有权领域设置了围栏，并警告公众不得非法侵犯其财产。为进行必要的警告，发明人必须清楚地设置其围栏，并且不得将任何不归其所有的财产圈入围栏之内。

---

❶ 英国专利法［第125（1）条］定义了"发明"的范围：
"本法中，发明专利……除非根据上下文另有所指……应认定为说明书和说明书附图解释的权利要求所指定的内容，专利或专利申请所赋予的保护范围也应作相应判断。"

权利要求的措辞必须避免模棱两可或含糊，也不得过于灵活；其措辞必须清楚、准确，不但让人们知道哪些地方不能侵犯，而且也让人们知道哪些领域不在保护范围内。"

在现实生活中，"围栏"经常由各种要素（或"成分""特征""技术特征"）定义的复杂层次构成，且各种要素的复杂性、可替换性和独创性均不同。描述性单词和短语构成的完整要素，定义了专有权，警告公众，并约束侵权者。在某些情况下，构成"围栏"的精确要素，可能是实施权利要求所要保护的发明创造的关键或必不可少的部分。在其他情况下，发明人可能会想到——本领域技术人员也可能会察觉到——可以很容易地使用要素的变化形式，或以要素的变化形式进行替代，而不会对发明的实施产生任何实质性影响。法院在权利要求书解释中的任务，是区分各种要素，区分必要要素和非必要要素，并对必要要素所构成的"领域"提供有效专利的权利人依法享有的保护。

11.32 权利要求中的所有必要要素均被使用才构成侵权

AZUKO PTY LTD. v. OLD DIGGER PTY LTD.

［2001］FCA 1079 ［澳大利亚］

博蒙特（Beaumont）法官：

权利要求中的所有要素——对非必要要素的机械性等同替换除外——均被使用才构成侵权。鲍文（Bowen）首席法官、迪恩（Deane）和埃里克特（Ellicott）法官在 Populin v. HB Nominees（1982）41 ALR 471 案中指出——

"专利权人必须证明被告已采用专利权人权利要求中的每一项必要要素。因此，如果基于正确的解释，某项专利的权利要求所要求保护的是某些要素的特定组合，而被控侵权人规避了其中的一个要素，那么，被控侵权人就可以逃脱侵权责任。"

L. 仅与专利相似不构成侵权

11.33 仅仅是相似不构成侵权

RAUBENHEIMER v. KREEPY KRAULY（PTY）LTD.

1987（2）SA 650（A）［南非］

尼古拉斯代理上诉法官：

从诉状看来，Kreepy Krauly（被控侵权设备）达到的效果，显然与专利设备相同。证据还进一步表明，使 Kreepy Krauly 能够移动被清洗的表面的基础液压系统，与专利设备中的系统（间歇性急剧改变通过机器的水流的系统），是相同的。当然，这种相似性与侵权与否的问题并无关联。

RODI AND WIENENBERGER AG v. HENRY SHOWELL LTD.
［1966］RPC 441（CA）［英国］
上诉法院迪普洛克常任法官：

在理解现代的专利说明书时，谈到寻找发明的"本质"或"发明精髓"，可能导致一个错误的假设，即无论专利权人用以撰写其权利要求的确切语言如何，他都有权对其发明所利用机械原理或其他原理，或其发明达到的效果主张专有权。事实并非如此。如果根据说明书的正确解释，专利权人在权利要求中使用的语言，已明确了某些以特定关系相互作用的、构成其权利要求必要特征的要素或技术特征，则专利权人所获得的专有权，涉及的只是以该特定关系相互作用的要素或技术特征的特定组合，而非其他。除非每一个要素都出现在被控侵权的方法或产品中，且这些要素是以权利要求中的方式相互作用的，否则不存在侵权。

M. 权利要求的技术特征

11.34 **技术特征的目的**。为了方便起见，一项权利要求在被解释时，被分成几个要素（或用专利术语来说，即技术特征）。它使解释更加简便。但一项权利要求可以仅由一个要素组成，例如，特定化合物的权利要求，就只由一个要素组成。

11.35 **举例**：一种牙膏的权利要求，具有一个以上的技术特征，具体表述如下：

"一种牙膏，其特征在于，由一种磨光剂、一种可以在水溶液中释放出离子的水溶性含氟化合物和缓冲剂组成，此牙膏的 pH 在 5~6 之间。"

11.36 这个权利要求可分为以下几个技术特征：

"(a) 一种牙膏，其特征在于由 (b) 一种磨光剂、(c) 一种可以在水溶液中释放出离子的水溶性含氟化合物和 (d) 缓冲剂组成，(e) 此牙膏的 pH 在 5~6 之间。"

这些技术特征必须全部出现在被告的产品中才构成侵权。

N. 实施方案

11.37　实施方案体现发明的不同应用。牙膏的权利要求，包含多个实施方案（或该发明的不同应用）。例如，该权利要求并没有限定该组合物中所使用的磨光剂的材质，无论是滑石粉、凝胶或别的什么东西，都可以作为磨光剂使用。因此，含有滑石粉的牙膏和含有凝胶的牙膏，可以说是落在权利要求保护范围内的发明的不同应用（假设其他技术特征均被包含在内）。有时，一项权利要求可以覆盖成百上千个实施方案，尤其是当使用一个总体化学式来描述一类化合物时。

O. 实验用途

11.38　目前，为某些实验使用有关专利的行为，通常不视为专利侵权。其中之一是允许权利人在专利权届满前准备药品的注册材料。这被称为 Bolar 例外，源于美国 Roche Pharmaceuticals v. Bolar 案及随后的立法措施。加拿大规定，根据产品生产、构造、使用或销售法的规定，仅以开发和提交信息为目的而生产、组装、使用或销售专利发明，不构成专利侵权。在西班牙，例外的范围更为广泛，因为专利所赋予的权利，并未延及西班牙境内境外以试验为目的的、与专利发明的主题相关的行为（尤其是为批准通用医药产品而进行的研究和试验），以及后续的实际需求，包括为了上述目的而制备、获得和使用活性成分。日本并无不同，可以使用一个专利产品作为自己创新的组成部分，只要在专利权届满前不销售最终发明即可。

第 12 章　专利：解读

A. 解读和侵权（12.1、12.2）
B. 难点（12.3~12.5）
C. 错误解读的研究（12.6）
D. 解读的基本规则（12.7~12.10）
E. 等同原则（12.11~12.16）
F. 针对性解读（12.17~12.21）
G. 《欧洲专利公约》（12.22~12.24）
H. 《欧洲专利公约议定书》问题（12.25~12.29）
I. 英国法律的解释：最终决定？（12.30、12.31）
J. 德国法律关于解读的规定（12.32）
K. 日本法律关于等同原则的规定（12.33、12.34）
L. 美国法律关于等同原则的规定（12.35~12.37）

A. 解读和侵权

12.1 为了确定权利要求书所主张的保护范围，正确解读其含义是必要的。不能根据侵权产品或侵权生产方法对权利要求书进行解读。专利的含义是确定的，无论需要确定专利权是否有效还是侵权是否成立。

WHIRLPOOL CORP. v. CAMCO INC.
2000 SCC 67 ［加拿大］
宾尼法官：

> 当然，对专利的解读，不允许将侵权案件中的被控侵权物作为考虑因素，或将无效案件中的现有技术作为考虑因素，从而否定专利的效力。对权利要求书的解读，不应沦为以结果为导向的解读。
>
> 然而，被告被控的或已承认的行为，可以缩小调查的范围。

SELERO（PTY）LTD. v. CHAUVIER
1984（1）SA 128（A）［南非］
上诉法院科贝特常任法官：

> 我个人赞同对专利说明书的解读不受被控侵权方侵权行为的影响。尽管如此，在本阶段将注意力集中于侵权物，以划定和分辨当事人之间有关侵权问题的争议范围，仍然是相当便捷的。

12.2 不恰当的比较：不应将原告的商品或方法与被告的商品或方法进行比较。原告的权利要求书，是比较的唯一标准。

STAUFFER CHEMICAL CO. v. SAFSAN
1987（2）SA 331（A）
上诉法院科贝特常任法官：

> 我要从一开始就指出，对于上诉人争论的焦点，即将 STC（原告商品）和 Genep Plus（被控侵权产品）进行比较的方法是有误的。且不说 STC 这种商品本身并非所述发明的一项实施例，仅就法律上的规定而言，正确的比较对象，也应当是基于正确解读的权利要求 1 和产品 Genep Plus。至于无论原告是否提供了其专利权被侵犯的证据的问题，其判断取决于被控侵权行为所涉及的商品或方法（或两者）与专利权利要求书的表述之间的比较。

B. 难　点

12.3　解读时的难题：回到刚刚假设的权利要求，即

"一种牙膏，其特征在于由一种磨光剂、一种可以在水溶液中释放出离子的水溶性含氟化合物和缓冲剂组成，此牙膏的 pH 在 5～6 之间。"

对于这段内容的解读产生三个典型的难题。

- 第一个难题是单纯的字面解释。例如，关于"磨光剂"这一措辞的含义，以及被告的产品是否包含权利要求用语意义上的磨光剂，就可能产生争议。
- 第二个难题涉及等同物。被告有可能会使用某种与氟化物等同的化学品，所带来的问题是，权利要求的范围是否仅限于氟化物，还是可以扩大到其等同物。
- 第三个难题与第二个难题相关，涉及权利要求范围的问题：pH 为 4.9 的产品是否落在权利要求的范围之内？

12.4　发明的核心：对于上述的后两个问题，有必要明确哪些整体要素是本质的，哪些是非本质的，以及产生"发明的核心"和"目的解读法"等概念的原因。法院向来不支持非实质性改变或者删减。下面引用的案例（包含一些未经证明的夸张观点）展示了问题的背景。

WENHAM GAS COMPANY LTD. v. THE CHAMPION GAS LAMP COMPANY
(1891) 9 RPC 49 ［英国］

上诉法院鲍文常任法官：

在窃取他人发明成果的基础上添加自己的独创性改进，并不能使窃取行为正当化。新的灯具（作为利用他人发明的成果）是对他人发明的改进这一事实，并不能作为盗用者盗用他人理念的借口。

INCANDESCENT GAS LIGHT CO. v. DE MARE etc SYSTEM
13 RPC 301 ［英国］

威尔斯（Wills）法官：

然而，对被控侵权产品与原告专利保护范围进行比较时，不可不考虑相关被采用的、未被采用的，或者被改变的发明创造的广度和价值；侵权者几乎很少去侵犯专利说明书中的全部内容。他总会去改变、增加或者减少一些内容，在该类案件中，如各个法院（从上议院开始往下）所经常指出的那样，专利权人获得的唯一保护，有赖于法院对发明的实质内容是否已被窃取这一问题的正确判断。

IMPROVER CORPORATION v. RAYMOND INDUSTRIAL LTD.
[1990] HKCA 253 [中国香港]

上诉法院彭林顿（Penlington）法官：

> 专利法的一项众所周知的原则是，任何盗用专利发明实质性内容的人，都无法通过作出非实质性改变来逃脱侵权的后果。问题在于，侵权装置是否与被侵权装置实质相同。即使侵权装置作了改进，也还是构成专利侵权，这一点也是很清楚的。如果某位发明人在使用他人已有专利的本质内容的基础上，仅通过作出某些不改变其整体要素运作原理的改变，获得了比原专利更好的技术效果，那么他可以就此改造申请自己的专利，但这属于被（辩护律师）称为"嵌套"专利的专利，他在生产并销售其专利产品时应当向前专利权人支付专利使用费。被控侵权专利可以实现同样的目标，但要逃避法律责任，则必须至少在一个实质性方面以不同的方法来实现。

12.5 在解读的问题上，已经耗费了大量的法庭辩论技巧、司法的独创性和时间。但是，一旦记住，专利文件与其他法律文件在解读方面也没有本质性的不同，事情就没有那么难了。在开始对这一主题进行详细阐述之前，有必要搞清几条解读专利文件的常用规则。

C. 错误解读的研究

12.6 **牵强的解读**：诉讼当事人往往会采取牵强的解读方法。奥利弗·温德尔·福尔摩斯（Oliver Wendell Holmes）Jr 大法官曾写信给哈罗德·拉斯基（Harold Laski）谈道，"专利文件所表述的构想，通常不难理解。难的是对语言的正确理解。直到今天，对于那些涉及专利说明书中专业用语的争论，我仍然感到是件麻烦事。而专利用语所隐含的思想则不难理解。"❶

WHITE v. DUNBAR
119 US 47 (1886) [美国]

布拉德利（Bradley）法官：

> 有些人似乎认为，专利中的权利要求就像个没有主见的家伙，只要从说明书中找到依据，就可以对其解释进行任意改变和扭转，由此涵盖比其文字所表达的内容更为宽泛的内容，或与其文字所表达的内容不同的内容。权利要求书是法定的必要文件，是使专利权人准确地界定自己

---

❶ 引自大卫·瓦韦尔在 Meredith 的演讲。

的发明内容范围的文件。玩文字游戏，对公众是不公平的，同时也属于钻法律空子的行为。

MONSANTO CO. v. MDB ANIMAL HEALTH（PTY）LTD.
[2001] ZASCA 4 [南非]
上诉法院哈姆斯法官：

  在专利诉讼官司中，墨菲定律的应用具有特别的意义：如果一个词或句子可能有两种解读，阅读者将会选择错误的解读。该案中，争议在于一种人工合成 α-生育酚乙酸酯——维生素 E 是否属于涉案专利用语意义上的"油"。如果答案是肯定的，则被告构成侵权。虽然是狭义地进行解释，审理记录中的当事人陈述，还是几乎达到了 1300 页。

YKK CORPORATION v. OPTI PATENT, FORSCHUNGS UND FABRIKATIONS AG
BOARDS OF APPEAL OF THE EUROPEAN PATENT OFFICE
案卷号 T 0190/ 99 - 3.2.4

  复审委员会补充谈道，本领域技术人员在考量权利要求时，应当排除不合逻辑，或是技术上毫无意义的解读。应该尽量从综合的角度看问题（综合而非分割权利要求），以期对权利要求作出技术上具有意义，且对专利公开的全部内容加以考虑的解读（《欧洲专利公约》第 69 条）。应当持正确的意愿，而非曲解的态度对专利文件进行解释。❶

CLEVELAND GRAPHITE BRONZE CO. v. GLACIER METAL CO. LTD.
(1949) RPC 157（CA）[英国]
上诉法院大法官阐述：

  在我看来，被告争论的缺陷在于，为了能够将说明书正文作为工具书合法使用，他们从中抓取某个定义，并脱离上下文孤立地解读。从说明书正文中摘取某段文字，并将其视为国会法令中的一个解释条款的做法是不对的。为了正确发挥说明书正文可作为工具书使用的目的，应当将文件作为一个整体来考虑：即使某段文章描述了一个定义，仍然需要结合上下文对其进行理解。

D. 解读的基本规则

12.7 解读专利文件的基本规则经常被确立和重新确立。以下是随机挑选的一

---

❶ 这句话应该是由奇蒂（Chitty）法官引自 Lister v. Norton Brothers and Co.（1886）3 RPC199（Ch D）。

个案例。❶

FREE WORLD TRUST v. ELECTRO SANTE INC.
2000 SCC 66

宾尼法官：

该上诉案由此提出了一个根本问题：如何最好地解决"字面侵权"与"实质侵权"之间的矛盾，以获得一个合理且可以预见的结果。在加拿大及其他地区，对这一问题都进行过大量的讨论，我将简短地介绍这些讨论，以支持下列主张：

- 专利法规定以权利要求的文字为准。
- 以权利要求书的文字为准，是为了促进公平性和可预见性。
- 然而，权利要求的语言必须基于可靠信息，以具有目的性的方式进行解读。
- 因此，权利要求的文字，明确了专利权的保护范围。不能求助于"发明的精神"之类的含糊概念来对其进行进一步的扩展。
- 基于针对性解读原则，权利要求的文字将体现出哪些元素是必要的，哪些要素是非必要的。判定某个要素是否必要，主要是：
  - 基于专利相关领域技术人员的常识；
  - 以专利公开日为准；
  - 注意到在专利公开时，对有技术背景的阅读者而言，"改变某特定元素将不会对发明的作用方式产生影响"，是否是显而易见的；
  - 根据发明人在权利要求中所明确或隐含的意图——某特定元素是必要的，而不论其实际效果；
  - 但不得依据发明人意图的非本质的证据；
  - 如果某一必要元素被改变或被省略，则不构成侵权。但是，如果非必要元素被替代或者被省略，则仍有可能构成侵权。

12.8 工具书的解释不具有决定性

DE BEERS INDUSTRIAL DIAMOND DIVISION（PTY）LTD. v. ISHIZUKA
1980（2）SA 191（T）[南非]

尼古拉斯法官：

词语在工具书中的含义并不能主导解读。它只能起到引导作用。并且，当一词多义时，工具书不会（实际上也不能）规定出词义的优先级别。问题在于，什么含义适用于考虑中的特定文件的上下文。

---

❶ 还可参考 Ranbaxy Australia Pty Ltd. v. Warner–Lambert Company LLC（No. 2）[2006] FCA 1787；Monsanto Co. v. MDB Animal Health（Pty）Ltd. [2001] ZASCA 4 [南非]。

FUNDSTRUST（PTY）LTD.（IN LIQ）v. VAN DEVENTER
1997（1）SA 710（A）［南非］
上诉法院黑费尔（Hefer）法官谈道：
> 当然，法官借助权威工具书来确定词语的通常含义，是一种被允许、有用的方法。但是，法官对词语的解释，不能采取"不结合上下文断章取义"的做法。毕竟，解释者的任务，是结合其出现的法律条文（或者专利文件）来理解某一词语或表达的含义。作为一项原则，每个词语或表达，都应该被赋予其通常的含义。在这方面，词典检索是有益的，有时甚至是不可或缺的。但有时则非如此。

GLAXOSMITHKLINE INC. v. CANADA（ATTORNEY GENERAL）
2004 FC 1725［加拿大］
冯·芬肯斯坦（Von Finkenstein）法官：
> 借助工具书的做法，不适用于对权利要求书的解读。这将构成对说明书范围之外的证据的使用。而且依靠工具书去理解专利权利要求书，相当于从文法学家或语源学家的角度去理解，而不是从本领域技术人员的角度及常识去理解。

（该判例附有关解读规则的实用附录。）

12.9 专利文件的解读必须以申请日为准

SAPPI FINE PAPERS（PTY）LTD. v. ICI CANADA INC.
1992（3）SA 306［南非］
科贝特首席法官：
> 因此，要以本领域技术人员的常识状态作为参考来解读专利说明书；且根据英国判例，相关的常识状态，是专利说明书公开时获得的状态。我认为，这指的是专利的申请日。这看来符合我们的法律。

12.10 专利解读是法官的职责，而专家证人的意见在专利解读方面仅发挥有限的作用。专利解读不是"陪审团能够认定的问题"。这意味着它并非一个事实问题，而是一个法律问题。

PFIZER CANADA INC. v. CANADA（MINISTER OF HEALTH）
2005 FC 1725［加拿大］
休斯（Hughes）法官：
> 法官解读权利要求。解读权利要求不是专家证人的职责。正如（加拿大）最高法院所述的那样：
>
> > "专家证人的任务，不是去对专利权利要求进行解读，而是帮助审判官，使其能够站在专利技术的角度来解读权利要求书。"
>
> 专家证人可以协助法官来理解专利文件中所描述的发明创造的内容

以及其中术语的含义。然而，专家证人不能取代法官解读权利要求的职责。在 Whirlpool 案中，最高法院声明：

> "因此，针对性解读的关键在于，法官在具有技术背景的阅读者的协助下，确认权利要求书中的特定词语或词组——这些词语或词组描述了发明人认为构成其发明的'本质'要素的内容。"

BRITISH CELANESE LTD. v. COURTAULDS LTD.
（1935）52 RPC 171 ［英国］

汤姆林（Tomlin）大法官：

在此类案件中，专家证人可以合法行动的范围并非不确定的。他有权提供有关任何特定时间的技术状态的证据。他有权对本领域中所使用的技术术语的含义作出解释。他有权阐述自己的观点，来认定本领域技术人员能否实施专利说明书中所述的某指定技术设想。他有权阐述，在某指定时间内，就现有技术中的某指定技术设备，或者就某指定技术设想含义的审判，可否对本案起到启示作用。他有权阐述，在他看来，与本技术领域相关的某项具体操作是否可以实现，并广泛地根据需要，就科学性质的事实作出解释。

专家证人无权阐述、辩护律师也无权要求其阐述专利说明书的含义，要求专家证人从工程师或者化学师的角度对问题作出解释也是不被允许的。他也无权阐述某个指定技术步骤或者对技术的改变是否显而易见，这些均应由法官作出判断。

这些方法存在两方面的缺点。首先是在不合法的事情上浪费时间和金钱。其次，会积累大量的资料，法官不得不从这些资料中披沙拣金。对法官来说，这些资料不仅不是帮助，反而是个麻烦。

在我看来，审判庭应该花力气来制止这一不可取却有泛滥之势的做法。

SACHTLER GMBH & CO. KG v. RE MILLER PTY LTD.
［2005］FCA 788 ［澳大利亚］

班尼特（Bennett）法官：

专家可以在下面两个方面提供证据，一个是所属领域技术人员对科技术语词汇的意思解释，另一个是对词语除日常意思之外的特殊意思解释。如果专利包含技术资料，那么证据可以帮助法院从一个阅读专利的人、一个在当时熟悉技术状况的人的角度来理解。然而，如果证据无法证实有技术含义的存在，那么，专利说明书中使用的词语，就应当被赋予其通常的含义。

具有技术背景的阅读者的证据，对文件的解读而言，并非决定性的。这只是一个具有技术背景的阅读者,在当时会如何理解文件的证据。接下来是由法院在判断证据证明力大小的基础上对文件作出解读。

解读说明书是法院的职责,而非专家证人的职责。

E. 等同原则

12.11 原则的基础:法院在决定权利要求书限定的保护范围时的问题,就是平衡专利权人和公众的利益。这是一个平衡确定性与公平性的问题。完全按照字面对权利要求书进行解读,可能会导致过分地限制发明的范围,而扩大化的解读,又会导致不确定性。因此,这里就存在不同的方法,科尼什(Cornish)教授将其描述为"围栏柱"型权利主张和"标志杆"型权利主张之间的不同,而在美国法律体系中,这被描述为"中心式"权利主张(描述发明的核心原理)和"外围式"权利主张(权利要求描述发明的外部界线)之间的冲突。[1]

乔纳森·D. C. 特纳(Jonathan D. C Turner)解释如下:

"如果(解读者)被告知(根据英国的传统),权利要求书定义了专利权人在发明中的排他性权利的外部界线,所以,竞争者知道界线在哪,则解读者会相对严格地对权利要求书进行解读。另一方面,如果他被告知(根据德国的传统),权利要求书只是用以确定发明主要特点的指南,而更详细的描述在说明书和附图中,则解读者会相对宽松地解读权利要求。"[2]

这一原则的基础(也被称为"发明核心"原则),是忽略或以(等同物)取代必要技术特征,必然构成对权利要求的侵害。"等同物"通常是机械上的等同物,化学上的等同物也有可能,但很稀少。[3] 尽管从逻辑上讲,等同问题应当不会出现,因为当某一技术特征为非必要技术特征时,对于这一技术特征,无论被控侵权人做了什么,都是不相关的。

---

[1] CHISUM D S. Patent claim interpretation [M] //VAVER D, BENTLY L. Intellectual property in the new millennium: essays in honour of William R. Cornish. 2004: 98. (齐萨姆. 专利权要求的解读 [M] //威弗, 本特利. 新千年知识产权: 纪念威廉·R. 科尼什论文集. 2004: 98.)

[2] 参见1999年11月《欧洲知识产权评论》杂志及1999年8月《CIPA》杂志中的Seven Reasons Why Catnic is Wrong(针对性解读——Catnic错误的七个理由)。

[3] Beecham v. Bristol [1978] RPC 153 (HL) [英国]。

12.12 不存在普遍适用的等同原则

ROCKWATER LTD. v. TECHNIP FRANCE SA

［2004］EWCA Civ 381 ［英国］

上诉法院雅各布常任法官：

> 由此可见，不存在普遍适用的"等同原则"。所有专利法方面的学生都知道，不同的法律体系都存在这样一个原则，但是，他们不可能就此原则是什么，或应该怎样，达成一致意见。这里我不会对此原则的无数种版本进行阐述。
>
> 另一方面，针对性解读会得出这样一个结论，即存在于权利要求中的要素，和被控侵权物中的相应要素之间的琐碎、轻微的技术差异，在被带着目的解读时，不管怎样，都仍然会落在该要素的意义范围之内。这不是因为等同原则，而是因为这才是在上下文语境中解读权利要求的正确方法。

12.13 仅适用于非必要的内容：等同原则仅适用于那些非必要技术特征。

RODI AND WIENENBERGER AG v. HENRY SHOWELL LTD.

［1969］RPC 367 ［HL］

> 事实：涉案专利涉及用于腕表的延长金属表带。表带上的链扣，是通过相互咬合的 U 形连接物链接在一起的。被控侵权物与权利要求的不同之处在于，其采用 C 形连接物来代替 U 形连接物。被控侵权人未能说明他们改变设计的理由。尽管两种表带本质上以相同方式工作，上议院依然认为不存在侵权。有趣的是，南非的上诉庭，虽然采用英国的法律方法，基于相同的事实，却得出了相反的结论。❶

霍德森（Hodson）大法官说道：

> 我并不是说"发明核心"原则已经没有用了，也没有撤回我在 Van der Lely 案中就这一主题所发表的意见。我只是反对，当并没有发现被控侵权人采用专利权人要求保护的本质特征时，此原则的使用会包含一些不明确的欺骗形式。如通常所指出的那样，自从 1949 年通过专利法以来，此原则已经不那么重要了。现代形式的权利要求，应涵盖所有的必要技术特征，而在早期，则常常需要在说明书中寻找要求保护的内容的"发明核心"。
>
> 对机械等同物的援引，仅可涉及非必要技术特征，因为仅在非必要技术特征不同，而被控侵权物包含了权利要求技术整体的所有必要技术特征的情况下，才存在侵权。"发明核心"并未扩大必要性的范围。

---

❶ Frank & Hirsch（Pty）Ltd. v. Rodi & Wienenberger AG 1960 3 SA 747（A）.

厄普约翰（Upjohn）大法官（在同一案件中）补充道：

> 首先，问题是相关的权利要求是否被侵权了。这纯粹是一个将权利要求作为普通语言文件阅读，对权利要求进行解读的问题，并以作为一个整体的完整说明书为依据；但这种解读必须在不考虑被控侵权的情况下进行。未要求给予保护的内容即为放弃的内容。权利要求应该从一个假想受众的角度来解读，即从一个准备实施所述发明的人的角度。在这方面有很多判例，但是，没有必要再去回顾它们，因为我已经说了很多来表明我的观点，即权利要求必须通过一个普通人的视角，站在他的位置来解读。
>
> 在考虑权利要求时，法院必须弄清什么是其权利要求的必要技术特征，而这依然是一个解读的问题，并且没有任何通用原则。
>
> 其次，在弄清必要技术特征后，就应该考虑侵权物。要构成侵权，该物品必须是采用了权利要求的每一个必要技术特征。而非必要技术特征则可以省略，或以机械等同物替代。

12.14 权利要求的形式决定了什么是必要的

OLIN CORPORATION v. SUPER CARTRIDGE CO PTY LTD.
（1977）180 CLR 236 ［澳大利亚］

吉布斯法官：

> 采用发明的"核心"或实质部分可能构成侵权的原则，并不意味着在专利权人所采取的权利要求的形式未涵盖被控侵权人行为的情况下，一定会存在侵权。而且这并不影响根本的原则，即除非被控侵权人使用了专利权人要求保护的所有必要特征或技术特征，否则不存在侵权。

12.15 本原则的应用是受到限制的

AZUKO PTY LTD. v. OLD DIGGER PTY LTD.
［2001］FCA 1079 ［澳大利亚］

博蒙特法官：

> 权利要求必须准确、清楚地对发明进行界定。（功能性等同）原则的应用，只限于两种可能的情形：
>
> - 被控侵权物包含一个非基本构件的机械等同物；或者
> - 对权利要求的某个特征完全按照字面进行解读，则被控侵权物将逃脱侵权指控。
>
> 在以上两种情形下，首要问题是决定被控侵权物是否包含权利要求的每一个技术特征。在考虑非必要技术特征的机械等同物时，（首先）应当评估被控侵权物所采用或弃用的技术特征的"必要性"。但发生这种情况的案例非常少。仅通过证明该装置实现了实质上类似的功能，并

不能证明侵权。

12.16 解读的问题：判断某技术特征是否必要，是一个解读的问题。在这方面，不可能将调查局限于权利要求的文字。

STAUFFER CHEMICAL CO. v. SAFSAN
1987（2）SA 331（A）［南非］
科贝特首席法官：

为了确定要求保护的发明中必要技术特征或技术特征的必要与否，必须有针对地，或现实地阅读并解读说明书，这种解读应该由发明应用领域的有实际知识和经验的人，根据他在专利申请日（根据我们法律的规定，该日期为权利要求的优先权日）一般所了解的知识来进行。

显然，权利要求包括某个特定技术特征的事实，并不足以使得这一技术特征成为必要技术特征。否则，就不存在这个问题了。一般而言，如果该技术特征对实施所述发明不可或缺，则必须被视为一项必要技术特征。

另一方面，专利权人可能在说明书中明确或隐含地指出某个特定技术特征为必要特征，在这种情况下，无论其对于实施该发明是否必要，都必须被视为必要特征。

但是，如果某一技术特征对发明的实施并非不可或缺，而且专利权人也未表示将其视为必要整体特征，则一般来说它可以被视为非必要技术特征。即使被控侵权人的产品或方法中没有包含此特征，或用同等物进行了替换，也有可能被认为构成侵权。

F. 针对性解释

12.17 针对性解释的起源。上议院在 Catnic Components Ltd. v. Hill & Smith Ltd.［1982］RPC 183 案中的判决中将"针对性解读"引入了专利法。该判决引发了大量的学术评论和问题，并在普通法国家激发了诉讼。但是，当一切过去后，这一判决看来并不惊天动地，事实说明，它是相当简单的。

AZUKO PTY LTD. v. OLD DIGGER PTY LTD.
［2001］FCA 1079［澳大利亚］
熙雷（Heerey）法官：

正如古茂法官在 Nicaro Holdings Pty Ltd. v. Martin Engineering Co.（1990）91 ALR 513 案中所述，上议院的判决并未提出"非字面侵权的任何新原则或新类别"。

WHIRLPOOL CORP. v. CAMCO INC.

2000 SCC 67［加拿大］

宾尼法官：

因此，针对性解释的关键，是由法院在具有技术背景的阅读者的帮助下，对权利要求中的特定词汇或词组进行确认，这些词汇或词组描述了发明人认为属于其发明"必要"要素的内容。我认为，这和40年前达夫（Duff）首席法官在 JK Smit & Sons Inc. v. McClintock［1940］SCR 279 案中所采用方法没有区别。

"必要"要素法，是由早期英国判例，如 Marconi v. British Radio Telegraph and Telephone Co.，以及该国最近的"Catnic"案之前的判决确立起来的。

因此，Catnic 案的分析方法，并不是对之前英国以及加拿大法理学的背离。这么说，并不是对迪普洛克大法官的不敬：至少在某种程度上，他就是"新瓶装老酒"，巧妙地对混合物进行提纯，使结果更加清晰，然后贴上特别的标签，叫作"针对性解读法"。在 Catnic 案中，如在之前的案例法中一样，独占的范围依然是由书面的权利要求决定的，但是，和以前一样，灵活性和公平，依然要依靠从非必要技术特征中，区分出必要技术特征（"发明的核心"）。这种区分的基础，是掌握知识的本领域技术人员对整个说明书进行的解读，"而不是精细的文字分析，在这方面，律师们往往因为其所受教育的关系，很容易做过头"。

12.18 **事实**：Catnic 案试图摒弃被称为过于文字化的权利要求的解读倾向。事实很简单。权利要求表明要保护一种负载必须为"垂直"的过梁。问题是"垂直"一词在文中的含义，究竟是严格的几何学意义上的与水平线完全呈90度角，还是能够实现同样功能的近似垂直？法院认定，专利文献的阅读者，将会参照专利的功能，根据上下文来理解该词，专利所欲表达的，并非几何学上的含义。换言之，"垂直"一词具有多种意思；适用符合发明目的的含义，是显然并现实的。有人可能会质疑，既然典型的建筑商从来就没有建造过真正垂直的东西，那么，为什么他会认为这个过梁必须和水平线呈90度角呢？当然，可以合理地设想，如果权利要求写明过梁必须是90度垂直，则法院会给出一个不同的答案。

12.19 **Catnic 案判决**：这是判决必须要说明的。

CATNIC COMPONENTS LTD. v. HILL & SMITH LTD.

［1982］RPC 183

迪普洛克大法官：

诸位尊敬的阁下，专利说明书是由专利权人自己遣词造句所作的单方陈述，用来告诉那些对其发明主题有实际兴趣的人（"本领域技术人员"），哪些内容是他声称的新产品或方法的必要技术特征，并被专利赋予专有权。只有他声称是必要且新颖的特征，才构成权利要求所谓的"发明的核心"。对专利说明书应该进行针对性解读，而不是对说明书作精细的文字分析后得出纯字面意义的解释。在这方面，律师们往往因为其所受教育的关系，很容易做过头。每个案例中的问题是，在发明应用领域，有实际知识和经验的人是否明白，如果对专利权人认为是发明必要条件的特定描述性单词或短语意思作严格理解，那么其他所有的变化，都会落在专有权保护之外，即使这种变化对发明的实施可能没有实质影响。

当然，当变化确实对发明的实施有实质性影响时，不会出现这个问题。除非在说明书公布时，这一点（变化对发明的实施没有实质影响）对知情的阅读者来说是显而易见的，否则问题也不会出现。当事实不是那么明显的时候，根据当时已有的知识，阅读者有权假定，专利权人在撰写说明书时认为他有很好的理由来严格限制其专有权，而且也打算这样做，即使他自己或者本领域其他人的后续工作可能会显示这种限制没有必要。只有当对本领域技术人员而言是显而易见的，权利要求中使用的某一特定描述性词汇或短语，根据（也属于本领域技术人员的）专利权人的意思，不可能将（据专利权人及专利的阅读者所知）对发明实施无实质性影响的微小变化排除在外时，答案才是否定的。

12.20 最终还是要关注所用语言的含义

ROCKWATER LTD. v. TECHNIP FRANCE SA

［2004］ EWCA Civ 381 ［英国］

上诉法院雅各布常任法官：

在确定发明人目的时，必须记住，基于其发明的概括程度，他可能有多种目的。典型的例子是，发明人可以拥有一个（通常来说是多个）特定的实施方案，以及一个概括性的概念。而后者才和解释权利要求相关，特别是对最宽泛的权利要求。否则，就有对发明人不公平的危险。我在 Tickner v. Honda ［2002］ EWHC 8（专利）案判决的第 28 段中这样解释：

"整个方法被叫作'针对性解读'。你通过说明书和附图，来理解其技术贡献，进而知道发明人的目的。在考虑权利要求书中的词语的含义时，你应当牢记这个目的。你选择一个和此目的相一致的含义——即使它包含某个在脱离上下文的情况下你不会跟该词语或短语联系起来的含义。当然在这样做的时候，你必须也公平地对待专利权人——尤其是不能将其目的解释得过于狭窄——与其技术启示一致的最宽泛的解释,才应被用于针对性解读。"

虽然如此,目的不是最重要的。到头来,还是要关注所使用语言的含义。决定专利权人权利保护范围的,是权利要求书的用词。

由此可知,如果专利权人在其权利要求中包含了明确的限制时,则该项限制一定是有意义的。不得忽视具有明显意图的要素。在 STEP v. Empson［1993］RPC 案判决第 522 页,霍夫曼上诉法院常任法官作了如下表述:

"对专利权利要求应当作出针对性解读,是众所周知的原则。该原则并不意味着当一个技术整体看起来并不对发明构思有任何影响,就可以被剔除。在现有技术中,可能含有其他目的,即使不易察觉,专利权人也可能有他自己的原因将其引入。"

同时,当专利权人使用了一个在脱离上下文情况下可能具有特殊含义的(狭义或广义的)词语或短语时,这并不必然意味着该词语或短语在文本中具有此含义。此观点的最佳范例是 Catnic 案本身:文本中的"垂直",并不表示"几何意义上的垂直",而是"足够直立,以完成(支撑上部横向平台的)任务"。

12.21 解读的问题仍是整体的问题

WHEATLEY v. DRILLSAFE LTD.

［2000］EWCA Civ 209 ［UK］

上诉法院奥尔德斯常任法官:

迪普洛克大法官在 Catnic 案中所作陈述,强调了一个事实,即在这种情形中,如同在法律中的其他情形一样,解读的问题,最终是一个整体的问题。在第二段引文中提出的一些事项,目的仅在于辅助作出适当的、符合上下文的解释。他们尤其有助于认定"被控侵权物中所包含的特征,在落在权利要求中描述性词语或短语最基本的、字面的或脱离上下文的意义之外时(一种变体),是否仍落入权利要求被恰当解读后的语言范围之内"。

G. 《欧洲专利公约》

12.22 在 Catnic 案判决之后,英国法律的发展,受到英国加入的《欧洲专利公约》以及新专利法案的影响。新专利法案融合了《欧洲专利公约》及其议定书❶的基本原则。这些发展从严格意义上来说，对非欧盟国家并不产生法律后果，然而在实践中，由于其他司法管辖区域的法院，常常以英国和欧洲法院的判例为指导，因此，这些发展对其他司法管辖区域具有影响。❷《欧洲专利公约》试图消除大陆法系和普通法系在法律解读中潜在的差异，这一事实至关重要。

12.23 《欧洲专利公约议定书》试图融合先前对权利要求解读的不同理解。尼古拉斯·福克斯（Nicholas Fox）对此作出了解释：

"《欧洲专利公约议定书》源于调和先前欧洲存在的对权利要求的不同理解的意图。与普通法系'篱笆桩'方式（专利保护与权利要求的用词遣句紧密相连）恰恰相反，大陆法系国家，如德国采用的是'标志杆'方式（权利要求被视为是对发明总的发明构思或'核心理论'的界定）。根据该'标志杆'方式，利用被确认的发明构思的行为，可能会被认定为侵权，即使该侵权行为并未落入权利要求的字面范围之内。随着《欧洲专利公约议定书》被采纳之后，德国法院如今也接受了如下观念：权利要求不再仅仅是发明构思的指示标，如今，权利要求也划定了专利权的边界。"❸

12.24 《欧洲专利公约议定书》。《欧洲专利公约议定书》相应地作了如下规定❹：

"第69条不应当在如下意义上进行解读，即一项欧洲专利所授予的保护范围，被理解为由权利要求用语严格的字面意义所限定，而说明书及附图仅用于解决在权利要求中发现的不明确之处。

"第69条也不应当在如下意义上进行解读，即权利要求仅起到指南的作用，而所授予的实际保护，可以延伸至（根据本领域技术人员对说明书和附图的理解）专利权人已考虑到的范围。

"相反，第69条应当被解读为上述两种极端观点的折衷，即在为专利权人提供适当程度的保护的同时，也为第三方提供合理程度的确定性。"

英国专利法在下列条款中包含了上述规定：

"本法所规定的发明……应被视为如说明书及其附图所解释的……

---

❶ Protocol on the interpretation of article 69 EPC（关于《欧洲专利公约》第69条（专利保护范围）解释的议定书）。——译者注。

❷ BOBKER A. Patent litigation in Canada：the use of the protocol questions in light of Lord Hoffman's decision in Kirin – Amgen v. Hoeschst Marion Roussel Ltd.［J］. Canadian Bar Review，（85）：160.

❸ "Divided by a common language：a comparison of patent claim interpretation in the English and American courts"［2004］EIPR 528.

❹ 2000年11月的《欧洲专利公约》草案，就等同物作了如下规定："为确定欧洲专利的保护范围，应当适当考虑权利要求中所确认的要素的等同物。"该《欧洲专利公约》草案目前仍未生效。

是说明书中权利主张所确定的内容，除非上下文另有所指，专利或专利申请的保护范围应被相应地确定。"

H. 《欧洲专利公约议定书》问题

12.25 法院关于《欧洲专利公约议定书》的解读：不同的司法管辖区，对《欧洲专利公约议定书》的解读采用了不同的方法。在 Epilady 诉讼案中，根据《欧洲专利公约议定书》在不同国家进行的诉讼而得出的结果，就是最好的例证。该诉讼发生在专利权人 Improver Corp. 及被控侵权人 Remington 之间。该案涉及一个去毛装置。该专利使用了可旋转的金属弹簧，而 Remington 则使用了可旋转的含有切口的塑料棒。两者的工作原理是一样的。部分法院认定构成侵权，而其他法院则认定不构成侵权。

12.26 英国的"渐进式"三步检测法：英国法院对权利要求的解读，施加了一个三步检测法，作为其对有关《欧洲专利公约》第69条议定书文字的解读。然而，该方法仅是出于方便的目的，并非在所有情形下均适用。

IMPROVER CORP. v. REMINGTON CONSUMER PRODUCTS
[1990] FSR 181 [英国]
霍夫曼法官：

该文字应被给予"针对性"解读，而不必是字面解读。如果问题是被控侵权物中包含的一项特征，虽然落在权利要求描述性词语或短语最初、字面，或脱离上下文的含义范围之外（一种变体），是否仍可能落在适当解读后的文字含义范围之内？则法院应考虑以下三个问题：

- 其改变是否对发明的实施有实质性影响？如果是，则该改变落在权利要求的范围之外。如果不是，则
- 该改变（该改变无实质性影响）在专利公布之日，对具有该领域技术背景的阅读者而言，是否是显而易见的。如果不是，则该改变落在权利要求的范围之外。如果是——
- 具有该领域技术背景的阅读者，是否会从权利要求的语言中理解到，专利权人认为对原始含义的严格遵守是发明的本质要求。如果是，则该改变落在权利要求的范围之外。

12.27 德国的三步检测法：Schneidmesser 问题。德国 Epilady 诉讼的结果，已在上述霍夫曼法官的判决中提及，在此无须重复。德国法院根据《欧洲

专利公约》草案采纳了其他的观点。[1] 它们是：

- （被控）实施方案是否通过客观上具有相同效果的方式（尽管进行了修改）解决了（受专利保护的）发明项下的问题？如果不是，则不构成专利侵权。

- 在不付出发明努力的情况下，本领域技术人员是否能够基于其掌握的一般技术知识发现以相同方式作用的变化形式？如果不是，则不构成专利侵权。

- 专业人员对第二个问题进行的考量，是否严格基于专利权利要求，以至其认为（接受、考虑）该变体是一种等同的解决方案？换句话说：专业人员（关于第二个问题）必须适用的考量，是否紧密地以受保护的技术启示的本质为导向，以至其会认为，（具有不同方式的）变体与权利要求所界定的发明所述的解决方案等同？

这些问题成了被批评的对象。对此，阿克塞尔·冯·海尔费尔德（Axel von Hellfeld）评论道：

"从20世纪80年代初至今，德国对《欧洲专利公约》项下的权利要求解释（解读）所采取的方法，通过德国联邦最高法院的若干判决得以发展起来。判例法以大量的批注（如理论原则）和复杂的适用标准为特征。另一方面，英国法院则相对不情愿发布通用的理论原则。他们更愿意采用平实的英语，而非僵化的语言。"

他认为，德国的方法是以"字面或相同使用"和"相同范围之外的保护"（德国的"等同"侵权）的二分法为基础的。

12.28 荷兰的方式

EPILADY
IEPT19920220，
海牙法院［荷兰］

专利保护的范围由专利发明的本质所确定的原则，经由上述问题——侵权问题——提供了一种方式，如在Remington案中所应用的那样：首先，发明的本质特征必须被概括、全面地阐明，由此产生一项新的专利权利要求，可以说，之后对被告设备或方法的检验是针对该权利要求进行的。

对该方式的一项反对意见在于，当申请专利的发明，已经由侵权行

---

[1] 这些问题是由阿克塞尔·冯·海尔费尔德在题为"Patent Infringement in Europe, the British and the German Approach to Claim Construction or Purposive Construction versus Equivalency"的演讲中阐明（翻译）的。该演讲于2007年3月在IPTA European Maters Course Melbourne and Sydney中发表。

为所涉及的方式或这些方式的结合进行了全面描述，仍然需要寻找它的本质特征。这具有很强的概括性，因此，不应当用来适用荷兰专利法的第30条第2款，以及欧洲专利公约第69条和相关的议定书。另一项反对意见在于，当申请专利的发明未被全面描述时，仍然不太可能一劳永逸地总结出其本质特征，因此，即使进行尝试，也往往是为了在侵权行为发生之后，寻求具体的解决方式，以及为了对发明进行测试，而选择适当的现有技术进行分析。所有这些问题，使得相关表达不是太宽泛就是太狭窄，或者不能为其他专利侵权案件提供适当的解答。

法院因此认为，侵权问题不应当以这种方式进行分析。这并不意味着法院认为不应当考虑部分构成（或被解读为）专利发明实质方面的内容，但是，调查应当深入专利权利要求中所涉发明技术特征的本质或操作和功能。第三方在其生产或设备中，采用其他具有与权利要求中用词不同的特征的方法将其取代，则该方法在权利要求下的整体方法中所占分量（或所起到的作用）将受到评估，这一评估将部分参考已知的现有技术，（a）发明者在何种程度上可以公平地在权利要求中对其描述的方法进行概括；以及（b）此种概括在何种程度上不会对其的信赖而作出行为的第三方造成不公平，以使得其因该行为受到限制或承担损害赔偿责任。

因此，弹簧和Remington的组件应当在将设备视为一个整体的框架下，被认为是彼此的变体，各自有各自的优势和劣势，其中Remington组件的某些特征使得该设备基于这些理由也具有可专利性。

Remington产品中的脱毛组件，在脱毛产品领域不属于现有技术，并且对于属于现有技术的弹簧领域的使用者而言，是非显而易见的。在此种情况下，申请人履行了对第三方的责任，在阐述专利时，采用了尽可能确定的方式，且申请人将已广为人知的弹簧在上文提及的特征的基础上，列为申请专利的设备的组件之一，因此，申请人针对具有相同特征的脱毛设备获得专利保护是公平的。

这种针对第三方的保护是否有失公平，必须根据荷兰手工业者期望的保护范围来判断，虽然这种期望明显地部分由荷兰案例法所确定。这个不可避免的"循环"，确实阻碍了"欧洲"对保护范围的统一规定，但是，其仍未违反关于欧洲专利公约第69条议定书的规定。

在相关部门的观点中，专家的意见表明，荷兰的专家是如何看待专利保护范围的。根据这个意见，以及在上述条件下显而易见的机械等同性和第二句所称的公平性，即第三方在他们的期望中加以考虑的公平性，法院认为，第三方应当意识到权利要求中"弹簧"一词具有概括性，Remington之类的产品为专利保护的范围所涵盖。

12.29 **等同原则的折衷**：在 2006 年 11 月于威尼斯举行的会议上，与会的多数欧洲专利法官（包括来自英国、德国、法国、意大利以及荷兰的首席法官），同意在适当的案件中考虑下列问题中的其中之一：

	Catnic/Improver	Schneidmesser I et al.
问题 1	该变化是否对发明的实施有实质性影响？如果是，则该变化将落在权利要求的范围之外。如果不是，则：	实施例是否通过客观上具有相同效果的方式（尽管进行了修改），解决了发明项下的问题？
问题 2	该变化以相同的方式实施，对于该领域的技术人员而言，是否是显而易见的？如果不是，则该变化将落在权利要求的范围之外。如果是，则：	本领域技术人员是否可以基于其掌握的一般技术知识而发现不同的方式，以及具有同样效果的其他方式？
问题 3	尽管如此，该领域的技术人员是否仍会从权利要求的语言中得出结论，专利权人认为，对原始含义的严格遵守是发明的本质要求？如果是，则该改变落在专利权利要求的范围之外。	专业人员必须适用方法的来源，本质上是否与受保护的技术启示密切相关，以至其会认为，具有不同实施方式的变化，与权利要求所界定的发明所述的解决方案等同？

I. 英国法律的解释：最终决定？

12.30 **最终决定**？或许英国现在已经就专利解释的方法作出了最终决定。在 Kirin–Amgen Inc. v. Hoechst Marion Roussel Ltd.［2004］UKHL 46 案中，霍夫曼大法官认真回顾了专利解释的历史及基本原理。这是一个篇幅很长的判决，内容翔实，虽然基本上只是一种重述，但仍值得一读。以下摘要未能涵盖该判决的全部内容：

事实：Amgen 公司拥有一项生产 EPO（一种非常成功的治疗贫血的药物）的专利。尽管之前人们就已经知道这种蛋白质，但是这一专利中，EPO 的生产利用了基因工程技术，将"外源性"DNA 表达于宿主细胞中。被告 TKT 公司发明了一种独立生产 EPO 的技术，其方法是在人体细胞中内源性 EPO 基因的上游插入启动子序列。Amgen 涉案专利的权利要求，覆盖了将"外源性"DNA 表达于宿主细胞中，来生产 EPO。Amgen 认为这里的宿主细胞，显然含有"外源性 DNA"，这就覆盖了 TKT 导入的启动子序列。另一方面，TKT 则认为权利要求书中

"外源性 DNA"只能是外源性 EPO 基因,这就缩小了专利保护的范围。

12.31 这些是所讨论的主要内容:

(a) 1977 年之前,法律对解释并无规定。

(b)《欧洲专利公约》及其议定书阐述了现有的英国专利法。❶

(c) 纯粹语言学方法的性质。

(d) Catnic 案废止了语言学方法。

(e) 专利解释是一种客观的解释。

(f) 假想的受众为本领域技术人员。

(g) 目的解释法并未使得文字含义变广。

(h) 等同原则与字面侵权原则是相对立的。

(i) Catnic 案的判决与《欧洲专利公约议定书》的规定一致。

(j) 等同原则是专利解释的指南。

(k) Catnic 和 Improver 两案提出的问题仅是对专利解释的指引。

KIRIN – AMGEN INC. v. HOECHST MARION ROUSSEL LTD.

[2004] UKHL 46 [上议院]

霍夫曼大法官:

(a)[1977 年之前,法律对解释并无规定]❷

在 1977 年英国专利法(该法使《欧洲专利公约》获得实施)之前,英国法律中没有任何关于专利保护范围的规定。那时候只能参考判例法、皇家授权的一些条件,以及解释的一般原则。迪普洛克大法官在被作为先例援引的 Catnic Components Ltd. v. Hill & Smith Ltd. 案中,对这些原则进行了详细说明。该案涉及一项 1977 年之前授权的专利。但是《欧洲专利公约》及专利法在一些细节上明确地处理了这一问题。

(b)[《欧洲专利公约》及其议定书阐述了现有的英国专利法]

《欧洲专利公约》通过明确的规定,专利权的保护范围应当由"权利要求书的内容"来"确定",表明其接受了英国长期以来习惯成自然的做法。

尽管《欧洲专利公约》采用了英国的原则,即用权利要求书来确定专利权的保护范围,但是,其他缔约国并不愿意采纳英国法院在判定权利要求书含义时采用的解释原则。他们认为,这些原则在一些情况下,使得对权利要求的解释偏窄而且流于字面。这些缔约国希望明确排除这种法律技术细节。另一方面,各缔约国达成共识,过去以"发明的精髓"、而非权利要求的实际用语为依据的国家,不得以赋予专利要求

---

❶ 局外人,尤其是欧洲大陆的法官,可能会感到惊讶。

❷ 增加这些标题是为了强调该判决中作出的不同要点。

宽松的解释为借口继续以前的做法。
(c)［纯粹语言学方法的性质］

如果不了解过去英国法院用来（至少理论上）解释法律文件的原则，则很难理解《欧洲专利公约议定书》第一句话意图禁止的做法。这些原则要求，句子的文字和语法被赋予其"自然、通常的含义"，也就是说，词典赋予文字及文法书赋予语法的含义。无论文字被使用的上下文或背景如何，这一含义均应被采纳，除非文字的含义"不明确"，也就是说，可能有多种含义。

另一方面，如果权利要求语言"本身"不明确，可能有多种含义，法院可以参考说明书和附图所提供的上下文。如果这还不能搞清楚，法院还可以参考背景，或被称为事实的"外部证据"的材料，即一般的阅读者可以合理地预期作者在撰写该文件时已知的事实。

这些原则如果被僵化地应用，则意味着除非可以发现语言中有不明确之处，法院可能被迫在某种意义上对文件进行解释，而理性读者在意识到其上下文及背景的情况下，不会认为该意义是作者的意图。

(d)［Catnic 案废止了语言学方法］

恰好在《欧洲专利公约议定书》签署之时，英国法院已经开始废除从字面上理解专利权利要求书和一般商业文件的做法。人们意识到，合同或专利说明书的作者使用语言进行交流是出于实用的目的，如果解释这些文字的规则，使得其解释的内容和实际上被人们所理解的内容不同，就会违背作者的意图。必须在这一背景下解读迪普洛克大法官就 Catnic 案发表的意见中的著名观点，即这一新方法也应当被适用于专利权利要求的解释。

(e)［专利解释是一种客观的解释］

对专利或者任何其他文件的解释，当然不是直接关注作者想要表达的是什么意思。解释所关注的是合理的目标读者会怎样理解作者使用这些文字的意图，在这种意义上，解释是客观的。但是要注意，这不是像有些时候所说的"作者所使用的文字的含义"，而是假想的目标读者会怎样理解作者使用这些文字的意图。文字的含义是约定俗成的，并被规则限定，而规则可以在字典和文法书中找到。作者使用这些文字的意图会被怎样理解，并非仅一个规则问题。它与特定表达的上下文及背景都高度相关。它不仅取决于作者所选择的文字，还取决于假想受众的身份、知识及设想。

(f)［假想的受众为本领域技术人员］

对专利说明书而言，假想受众为本领域的技术人员。他（或她，下不赘述）在阅读说明书时具有本领域的公知常识。并且他阅读说明书是基于这样的假定，即其目的是描述和界定一项发明——专利权人对新产品或方法持有的实际想法——而非数学或化学教科书，或是化学品或者硬件的购物清单。

（g）[目的解释法并未使文字含义变广]

这种认识构成了"目的性解释"的核心。毫无疑问，即便没有发明这一表述方式，迪普洛克大法官至少也使得它在法律中被广为流传。但是我认为，有一种倾向，将它视为对某种预言的模糊描述，而这种预言神奇地洞穿了说明书的语言。我认为，迪普洛克大法官实际所指的更为具体，他想指出的是，某人在出于某种目的使用某些文字时被认定的意图，可能会不同于他在出于其他目的使用这些文字时被认定的意图。

"目的性解释"并不意味着扩大或超越专利权人在权利要求书中寻求保护的技术问题的定义。问题总是围绕着本领域技术人员会怎样理解作者使用权利要求中的文字的意图。从这一点来讲，专利权人所选择的用词就非常关键。词和语法的使用规则，使得我们能够准确细致地表达意思，而技术人员也通常会假定专利权人相应地对其用词进行了选择。

（h）[等同原则与字面侵权原则是相对立的]

在原先人们比较死板地去解释字面的自然、通常的含义时，英国和美国的法院都曾经担心，这样的解释原则使得一些人可以通过"非本质变化"，对权利要求稍加改变来逃避侵权。在英国，出于这一考虑，衍生出了"发明精髓"[Cairns 大法官在 Clark v. Adie（1877）2 App Cas315 案中所发明的词] 理论，作为侵权判定的原则，这一原则和"字面侵权"原则是相对立的。

如果拘泥于字面侵权来解释权利要求，会阻碍给予专利权人合理的保护，可以采取两种措施来弥补。一种措施是，遵照字面来解释权利要求，并发展出一套规则，将权利要求保护范围扩大到等同物。这就是美国人采取的方法。另一种措施是废除字面侵权。这也是英国上议院在 Catnic 案中的做法。

（i）[Catnic 案的判决与《欧洲专利公约议定书》的规定一致]

我认为，Catnic 案采用的解释原则，与《欧洲专利公约议定书》的规定正好一致。它给予专利权人足够的保护，但又不超出范围，以所属技术领域普通技术人员对权利要求的阅读，去理解专利权人所期望的保护范围。当然说起来容易，有时候做起来却很难，但也不要把困难过分夸大。大部分专利说明书都非常清楚地界定了其主张的垄断权的范围，争议从来不会诉至法庭。但在一些"擦边球"的情况下，确实会发生这样的问题，即某种解释在某些人看来是公平合理的，但在另一些人看来却对专利权人不公平，或者对第三方不合理。这种程度的不确定性，在任何有关文件解释的原则中都不免存在。这使得整个合同法都面临困境，更不用说立法了。原则上，这一困难无法补救，尽管我某些时候在想，是否可以通过一些有关解释的指南或"定式化"方法去降低这种不确定性。

(j) [等同原则是专利解释的指南]

尽管《欧洲专利公约》第69条禁止等同原则将保护范围扩大到权利要求之外，但没有理由认为，等同原则不能作为事实背景的一个重要组成部分，这些事实为技术人员所知，且会影响他对权利要求含义的理解。这些其实不过是常识罢了。

(k) [Catnic 和 Improver 两案提出的问题仅是对专利解释的指引]

这些问题[Catnic 及 Improver]，即上诉法院在 Weatly v. Drillsafe Ltd. [2001] RPC 133 案中所称的"《欧洲专利公约议定书》问题"，在过去15年被英国法院用作判断等同物是否落入权利要求范围的框架。总的来说，法官们对结果表示满意，尽管一些案件暴露出了这种方法的局限性。当说到"Catnic 原则"时，要注意区分目的性解释的原则和将该原则适用于等同物的指南，前者使得《欧洲专利公约议定书》的要求得以施行，后者则包含在《欧洲专利公约议定书》问题中。前者是专利解释的根基，普遍适用，后者仅为指南，在一些情况下适用，在其他情况中则未必。

严格遵循文字或短语常规含义的做法，最适合于对数字、度量、角度之类的使用，如果问题是它们是否允许某种程度的误差或近似的话。这就是 Catnic 案中的情况，而且很重要的是，德国联邦法院在其中提及 Catnic 案，并认为其做法与英国上议院一致的五个案件均涉及数字与度量。在这类案件中，与严格的字面要求相反的是，允许一定的误差，而非《欧洲专利公约议定书》问题所说的虚假数字。毫无疑问，还有其他一些案件，与数字及度量无关。其中的问题是，某一文字或短语是在严格的常规含义上使用，还是在某种稍微宽松的意义上使用？《欧洲专利公约议定书》问题在许多案件中非常有用，但并不能替代对本领域技术人员理解的探索，即本领域技术人员会怎样理解专利权人通过权利要求的文字所要表达的含义。

J. 德国法律关于解释的规定

12.32 德国同样受《欧洲专利公约》及其议定书规定的约束。这里用它来展示民法背景的国家的解释方法。为这一目的，我们将介绍莱迪法官在英国法院给出的启蒙性判决。这是一个关于许可的案例,而且英国法院必须根据德国的法律来判定专利的范围。

CELLTECH R & D LTD. v. MEDIMMUNE INC.

[2004] EWHC 1124 [英国]

莱迪法官:

目前的德国法律,与我们的类似,也在执行《欧洲专利公约》第69条及其议定书的规定。但不能因此认为在所有案件中,运用德国方法的结果,均与根据我们国内法得出的结果相一致。

(a) [《欧洲专利公约议定书》之前的德国法律]❶

根据以前的德国法律,对保护范围的解释,采用的是较为宽松的做法。被告只要使用了专利"总的发明构思"即构成侵权。自从1981年修订国内法,德国法院意识到《欧洲专利公约》规定了更为严格的机制。现在确定保护范围的必要基础是权利要求。这一点被德国联邦最高法院在 Formstein (Moulded Kerbstone) BGHZ 98, 12 = GRUR 1986, 803, 6 IIC (1987) p795 (附录2) 案的判决中给予确认:

"和1978年之前的法律实践相反,现在权利要求书不仅是一个起点,而且是确定保护范围的必要基础。根据1981年专利法,权利要求的用语必须通过解释给予确定,同时将说明书及附图纳入考虑范围。正如《欧洲专利公约议定书》所表明的,解释不仅用于解决专利要求中发现的不明确之处,而且用于阐明权利要求中使用的技术用语的含义,以及专利要求所述发明的限制和界线。"

(b) [《欧洲专利公约议定书》之后的做法]

[继续引用Formstein案的判决:]

"1978年1月1日以后申请的专利的保护范围,在涉及发明的等同使用时,应根据经解释确定的权利要求的用语确定。必须要考虑的是本领域技术人员所认可的发明范围。需要确定本领域技术人员基于要求保护的发明,能否通过等同方法解决发明所要解决的问题,即通过导致相同结果的其他方法获得期望的结果。本领域技术人员在运用其知识技巧,并以要求保护的发明为参照的情况下可以识别出的等同方法,通常落入专利的保护范围。这是达成给予发明人合理报酬的同时,兼顾法律确定性这一目标的要求。"

Formstein案不仅是德国专利法确定侵权范围的方法的基石,同时也是被称为"Formstein异议"的补充抗辩的起源。这一抗辩产生的效果

---

❶ 标题是作者添加上去的。

是，如果某些装置之前就被人们所了解，或由当时的现有技术知识看来是显而易见的，则专利保护范围不得扩展到这样的等同装置。这类似于我们的 Gillette 抗辩原则。

(c) [法院负责解释权利要求保护范围]

在考虑该判例法之前，我们先了解一下一个总的观点。正如英国专利法一样，根据德国专利法，由法院来负责解释专利权保护范围，以及判定侵权与否。在进行这些解释和判定时，需要从一个具有技术背景但缺乏创造性的假想受众的角度来看。

(d) [判定字面含义是第一步]

根据德国专利法，判定侵权与否的第一步，是解释权利要求的"字面"含义。如果被告的产品或方法落入了字面含义的范围，则侵权成立。如果并未发现存在这类侵权，下一步就是判断保护范围究竟超出（如果确实超出了的话）字面含义多远。

为此目的，德国法院采用了一种三步测试法，这和 Improver 案的问题是类似的，但是不完全相同。

德国联邦最高法院在 Custodial II 案的判决中解释道：

"如果专利权利要求中包含数字或尺寸的说明，用以确定保护范围的原则也同样适用。这样的细节内容，结合专利权利要求的内容，一起作为判定保护范围的决定性基础。权利要求书中既然包含了数字或尺寸，说明它们的目的是用来判断并由此划定专利的主题。因此，这样的细节不可以被认为是无关紧要的，不能够仅作为受保护的技术启示的列举来看。这样的做法，在《欧洲专利公约》第 69 条以及相应的国内立法修订生效以前的判例法时代曾经出现过。

正如权利要求的任何其他要素一样，有关数字和尺寸的说明，原则上也是要解释的对象。正如在其他方面一样，关键性因素在于，本领域技术人员在专利权利要求的整体上下文中，如何理解这样的细节。同样，说明书及附图被用以阐明这一上下文。必须加以考虑的一个事实是，数字和尺寸的说明，由于其内容的客观性（这也会对本领域技术人员的解读产生决定性影响），并非统一的，而是可能会以不同形式涉及包含不同内容的事实。"

(e) [语义法]

因此，德国法院将数字和尺寸被（或可以被）用于划定保护范围这一事实纳入考虑范围。另一方面，它们如何被解释，则取决于它们被使用的上下文。另外，德国联邦最高法院进一步解释道，由于数值或尺寸的精确性，其有别于单纯的文字描述：

> "单独这些要素可以防止本领域技术人员总是将数字、尺寸或范围归结于同一固定的含义。然而，作为原则，相对于发明启示要素的文字描述，他会认为这样的细节更为确定和清晰。这样的数字非常明确，然而用文字术语表述的一般概念，只能对其指代的事物进行某种程度的抽象。另外，这样的概念，如果用于专利说明书，则不一定是在一般技术术语用法所赋予的意义上使用的；在这种意义上，专利说明书可以构建自己的'独家词典'。从有利于本技术领域阅读者的角度来看，用说明书中的数值或尺度具体限定的特征对发明的说明，比单纯文字描述更精确严密。由于将所要求保护的所有内容囊括进专利权利要求书是申请人的责任，专利说明书的阅读者有理由认为，采用了数字的权利要求书同样满足了这个要求。这一点对明确说明了数字的申请人更加适用，因为他们有更好的机会完全意识到，权利要求的用语对所要求的专利保护范围的限制后果。
>
> 基于这个原因，作出比适用1978年之前德国法律的实践更严格的判断，比较合理。作为原则，明确的数字在这方面非常详尽地限定了被保护的主题；大于或小于该数字的部分，作为原则，不再包含于专利权利要求的主题中。"

我们会发现，与根据英国法律一样，德国法庭必须考虑到以下事实，即权利要求的文字，是权利权人的选择，阅读者有权假定专利权人在试图定义其垄断权时明白自己在做什么。

(f) [假想的受众]

德国联邦最高法院进一步解释说，即使语义意思包括数字限制，这并不必然消除该限制存在一般性公差的可能。在这些方面，如同在其他方面一样，是否允许公差，需要通过假想的受众的视角来决定：

> "决定性的因素是在说明书和附图的帮助下所确定的专利权利要求的语义内容。在其他上下文中，一个特定的角度（例如90度）可能因此被本领域技术人员视为一个需要严格遵守的数值。原则上，这同样适用于具有限定值的数值范围。数值必须被严格遵守这一解释，首先要与本领域技术人员在意识到这是一个'关键'数值之后的解释相一致。相应地，专利权利要求中的某一特定数字或尺寸如何被理解，是一个本领域技术人员在个案中的解释的问题，应由法官作出判断。"

(g) [Improver 问题的应用]

德国法院同样需要确定专利垄断权范围是否超出权利要求的字面含义。如上所述，这涉及一个三步检验法，类似于 Improver 案中所涉及的问题。该检验的性质，如同在 Custodial II 案中的阐述：

"相应地，仅满足以下条件并不能将超出专利权利要求字面含义的实施例纳入专利保护的范围：（1）该实施例通过有改变但客观上等同的方法解决了发明项下的问题，以及（2）本领域技术人员的专业知识，能够使其认识到改变后的方法属于等同方法。除非采用专利权利要求相同的方法不能取得相同的效果，另外（3）本领域技术人员所关注的焦点，在于专利权利要求所保护的技术启示的语义内容，且本领域技术人员能够识别出应用不同方法的不同实施例，为该特定的等同解决方案。"

正如专利权利要求中的其他特征一样，如果不考虑权利要求中所包含的数值和尺寸，就无法确定权利要求的效果。因此，作为原则，本领域技术人员将数值范围内独立出现的其他效果，解释为可将不同实施方式纳入保护范围是不充分的。如果对于本领域技术人员来说，找不到除权利要求中数值之外的等同数值，保护范围就不能超出专利权利要求的语义内容。在本领域技术人员的解释中，根据权利要求由数字所确定特征的效果，在这种情况下是（完全）符合数值时所确定的效果，因此必然不能通过不同的数值获得。在这种情况下，仅本领域技术人员认识到从数字中抽象出来的启示在技术上是合理的，还是不够的。

申请人不可能总是发现并穷尽发明的所有技术内容；不管在法律上是否可能，他没有这样做的法律义务。如果通过客观观察发现，与现有技术相比，权利要求文字限定的专利保护范围要窄于发明技术内容的合理范围，本领域专家有理由认为，保护范围应当被相应地限定。这时，应当防止专利权人就未曾要求保护的内容要求保护。即使本领域技术人员发现，这种情况（在上述较窄的情况下）下，发明的效果可以在超出专利权利要求保护范围时获得，这点同样适用。

这似乎是在说，虽然对于假想的阅读者而言，其他的替代方案可能是显而易见的，但如果该阅读者通过专利的启示得出的结论是发明人有意忽略这些变化形式，则这些变化形式不被专利所覆盖。

(h) [第三个 Improver 问题]

在 Plastic Pipe 案的判决中，德国联邦最高法院确认，这实质上与第三个 Improver 案中的问题是相同的：

"基本上同意前述意见，英国法院为了确认侵权，审查特定公众期望并实施以专利为基础的技术方案时,是否有理由认为,决定因素完全符合专利权利要求的表述。问题是,涉及专利权利要求的每个技术特征时,如果权利要求启示了一种相符的技术方案,所关注的特征,对本领域技术人员来说,是否只能是文字的含义。这种解释可能特别适用于有数值和度量的情况。"

K. 日本法律关于等同原则的规定

12.33 日本的做法:日本法院的做法稍有不同。
滚珠花键轴承案例(BALL SPLINE BEARING CASE)
日本最高法院
1998 年 2 月 4 日

在一个专利侵权案中,当判断被控侵权人制造或销售的产品,或使用的方法是否落入专利发明的技术范围时,必须基于专利权利要求中所表述的发明来确定专利发明的技术范围。

在专利权利要求所表述的发明包含不同于被控装置的一部分的案件中,被控装置被认为未落入专利发明的技术范围。然而,即便如此,如果满足下述五项测试,仍可合理地认为,被控装置等同于专利权利要求中所表述的发明,并因此落入专利发明的技术范围:

正向测试:

测试 1. 该不同的部分不是专利发明的本质部分(非本质性)。

测试 2. 即使该不同部分与被控装置的部分替换,专利发明的目的也能实现,且被控装置可以获得相同的效果(可替换性)。

测试 3. 此种替换能被本领域技术人员在制造被告装置时很容易想到(替换的容易性)。

否定性测试:

测试 4. 被控装置与专利申请时的公知技术不同,或者本领域技术人员基于专利申请时的公知技术不容易想到被控装置(非公知技术)。

测试 5. 没有特殊情况,例如在专利申请审批期间,被控装置被故意排除(禁止反悔原则)。

12.34 评论。在其知识产权案例汇编(1)2003 中,日本特许厅亚太工业产权中心对这些测试评价如下:

(i) 对于测试 1(非本质性)

"本质部分"指的是权利要求中所述的特征或核心部分,这是要求保护的发明所独有的技术方案的基础。如果专利发明的本质部分不同于被控产品，那么专利发明的技术思想就不同于被控产品，其专利权自然不能覆盖被控产品。在审查中，权利要求中所述的部分是否构成本质部分，在与接近的现有技术相比较时不仅要考虑权利要求，而且要考虑说明书。

（ⅱ）对于测试2（可替换性）

如果即使在专利权利要求中组件的某一部分替换为被控产品的相应部分之后，专利发明的相同的操作优势仍在被控产品中得以体现，则可认定该部分具有可替换性。操作优势应当基于说明书来确定。应当认真研究权利要求中何种组件具有何种优势，以及权利要求中某一组件的缺失将导致失去何种优势。

（ⅲ）对于测试3（替换的容易性）

尽管先前的高等法院以专利申请的申请时间背景来确定替换的容易性，但最高法院认为替换的容易性，应以制造被控产品的时间背景来确定。替换容易性的程度被认为比认定缺乏创造性所需的容易程度［见日本专利法第29（2）条规定］更容易满足。在确定替换的容易性时，现有技术应当是有用的。

（ⅳ）对于测试4（非公知技术）

最高法院认为，在专利申请提交时已被公知或在申请时基于这种公知技术能被本领域技术人员轻松发明出来的技术，不能被授予专利权（第29条），并且认为此种技术应当自然地属于公用领域财产，不应被垄断。这就是测试4将无专利的公知技术规定为一种积极抗辩的原因。这一测试并非说专利发明是容易想到的，而是说专利权的行使不能将矛头指向根据专利申请时的现有技术可以容易获得的产品。

（ⅴ）对于测试5（禁止反悔原则）

最高法院第一次认为，禁止反悔原则妨碍了等同原则的应用。最高法院认为，如果申请人故意从权利要求的范围中排除了被控产品，或者在专利申请期间，承认了被控产品没有落入权利要求的范围，那么专利权人不得以与其早期承认相反或不一致的方式来事后主张其权利要求囊括了被控产品。

L. 美国法律关于等同原则的规定

12.35 美国法中规定的等同原则，在实体方面不同于其他普通法国家。其等同原则是由美国联邦最高法院对 Graver Tank & Mfg Co. v. Linde Air Products Co. 339 US 605（1950）案的判决所确立的。与他国不同的主要原因，是基于这样的事实：在美国，授权的专利不是专利保护范围的唯一记录，与诉讼过程相关的外部证据可被接受用于解释说明书和权利要求书。❶这项不被其他普通法国家所接受的法则，产生了诉讼过程或禁止反悔（争论和修改的禁止反悔）的概念。这些问题成为后来的美国联邦最高法院对 Warner – jenkinson v. Hilton Davis 520 US 17（1996）及 Festo Corporation v. Shoketsu Kinzoku Kogyo Kabushiki Co. 122 S Ct 1831（2002）两案判决的焦点。由于对这些原则的适用有限，这里将只介绍其基本内容。

12.36 美国在等同原则上的先例，可能是误导性的，并且由于在其他普通法管辖区域内没有更多的案例，而无法被适用。正如加拿大最高法院所认为的：

> 允许将这种外部证据用于界定垄断权的范围，将破坏权利要求的公示功能，增加不确定性，并给已经过热的专利诉讼火上浇油。目前对一直将注意力集中于权利要求语言的目的性解释的强调，似乎也与打开禁止反悔原则的潘多拉盒子的做法不一致。❷

12.37 英国对美国专利法的看法

CELLTECH CHIROSCIENCE LTD. v. MEDIMMUNE INC.

［2002］EWHC 2167（Patents）［英国］

事实：由于许可合同条款，英国法院被要求根据美国法来确定专利范围。雅各布法官的判决，从局外人的观点提供了一个有用的视角。该案在上诉〔Celltech Chiroscience Ltd. v. Medimmune Inc.［2003］EWCA Civ 1008（2003年7月17日）〕阶段，仍继续就这些原则进行了讨论。为现阶段目的，雅各布法官的判决已经足够说明问题。

在美国，关于如何确定专利范围的法律，不同于欧洲。在欧洲，对等同原则没有明文规定。在此我指的是，尽管被控产品没有落入基于上下文理解时的权利要求的词语意思的范围之内，但根据某项规定仍可能存在侵权。

相反，美国专利法关于等同原则则有明文规定。在我看来，对于该规定理由的最好说明之一，还是由法官勒尼德·汉德在 Royal Typewrite v. Remington（1984）168 F 2d 691；77 USPQ 517（2d Cir）案中所作的说明：

"在考虑了所有有助于解释的情形，且权利要求的范围已被扩

---

❶ 在日本和荷兰有相似的规则。

❷ 见 Free World Trust v. Électro Santé Inc. 2000 SCC 66［加拿大］。以及 Kirin – Amgen Inc. v. Hoechst Marion Roussel Ltd.［2004］UKHL 46［英国］。但是，如之前所提到的那样，日本接受该原则。

大至词语所能及的最大范围之后，在适当的情形下，法院使权利要求的范围涵盖超过它们的意思所能承受的范围。如果他们冷漠刻板地适用法律，那么他们将永远不会这样做。[但]有时他们采取等同原则来调节苛严的逻辑，并阻止侵权人盗取发明的利益。"

美国还有进一步的专利法理论，其名称为"诉讼过程（俗称'归档卷宗'）禁止反悔"。该理论基于一种概括性的认识，即专利权人不得违背他在专利申请过程中，向美国专利商标局所说过的或所陈述过的任何内容。

这两项原则都是法官制定的，从美国联邦法院判决所确定的规则中可探知。近年来，美国高级法院更加关注等同原则和归档卷宗禁止反悔原则。目前，关系到等同原则的基本规定，是在两个最高法院案例 Markman v. Westview Instruments 517 US 370（1996）和 Warner–Jenkinson v. Hilton Davis 520 US 17（1996）中确定的。Markman 案判决，专利权利要求的解释，是由法院判断的法律问题，而非陪审团问题。这并不是说专家证据不能被接受，相反是可以接受的。目前的大多数专利权利要求，只有在背景技术（尤其是"职业"行话）获得解释后，才能为律师所理解。Hilton–Davis 案判决，等同原则仍然有旺盛的生命力，并很好地遵从了 1952 年修改的美国专利法。但这一判决同时也对该原则进行了限制。宣读美国联邦最高法院一致判决的法官托马斯（Thomas）说道：

"然而，我们确实也存在以下反对者所持有的担忧，即等同原则自 Graver Tank 案被适用以来，已呈现出其自身的生命力，脱离了专利权利要求的束缚。不能否认，当广泛适用时，等同原则与法定权利主张要求的解释和公告功能是相互冲突的。"

对该原则的限定，是通过采用已故法官海伦·尼斯（Helen Nies）在 CAFC 中的解决方案而达成的。法官托马斯这样解释现代规定：

"专利权利要求所包含的每一要素，对限定专利发明的范围而言，均被视为是必要的，因此，等同原则必须被适用于权利要求中的各个要素，而不是整个发明。必须确保，即使是适用于单个要素，该原则的适用也不至于过于宽泛，以至于实际上从整体上忽略了该元素，这点非常重要。"

第 13 章　不正当竞争：导言

A. 国际标准（13.1～13.5）
B. 大陆法系对不正当竞争的认识（13.6、13.7）
C. 普通法途径（13.8）
D. 混合法途径（13.9）

A. 国际标准

13.1 公平竞争是商业的基本要素
TAYLOR & HORNE (PTY) LTD. v. DENTALL (PTY) LTD.
1991 (1) SA 412 (A) [南非]
上诉法院范·希尔登 (Van Heerden) 法官：
　　竞争通常被认为是商业的生命线。正是因为同样或类似的商品可以从多处获得，公众才可以合理的价格购买这些商品。因此，无论对首先营销某种特定商品，或对首先在某个特定商业领域进行投资的经营者所确立的习俗造成何种程度的损害，这种竞争都不可能是非法的。

13.2 TRIPS的要求。 TRIPS要求WTO成员遵守《巴黎公约》中遏制不正当竞争的下述条款：

第8条：
"厂商名称应在本联盟一切国家内受到保护，没有申请或注册的义务，也不论其是否为商标的一部分。"

第10条之二
"(1) 本联盟国家有义务对各该国国民保证给予制止不正当竞争的有效保护。

(2) 凡在工商业事务中违反诚实习惯做法的竞争行为均构成不正当竞争。

(3) 下列各项特别应予以禁止：
- 具有采用任何手段对竞争者的营业所、商品或工商业活动产生混淆性质的一切行为；
- 在经营商业中，具有损害竞争者的营业所、商品或工商业活动信用性质的虚假说法；
- 在经营商业中使用易使公众对商品的性质、制造方法、特点、用途或数量产生误解的表示或说法。"

制止违法商业活动的法律，包括打击假冒和垄断的法律，通常都对不正当竞争作出规定。❶

13.3 地理标志：TRIPS要求对地理标志进行立法保护。此类法律规定可能会对广义假冒行为（对广义假冒行为作出规定是为了制止涉及产地的假虚

---

❶ 比如澳大利亚1974年交易行为法（Cth）。参见 Taco Company of Australia Inc. v. Taco Bell Pty Ltd. (1982) 42 ALR 177；以及 Parkdale Custom Built Furniture Pty Ltd. v. Puxu Pty Ltd. (1982) 149 CLR 191。

假陈述，以保护这些标志）的范围产生影响，并至少部分取代广义假冒行为。TRIPS 对这些标志的保护是法定的和直接的，考虑到其与广义假冒行为的联系，为了便于下面的讨论，故在此先予提出。

13.4 **地理标志的定义**："地理标志"是指，识别某一商品来源于某一国领土或该领土内某一地区或地方的标志，该商品的特定质量、声誉或其他特性主要归因于其地理来源（第22条第1款）。

各国对什么是地理标志，以及什么不是地理标志有不少争论。比如，许多国家认为，在起泡葡萄酒上使用的"香槟"这一术语是原产地标志，它表示只有在法国香槟地区生产的此类型的葡萄酒才能使用这一名称。然而，在其他一些国家，比如美国，则认为这一术语是起泡葡萄酒的通用名称，无论其产于何地。双边贸易协议已经迫使一些小国将一些已经作为通用名称使用了数十年（如果不是数百年）的名称认定为地理标志。南非雪利酒就是一个例子：雪利酒突然变成了西班牙的特有产品，历史和事实完全被忽视。

基本上，下列保护是必需的（第22条）：

- 不得在某一商品的标志或说明中，使用任何方式，标明或暗示所涉商品来源于真实原产地之外的一地理区域，从而在该商品的地理来源方面使公众产生误解；
- 不得进行任何构成不正当竞争行为的使用。

13.5 一些商标法对将地理标志注册为集体商标作出了规定。在交易过程中，这些商标能区分商品和服务的提供者是否属于某一协会的成员。如获得注册，则商标所有人无须为行使权利提供声誉证明。

B. 大陆法系对不正当竞争的认识

13.6 **大陆法系**：大陆法系倾向于规定概括性的不正当竞争违法行为，并于最近通过示例进行了扩充。❶ 一个例子是德国法，德国反不正当竞争法第3条一般条款中提道：

"损害竞争者、消费者或其他市场参与者的利益，并可能显著妨碍竞争的不正当竞争行为应被禁止。"

其后，是对不正当竞争行为的列举：

"特别地，如果行为人作出以下行为，即构成第3条所述之不正当

---

❶ 显然，各个大陆法国家有不同的法律。参见 BODEWING F H, SCHRICKERG. New initiatives for the harmonisation of unfair competition law in Europe [J]. EIPR, 2002: 271.

行为：

- 采取竞争行为，且该行为意在通过施加压力、虐待或其他不适当、不客观的影响，妨碍消费者或其他市场参与者进行自由选择；
- 采取竞争行为，且该行为可能利用消费者（尤其是儿童或青少年）对经济经验的缺乏，或消费者轻信、恐惧或冒险的心理；
- 隐瞒竞争活动的促销性质；
- 未明确说明享受折价、赠品或礼品等促销活动的条件；
- 未明确说明参加促销竞赛或比赛的条件；
- 以消费者是否购买特定商品或使用特定服务来决定能否参加竞赛或比赛，除非该竞赛或比赛的特性与该商品或服务相关；
- 诋毁或诽谤竞争者的品牌、产品、服务、活动或者个人或商业关系；
- 捏造或散布有关竞争者商品、服务或业务，或者有关企业所有者或企业董事会成员的言论，意在损害该企业的经济利益或者该企业所有者的声誉，且该言论不能被证实；如果是私下的传播，并且传播者或接收者对此有合理的利益，则该行为仅在该言论违背事实时构成不正当竞争；
- 提供仿冒竞争者产品或服务的产品或服务，如果他或她
    - 在本可避免的情况下，在商品或服务的商业来源方面欺骗了需求者；
    - 不恰当地利用了被仿冒的商品或服务的声誉，或对其造成负面影响；或者
    - 非法获得了用于仿造的消息及设备；
- 故意妨碍竞争者；
- 违反了规范市场关系以维护市场参与者利益的相关法律条款。"

13.7 日本法。 另一方面，日本法[1]则更为详尽，对构成不正当竞争的行为作出了界定：

- 通过使用与他人广为消费者或其他购买者所知的商品或业务的标志（指经营中使用的姓名、商号、商标、标记、商品的容器或包装及其他商品和业务的标识，以下同）相同或近似的商品或业务的标志，或者将使用这种标志的商品，予以转让、交付，或为转让、交付目的而展示、出口、进口，或经由电子通信线路提供，从而与他人商品或业务产生混淆的行为。

---

[1] 1993年反不正当竞争法——1993年第47号法案。

- 将与他人知名商品或业务标志相同或近似的标志作为自身标志使用的行为，或者将使用这种标志的商品，予以转让、交付，或者为转让及交付目的而展示、出口、进口，或经由电子通信线路提供的行为。
- 将模仿他人商品形态（实现所述商品功能所必需的形态除外）的商品，予以转让、出租、为转让及出租目的而展示、出口或进口的行为。
- 以盗窃、欺诈、胁迫或其他不正当手段获取商业秘密的行为（以下称为"不正当获取行为"），或对这样获取的商业秘密进行使用或披露的行为（包括秘密向特定人披露，以下同）。
- 知道或因重大过失未能知道有关商业秘密是通过不正当行为获取的，仍获取该商业秘密的行为，或对这样获取的商业秘密进行使用或披露的行为。
- 在取得有关商业秘密之后，知道或因重大过失未能知道该商业秘密是通过不正当行为获取的，仍使用或披露该商业秘密的行为。
- 对保有商业秘密的经营者（以下称为"保有者"）所示的商业秘密，出于谋求不正当竞争或谋求其他不正当利益目的，或者出于对保有者加以损害的目的，予以使用或披露的行为。
- 知道或因重大过失未能知道已存在对有关商业秘密的不当披露（在前项所述情形下，是指出于前项所述目的，对商业秘密进行披露的行为，或违反保密的法律义务，对商业秘密进行披露的行为，以下同），或该商业秘密是通过不当披露获取的，仍获取该商业秘密的行为，或对这样获取的商业秘密进行使用或披露的行为。
- 在取得商业秘密之后，知道或者因重大过失未能知道已存在对有关商业秘密的不当披露，或该商业秘密是通过不当披露获取的，仍使用或披露该商业秘密的行为。
- 将（a）商业上受技术限制措施限制的、唯一功能用于人们浏览图像，听取声音，运行程序，或录制图像、声音、程序的设备（包括包含此类设备的机器），在消除了技术限制措施（不包括限制所有特定人浏览图像，听取声音，运行程序，或录制图像、声音、程序的技术限制措施）的效果之后，予以转让、交付、为转让及交付目的而展示、出口或进口的行为；或将（b）载有仅具有此类功能的程序（包括与此类程序结合的其他类型的程序）的数据存储媒体或机器，予以转让、交付、为转让及交付目的而展示、出口或进口的行为，或经由电子通信线路提供仅具有此类功能的程序的行为。

- 将（a）具有商业上用于限制除特定人之外所有人的限制措施的、唯一功能在于使人们可以浏览图像，听取声音，运行程序，或录制图像、声音、程序的设备（包括包含此类设备的机器），在消除了技术限制措施的效果之后，向除特定人之外的所有人进行转让、交付、为转让及交付目的而展示、出口或进口的行为；或将（b）载有仅具有此类功能的程序（包括与此类程序结合的其他类型的程序）的数据存储媒体或机器，向除特定人之外的所有人进行转让、交付、为转让及交付目的而展示、出口或进口的行为，或经由电子通信线路提供仅具有此类功能的程序的行为。

- 获得或拥有使用与他人的商品或服务上特定标志（指姓名、商号、商标、标记，或者其他商品或服务标识）相同或相似域名的权利的行为，或者出于获得非法利益或损害他人利益的目的使用此类域名的行为。

- 在商品或服务，或其广告，或在交易使用的文书或信函上，对商品的产地、质量、内容、制造方法、用途、数量，或对服务的质量、内容、用途、数量，作引人误认的虚假表示的行为，或转让、交付、为转让及交付目的而展示、出口、进口、经由电子通信线路提供带有此类标志的商品，或提供带有此类标志的服务的行为。

- 捏造或散布有损具有竞争关系的他人商业信誉的虚假事实的行为。

- 在《巴黎公约》缔约国内，或在世界贸易组织成员内，或在《商标法条约》缔约国内，有关商标权利（限于相当于商标权的权利；以下在本款中仅称为"权利"）所有人的代理人或者代表人，或在行为日前一年内为代理人或者代表人者，无合法理由且未经权利人同意，将与该权利相关商标相同或近似的商标，使用于与该权利相关商品或服务相同或类似的商品或服务的行为，或转让、交付、为转让及交付目的而展示、出口、进口、经由电子通信线路提供使用此类商标的、与该权利相关商品相同或类似的商品，或提供使用此类商标的与该权利相关服务相同或类似的服务的行为。

C. 普通法途径

13.8 普通法不承认一般的民事侵权行为。 英国普通法不承认一般的不正当竞争侵权行为❶，认为民事侵权行为包括多个方面，其中最重要的是假冒❷和对秘密信息的保护❸。

美国对不正当竞争的处理更加一般化，一方面是因为其独特的法律体系（包括 International News Service v. Associated Press〔1918〕248 US 215 案中最高法院的观点），另一方面是因为在州和联邦层面上的立法干预，联邦层面上的立法干预是通过《兰哈姆法》（Lanham Act）实现的。

MOORGATE TOBACCO CO. LTD. v. PHILIP MORRIS LTD.
(1984) 156 CLR 415 (HC)〔澳大利亚〕

迪恩法官：

在判决中和学术著作中，"不正当竞争"一词，至少是在三种截然不同的意义上被使用的，即

- 作为假冒学说的同义词；
- 作为保护经营者免受竞争者特别是通过"滥用"知识或信息的方式进行的非法经营活动的侵害，而提出的法定及衡平法案由的统称；及
- 用来描述一种新的一般性案由，保护经营者免受"不正当竞争"的侵害，或保护其享有的"准所有"权。

该术语的上述第一种和第二种用法，可能错误地暗示相关诉讼行为仅限于针对竞争者的诉讼，所以容易使人误解。第二种用法还容易使人以为，在不同的诉讼行为之间，存在统一的根本性原则，而实际上这种原则并不存在。在澳大利亚，第三种用法完全是错误的，因为根据该国法律，"不正当竞争"本身并没有为司法救济提供足够的根据。

---

❶ 参见：MURRAY AD. A distinct lack of goodwill〔J〕. EIPR, 1997: 345. Australian Broadcasting Corp. v. Lenah Game Meats Pty Ltd.〔2001〕185 HCA 63。

❷ 为保持一致性，本书不使用带连字符的"passing-off"。

❸ 其他方面见 Douglas & Ors v. Hello! Ltd & Ors〔2007〕UKHL 21（2007 年 5 月 2 日）。

D. 混合法途径

13.9 不正当竞争的一般原则：在具有混合法传统的国家，比如南非，不正当竞争被认为是由阿奎利安之诉（Aquilian action）规范的一般性违法行为的一种表现形式，但普通法判例对这部分法律有明显的影响。

DAIMLER CHRYSLER AG v. AFINTA MOTOR CORP.（PTY）LTD.
［2001］2 All SA 219（T）［南非］
索思伍德（Southwood）法官：
　　　　　非法竞争相关法律的一般原则，在 Schultz v. Butt 1986（3）SA 667（A）一案中得以确立。这些原则可归纳如下：
- 作为一般规则，任何人在与其竞争者的竞争中，经营贸易或商业是完全自由的。但是，这种竞争必须是在法律许可的范围内进行。如果涉及对他人作为经营者的权利的不法干涉，则竞争是非法的，且在直接造成损失的情况下，构成阿奎利安之诉所称的损害。
- 为了在基于非法竞争的诉讼中胜诉，原告必须证明阿奎利安责任的所有要素，包括被告实施了非法行为的证据。
- 非法行为不限于明确公认的非法行为，例如违反法律禁令进行交易、经营者对自己的商品进行欺诈性虚假陈述、经营者假冒竞争者的产品或服务、经营者散布不利于竞争对手的虚假事实，以及利用人身攻击及恐吓来破坏竞争对手的经营活动。
- 竞争行为合法与否，可以通过应用某些标准来判断，包括竞争的公平性及诚实性（要求考虑社会中的良好道德及一般意义上的正义感），以及在特定情况下具有重要作用的公共政策的问题，比如我们经济体制中自由市场及竞争的重要性。

第 14 章　不正当竞争：假冒

A. 导言（14.1~14.7）
B. 商标侵权与假冒之间的区别（14.8~14.12）
C. 商誉、声誉和地域（14.13~14.18）
D. 假冒的构成要素（14.19~14.23）
E. 误导（14.24~14.30）
F. 声誉（14.31~14.35）
G. 混淆或欺诈的故意（14.36~14.38）
H. 典型的消费者（14.39）
I. 商品的形状与结构（14.40、14.41）
J. 共同的经销区域（14.42）
K. 损害（14.43）
L. 可选择的诉讼案由（14.44、14.45）

A. 导　言

14.1 假冒的例子：无论是在大陆法系国家还是在普通法系国家，假冒都可能是最普遍的不正当竞争的形式。在美国法律体系中，它被看作"商业识别性不正当竞争"。下面将通过几个日本的案例阐述这一问题。

在 McDonald's 案[1]中，被告使用了麦当劳著名的拱形 M 作为其商标的一部分。因为拱形 M 并没有作为商标注册，因此，这一案件不属于商标侵权范畴。法庭认为，被告对该标志的使用是不正当的，因为该标志与麦当劳有唯一对应的关系，并且已持续使用了很长时间。法庭同时认为，被告的这一行为，将导致普通顾客和消费者以为被告与麦当劳之间有着某种商业联系，并且因此很可能造成误认和混淆。

在 Amex 案[2]中，美国运通公司（American Express）试图防止被告在外汇兑换交易中使用 Amex 标志。虽然美国运通公司从未将 Amex 作为商标或商号使用，但是，每个人都会将 Amex 这一名称与美国运通公司相联系。法庭支持了这一主张。值得一提的是，法庭把被告不能证明其对 Amex 的使用是出于善意且并非以不正当竞争为目的这一事实，作为重要的审判依据。

用以参考的第三个案例是 Manpower 案[3]。原告将 Manpower 这一词作为其商号的显著部分使用，而被告则将 Woman Power 这一词组作为其商号的显著部分使用。法庭认为，顾客可能会认为两家公司间存在商业联系，从而造成某种相当于不正当竞争的误解。

14.2 假冒之诉的基础在于假冒损害了企业的商誉权

"对于假冒之诉，法庭在两种观点之间摇摆——是作为对受侵犯的商号或商标等准财产权的补偿，或是与欺诈案件相类似，作为对被欺诈性竞争侵犯而受到损害的人身权的补偿。真正的诉讼基础在于，假冒损害了原告的财产权，而该财产权即为原告对其企业的商誉所享有的权利。"[4]

---

[1] 日本大阪地区法院，1993 年 10 月 15 日。
[2] 最高法院，1993 年 12 月 16 日。
[3] 最高法院，1983 年 10 月 17 日。
[4] 出自 Salmond On Torts，Ciba – Geigy Canada v. Apotex Inc. 1992 CanLII 33（SCC）案对此表示赞同并予引用。

FLETCHER CHALLENGE LTD. v. FLETCHER CHALLENGE（PTY）LTD.
［1982］FSR 1 ［英国］
鲍尔（Power）法官：
  虽然在假冒侵权行为发展的早期，从法律上看，主要是为了保护原告的商品，但我认为，之后的案例清楚地表明，法律介入贸易或商业活动的目的，在于保护经营者或商人的商誉免受其他经营者或商人的侵害。

WILLIAM GRANT AND SONS LTD. v. GLEN CATRINE BONDED WAREHOUSE LTD.
［1999］Scot CS 58 ［苏格兰］
卡梅伦（Cameron）大法官：
  该案中，普通法的救济，是基于任何人均无权将其商品当作他人的商品来出售这一原则的，这一点没有争议。Erven Warnink BV v. J Townend & Sons（Hull）Ltd. 1979 AC 731 案（荷兰蛋酒案）的报告清楚地表明，法律救济，是为了防止不正当的交易行为。因此而遭受商业或商誉损失的经营者，可以对侵权者提起诉讼。不正当交易行为的形式，会随着交易形式以及获得商业声誉和商誉的方式的不同而改变。商誉的概念，在法律中是一个广义的概念，其最佳的文字表述，可能是麦克纳顿（Macnaghten）大法官在 Inland Revenue Commissioners v. Muller and Companies Margarine Ltd. 1901 AC 217 案中所描述的，"企业的良好名称、声誉及商业联系所带来的利益及便利。这是一种带来客户的吸引力。"

14.3 假冒有两种类型。假冒有两种类型，即典型形式和演变形式。

14.4 典型的假冒

  "典型的假冒的客体，是标志［或外观］的来源标识功能，因此，必须存在消费者将争议标志［或外观］与原告相联系的情况。这种联系称为商誉，是区分原告产品的市场中的一种独特声誉。

  假冒要求存在损害。这可以是交易的流失，或商誉的削弱。当消费者将被告的产品当作原告的产品购买时，就导致了交易的流失。当消费者把被告的产品当作原告的产品购买，并且对该产品感到失望而使得原告的商誉受到损失时，就导致了商誉的削弱。"❶

WILLIAMS tla JENIFER WILLIAMS v. LIFE LINE
1996（3）SA 408（A）［南非］
科贝特首席法官：
  假冒是存在于贸易或商业中的不正当竞争的一种形式。它的典型形

---

❶ SAUNDERS K. Choccosuisee – the new "extended extended" passing off［J］. VUWL Rev, 2001: 13.

式是，A 用一种明示或暗示的（但是几乎总是后者）的方式，表示其商品或服务来源于 B，或者表示其商品或服务与 B 的经营活动有某种联系。法律上认定此类行为是不正当的，因为其导致了，或意图导致对他人交易的不正当窃取和/或对他人商誉的不正当侵害和/或造成对他人商誉的损害。A 所采用的此种表述，可能是暗示性的，可以是在其商品上使用与 B 的名称、外观或标志相似的商号、外观或标志，从而迷惑或欺骗公众，使公众认为 A 的商品或服务来源于 B，或者它们之间存在前述联系。

因此，为了在基于暗示性表述的假冒之诉中胜诉，原告有义务证明的事项包括但不限于：首先，其所使用的名称、外观或标志足以区分其商品或服务，即公众能将该名称、外观或标志与其商品或服务相联系（这通常被称为商誉的获得）；其次，被告所使用的名称、外观或标志，由于本身原因或使用原因，导致前述公众混淆或受骗。这些原则已是老生常谈，无须引用先例进行说明。

14.5 演变的假冒

"演变的假冒的客体，是与描述性和地理性术语相关的商誉。同一类经营者，借此来防止其竞争者不恰当使用原告恰当使用的描述性术语。❶演变的假冒所涉及的与产品相关的商誉，明确要求必须具有显著性和可识别性。❷此商誉由同一类经营者共享。演变的假冒所涉及的，不是对标志作为来源标识的保护，而是保证对描述性术语的恰当运用。

要在演变的假冒案件中胜诉，被告对术语的不恰当使用，必须损害了原告的商誉。经营者不能借用演变的假冒来防止竞争者对描述性术语的恰当使用，因为这不会损害其商誉。

演变的假冒与典型的假冒有两个关键的不同点。首先，因为不要求存在对来源的误导，所以，演变的假冒的案件保护的是一类经营者，而不是单个经营者。其次，演变的假冒的案件保护描述性术语，但其仅仅是为了防止术语的不恰当使用❸，因此，并不赋予对描述性术语专用权。"

14.6 典型形式和演变形式之间的不同

CHOCOSUISSE UNION v. CADBURY LTD.

［1997］EWHC Patents 360

---

❶ 参见 J Bollinger v. The Costa Brava Wine Co. Ltd. （No. 1）［1960］Ch 262，［1960］RPC 16 and（No. 2）［1961］1 WLR 277，［1961］RPC 116［UK］。

❷ 参见 Erwen Warnick BV v. Townend & Sons（Hull）Ltd. ［1979］AC 731（HL）［Advocaat］。

❸ SAUNDERS K. Choccosuisee – the new "extended extended" passing off［J］. VUWL Rev，2001：13.

案情：吉百利对名为 SWISS CHALET 的新型巧克力棒的引进，引起了双方的争议。外包装上的 SWISS CHALET 字样使用了大号的金边红字，并且带有覆盖着白雪的山峰——显然是为了使人认为是马特峰❶以及山谷中一间阿尔卑斯牧人小屋的图案。外包装的 CADBURY 字样，采用了常见的字体格式，并用其常见的"玻璃杯和半满的玻璃杯"标志来标明是牛奶巧克力。此种巧克力既不产于瑞士，也不是采用典型的瑞士方法生产的。

莱迪法官在一审中认为，吉百利假冒其巧克力产于瑞士，侵害了瑞士常年开发巧克力制造艺术和工艺的巧克力生产商的权利，并发布了禁令。二审维持了该判决。❷

莱迪法官认为：

(a)［典型形式的假冒之诉，要求存在商誉］

Perry v. Truefitt 案和 Spalding v. Gamage 案这一类的诉讼，是迪普洛克大法官在荷兰蛋酒（Advokaat）❸案中所描述的"典型形式"的假冒的例子。为了在这类案件中胜诉，原告必须证明其已通过自身努力，建立了必要的商誉，或者从前人处获得已存在的商誉。如果他刚刚进入市场，尚未建立起必要的商誉，则他无法胜诉。如果因为最初的商誉被两个以上继承者所分享，或者每一个所有者同时建立起了属于自己的声誉，他的权利被他人所分享，则可能会产生问题。即便如此，每一个分享商誉的所有者，都可以通过起诉，防止他人在之后使用相同或者极为相似的名称或标志。确实，如果新进入者试图在实质相同的商品或服务上使用该名称或标志，则假冒证据将更容易辨认，因为产品或服务的性质，不会帮助公众区分产品或服务是来自原告还是被告。

(b)［商誉所有者有行为的自由］

此外，由典型的假冒之诉来保护的商誉，其所有人可以任意处置其标志。他可以提高或降低商品或产品的标准，改变生产地，改变他所使用的成分，并且，如果他愿意，可以在完全不同的商品或服务上使用该标志或名称，只要不与其他经营者在新进商业领域中已使用的相同或相似名称或标志相冲突。商誉所有者之所以享有行为的自由是因为该商誉属于并仅属于原告。他为了胜诉，必须证明假冒行为对其商业造成了损害。

(c)［描述性词语无专用权］

---

❶ 马特峰是位于意大利与瑞士交界处的奔宁阿尔卑斯山脉的山峰。——译者注
❷ Chocosuisse Union v. Cadbury Ltd.［1999］EWCA Civ 856；［1999］RPC 826（CA）.
❸ Erwen Warnick BV v. Townend & Sons（Hull）Ltd.［1979］AC 731（HL）.

然而，经营者在标志或名称上获得可保护的商誉的能力是有限的。特别是，从公共利益角度考虑，法庭将尽量避免经营者对描述性词语获得专用权。因此，在典型的假冒之诉中，如果标志是高度地理性的，或是某特定类型产品的描述或名称，则原告很难胜诉。

(d) ［演变形式的假冒之诉，保护描述性术语］

与假冒之诉的典型形式相对应的，是迪普洛克大法官所称的假冒的演变形式，由丹克沃茨（Dankwerts）法官在香槟酒案（Champagne）❶中第一次提及并应用。这一新的诉讼形式可以从香槟酒案，经过雪利酒（Sherry）案（Vine Products Ltd. v. Mackensie & Co. Ltd. ［1969］RPC 1）和苏格兰威士忌酒案（John Walker & Sons Ltd. v. Henry Ost & Co. Ltd. ［1970］RPC 489）追溯到荷兰蛋酒案。最近的例子是 Elderflower Champagne 香槟酒案（Taittinger SA v. Allbev Ltd. ［1993］FSR 641）。虽然它们都根源于假冒，但与典型的案由存在明显的不同。在香槟酒案这一类案件中，保护的对象是标示特定产品，而非标示来自特定经营者的产品的名称或词语。通常，这些词语是描述该产品的理想并且可能是唯一合适的术语。正如来自奶牛的、包含有其他可消化成分的脂肪和水的乳状液，被称为牛奶而不是其他东西一样，在法国特定地区，通过双重发酵过程生产、并装在瓶子里的白色或淡红起泡葡萄酒，被称为香槟酒，而不是其他东西。这些词语完全是对产品的描述。迪普洛克大法官的报告清楚地表明了这一点，该报告多次提及标志的描述性性质，下文是其中的一个例子：

> "在香槟酒案中，描述性术语涉及商品的地理产源，因此，对术语中的商誉享有权利的经营者，仅限于在英国市场上供应产于该术语所示地点的商品的那类经营者。与之类似的是雪利酒案，Sherry 一词除非带有某个地理形容词，仅用于描述某种类型的葡萄酒。判决认定，Sherry 表示的是在西班牙赫雷斯—德拉佛龙特拉省采用 solera 法生产的葡萄酒，对该词中的商誉享有权利的经营者，仅限于在英国市场上供应产自该省的葡萄酒的供应商。在苏格兰威士忌酒案中，案件主要涉及的产品是混合威士忌酒，对'苏格兰威士忌'这一描述性术语中的商誉享有权利的经营者，并不限于经营在苏格兰混合的威士忌酒的商人，而是延及任何混合威士忌酒的供应商，无论混合过程发生于何处，只要其产品的成分仅由在苏格兰进行蒸馏的威士忌酒组成。但是在我看来，在这三个案例中，由原告经营的特定类型或配方的商品的描述性名称，恰好具有地理内涵

---

❶ J Bollinger v. The Costa Brava Wine Co. Ltd. （No. 1）［1960］Ch 262, ［1960］RPC 16 and （No. 2）［1961］1 WLR 277, ［1961］RPC 116.

这一事实并不重要。如果某种具有特定特征或成分的产品已以某种描述性名称投入市场，并已在该名称下获得公众声誉，与具有不同成分的竞争产品区分开来，我认为原则或逻辑上，法律应该保护该名称中所包含的商誉，以防止竞争者对该名称的描述性使用。但是，如果该产品的成分无法限定地理产源，则该名称将失去这种保护。"

(e) ［演变形式中的描述性使用，必须精确］

在适当情况下，演变形式的诉讼可以保护描述性词语这一事实极为重要，有几个原因。首先，在辩护过程的某一阶段，［辩护律师］似乎在暗示，原告无法在此次诉讼中获胜，因为"瑞士巧克力"是描述性的。然而，在我看来，这一类辩护，无法自然而然地用于香槟酒类型的案例。其次，被保护名称的描述性，也会导致演变形式的假冒与典型形式的假冒在其他方面有所不同。在新的演变形式的诉讼中，已有的将该名称使用于其商品的经营者，无法阻止新的竞争者生产或销售该名称所能精确描述的商品，或为该目的使用该名称。该描述性词语的已有使用者，仅能通过共享的权益，来防止他人将该词语用于其无法正确描述或指定的商品。最后，受保护名称的已有使用者，也不得随意将该名称用于其无法正确描述或指定的产品。泰坦瑞香槟酒先生（Messrs Taittinger），并不比其他人更有资格在非酒精可乐饮料上使用"香槟"这一词。对保护该词作为适用于某一特定类型商品的名称的纯洁性，那些有权使用该词的经营者享有共同的利益，但是，无论如何，该词都不属于单个经营者，任其随便使用。

"正是该类型产品本身，因其可识别性和独特性，在市场上获得的声誉产生了相关商誉。因此，如果有人可以合理准确地定义已获得声誉的产品类型，那么，他就可以识别出有权共享该商誉的经营者类型的成员。

"在荷兰蛋酒案中，原告 Warnink 没有提出传统假冒之诉的事由，因为公众不会认为被告的产品是原告的产品或产自荷兰的产品。然而，在认定 Warnink 可以根据演变形式的假冒之诉获得支持的判决中，迪普洛克大法官引用并赞同一审法官的认定：如果不限于基于烈酒的产品，而允许在酒精鸡蛋饮料上普遍使用'荷兰蛋酒'这一名称，被告将对 Warnink 的贸易活动及商业信誉造成损害，直接导致销售的损失，并且间接导致'荷兰蛋酒'这一名称上所附声誉的贬损。"

(f) ［演变假冒之诉，保护描述性术语的精确性和排他性］

这种形式的诉讼，保护的是描述性术语的精确性和排他性。这一点不仅可以从以上引用的荷兰蛋酒案的相关文献中看出，还可以从最近上诉法院对 Elderflower Champagne 案的裁决中得到例证。原告 Taittinger 起诉某公司在萨里生产以"Elderflower Champagne"名义销售的非酒精起泡饮料。一审法官认为，除原告遭受实质性损失的可能性证据之外，假冒之诉的所有必要要件已被满足。在上诉中，原告争辩道，一审法官的认定是错误的，因为如果被告继续称其商品为"Elderflower Champagne"，香槟一词的显著性将被破坏，而这将不可避免地损害香槟生产商的商誉。[这一主张被接受了。]

虽然发展到现阶段的普通法不承认单个经营者享有起诉其竞争者存在破坏性欺诈交易行为的一般权利，不过，这一方面的法律已发展到能赋予类似于原产地证明的民事强制权利。正如丹克沃茨法官和迪普洛克大法官分别在香槟酒案和荷兰蛋酒案中所解释的，这一发展被证明在公共政策方面是正确的。

（g）[产品质量]

在介绍该案情况之前，将介绍在该案辩论中出现的、便于在此讨论的另一个一般原则。在典型的假冒之诉中，无须证明与被告或其他同业经营者相比，原告的产品质量更好、价格更便宜或有其他的不同。确实在很多案件中，胜诉方商标的主要价值在于它可以帮助吸引顾客，甚至是在带有该商标的商品或服务与其他商品或服务相比没有内在的优异之处或不同之处的情况下吸引顾客。举一个普通的现实例子，众所周知，相当多的公司以自己的品牌销售起泡可乐，大部分很可能在口味或成分上并无不同，因为技术的进步，使得某一公司的产品更容易被其他公司分析和模仿。销量的差异和以更高价格出售的可能性，归因于有效的市场营销，特别是知名品牌的使用。用麦克纳顿大法官在 IRC v. Muller [1901] AC 217 at 223 案中的话来说，具有招揽顾客吸引力的，是品牌名称的声誉。虽然产品一样，但是有不同来源，即有不同的生产者或销售者，而顾客会基于经验，对某种产品显示特别的偏好，因为在他看来，该商标代表了优良性、可靠性或其所知或所喜欢的质量、价格或成分，或仅仅是因为时尚，或商品对其势利心理的吸引力。

如果描述性术语用于可合理识别并具有特殊质量的产品，则应该可以通过演变形式的假冒之诉来保护。如果该术语所代表或涉及的商品与相竞争的商品之间在质量和成分上没有不同或没有可辨别的不同，则提起的假冒之诉应获得支持。

演变形式的假冒之诉所规范的多数行为，现在可以由保护地理标志的立法来规范。

14.7 反向假冒

JOHN ROBERT POWERS SCHOOL INC. v. TESSENSOHN

[1995] FSR 947（CA）[新加坡]

上诉法院西亚法官：

> 我们清楚，假冒不只是将某人的商品或服务不实地表述为他人的商品或服务，还可以是反向的：将他人的商品或服务，不实地表述为自己的商品或服务。此类假冒，同样具有假冒的三个基本要素。因此，如果想在反向假冒之诉中胜诉，原告必须证明：其商品或服务享有商誉；被告不实地将自己表述为商品或服务的商业来源；以及作为结果，原告的商誉遭受了损失。

B. 商标侵权与假冒之间的区别

14.8 假冒的演变：假冒不仅限于商标或商号，还可涵盖标语或视觉图像等其他客体。前提是，这些客体已成为原告"商誉"的一部分。❶

CAMPOMAR SOCIEDAD LTA v. NIKE INTERNATIONAL LTD.

[2000] HCA 12 [澳大利亚]

法庭：

> 法庭在多种不同的情形下，需要对商誉的性质进行定义和确认，假冒侵权仅是其中的一种情形。对假冒之诉中被保护的商誉造成的损害，不仅限于将被告的商品或服务表述为原告的商品或服务而导致的销量损失。在 Spalding 案中，被告对原告商品类别的误导，造成了原告的商誉损失。近来对假冒之诉中的商誉性质和被禁止的行为的认识都有所发展。在 Moorgate Tobacco 案中，迪恩法官的言辞显然赞成以下说法：
>
> > "为了说服购买者或顾客相信商品或服务拥有特定的属于或将属于他人所有的，或与他人相联系的商品或服务的联想、质量或认可，出现了对名称、描述性术语或其他标志进行欺骗性或混淆性使用的情况，因此，为了满足新形势的需要，传统的假冒学说必须有所发展，以适应这种变化。"

14.9 误导：误导是假冒之诉的基础

FISONS PLC v. NORTON HEALTHCARE LTD.

[1994] FSR 745（Ch）[英国]

---

❶ 对这些原则的扩展应用，见前述 Chocosuisse Uinion v. Cadbury Ltd. 等案例。

奥尔德斯法官：

在考虑注册商标侵权时，牢记侵权和假冒之诉判断标准上的不同是很重要的。在假冒之诉中，法庭会考虑是否存在误导；而即使实际上不存在误导，使用相同或近似商标，也会侵犯或可能会侵犯商标法赋予经营者的商标专用权。

正如威尔弗雷德·格林（Wilfred Greene）先生在 Saville Perfumery Ltd. v. June Perfect Ltd. and F Woolworth & Co. Ltd.（1941）58 RPC 147 案中所指出的：

"有关商标侵权的法令所依据的基本思想，与有关假冒的法律是相同的，但是，在两个方面有所不同，即：（1）商标侵权仅与一种假冒的方式有关，即商标的使用，以及（2）商标的法律保护，在某种意义上是绝对的，即一旦一个商标违反了法律规定，即使在商标之外存在其他方式可以区分其商品和在先商标注册人的商品，其使用者也不能以此为理由为自己开脱。❶ 因此，在考虑侵权问题时，法庭认为，不只是一模一样的仿冒会导致侵权，使用与注册商标极为相似，且可能具有欺骗性的商标，同样也会导致侵权，而且1938年商标法第4条也明确了这一点。由此产生两个问题：第一，是否存在相似之处，以及第二，相似是否达到可能导致欺骗的程度。"

K AVIRAJ PANDIT DURGADUTT SHARMA v. NAVRATNA PHARMACEUTICAL LABORATORIES

AIR 1965 SC 989 ［印度］❷

虽然假冒之诉是一种普通法上的救济，实质上是欺诈（用自己的商品假冒他人的商品）之诉，但这并非侵权之诉的诉由。侵权之诉是赋予注册商标所有人的法律救济，用于维护"在相关商品上使用商标的专用权"（参见商标法第21条）。在假冒之诉中，被告对原告商标的使用不是必需的，但是在侵权之诉中却是必要条件。毫无疑问，如果关于假冒的证据仅包括对注册商标的不当使用，则在假冒之诉中构成对商标的不当模仿的行为，在侵权之诉中，也将被同样认定，在这一意义上，假冒之诉和侵权之诉的基本特征可能碰巧是一致的。但两种诉讼的相似之处仅止于此。

14.10 比较的基础：依商标法提起的侵权之诉，聚焦于注册商标与被控侵权商

---

❶ 在前述第3.29段中，已经对此问题作出了分析。
❷ Playboy Enterprises v. Bharat Malik 2001 PTC 328 ［印度］案对此进行了引用。

标之间的比较，而在假冒之诉中，比较的则是原告所经销商品的整体外观和被告商品的整体外观。

14.11 声誉及声誉确立的时间：在假冒之诉中，原告必须证明其标志或外观享有声誉，而在商标侵权之诉中，则无须考虑原告的声誉。原告的声誉必须在被告进入市场时已存在。

PONTIAC MARINA v. CDL HOTELS INTERNATIONAL LTD.

［1998］FSR 839 ［新加坡］

杨邦孝（Yong Pung How）首席法官、上诉法院加迪杰苏法官、上诉法院邓立平法官：

> 在假冒之诉中，所涉及的原告获得声誉的时间，应当在侵权行为发生之前。［然而］在我们引证的这些案件中，被告已实施了原告所起诉的行为，因此，属于被告对原告特定品牌或标志造成"实际侵害"的案件。而目前的案件，属于预防侵害（quia timet）的诉讼，应诉方诉称"［上诉人］对在'Millenia'这一名称上尚未存在的声誉造成潜在侵害"。预防侵害之诉，是因担心受到侵害而预先提起的诉讼。

14.12 对其区别进行举例说明：在相同法庭的相同当事人之间发生的以下两个案例，是说明其区别的最好例子。第一个是在前面章节中提到的，法庭认为对"浪漫的梦想"（ROMANTIC DREAMS）的使用，不构成对"吉卜赛人奶油"（ROMANY CREAM）商标的侵权，虽然二者存在相似的商业外观。第二个涉及商业外观，法庭在"网球"（TENNIS）饼干案中认定存在商业外观侵权。

NATIONAL BRANDS LTD. v. BLUE LION MANUFACTURING（PTY）LTD.

［2001］ZASCA 17 ［南非］

上诉法院钮金特代理法官：

> 欺骗或迷惑的可能性（或其他方面），必须是由标志自身的相似性（或其他方面）而不是其他不相关的因素所造成的，在案件审理中，特别是在与眼前案件相类似案件的审理中，记住这一点是很重要的。商品本身或商品呈现方式的相似之处，也许会成为假冒之诉的案由，但是，这不符合本案的情况。因此，考虑到目前的情况，必须对其不必予考虑。

BLUE LION MANUFACTURING（PTY）LTD. v. NATIONAL BRAND LTD.

［2001］ZASCA 62 ［南非］

上诉法院舒茨（Schutz）法官：

> 反假冒法的目的，不是为了保护对成功商业外观的专用权。一定程度的模仿是允许的。但是，当某一方进行模仿时，就带来了风险，只有当他能够清楚地向公众表明，他所销售的产品不是他人生产的，而是自己生产的产品，从而消除了一般购买者被欺骗的可能性时，方能免除责任。

C. 商誉、声誉和地域

14.13 在英国以及一些其他的普通法国家，关于地域的一般原则，是原告的商业活动必须是，或包括在该地域中，以特定商业名称销售某一类商品。基础是一些人所认为的商业与声誉之间存在混淆。

PONTIAC MARINA PTE LTD. v. CDL HOTELS INTERNATIONAL LTD.
［1998］FSR 839［新加坡］
杨邦孝首席法官、上诉法院加迪杰苏法官、上诉法院邓立平法官：

　　　　　　关于这种权利的性质（对该权利的侵犯是假冒之诉的诉由），似乎存在很多不同的观点。较为一般的观点是该权利属于财产权。这种观点自然需要对以下问题进行回答——什么是财产？一些判例认为，财产包含于被被告不正当使用的标志、名称或外观之中，也有人认为，财产包含于因误导而可能遭受损害的商业或商誉之中。赫斯切尔（Herschell）大法官在 Reddaway v. Banham ［LR（1986）AC 139］案中明确地反对前一种观点。如果受侵犯的权利就是财产权，则我有充分的理由相信第二种观点才是正确的。

　　　　　　商誉和声誉这两个术语，经常被相互替代使用，这产生了一些混淆。商誉不能独立存在，而必须依附于某一商业活动。相反，声誉可以并且经常在无任何商业活动支持的情况下存在。因此，在某一地区享有广泛的声誉、并不必然意味着经营者在商业活动中享有商誉。

　　　　　　商业筹备活动可以产生商誉。这是一种常识性看法，并且符合商业实际。比如，企业发起人经常在开始经营活动之前，开展大规模的广告宣传活动，以使公众熟知其服务或产品。在每一个案件中，商业筹备活动是否足以产生商誉，是一个事实问题，依活动的性质和强度而定。大量的广告足以产生商誉。相反，仅仅是经营前的准备活动，则不足以产生商誉。

14.14 硬性规定

STAR INDUSTRIAL CO. LTD. v. YAP KWEE KOR
［1976］FSR 256（PC）［来自新加坡的案例］
迪普洛克大法官：

　　　　　　假冒之诉所救济的，并非因不当使用而遭受损害的标志、名称或外观中的财产权，而是因假冒他人商品的误导，而可能遭受损害的商业或商誉中的财产权。商誉，作为财产权的对象，无法独立存在。商誉必须依附于特定的企业而存在。商誉存在地域性，并且是可分割的。如果商业活动在不同国家开展，则依附于其的商誉将分别独立存在。

包括印度、中国香港、加拿大、澳大利亚、新西兰和南非在内的大多数普通法国家和地区，不再严格遵循这一硬性规定。

14.15 南非

CATERHAM CAR SALES v. BIRKIN CARS（PTY）LTD.
1998（3）SA 938（SCA）［南非］

上诉法院哈姆斯法官：

假冒之诉的本质在于保护商业活动免受特定类型的误导侵害，即表述人假称其企业、商品或服务属于原告或与原告相关。换句话说，它是用以防止商业来源或商业联系方面的欺骗。此类误导，仅可能针对享有商誉或某种吸引力的企业。商誉是对吸引或诱使客户或潜在客户支持特定企业的原因的总称。商誉有许多不同的组成要素。企业、商业许可、交易限制等协议及声誉背后驱动力的地域性和特性，都已为人所熟知。这些要素在任意一个特定企业的商誉中未必全部体现出来。

企业商誉的组成要素中唯一能被假冒损害的是声誉，正是出于这个原因，想在假冒之诉中胜诉，首先必须证明相关声誉的存在。关于商誉其他组成要素的误导，可以通过其他诉讼案由来保护，比如对致害诋毁的索赔。因此，把商誉等同于声誉（反之亦然），或者认为"需要证明存在声誉或者第二含义不是法律的原则或规则"是错误的。如果对某企业声誉的保护是救济的唯一或主要目的，为什么还有必要在假冒案件中确定商誉的所在地？这一问题的答案，必须到 The Commissioners of Inland Revenue v. Muller & Co's Margarine Ltd.［1901］AC 217（HL）案中去寻找。对于此案，澳大利亚联邦法院（综合厅）在 Conagra Inc. v. McCain Foods（Aust）Pty Ltd. 23 IPR 193，［1992］106 ALR 465 案中，建议人们结合上下文完整地阅读此案，而不要孤立看待麦克纳顿大法官著名的法律意见。

我们可以从本法庭关于假冒的前述判决及 ConAgra Inc. 案中得出关键问题之所在。概括地说，在我看来，问题在于，在实践和商业意义上，原告是否在其大量的客户或潜在客户中享有广泛的声誉。所谓声誉的"地域性"，就是被控误导对原告的商业吸引力造成实际或潜在损害的所在地。否则，误导将是空泛之谈，不会造成任何后果。原告商业活动的所在地并未因此被架空。显然，在判断原告是否享有潜在客户，以及被控误导是否对其商业活动造成损害时，这是一个重要的考虑因素。同样，企业声誉的高低，及其经营活动范围的大小，与欺诈的可能性和损害是相关的——声誉越低，欺诈和损害的可能性就越小，反之亦然。

14.16 中国香港

TAN – ICHI COMPANY LTD. v. JANCAR TLD

[1990] F. S. R. 151 （HC）

案情：原告为日本一家日式连锁餐厅所有人。该餐厅名称是"Ten – Ichi"或者"Tempura Ten – Ichi"并以特定的字体书写。被告在中国香港开了一家名为"Ten – Ichi"的餐厅，并使用与原告相同风格的字体。原告提起假冒之诉并胜诉。

西尔斯（Sears）法官：

该案突出了一个许多判例讨论过的问题：当外国经营者在中国香港没有经营活动时，如果其商号未经许可被竞争者所使用，中国香港法庭是否给予其保护？考虑到中国香港与其他主要国际中心，比如新加坡、东京、曼谷和吉隆坡相临近，这提出了一个比较重要的问题。这看起来显然是一个发展中的法律领域，法庭必须对国际交流中出现的这一变化作出回应。大量的旅行者不断地往返国境，现代技术的速度和效率，使商业声誉比过去获得更为广泛的传播和认可。其他国家的法庭已对这一变化作出回应。

在我看来，如果外国公司在中国香港的商誉遭受损害，且部分损害可能会通过其在本国交易的减少反映出来，则该本地损失作为全部损失的一部分，仍然可以获得赔偿，前提是，其在中国香港管辖范围内提出诉讼。我很满意地看到，在我面前的证据表明了有充分的理由说明原告的商誉受到了损害。此外，由于被告的存在，使得原告无法在中国香港开设餐厅。一些损失可能是在中国香港造成的，另一部分则可能是在日本造成的。在我看来二者都可以通过法律手段获得赔偿。

14.17 加拿大

ORKIN EXTERMINATING CO. v. PESTCO CO. OF CANADA

80 CPR（2d）153, 11, D. L. R.（4th）84

菲茨帕特里克（Fitzpatrick）法官：

事实上任何词语的意思都不是一成不变的，特别是对于商誉来说更是如此。负责地说，我不认为在 Commissioners of Inland Revenue v. Muller & Co's Margarine Ltd. [1901] AC 217（HL）案中适用的含义，在远离国境的假冒案件上也会必然适用。在这类案件中，我认为主要应该考虑对原告造成损害的混淆的可能性。一般而言，如果存在这种混淆，就需要对商誉进行保护。

14.18　印度 ❶

CALVIN KLEIN INC INTERNATIONAL v. APPAREL SYNDICATE

［1995］FSR 515（HC）

如玛·帕尔（Ruma Pal）法官：

从［Ruston & Hornby Ltd. v. Zamindara Engineering Co. AIR 1970 SC 1649］案对假冒的定义中可以看出，如果原告可以证明其已在印度以其他方式建立起声誉，则不要求其在提起假冒之诉前，必须在印度从事经营活动。

（在讨论了一些判例之后）我无法接受对在假冒定义中要求存在声誉的这一观念的移植。

考虑到我们承认在服装包括牛仔裤上使用的 CALVIN KLEIN 这一名称至少在本国以外是享有声誉的，唯一待解决的问题是，是否有必要如被告所主张的，要求上诉人在提起假冒之诉前，必须在印度从事过经营活动。我倾向于接受爱尔兰和加拿大关于这一问题的观点，而不是坚持（英国法）的"硬性规定"做法。要求申请人在本国内必须有经营活动的主张，忽略了假冒之诉的性质。该诉讼的基础，在于对公众的欺骗或者诱导，使公众在购买商品时，对商品的来源产生误认。这与他人是否在本国开展经营活动无关。

WHIRLPOOL 商标

［1997］F.S.R. 905 德里高等法院

阿尼尔·德夫·辛格（Anil Dev Singh）法官❷：

关于某一经营者产品的商标的消息和认识，不仅能被此类商品自由流通的国家的公众所获知，这一消息和认识同样能传播到此类商品并未投入市场的其他国家。当某一产品投入一国市场时，通过在报纸、杂志、电视、视频、电影等媒体上的广告，其他国家的公众，几乎能在同一时间获知相关信息，即使该产品因进口限制或者其他因素而无法在这些国家流通。在当今世界，我们不能认为一个产品及其在国外发售时所使用的商标，在没有该产品流通的国家里就不能产生声誉或商誉。关于它的消息和认识，以及对它的评价和评估，超越了其所销售地理范围的界限。通信系统的发展使其成为可能，一旦信息被发布或播送，通信系统立即将信息从一个地方传送和传播到另一个地方。卫星电视极大地促进了信息的爆炸。无论广告播放时相关产品在市场上是否实际存在，通

---

❶ 亦可参见 William Grant & Sons Ltd. v. McDowell & Co. Ltd. ［1994］F.S.R. 690［印度］；Jolen Inc. v. Doctor & Co. 2002（25）PTC 29（德里）；Ziff – Davis v. Jain 1998 PCT（18）739（德里）。

❷ 关于此判决的上诉被驳回。

过媒体上的广告对相关产品的商标知识进行传播的行为，都相当于对商标的使用。

D. 假冒的构成要素

14.19 构成要素。假冒通常包括以下构成要素：
- 误导；
- 在交易过程中由某个经营者实施；
- 行为对象是其潜在客户或其提供的商品或服务的最终消费者；
- 目的是损害其他经营者的商业利益或商誉（作为一个可合理预见的结果来说）；并
- 导致提出诉讼或可能提出诉讼的经营者的商业利益或商誉遭受实际损害。

14.20 英国法

WARNINK v. TOWNEND

［1980］RPC 31

迪普洛克大法官：

诸位，从 Spalding v. Gamage 案及其之后的案例中可以得出，提出假冒之诉有效案由的五个必备特征：
- 误导；
- 在交易过程中由某个经营者实施；
- 行为对象是其潜在客户或其提供的商品或服务的最终消费者；
- 目的是损害其他经营者的商业利益或商誉（作为一个可合理预见的结果来说）；并
- 导致提出诉讼或（在预防侵害之诉中）可能提出诉讼的经营者的商业利益或商誉遭受实际损害。

14.21 苏格兰：苏格兰持相同观点。

WILLIAM GRANT AND SONS LTD. v. GLEN CATRINE BONDED WAREHOUSE LTD.

［1999］ScotCS 58

卡梅伦大法官：

奥利弗大法官在 Reckitt and Colman Products v. Borden Inc. 1990 1 AC 873 at 880 案的判决中，提出了适用于该类案件的法律原则，在此引用如下：

"反假冒，可以总结为一句简短的话，即任何人不得用其商品假冒他人商品。更明确地说，这可以表述为此类诉讼中原告为获得胜诉所必须证明的几个要素。这些要素一共有三个。

首先，他必须在他所提供的商品或服务上建立起商誉或声誉，在购买者头脑中，这些向公众提供的独特的商品或服务，与其所使用的可识别的'商业外观'（无论是由商标或商品说明简单地构成，还是由包装标签的个性化特征构成）相关，因此，他们认为，该商业外观为原告的商品或服务所独有。

其次，他必须证明被告对公众进行了误导（不管是否有意），导致了，或者可能导致公众相信被告所提供的商品或服务来源于原告。公众对作为商品或服务的生产者或提供者的原告是否了解并不重要，只要所使用的标志在公众意识中能等同于来源于原告。比如，如果公众习惯于根据特定品牌来购买特定商品，则公众对品牌所有人不太了解或者完全不了解，也不会有什么影响。

再次，他必须证明他已遭受（或在预防侵害之诉中证明他可能遭受）损失，并且这一损失是因被告作出其商品或服务与原告提供的商品或服务具有相同来源的误导而导致的。"❶

最后，这个问题变成迪普洛克大法官在荷兰蛋酒案中所提出的问题，即作为一个可合理预见的结果来说，其他经营者对词语、名称或标志的使用，是否是故意为了损害在先使用的经营者的商业利益或商誉。这是一个客观的问题，法庭要求在考虑所有提交的证据后进行回答。Montgomery v. Thomson 1891 AC 217 案也被提及了。（此案中，由原告酿造并销售的淡色啤酒，已获得了极大的声誉，而且其所使用的"石头淡色啤酒"独特名称，在过去很多年里，已为批发商和零售商以及其顾客所熟知。被告坚持认为他有权使用这一术语来描述他在 Stone 所酿造的淡色啤酒或啤酒，只要他同时使用其他足以将其产品与原告产品区分开来的词语。）对此，麦克纳顿大法官认为：

"我认为，很明显，如果采用这种形式的禁令，则上诉人就完全不能使用'石头淡色啤酒'这一术语，也无法将其淡色啤酒称为'石头淡色啤酒'，因为其无法与原告生产的淡色啤酒区分开来。任何想对二者进行区分的尝试，即使是出于善意，也会是毫无意义的。口渴的人们想要的是啤酒，而不是解释。如果公众得到他们想要的东西，或者得到与他们想要的东西接近的东西，并且是依据他们所熟悉的旧名称得到的话，他们很可能完全不关心酿造者的特征和行为，以及竞争者在衡平法上的权利。"

---

❶ 这段表述在加拿大被采用：Ciba－Geigy Canada Ltd. v. Apotex Inc. ［1992］SCR 120。

14.22 澳大利亚：澳大利亚持相同立场。

FLETCHER CHALLENGE LTD. v. FLETCHER CHALLENGE (PTY) LTD.

［1982］FSR 1

鲍尔法官：

在我看来，如果想在假冒之诉中胜诉，原告必须证明：
- 其商品或者商业活动已获得某些商誉或声誉；
- 被告的行为已导致（或者很可能导致）原告商品的一般购买者，或者原告业务上的一般顾客认为，被告的商品来源于原告或被告的业务是原告的；
- 原告因此遭受或可能遭受交易或商业利益上的损失。

14.23 加拿大

KIRKBI AG v. RITVIK HOLDINGS INC.

2005 SCC 65

勒贝尔法官：

看来我们的法庭已采纳了 Ciba – Geigy 的三部分类法。在该案中，我们的法庭认定了一件关于处方药商业外观的假冒之诉。贡蒂尔（Gonthier）法官回顾了一些早先的法院裁定，并提出原告为了在假冒之诉中胜诉必须具备三个要件：

"假冒之诉的三个要件是：商誉的存在、通过误导对公众进行欺诈，以及对原告造成实际或潜在的损失。"

第一个要件是商誉或声誉。原告必须在产品的独特性方面享有商誉。仅仅是生产产品的技术和加工过程方面的商誉是不行的。假冒学说还未发展到保护产品本身，而只能保护起到识别产品独特来源作用的外形、外观、名称和符号。

第二个要件是误导导致了公众的混淆。误导可能是出于主观故意，并可能因此等同于欺诈。但是，现在的假冒学说也认可因经营者疏忽或粗心导致的误导。

E. 误 导

14.24 误导：如上面所提到的，诉讼的案由是导致混淆的误导。

A G SPALDING & BROS v. A W GAMAGE LTD.

（1915）32 RPC 273 ［英国］

帕克大法官：

诸位，假冒之诉的案由是被告的误导。因此，在每个案件中，都需要证明误导事实的存在。当然，误导可能使用明确的话语来表述，但是，这一类明示的误导案件是很少见的。更一般的案件是通过使用或仿冒标志、商号或商业外观来进行暗示性表述的，而在公众或某一特定类别公众的意识中，这些标志、商号或商业外观，是与他人商品相联系的。此类案件是否成立，取决于在考虑了所有情况之后，被告对该标志、商号或外观的使用是否暗示性地表示了其商品来源于原告，或者是原告特定品种或质量的商品，或者如有时所说的，取决于被告对此类标志、商号或商业外观的使用是否有欺诈的故意。然而，对所有可能进行误导的方式进行列举和分类，是不可能的。

14.25 混淆及因果关系：混淆本身是不可诉的。❶混淆必须是由被告的误导所造成的。

"如果公众熟知某一特定种类的商品或服务是由原告所提供的，则许多人可能会假定，新的经营者提供的竞争性商品或服务，是他们一直以来所熟悉的原告的商品或服务，但仅由此造成的混淆是不列入考虑范围的。"❷

MARENGO v. DAILY SKETCH and SUNDAY GRAPHIC LTD.

[1992] FSR 1 [英国]

格林先生大法官：

没有人可以针对这种混淆获得保护。混淆可能源于两个独立权利或特权的并存，在这种情况下，任何一方当事人都不得起诉。他们必须忍受混淆的结果，把这当作生活中遭遇的一次不幸。❸

14.26 混淆和欺诈之间的区别

PHONES4U v. PHONE4U. CO. UK

[2006] EWCA Civ 244 [英国]

上诉法院雅各布常任法官：

有时有必要对"单纯的混淆"和"欺诈"作出区分，"单纯的混淆"是不够的，必须存在"欺诈"。我在 Reed Executive v. Reed Business Information [2004] RPC 767 at 797 案中提出，二者的区别是"令人困惑的"：

"一旦发生误导公众的情况（从'我怀疑是否存在联系'到

---

❶ 另见 County Sound v. Ocean Sound Ltd. [1991] FSR 367 案。
❷ HAULSBURY. Law of England [M]. 4th ed：vol48，par153. Hoechst Pharmaceuticals（Pty）Ltd. v. The Beauty Box（Pty）Ltd. 1987（2）SA 600（A）案，对此持赞同意见，并予以引用。
❸ 在上诉中：(1948) 65 RPC 242（HL）。所引用的判决事后被报道。

'我以为存在联系'），即构成假冒，而无论在商品上是作为商号使用还是作为商标使用。"

当然，这是一个程度上的问题。有些人仅仅是"怀疑"，有些人则是那样"以为"的。如果后者人数众多，通常会构成假冒（见下文），即使前者也同样人数众多。

现行（2005）版本的柯尔利（Kerly）商标与商号法，第 15-043 节至第 15-045 节中有关于二者区别的规定。其内容为：

"单纯的混淆和欺诈之间真正的区别，在于它们所造成的后果。单纯的混淆没有造成任何不良后果（除了使律师及其客户感到迷惑之外），但如果对'什么力量驱使公众购买商品？'这一问题的回答，是被控的标志，则存在欺诈。"

虽然就目前来说这种观点是正确的，但是我并不完全支持。显然，如果公众因把 B 的标志误认为 A 的标志而被诱使购买商品，欺诈是存在的。但是，还有其他情况。判断是否是欺诈，而不是单纯的混淆，更加完善的做法，是调查其是否真正可能损害原告的商誉，或减少其交易机会。我强调"真正"这个词。

在"欺诈或混淆"的讨论中，我们应该记住，有些第一眼看上去像是欺诈，并且确实属于欺诈的案件，在法律上也有可能是正当的。我能想到的是，有关善意共同使用和完全描述性标志的案件。有时，此类案件被认为属于"单纯的混淆"，但是实际上并不是。它们属于可容忍的欺诈，或者在可容忍程度上的欺诈。

前者的一个例子，是 Dent v. Turpin （1861） 2 J&H 139 案，它是一个老案例。Dent 神父有两家钟表店，一个在城里，另一个在伦敦西区。他把两家店分别遗留给了两个儿子，这导致两家钟表店的名称都叫作 Dent。任何一方都无法阻止对方使用该名称，但是他们都可以阻止第三方（一个坏人或更合适称为 Turpin）在本行业中使用"Dent"这一名称。如果有人只知道其中一家店，他会认为另一家店是这家店的一部分，这样就受骗了。但是，一方无法通过假冒之诉来限制另一方的经营活动，因为另一方同样享有积极权利。然而，假冒之诉可以用来防止第三方盗用其名称。

后者的一个例子，是 Office Cleaning Service v. Westminster Window and General Cleaners （1946） 63 RPC 39 案。虽然"Office Cleaning Service Ltd."相当知名，但法庭认为，它与"Office Cleaning Association"之间的区别足以避免假冒的发生。西蒙斯（Simmonds）大法官认为：

"经营者将一个普遍使用的词语作为其商号使用，将不可避免地产生混淆的风险。但是，除非在先使用者是以不正当手段获得该词语的专用权，否则，这一风险无法避免。法庭将认为，较小的不同，足以防止混淆。如果商号完全或部分由用以描述所销售的商品或所提供的服务的词语组成，则可以合理地预期，公众会在更大的程度上作出区别。"

因此，简而言之，如果原告的"徽记"是描述性的，因使用极为相似的描述而导致"单纯混淆"的事实，将不予考虑。由于政策原因，一些描述性使用是可以容忍的，此即所谓的"单纯混淆"。

S＄1.99 PRIVATE LTD. v. LIFESTYLE 1.99 PRIVATE LTD.
［2001］FSR 10 ［新加坡］
上诉法院赵锡燊法官：

我们不认为被上诉人已经证明存在误导。我们注意到，关于调查结果的证据表明，部分公众认为两家企业是相关的。但是，当两家企业在名称里使用相似的描述性术语时，误解自然是无法避免的。既然两家企业已经同时运营，过一段时间，公众就可以将其区分。否则，就相当于将垄断权授予偶然首先使用该描述性术语的一方。

14.27 欺诈的风险必须真实存在

PONTIAC MARINA v. CDL HOTELS INTERNATIONAL LTD.
［1998］FSR 839 ［新加坡］
杨邦孝首席法官、上诉法院加迪杰苏法官、上诉法院邓立平法官：

眼前的案件属于预防侵害之诉，被上诉人试图防止上诉人的误导可能导致的侵害。此类诉讼中的检验标准在于，被告的表述，使得大量相关领域公众受到欺骗（导致他们认为被告的商品或服务来自原告，或者认为在所提供的商品或服务方面，原告和被告之间存在商业联系）的真实风险是否存在。

14.28 举证责任：原告必须提出被告误导的证据。用于判断误导是否构成假冒的检验标准是，公众误认为一方商业活动属于另一方或与另一方存在联系，是否具有合理的可能性。此类表述必须是错误和未经许可的。典型的假冒情形，是被告使用、采用或模仿原告企业、商品或服务的商号或商业外观。

14.29 判断误导的要素

CADILA HEALTH CARE v. CADILA PHARMACEUTICALS
AIR 2001 SC 1952 ［印度］
基帕尔法官：

基于未注册商标的假冒之诉中，确定是否存在欺骗性相似，通常需要考虑以下要素。各个要素的权重，依具体案情而定，且各个要素在不同案件中获得的权重是不同的。

- 商标的性质，即商标是文字商标，还是符号商标，或者是组合商标，即同时包含有文字和符号；
- 商标的［相似］程度，发音相似或含义相似；
- 使用该商标的商品的性质；
- 竞争对手的商品在性质、特点或性能上的相似性；
- 按照受教育程度、智力水平以及购买和/或使用商品时可能的关注程度进行划分、可能因该商标而购买商品的购买者的类别；
- 购买商品或者下订单的方式；以及
- 可能与相互冲突的商标之间的差异程度有关的其他情况。

14.30 **演变的假冒要求存在混淆**。演变的假冒案件与一般假冒案件存在不同。
CHOCOSUISSE UNION v. CADBURY LTD.
［1999］EWCA Civ 856
上诉法院查德威克常任法官：

> 误导是假冒侵权的必要因素。但在这种情况下，误导表现为以某种方式销售商品的行为，该方式导致大量公众认为相关商品具有实际上并不真实存在的特性。如果公众在其意识中对被告的商品和其他真正具有此类特性的商品之间产生了混淆，或可能产生混淆，则会发生这种情况。（初审法院的莱迪法官）指出了在当前案件中应该回答的问题：
>
> "现在需要回答的问题是，吉百利在其产品上使用'瑞士牧人小屋'字样的行为，是否会导致公众误认或可能误认该产品是一种瑞士巧克力。这也就是说，原告是否已经证明，熟悉'瑞士巧克力'字样的相关公众，会因为混淆而认为该产品属于可以合法使用该标志的特定类别产品中的一种。"

F. 声 誉

14.31 **声誉的证明**：原告有必要提出并证明其商号、商标、商业外观或服务标志为市场所熟知，并且其商品、企业或服务已经获得了公共声誉，或可以与其他相似的商品、企业或服务相区别。因此，如果经营者在其商品或企业上使用具有普通含义的词语，或者使用描述性术语作为贸易或服务标志或商号，则就必须证明这些词语通过使用获得了第二含义，并且可以指明原告的商品、服务或企业。然而，如果经营者使用臆造或自创的名称，而竞争对手也使用此名称的话，就很难逃脱假冒的推定。

14.32 何时声誉必须存在。所主张的声誉，必须在被告进入市场时已存在。换句话说，原告不能主张被告进入市场之后产生的声誉。❶另外，声誉必须在误导发生时存在，原告不能主张已不存在的声誉。❷

14.33 声誉是一个事实问题

PARKER – KNOLL LIMITED v. KNOLL INTERNATIONAL LIMITED
1962 RPC 278（HL）［英国］
莫里斯（Morris）大法官：

能否证明一个名称（或外观）已获得第二含义，从而表示或意味着商品是由特定生产者而不是其他生产者所生产（即使其他生产者可能具有同样的名称），这是一个事实问题。

如果原告证明了一个名称（或外观）已获得此类第二含义，则法庭必须判断，被告描述其商品的方式，是否可能导致大量购买商品的相关公众被误导，认为该商品来源于原告，且无论被告是否出于故意。为了得出结论，法庭不能听信任何证人的一面之词，而必须进行独立判断。

14.34 确立显著性

ADCOCK – INGRAM PRODUCTS LTD. v. BEECHAM SA（PTY）LTD.
1977（4）SA 434（W）［南非］
尼古拉斯法官：

在非直接陈述的案件中，原告首先必须证明被告在其商品上使用了，或正在使用已获得显著性的名称、标志、标识或商品外观。

"即由于（原告）的名称或标志等被使用在商品上，相当一部分公众或同行认为该商品来自一个特定的已知或未知来源。"

［霍尔斯伯里（Halsbury）著英国法第三版第38卷第597段］。换言之，原告必须证明，他所主张的产品所具有的特征，已获得某种含义或重要性，因而可以表示具有该特征的商品的唯一来源。在 T Oertli AG v. EJ Bowman（London）Ltd.［1957］RPC 388（CA）案中，詹金斯（Jenkins）上诉法院常任法官这样认为：

"当然，在以使用特定标志或商品外观为由的假冒之诉中，胜诉的基本条件在于，原告应该可以证明，争议标志或商品外观，通过在本国的使用，已在原告的商品上获得显著性，因而本国的同行

---

❶ Anheuser – Busch Inc. v. Budejovicky Budvar NP［1984］FSR 413（CA）.
❷ Ad – Lib Club v. Granville［1972］RPC 673.

和公众认为，任何使用该标志或商品外观的此类商品来源于原告。"

商品外观作为整体而言，无须具有显著性，只要能证明商品外观的一部分与原告的商品相联系，以致在类似商品上使用该部分，可以认为是有意的假冒。所以，在 John Haig & Co. Ltd. v. Forth Blending Co. Ltd.〔1953〕RPC 259（Ct S）案中，有人认为：

"如果具有可以吸引注意的独特形状，为一般购买者所记得，且购买商品的公众只会将该容器与特定的经营者而不是其他经营者的商品相联系，则一个容器，比如一个瓶子，也可以成为该经营者商品外观的一部分。"

在该案中，法院认为，独特、具有三个凹陷形状的玻璃水瓶，或"酒窝"形瓶子，与上诉公司生产销售的酒窝黑格威士忌（Dimple Haig Whisky）已建立起相互对应的关系。另外，在 Coca – Cola Co. v. Barr AG and Co. Ltd.〔1961〕RPC 387 案中，法院认为，上诉人已提供初步证据证明，他们的瓶子（有中间部分，无标签，并有沟槽）在他们的产品可口可乐上具有显著性。

14.35 在先使用的性质

JARMAN & PLATT LTD. v I BARGET LTD.

〔1977〕FSR 260（CA）〔英国〕

上诉法院梅高（Megaw）常任法官：

原告仅证明其对特定商品外观的在先使用是不够的。他还必须证明，该商品外观在公众意识中，已经可以将特定经营者与其他经营者相区分。因此，该商品外观对公众而言，已经意味着某一产品来自特定商业来源。公众不需要知道该经营者的名称。但是，在作为购买者或潜在购买者的公众的意识中，必须认为该产品是"我所熟悉的"制造商的产品。这就是检验的标准。源于声誉的财产，必须是公众意识中声誉所有人所具有的真实、被证实的商誉。对声誉的所有权，必须加以证明。

公众所购买的特定类型或样式的商品中，可能有 90% 是来自同一生产者。这本身不能证明购买这些产品的大量公众，选择该商品是因为他们知道商品的来源，或者对商品的来源感兴趣，或者吸引他们购买这些商品的原因是因为他们知道或相信这些商品具有特定来源，即某个特定的生产者。

FORD v. FOSTER

（1872）LR 7 CH 611〔英国〕

上诉法院麦利士（Mellish）常任法官：

那么，判断一个原本是商标的词语是否已经变成公共财产（publici –

juris）的检验标准是什么？我认为检验标准应当是，他人对该词语的使用，是否仍是有意为了欺骗公众，是否仍具有诱使公众把并非原商标所有人所生产的商品，当作其商品来购买的效果。商标权仅仅使得经营者可以防止他人通过对其商标的不正当使用，而将其商品当作该经营者的商品出售。如果该标志已经广为使用，没有人会因其使用而受到欺骗，而误认为他所购买的商品源于原经营者，则我认为，无论该经营者多么难以接受，实际上该商标权已不复存在。

G. 混淆或欺诈的故意

14.36 **蓄意欺诈或混淆**：必须主张并证明，被告对商品外观或商号的使用，例如，通过诱使购买原告的商业服务或产品的顾客，转向购买自己的商业服务或产品是为了欺骗或混淆普通消费者，或可能导致欺骗或混淆普通消费者，并因此造成原告商业活动信誉的混淆及损失。

14.37 **不要求欺诈实际发生**。寻求救济的经营者，无须证明欺诈或混淆已实际发生。

14.38 非恶意假冒可能存在，但是并不常见

BLUE LION MANUFACTURING（PTY）LTD. v. NATIONAL BRANDS LTD.
［2001］ZASCA 62 ［南非］

上诉法院舒茨法官：

虽然非恶意假冒可能存在，但是我认为，韦塞尔斯（Wessels）首席法官的以下观点是正确的：

"在商品外观假冒领域，通常都存在恶意假冒行为，因为商品外观的雷同，极少源于偶然因素，一般都是故意模仿的结果。"

因此，虽然问题最终归结为是否存在假冒，但有关欺诈的指控，并非可以轻易弃之不顾的。我们的法庭和英国的法庭一样，经常着眼于其相关性。正如最近米勒特上诉法院常任法官在 Harrods Ltd. v. Harrodian School Ltd. ［1996］RPC 697（CA）案中提出的：

"欺诈是假冒侵权诉讼的依据，但原告无须证明被告有意欺骗公众，只要这是被告行为的可能结果。尽管如此，被告为什么选择使用某一特定名称或商品外观这一问题，总是高度相关的。这是一定会被问及，也必须回答的问题。如果证据表明被告有意盗用原告商誉上的利益，法庭就应该认为，他竭尽全力实施的行为，造成了欺诈公众的结果。"

H. 典型的消费者

14.39 考虑混淆或欺诈的可能性时，应该注意两个商品外观之间的相似性，而不是差异性，以及典型的消费者是否可能会被欺骗或被迷惑。这些原则，与判断商标侵权的原则没有不同。

CADILA HEALTH CARE v. CADILA PHARMACEUTICALS
AIR 2001 SC 1952 ［印度］
基帕尔法官：

（医药）产品会被村民和市民、学者以及文盲所购买，因此，必须从拥有平均智力水平和普通记忆力的购买者的角度来考虑问题。交易的商品，可能主要销售给文盲或受教育程度较低的人群。印度的购买者和英国的购买者是不能等同的。我们认为，在商标问题上，有必要考虑可比较程度的问题。在像印度这样不存在单一通用语言的国家里，很大一部分人是文盲，而很少人懂英语，因此，如果运用英国法（与"商标的差异性"或"了解原告商品显著特征的顾客"相关）的原则，看来似乎忽视了印度的这一基本事实。

RECKITT & COLMAN SA v. S C JOHNSON & SON
1993（2）SA 307（A）［南非］
哈姆斯代理上诉法官：

一个长期以来的原则，要求在判断是否存在混淆或欺诈的可能性时，必须考虑到可能成为所述商品购买者的人群类别。在 American Chewing Products Corporation v. American Chicle Company 1948（2）SA 736（A）案中，法庭注意到一个事实，即嚼口香糖上瘾的人，包括大量的儿童和文盲，而在 William Edge and Sons Ltd. v. William Nicolls & Sons Ltd.［1911］AC 693 案中，没有文化的洗衣妇被认为是主要购买者，因此，法庭考虑到在他们当中造成混淆的可能性。在证据中提到本国存在的人种和文化差异，并不令人惊奇。证据指出，黑人和白人表现出不同的消费者特征，并且在公众中存在许多不同程度的文盲。文盲所面临的最大问题之一，是他们缺乏一般消费者处理事情的能力。

该案中的问题在于，不可能把购买产品的消费者进行分类，因为这些产品被各个社会群体所购买，而不分种族、文化或经验水平。因此，假想消费者和理性人一样难以界定，在郊区的公共汽车上发现假想消费者是不太可能的。问题仍在于，至少有一部分购买者是文盲，这一事实不能被忽视。但是，正如被上诉人的律师所指出的，一个人是文盲，并不意味着他缺乏分辨力。典型的文盲购买者，可能是更细心的购买者，因为他已经适应了他的社会能力，并且无法承受错误。然而，我们无法从证据中获悉，文盲如何分辨带有不同名称的（假设其他方面都一样）的商品。对于我来说，我无法认定文盲是否通常会把一个词当作一幅图，我也不知道对于他来说，"BRASSO"和"BRILLO"这两个词看起来是否存在明显不同。

在早些时候的一个案件中，有人认为，普通的文盲购买者应被认为是至少知道商品有不同名称，在想购买特定名称的商品时，可以清晰地说出该商品的名称，从而防止购买错误的商品。不幸的是，问题是在现在的条件下，一般都是在超市里购买这些商品，导致购买者缺少向店员求购他所要购买的商品的机会，购买者在缺少帮助的情况下必须自己作出选择。

I. 商品的形状与结构

14.40 假冒的事实可以通过涉案物品的形状或结构加以说明。商标或其他特征的使用，可以排除相似商品外观或特征的使用所导致的欺骗或混淆的可能性。但使用不同的名称，并不必然会得出这样的结论。这一直是个事实性的问题。

14.41 商品外观的含义

PARKDALE CUSTOM BUILT FURNITURE（PTY）LTD. v. PUXU（PTY）LTD.（1982）149 CLR 191［澳大利亚］

布伦南法官：

商品的外观与对实际商品的复制之间存在区别。相似的商品外观可能是假冒的证据，但是（法定专有权除外）所有人都可以自由复制商品本身。二者的区别，正如弗莱彻·莫顿（Fletcher Moulton）上诉法院法官在 JB Williams Co. v. H Bronnley & Co. Ltd.（1909）26 RPC 765 案中所阐释的：

"一件商品的外观，是该商品多变的附加物：它可以是包装，或任何此类东西的色彩或外形；但是，我强烈反对把任何具有使用价值的东西当作商品的外观。任何一种东西，只要有用，在我看来，都应该属于商品本身。比如，假设在20年间，某一公司是唯一一家销售由天然木材制成、简单上漆而完全没有上色的木椅的公司。即使他们是这种椅子唯一的销售者，并且已经销售了很长一段时间，以致这种椅子一开始被认为都是他们所生产的，他们也没有任何权利抱怨其他人在市场上销售简单上漆的椅子。原因在于，新的经营者没有以任何方式假冒其商业外观，而不过是复制了该商品。"

商品的设计与其外观之间的区别，在原则上是清楚的，但是，在特定案件中应用，经常产生精确度和烦琐度方面的问题。

如果在后的生产者没有超越自由生产和销售根据公共范畴的设计来制造的商品的限度，则不存在误导或欺诈；如果消费者对其产生错误的先入为主的看法，认为最先的生产者享有专有权，则由此产生的关于在后生产者商品来源的错误认识，是由消费者自身引起的。

J. 共同的经销区域

14.42 不要求存在共同的经销区域。不要求各方具有相同的经销区域，虽然是否具有相同的经销区域这一事实可能具有重要意义。
CAPITAL ESTATE v. HOLIDAY INNS INC.
1977（2）SA 916（A）［南非］
上诉法院拉比（Rabie）法官：

上诉人辩解道，除非该名称用于共同的经销区域，否则，不存在使公众误认为该购物中心由被上诉人经营的实际可能性。（法庭援引英国和澳大利亚的判例否定了这一辩解。）

被称为假冒行为的违法行为，其本质在于，某人作出的商业活动（在有些情况下也可能是商品）属于他人，或者与他人存在联系的描述，并且为了判断某一描述是否构成假冒，必须调查公众因混淆而认为某一方的商业活动，属于另一方或与另一方有联系，是否存在合理的可能性。当然，这样的混淆是否存在合理的可能性，是一个事实问题，必须根据每一个案件的具体情况来判断。如果证据证明发生混淆存在合理的可能性，则即使不能认定相关各方存在共同的经销区域，也不能因为不存在共同的经销区域，而拒绝给予受害方救济。当然，在考虑某一方的行为是否导致此种混淆时，共同经销区域的缺失，仍然是必须要考虑的一个因素，但是，应全面考虑各种相关因素，以确定其适当的重要性。

K. 损 害

14.43 对商誉造成损害的推定：所引用的案例表明，一旦证明存在假冒，则假定造成损害。随后的加拿大判例得出了不同的结论，见以下第 21.4 章节的讨论。

DRAPER v. TRIST

(1939) 56 RPC 429 [英国]

上诉法院戈达德（Goddard）常任法官：

然而，在假冒案件中，真正的诉讼基础在于被告用其商品假冒原告商品，并损害了原告的财产权，这一财产权即为原告对其企业的商誉所享有的权利。法律假设或假定，如果某人的企业商誉被商品假冒行为所侵害，则损害由此发生。他无须等到损害结果出现，只要可以证明假冒存在，他就可以提出诉讼。因为在这一类案件中，法律假定，侵权行为一旦发生，原告即遭受损失。

L. 可选择的诉讼案由

14.44 竞合：假冒之诉，经常作为商标侵权诉讼的替代或附加主张提出，但是，这在逻辑上是不成立的，因为商标侵权的调查范围，要小于假冒。

假冒行为可能会与其他类型的不正当竞争行为相竞合，比如违反伪造商品法、商业标志法或商品说明法中的法律规定。如果是这种情况，作为替代选择，原告可以提出基于违反相关规定的主张。一件商品外观，可能也会构成一件原创的艺术作品，而受版权法保护。如果确实如此，原告可以主张假冒、版权侵权或同时主张二者，并主张版权法所规定的救济。

14.45 竞合的限制：必须小心混淆假冒和一般的不正当竞争之诉。

PAYEN COMPONENTS SA LTD. v. BOVIC CC

1995 (4) SA 441 (A) [南非]

上诉法院舒茨法官：

在我看来，经过长期以来的实践，不正当竞争法已经形成两个具有清晰轮廓的分支，法庭需要提防其清晰的轮廓被周围模糊的影子所扭曲。不正当竞争不能像装大杂烩的袋子一样不断加入东西，从而经常成为每一个商标、版权、外观设计或假冒之诉最后的选择。大多数案件，要么属于一个已经确定的法律门类，要么并不触犯法律。

第 15 章　不正当竞争：秘密信息

A. 普通法保护的基础（15.1～15.3）
B. 混合法保护方法（15.4）
C. 大陆法保护方法（15.5）
D. 雇主—雇员关系（15.6）
E. 专有技术和商业秘密的保护（15.7、15.8）
F. 前雇员对积累的知识的使用（15.9、15.10）
G. 跳板（15.11）
H. 救济（15.12）

A. 普通法保护的基础

15.1 一般的普通法保护方法：在普通法中，该案由是一个衡平法之诉，且现在不仅保护商业意义上的秘密信息，也保护隐私权，这种保护不必依赖合同关系的存在。下面引用的案例，其后继续上诉，并获得了部分支持。虽然上诉判决❶很重要，但是，因为过于详尽而不能在此引用。

DOUGLAS v. HELLO! LTD.

［2003］EWHC 786（Ch）［英国］

琳赛（Lindsay）法官：

> 就最广泛的一般性而言，可以认为，衡平法为可能违背或违背对个人或商业适当保密义务的行为提供了救济。保密责任的司法管辖权——
>
> "相对于财产或合同，更多地基于诚实信用的义务。"
>
> 基于——
>
> "'诚实和公平交易的道德原则'，（以及）保守秘密的公共利益。"

15.2 秘密信息的性质

COCO v. AN CLARK（ENGINEERS）LTD.

［1969］RPC 41 ［英国］

美加瑞（Megarry）法官：

> ■ 首先，信息本身必须具有必要的保密性。
> ■ 其次，必须在信守保密义务的条件下透露该信息。
> ■ 最后，必须未经许可使用该信息，并对告知方造成了损害。

15.3 在案由方面无须存在事先的保密关系

CAMPBELL v. MGN LTD.

［2004］UKHL 22

尼科尔斯大法官：

> 普通法，或者更精确地说，衡平法法庭长期以来通过"泄密"这一案由，对私密信息的不正当使用提供保护。泄密被作为一种不正当行为而禁止，类似于对信托的违反。如今，这一术语正造成误导。泄密的案由是基于对一方向另一方秘密透露的信息的不正当使用。为了得到保

---

❶ 上议院对上诉的判决：Douglas v. Hello! Ltd. ［2007］UKHL 21（2007年5月2日）。

护，此类信息必须具有秘密性。但是，案由的本质在于，此类信息是某人在"信守保密义务"的情况下透露给另一人的，即使不存在保密合同：见美加瑞法官经典的解释（见上述第15.2节）。在"泄密"这一术语中所提及的秘密，是基于保密关系而产生的秘密。

这一案由现在已经确定地摆脱了需要存在保密关系的限制性约束。其性质因此也发生了变化。现在法律规定，某人获得信息时，如果知道，或应当知道该信息应公平和合理地被视为机密信息，即产生"保密的义务"。即使是这一规定也存在问题，继续使用"保密义务"这一术语，并用"机密"来对信息进行描述的做法，并不完全妥当。在一般的用法中，"机密"不会被用来描述有关个人私生活的信息。如今对这类信息更为自然的描述是"私密"一词。这一侵权行为的本质，如今可以更好地归纳为对私密信息的滥用。

在有关个人的案件中，无论怎么看，这一侵权行为都损害了对个人某方面隐私的尊重。

B. 混合法保护方法

15.4 保守秘密信息的义务，可以是约定的或法定的（基于"侵权行为"）。
ATLAS ORGANIC FERTILIZERS (PTY) LTD. v. PIKKEWYN GHWANO (PTY) LTD. 1981（2）SA 173（T）［南非］
范·迪荣克霍斯特法官：

在英国泄密之诉以关于所获信息机密性的默示合同条款为基础的情况下，它与我们法律中的违约之诉相似。

关于"泄密"的基于侵权行为的诉讼，只能是关于不正当竞争的阿奎利安之诉的一种表现形式，并且其判定依据是我上面提到的原则。

C. 大陆法保护方法

15.5 之前已经引用了德国和日本在这方面所适用的法律规定。[1]比如，在日本，对秘密信息的保护基于三个要件[2]：

■ 对信息的使用；

---

[1] 见前面第13章B部分。
[2] "Aderans"客户名单案，大阪地区法院，1996年4月16日［日本］。

- 信息的保密性，即原告在其组织内部对待信息的方式（客观方面，该信息必须被当作商业秘密对待）❶；以及
- 信息的非公开性，即信息是否可以通过其他途径获得。

这些规定，和以下所讨论的普通法中更详细的规定，在结论上并无不同。

D. 雇主—雇员关系

15.6 对信息保密义务的违反，多见于与雇佣协议有关的情形中，特别是在协议终止的情况下。对此有许多不同的法律概念。

FACCENDA CHICKEN LTD. v. FOWLER

［1986］1 ALL ER 617（CA）

上诉法院尼尔（Neill）常任法官：

在这两件上诉案中，有必要考虑三个不同的法律概念的相互关系。

- 雇员在雇佣期内对雇主的诚实义务；这一义务有时也叫作忠诚义务。
- 雇员不得在其雇佣结束之后，使用或泄露雇用期间所获得的有关其雇主事务的信息的义务。
- 任何人出于谋生的目的，使用及利用自身掌握的技能、经验和知识（包括在前一雇佣期间所获得的技能、经验和知识）的初步权利。

ALUM – PHOS（PTY）LTD. v. SPATZ

［1971］1 ALL SA 616（W）［南非］

索思伍德法官：

雇员不能为了自己的利益，或以损害雇主利益的方式，使用在他受雇期间所获得的秘密信息。这是每一个服务合同的隐含条款，且该条款在其离开雇主之后对他仍具有约束力。这对善意或非善意获得的所有秘密信息均适用。

要构成秘密信息，必须满足三个要件：

- 首先，必须涉及并可以应用于贸易或行业内，即必须具有使用价值。
- 其次，不能是公共知识或公共财产，即客观上，其仅为有限数量的人员或特定范围内的人员所知悉。

---

❶ 工人派遣商业秘密案，大阪地区法院，2000 年 7 月 25 日［日本］。

■ 最后，该信息客观上对意图保护该信息的人必须具有经济价值。其性质如何并不重要。如果满足这些要件，该信息就具有秘密性。企业的一般性信息，不会仅仅因为其所有者将其称作秘密信息就具有秘密性。看似普通商业信息的内容是否具有秘密性，取决于所有的相关因素。

E. 专有技术和商业秘密的保护

15.7 专有技术的含义

MYCALEX CORPORATION v. PEMCO CORPORATION

64 F Supp 420（1946）［美国］

科勒曼（Coleman）法官：

（专有技术）是不能精确单独描述的实用知识，但作为不断试验或试错的结果获取后，以经验的形式使用时，就会给获得者带来以某种精确度或精密度生产某种产品的能力（获得者原来并不知道如何以该精确度或精密度生产该产品），而该精确度或精密度正是获得商业上的成功所必需的。

15.8 什么是商业秘密？

ANSELL RUBBER CO.（PTY）LTD. v. ALLIED RUBBER INDUSTRIES（PTY）LTD.

［1967］VR 37；［1972］RPC 811 ［澳大利亚］

高恩斯（Gowans）法官：

在这些英国的案例中，几乎没有能让我们对"商业秘密"进行界定的启示。但是，即使无法进行详细阐述，也可以尝试对其特征进行一些归纳。商业秘密，不会是通常使用的流程，或公共财产和公共知识，但是，如果生产者使用可以被任何人获得的材料进行生产加工，从而获得只有通过该同一流程才可以获得的结果，这一流程就属于商业秘密。它每一部分单独的内容可能已经公开，或者可以被任何人经由实际检验所确定，但是，如果其整体的结果还未被获知，并且，除非通过和所有者相同的流程才可以获知，那么，它不会因为单独内容的公开而失去作为商业秘密的资格。如果商业秘密是由其所有者独自在其经营国内使用，或者获得授权使用，那么，即使该商业秘密是从他国生产者处获得的，也不会失去其作为商业秘密的特性。没有迹象表明其需要具有创造性。除所述内容中所隐含的意思之外，收集不到太多有关所需秘密程度的启示。但从所述的内容中，可以得出一个合理的推论，即雇主已保守秘密，使其不为竞争者所知。这些案例的重点，就在于保密性。

LANSING LINDE LTD. v. KERR
[1991] 1 All ER 418（CA）[英国]
上诉法院斯托顿（Staughton）常任法官：

  什么是商业秘密？如何与秘密信息相区分（如果存在区别的话）？（律师）认为，商业秘密是如果向竞争者公开，将会给秘密的所有者造成实际（或明显）损失的信息。我要补充的是，首先，其必须是在交易或商业中使用的信息，其次，所有者必须限制其传播，或者至少不鼓励或不允许其广泛传播。在该案情形中，我认为，这是关于商业秘密的更贴切的定义。因此，其不仅包括制造产品的秘密配方，在适当情况下，还包括客户的名称和他们所购买的商品。

KNOX D'ARCY LTD. v. JAMIESON
1992（3）SA 520（W）[南非]
思特曼（Stegmann）法官：

  其所作出的、与该案相关的两者之间的区分是：

  （a）"商业秘密"：广义上，雇主的这种秘密信息是雇员可以接触到的，就其性质而言，雇员除为雇主利益之外不得使用，且雇员离职后必须一直保密；以及

  （b）雇主的其他秘密信息：出于对雇主的一般性的忠诚义务（根据合同的性质有所不同），雇员必须在任职期间予以保密。但就其性质而言，"在雇员离职后不可避免地存留于雇员头脑中被带走"，且雇员可以为本人或他人的利益自由使用，只要他在被该雇主雇用时，没有以制作或复制雇主的客户名单或故意记住该名单等方式违反忠诚义务即可。

F. 前雇员对积累的知识的使用

15.9 使用通常积累的知识的权利

ATLAS ORGANIC FERTILIZERS (PTY) LTD. v. PIKKEWYN GHWANO (PTY) LTD.
1981（2）SA 173（T）[南非]
范迪荣克霍斯特法官：

  要判断在特定情况下是否存在我们法律所称的不正当竞争，在判断行为在公共政策方面的违法性时，要考虑所谓的跳板学说。然而，这不是唯一需要考虑的。出于公共利益的考虑，应该允许一个雇员在其离职之后，在别的地方，使用其在雇佣期间获得的特定商业或工业方面的技能和专门知识。我们的自由企业体制，需要个人技能和专业技术可以自

由交换的竞争性市场,以充分发挥其功能。

与限制交易的合同案件不同,在该案中,交易自由和契约神圣这二者之间并无冲突。尽管关于后者的解释存在争议,但是有一点是明确的,当决定公共政策时,交易自由是考虑的出发点之一。这一解释也与英国法和美国法一致。后者在科尔曼不正当竞争、商标和垄断权第三版第二卷第54.2(a)章节中被解释如下:

> "雇员在离职之后,不管其所拥有的一般知识、经验、记忆和技能是如何获得的,他都可以自由使用,只要他没有使用、泄露或侵犯其前雇主的任何秘密工艺或商业秘密。应用这一简单化的原则,远比阐释该原则困难。一般知识和专门知识之间的区别,被认为是一个道德和经济的戒律,但这个问题只能通过平衡两个理想目标之间相互矛盾的社会和经济利益来解决。一方面,法律鼓励竞争,并支持个人利用其技能和知识的权利;另一方面,法律则应为已建立的企业提供合理的保护,以防止不正当经营行为。"

POTTERS – BALLOTINI LTD. v. WESTON – BAKER
[1977] RPC 202 [英国]

丹宁先生:

> 毫无疑问,无论如何,一个人即使在被他人雇佣期间,也可能拥有相当数量的个人专业技能和知识,且有权为其个人利益拥有这些专业技能和知识。正如我在 Stephenson Jordan & Harrison Ltd. v. D MacDonald & Evans (1952) 69 RPC 23 案中冒昧提出的:

> > "仆人不可能不获得有关他的主人的商业方法以及使用的科学技术方面的大量知识。仆人在他离开时,不可能被禁止使用所获得的知识,只要他没有带走商业秘密或客户名单。"

> 我又提出:

> > "对泄密的索赔,看起来是为获得对一部分人类知识专有权的一种尝试,但除非经国会授权,否则,该行为并无法律上的依据。"

ANSELL RUBBER CO. (PTY) LTD. v. ALLIED RUBBER INDUSTRIES (PTY) LTD.
[1967] VR 37;[1972] RPC 811 [澳大利亚]

高恩斯法官:

> 在这方面,必须区分雇员在受雇期间秘密获得、并在受雇期间为自身利益而使用或披露的信息和知识,以及其通过同样方式获得、并在离职后为自身利益而使用的信息和知识。必须进一步区分由该雇员积累的一般知识、技能和经验所组成的信息,以及应合理地视为该雇员知识积

累的其他部分（无论被确认为"特定性""详尽性"还是"特别性"），且被具有一般智力水平的诚实人士视为前雇主财产的信息。

15.10 雇员有权使用他所获得的所有技能和知识，并由新雇主支配。

OCULAR SCIENCES LTD. v. ASPECT VISION CARE LTD.

［1997］RPC 289 ［英国］

莱迪法官：

> 从 Coco v. Clark 案的意义上来说，与其他任何人一样，雇主有权制止披露或使用秘密信息。另一方面，出于公共政策的考虑，雇员也有权使用他所获得的所有技能和知识，并由新雇主支配。无论他在哪里获得这些技能和知识，也无论这些技能和知识是否保密，或在他获得时是否保密，结论都是一样的。

G. 跳　板[❶]

15.11 目标： 跳板学说的目标，是为了防止违反保密义务的人，利用其之前所获得的信息。这一学说带来很多问题，特别是与禁令相关的问题。[❷]

TERRAPIN LTD. v. BUILDERS SUPPLY CO.（HAYES）LTD.

［1960］RPC 128 ［英国］

罗克斯博格（Roxburgh）法官：

> 按照我的理解，无论其本意是什么，这一法律分支的要点，是禁止已获得秘密信息的人使用该信息，以作为对透露该秘密信息者作出有害行为的跳板，甚至当所有内容已经公布，或者可以被公众通过实际查阅所获知时，该跳板依然存在。宣传册确实不能等同于对设计图、技术说明、其他技术信息或专有技术的公开。对机器进行拆解，可能使人可以在没有设计图、技术说明或其他技术信息的情况下进行生产，但我不认为在没有一些专有技术的情况下生产可以继续，当然不花费精力去拆解也不行。我认为，未获知秘密信息的人，仍然必须准备计划书和技术说明这种说法是完全正确的。
>
> 他可能不得不构建一个原型，而且他一定必须进行测试。因此，秘密信息的持有人相对于他人，仍有相当的领先优势。设计可能和特征一样重要。在我看来，Saltman 案所依据的学说有一个固有的原则，即此类信息的持有人，必须在竞争方面受到特定的限制，以防止其获得不正

[❶] Aim Maintenance Ltd. v. Brunt ［2004］WASC 49 ［西澳大利亚］。
[❷] Ocular Sciences Ltd. v. Aspect Vision Care Ltd. ［1997］RPC 298 ［英国］。

当的领先优势，或换句话说，以排除第一被告和第三被告以及这两家公司的常务董事在该案中所使用的策略。

H. 救　济

15.12 普通法上对侵权的典型救济也适用于这些案例，这将在后几章进行讨论。就跳板的救济而言，下述禁令是适当的：

被告不得在 X 个月内销售任何使用或涉及 VORTEX 商标或商号的真空清洁器，但在不存在欺诈可能性的情况下使用该等商标或标志，不构成对本命令的违反。❶

---

❶ Dyson Appliances Ltd. v. Hoover Ltd. ［2001］ EWHC Patents.

第 16 章　知识产权权利用尽

A. 导言（16.1、16.2）
B. 专利和外观设计权利的用尽（16.3~16.14）
C. 商标权的用尽（16.15~16.22）
D. 版权的用尽（16.23~16.25）

A. 导　言

16.1 知识产权权利用尽的含义：权利用尽在知识产权所有人将与该知识产权相关的产品投入分销渠道的情况下发生。相应的后果是，与该产品相关的知识产权因此被用尽，购买、使用、维修或出售该产品的行为，不构成侵权行为。

16.2 区别：就权利用尽原则而言，有必要区分不同的知识产权，因为处理专利、外观设计、商标和著作权时的规则和考虑因素不同。

B. 专利和外观设计权利的用尽

16.3　一般原则

ADAMS v. BURKE

84 US 453（1873）［美国］

如果某种机器或设备的价值在于对该机器或设备的使用，则专利权人或其他合法权利人出售该机器或设备时，即获得对该种使用的报酬，并丧失限制该种使用的权利。也就是说，专利权人或其受让人通过销售，已获得其就特定机器或设备中发明的使用价值所主张的全部专利权税或报酬，因此，产品的购买者有权使用该产品而不受进一步的限制。

16.4 国内权利用尽和国际权利用尽。有两种权利用尽，即国内权利用尽和国际权利用尽。

- 国内权利用尽被广泛认为是各地法律中的既定惯例。典型的规定是，如果应用或包含专利或外观设计的产品已在注册权利人同意下，在相关司法管辖区内被投入市场，则涉及该产品的任何行为都不构成对其专利权或外观设计权的侵犯。

- 涉及国际权利用尽的问题则没有那么简单，尤其是与所谓的平行进口相关的问题存在诸多分歧。TRIPS 仅规定"本协定中的任何规定不得用以处理知识产权的用尽问题"（第 6 条）。[1]

---

[1] Japanese Patent Office Asia‑Pacific Industrial Property Center. Introduction to intellectual property rights [M]; OSBORNE J W. Patent exhaustion: a standard based on patentable distinctiveness [J]. Santa Clara Computer & High Tech (20): 658.

BBC 案

日本最高法院

1997 年 7 月 1 日

一旦日本专利权人在日本出售他或她根据其日本专利生产的专利产品，则应认为其专利权已达到目的并用尽。没有必要允许专利权人获得双重报酬。因此，在这种情况下，已售专利产品的使用、销售和出租行为，不受专利权限制。

另一方面，如果是日本专利权人在国外出售专利产品的情况，则不一定与上述情况类似。专利权人在该国对在日本享有专利的发明，并不一定享有专利（"相应专利"）。即使专利权人享有相应专利，日本专利和相应专利也是相互分离、相互独立的。因此，专利权人对其本人在国外销售的专利产品行使日本专利权，并不属于双重获利。

16.5 国内权利用尽：大陆法和普通法的比较。一般来说，普通法比大陆法更倾向于给予合同自由更高的认可度。由于权利用尽问题与默示或隐含合同条款紧密相连，因此，两个法系之间存在可辨识的差异。普通法通常允许通过协议的方式，对卖方的权利加以限制；而在大陆法传统中，这一问题并非如此简单。正如 Hirohito Nakada 所解释的：

"似乎美国法庭和日本法庭都认同专利权人不能以单方面的意愿来控制专利权用尽。然而，在美国，专利权人可以通过有效的合同来控制专利权用尽，相反，日本法庭则不允许专利权人通过合同控制专利权用尽，而是确立客观标准来决定专利权是否用尽。"[1]

STUKENBORG v. UNITED STATES

372 F2d 498 ［美国］

默示许可原则经常与权利用尽原则得出相同的结论，即购买某一物品就意味着享有使用和再次销售该物品的默示权利。然而，"专利权用尽，源于对专利授权的固有限制，默示许可则是一种准合同原则，并取决于销售协议各方的想法和期望。"

16.6 附条件销售：附条件销售，可能会限制权利用尽的范围。

BRAUN MEDICAL INC. v. ABBOTT LABS INC.

124 F3d 1419 ［美国］

在无条件销售专利设备的情况下，专利权人控制购买者使用设备的权利被用尽，因为专利权人已通过讨价还价获得了与商品全部价值相等的报酬。然而，该权利用尽原则并不适用于明示附条件的销售或许可。

---

[1] "美国及日本的专利权利用尽及再生产业"，www.law.washington.edu。

在这样的交易中,更合理的推论,是双方协商的价格仅反映了专利人所授予的"使用"权的价值。因此,附随专利产品销售或许可的明示条件通常获得支持。但这种明示条件在性质上属于合同行为,且受反垄断、专利、合同等法律,以及专利滥用等衡平考量因素的限制。因此,任何违反法律或衡平考量因素的条件,都不具有执行力。另一方面,若违反有效条件,则专利权人有权基于专利侵权或违约获得补偿。

简单地说,销售的情况表明:(1)购买者,包括终端使用者,注意到了一次性使用的条件;(2)购买者有机会拒绝该条件;且(3)该(产品)是以一次性使用价值为交换条件的价格出售的。根据以上情况,本法庭认为,(专利权人)并未用尽其权利。

16.7 第三方:除非知道限制情况,否则,第三方不受销售条件的约束。

ROUSSEL UCLAF SA v. HOCKLEY INTERNATIONAL LTD.
[1996] RPC 441 [英国]

法律规定,专利权人提供产品且在提供的同时告知被提供者(通常以合同的形式),对于如何处理所提供产品是存在限制的。假如原始被提供者(首先)及后续经销商(其次)均清楚了解这些条款,则提供产品不意味着许可实施或实行许可条款范围之外的任何行为。

如果在第一次销售时没有对他们强加限制许可,则无论是原始供应商,或是自其获得权利的人,此后均不得通过任何声明将一般许可改为限制许可。

有限制的许可要求让之后的每个人都注意到这一声明。通常的做法是,将许可声明附在商品上,但当然也有别的做法。一旦商品被以无限制许可的方式出售,购买者购买的商品就不再受任何专利限制。

16.8 主要部分的销售:专利设备主要部分的出售或许可,可能会使专利权人限制他人制造、销售或使用该设备的权利用尽。

ANTON BAUER INC. v. PAG LTD.
329 F3d 1343 [美国]

专利权人销售非专利母盘的行为,是对母盘所有权的完全转移。事实上,这一出售行为,使得专利权人丧失对母盘使用的控制权,因为母盘只能在专利组合中使用,而这种组合必须由购买者来实现。

专利权利用尽原则的基本原理是,对相关限制缺乏了解的专利商品的购买者,应该可以自由地、无条件限制地使用该商品。

以下政策似乎是对专利权利用尽原则的最佳诠释:排他的专利权,是一种有限制的例外。该权利的行使应在专利商品的第一次销售后被切断,因为销售已为刺激发明提供了足够的经济回报,如果这项权利不终结,则专利权人可以无限期地独立控制商品,使专利权人拥有对商品市场的绝对控制权，而后来的购买者则可能受制于专利侵权行为，处于极不稳定的状态。这项原则源于确定购买者在购买专利产品时所获得利益的需求，这其中并无任何附加隐含限制。

16.9 不同的权利要求：销售根据专利所生产的某一特定产品，并不意味着许可其他相同专利的发明。

STUKENBORG v. UNITED STATES

372 F2d 498 ［美国］

专利的每一项权利要求，都赋予专利权人一项排他权。享有使用某组权利要求所涵盖的某一设备的默示许可，并不意味着享有与其他设备组合（该组合为另一组权利要求所涵盖）使用该设备的默示许可。

16.10 维修与复制的二分法：权利用尽原则表明购买者可以维修产品，但并不意味着购买者可以复制产品。

JAZZ PHOTO CORP. v. US INT'L TRADE COMM INC.

264 F3d 1094 ［美国］

维修与复制二分法的基础，是专利权利用尽原则。专利权人或经其授权的人无限制销售专利产品的行为，"用尽"了专利权人通过行使产品首次销售时的专利权，进一步控制该产品的销售或使用的权利。因此，一件专利设备在美国合法销售后，后继购买者基于权利用尽原则，同样受相关保护。然而，不得将产品作为"对专利实质内容进行复制"的工具这一禁律仍然适用，因为这样的复制超出了首次销售时所附的权利。

ARO MFG CO. INC. v. CONVERTIBLE TOP REPLACEMENT CO.

365 US 336（1961）［美国］

从本院的诸多判决中必然得出以下结论：对由非专利部件构成的专利产品的重建，仅于一种情形，即对该专利整体进行真正的重建，以致在该专利权作为一个整体被用尽之后，"事实上又制造了一个新的物品"。为了使专利授权所赋予的垄断权第二次发挥作用，它必须确实是对专利产品的再次制造。仅仅是独立非专利部分的更换，每次更换一处，不论是重复更换同一处，还是连续更换不同之处，都不过是主人合法维修其财物的行为。维修是"对专利产品的拆卸和清理，同时伴随对已磨损或权利用尽的非专利部件的更换，以保持该物品的原始用途"。复制要求是对产品的大范围加工，以至再次制造了专利产品。

UNITED WIRE LTD. v. SCREEN RERAIR SERVICES（SCOTLAND）LTD.

［1999］EWCA Civ 1986

罗伯特·沃克（Robert Walker）法官：

在 British Leyland Motor Corporation v. Armstrong Patent Co. Ltd.

[1986] AC 577 案中，一方争辩道，汽车的购买者拥有默示许可，可以对汽车进行维修，因此他可以安装未经图纸版权人许可就可能构成侵权、不是由版权人所生产的零部件。"零部件生产商拥有默示许可，通过复制 British Leyland 公司版权作品的方式制造这些零部件"的主张，被上诉法院驳回，尽管这些零部件是准备安装到 British Leyland 的汽车上的。在接受生产商上诉的同时，上议院达成了一致意见，认为关于默示许可的主张应被驳回。坦普曼大法官回顾了与维修有关的专利案件，并在第 643 页写道：

> "依我之见，维修权的基础，在于不减损许可的原则，而非默示许可，且很容易得出这样的结论，即阿姆斯特朗之类的供应商，可以生产排气管，用于满足利兰汽车更换排气管的需要。每一位车主都有权利维修自己的汽车。如果零部件的供应商没有权利为维修作前期准备，则这种权利是无用的。在我看来，这一权利不能因为汽车制造商与第一购买者之间的合同受到抑制，也不能从任何后继车主处剥夺。利兰的代理人提出，这一权利仅对该汽车的生产商有效，而对为该汽车生产零部件且经利兰允许保留工程绘图版权的分包商是无效的。在我看来，同样的原则也适用于分包商，因为他清楚他所生产的产品是即将销售给购买者的汽车的一部分，而购买者不免要对汽车进行维修。利兰的代理人还提出，如果某一部件（例如汽化器）的专利权人可以制止安装侵犯其专利权的替代汽化器，则可推论，版权人可以制止安装间接复制并侵犯排气管图纸的替代排气管。
>
> 专利权法和版权法在有关维修的问题上存在实质的区别。第一，发明专利（现在我们所讨论的是产品发明）仅在一种情况下被侵犯，即产品在未经专利权人许可的情况下被他人'制造'或'使用'。因此，如果专利产品是经专利权人同意，以使用为目的进行销售的，则对专利产品的维修不构成侵权；但相当于复制的维修行为，则构成生产新的侵权产品的行为。
>
> 在我看来，以下两种情况之间并无矛盾：一方面，允许行使专利权以防止受专利权保护的物品被复制；另一方面，则不允许在减损许可的情况下行使版权，以阻碍不受版权保护的物品被复制。"

英国枢密院对 Canon Kabushiki Kaisha v. Green Cartridge Co.（Hong Kong）Ltd.［1997］AC 728 案的判决，是由霍夫曼征（Hoffmann）大法官作出的。在该案中，佳能声称其专利和版权遭到侵犯，但需要枢密院做出判断的唯一的问题是，维修行为是否构成版权侵权。霍夫曼征大法官在 735 页写道：

"阁下们会注意到许可的概念，即能使某个行为'有之则合法，无之则违法'（Thomas v. Sorrell 1674 Vaugh. 330 351）的事物，并不真正适用于维修专利物品的行为。因为根据定义，维修不构成对专利物品的生产，并非对专利所授予的垄断权的侵犯。因而，它不是违法行为，除了需要一般默示许可，以便能够使用专利物品外，无须特别许可使之合法。上述一般默示许可，有时被用来解释为什么纯粹的使用者并未侵犯专利人的垄断权。但是，将这视为专利权人与该特定物品相关的权利，在物品售出后其权利用尽的后果可能更好。"

在现今的专利案件中，默示许可的概念已不适用，侵权的定义已在 1977 年专利法案中作了界定，此法案曾经在欧洲具有约束力。无论如何，这一概念都存在缺陷，因为专利权人可以通过合同或销售情况来排除这种许可。依我之见，正如坦普曼大法官及霍夫曼大法官所指出的那样，真正的维修不侵犯专利的原因在于，它并不构成侵权行为。

16.11　日本对国内权利用尽的态度：在佳能案中，法院认为存在专利侵权，并针对再制产品（原装油墨用完后，重新向喷墨打印机中的专利墨盒灌注油墨制成的产品）发布了禁令。佳能是名为"液体容器、容器生产方法、容器包装以及包含记录头和液体喷射记录装置的喷墨头墨盒"的专利的专利权人。佳能使用权利要求 10（液体容器生产程序的发明）所描述的方法，生产并销售权利要求 1（液体容器的发明）所描述的墨盒。佳能的起诉所依据的是权利要求 1 和 10。

Recycle Assist 公司进口并销售墨盒。Z 公司以向使用过的佳能产品（佳能公司或其授权商在日本国内外销售的产品）再灌墨的方式，为 Recycle Assist 公司生产产品。显然，Recycle Assist 公司的产品符合权利要求 1 中的各项特征并落入其技术范围，而 Recycle Assist 公司产品的生产过程，亦符合权利要求 10 中的各项特征，落入其技术保护范围。Recycle Assist 公司援引专利"用尽"原则为自己辩解，认为佳能不应被允许就 Recycle Assist 公司的产品行使专利权。

CANON INC. v. RECYCLE ASSIST CO. LTD.
［2006］JPIPHC 3（2006 年 1 月 31 日）
大合议庭：
（a）通则

［A］如满足下列条件之一，则专利权并未用尽：
（ⅰ）专利物品作为产品，经正常使用后产品效用耗尽，被再利用

或再制造的（类型1）；

（ⅱ）专利物品作为产品，经正常使用后产品效用耗尽，被第三方再利用或再制造的（类型2）。

类型1的条件是否被满足，应以专利产品为判决基础，确定专利产品作为产品是否已完成其使命；而类型2的条件是否被满足，则应以发明为判决基础，确定构成专利发明实质部分的部件整体或部分是否已被修改或替换。

（b）由于专利物品作为产品经正常使用后产品效用并未耗尽，所以通过再灌墨的方式进行再利用或再制造是被允许的。

在该案中，类型1的条件并未被满足。鉴于除原有油墨被消耗之外，佳能产品的部件并未遭物理变更或修改，佳能产品可以通过再灌墨作为墨盒进行再利用。油墨是可换式的，再灌墨，可被视为替换可换式部件。在喷墨打印机油墨产品市场中，不仅有包括佳能产品在内的正品，而且有再生产品及再灌注的油墨。再生产品的质量虽然往往次于正品，但因价格低廉而深受顾客青睐。此外，为保护环境，应鼓励循环利用，除非构成对他人的权益的侵犯。没有法律或规章禁止墨盒的循环利用。鉴于这些因素，法庭认为，尽管原装油墨已用完，但佳能产品并未耗竭其产品效用。法庭的结论是，佳能产品不满足类型1的条件。

（c）然而，本案满足类型2的条件，且权利要求1并未用尽，因为作为本发明重要组成部分的要素特征被使用了。

权利要求1的目的，在于解决由来已久的在墨盒未密封时，墨粉槽会泄露的问题，并通过增加墨粉槽中每单位墨粉量的方法，确保与传统墨粉槽相同的稳定供墨的效果。为满足上述目的，权利要求1包含构成特征H和构成特征K。这些构成特征，是权利要求1的重要组成部分。当佳能产品被用完，且墨粉槽被取出打印机一段时间后，佳能产品不再具有构成特征H和K。第三方通过清洗已使用且不再具有上述构成特征的佳能产品的墨粉槽，并通过将墨粉灌注其中，并超出其负压发生部件容纳腔的界面的方式，为Recycle Assist公司生产产品。通过这种生产过程，Recycle Assist公司产品恢复了权利要求1中的构成特征H和K。因此，该案满足类型2的条件，该项权利用尽的主张应被驳回。佳能应被允许就Recycle Assist公司的产品主张权利要求1，该产品是以向佳能使用过的产品再灌墨的方式制造的，并用于国内销售。

（d）方法权利要求（权利要求10）的用尽。

方法专利的实施，可划分为两个类别：使用或转让使用专利方法制造的产品，及使用专利方法本身。专利权用尽问题应就不同的类别分别进行讨论。

尽管产品专利的权利用尽原则不适用于方法专利，但是，如满足下列条件之一，则专利权人就不得行使专利权：

（ⅰ）通过专利方法生产出的产品，作为一种产品发明也申请了专利，方法发明和产品发明没有技术概念上的区别，且产品发明专利已用尽；或

（ⅱ）专利权人或被许可人，已转让专门用于专利方法或用于专利方法（在日本可以普遍获取的除外）的物品，以及已经转让对通过专利发明解决问题起到不可或缺作用的物品，而直接或后续受让人利用受让物品来使用专利方法，或使用或转让利用受让物品来使用专利方法制造出来的产品。

鉴于 Recycle Assist 公司的产品，是通过上述方法生产的，可以认定关键部件被修改或被替换了。因此，佳能应被允许就 Recycle Assist 公司的产品主张权利要求 10，该产品是以向佳能使用过的产品再灌墨的方式制造的，并用于国内销售。

16.12 国际权利用尽：地域性原则在前面已有所论述❶。意思是专利只在其注册地有效。因此有人主张，专利在一国的权利用尽，并不表明类似专利在另一国的权利用尽。二者范围可能不尽相同，权利人也可能完全不同。因此，"美国专利不因产品来自国外而权利用尽。为了根据首次销售原则寻求保护，授权的首次销售，必须是依据美国专利进行的。"❷

BBS 案
日本最高法院
1997 年 7 月 1 日

一旦日本专利权人在日本出售他或她依照日本专利权生产的专利产品，则应认为专利权已达成目的，并权利用尽。没有必要允许专利权人获得双重报酬，因此，在这种情况下，已售专利产品的使用、销售和出租行为不受专利权限制。

另一方面，如果是日本专利权人在国外出售专利产品的情况，则不一定与上述情况类似。专利权人在该国对在日本享有专利的发明，并不一定享有专利（"相应专利"）。即使专利权人享有相应专利，日本专利和相应专利也是相互分离、相互独立的。因此，专利权人对其本人在国外销售的专利产品行使日本专利权并不属于双重获利。

---

❶ 见前文第 11 章 D 部分。
❷ Jazz Photo v. ITC 264 F3d 1094［美国］。

16.13 一般原则需要一定的条件

BBS 案

日本最高法院

1997 年 7 月 1 日

鉴于当今社会国际经济贸易的广泛程度及发展程度，有必要高度重视包括进口在内的商品贸易自由问题，该案情形正是如此。某日本经销商进口国外产品，并在日本国内市场销售。在国外的经济交易中，一般认为，开展交易的前提是：销售商将所售产品上的所有权利转让给购买者，而购买者则获得产品上销售商所享有的所有权利。

鉴于上述当今社会国际经济贸易的情况，如果日本专利权人在国外出售专利产品，则自然的预期是，无论购买者是直接从专利权人处购买，还是通过中间商购买，购买者都可以以盈利为目的将已购买的产品进口至日本，并以盈利为目的在日本使用该产品，或将该产品销售给其他人。

综合考虑以上所解释的全部要点，如果日本专利权人在国外将专利产品销售给购买者，则专利权人不得对该购买者就该专利产品主张其日本专利权（除非专利权人和购买者协议将日本排除在该专利产品出口目的地之外），或对通过中间商购买该专利产品的第三方主张其日本专利权（除非上述协议已清楚地在产品上注明）。

法院进一步认为：

- 如果日本专利权人在国外将专利产品无保留地销售给购买者，则可以认为，专利权人已默示性地，将在日本控制该专利产品的权利转让给购买者或后续购买者，他们不受其日本专利权的约束。

- 另一方面，在国外销售专利产品的上述专利权人，仍有可能保有在日本行使其日本专利权的权利。如果专利权人同意将日本排除在该专利产品的出口目的地之外，且上述协议已清楚地在产品上注明，则即使是通过中间商购买产品的后续购买者，也将注意到专利产品的上述排除协议，且有机会以存在该排除协议为由拒绝购买。

- 在国外出售专利产品的无论是专利权人，或是其子公司，或是被视为专利权人同一方的相关公司，销售交易的性质并无不同。

- 消费者相信其有权自由销售已购买的专利产品，对该信赖利益的延伸保护，并不取决于日本专利权人在专利产品原销售地所在国是否持有专利。

16.14 许可授权范围可能会影响一般原则。许可授权可能会有域外效果，而

且，如果在国外销售的许可延伸至来自当地专利保护范围内的产品，则可能导致权利用尽。

KABUSHIKI KAISHA HATTORI SEIKO v. REFAC TECHNOLOGY DEVELOPMENT 690 F. Supp. 1339 ［美国］

一般而言，专利权人或被许可人对产品的首次销售，便用尽了专利垄断权，使得专利权人无法进一步控制对产品的再次销售。这一原则适用于在美国也有权销售的专利权人或被许可人授权的首次销售。上述销售之后，美国专利权人无权禁止产品在美国的再次销售，或在国外顾客在此再次销售该物品时收取专利税。

C. 商标权的用尽

16.15 该原则的成文法实例：该原则虽从某种意义上而言具有公理性，一些法律仍对其作出了规定。新加坡的规定为：

"如果某商品已由某注册商标所有人或经其明示或默示同意（附条件或无条件）在该注册商标名下投入市场（无论是在新加坡境内还是在新加坡境外），则与该商品相关联的商标使用行为，不构成对该注册商标的侵犯。"

这不适用于以下情况：

- 商品投入市场后，其状况被改变或受损；及
- 与这些商品相关联的注册商标的使用行为，以不合理的方式导致该注册商标显著特征的淡化。

16.16 经典案例——The locus classicus ❶

CHAMPAGNE HEIDSIECK v. BUXTON ［1930］1 Ch 330

事实：原告是法国的香槟生产商，为英国市场配制了一种特别类型的香槟，同时为法国市场配制了另一种类型的香槟（Brut）。两种类型的酒都是以在英国注册的同一商标销售。原告希望禁止 Brut 酒在英国出售，但却被被告进口并销售。原告要求禁止被告侵犯其注册商标，但却未能成功。

---

❶ 虽经多次立法修改，该案仍沿用至今，如南非：Protective Mining v. Audiolens 1987（2）SA 961（A）；澳大利亚：R&A Bailey &Co Boccaccio Pty Ltd. 77ALR 177；加拿大：Kraft Canada Inc. v. Euro Excellence Inc. 2004 FC 652（CanLII）；以及英国：Revion Inc. v. Cripps & Lee Ltd. (1980) FSR 85（CA）。但请参见 Euro Excellence Inc. v. Kraft Canada Inc. 2007 SCC 37。

克劳森法官：

然而，有人主张，1875法案第3条（该条规定，商标注册是注册者被授予该商标排他使用权的初步证据）的作用是，使商标权人有权反对任何人销售或处理商标权人生产、并标注有该商标的商品，除非符合商标权人规定的转售、价格、市场地区等条款或情况。实际上，有人提出，1875年之前，在被确立为商标的情况下，商标仅是商品来源的标志，但第3条的作用，则是使注册商标成为控制的标志，意味着注册商标权人全权控制商品的权利，除非其已明示或默示放弃此种控制权。

我对该规定的解读并非如此。如果在一个确定商标注册的法律中，对商标权人权利如此明显的扩张，打算以法律条款的形式来规定，那是很令人震惊的。依我之见，该规定意味着：商标权人有独家使用商标的权利，即有权禁止他人销售附有其商标却不是其所有的商品。

被告以侵权的方式对商标的使用，一定是使用在赝品上（正品即那些正规使用原告商标的商品）。任何人都可以将原告的标志使用在原告的商品上，因为这不可能导致欺骗（欺骗是侵权与否的检验标准）。

16.17 **此原则适用于灰色商品的进口（平行进口）。** "平行进口"或"灰色市场"商品，被排除在赝品的定义之外，这些商品都标注有商标，在另一国合法生产并销售，之后未经商标权人同意进口至当地司法管辖区。灰色市场商品上的商标并非伪造品，因为它是由商标权人或经商标权人同意标注上去的，只要该商品随后没有被改变或重新标志。❶这些原则都假定，两个司法管辖区内的相关知识产权，均由同一方所有。如果（比如）一个司法管辖区内的知识产权被转让给第三方，则抗辩不再成立。保护的程度或者是否予以保护，通常取决于当地的立法。

最高法院判决，第一小法庭

案件号：2002（Ju）1100号［日本］

民事案件汇编第57卷，第二号，125页

商标权人之外的任何人进口标注有与注册商标相同的商标、且与日本境内商标所指定的商品相同的商品时，如满足以下条件，则不构成商标侵权，亦不构成实质违法，因为这被视为正品的平行进口：

- 上述商标是被国外的商标权人或被许可人标注于商品之上的；
- 上述国外商标权人与日本商标权人是同一人，或他们在法律上或经济上被视为等同，因此外国商标与日本注册商标所指向的来源相同；并且
- 就上述注册商标所保证的质量而言，由于日本商标权人处于直

---

❶ 亦见 Glaxo Group Ltd. v. Dowethurst Ltd.［2004］EWCA 290Civ。

接或间接控制上述商品质量的地位，故而可以认为，上述商品与由日本商标权人标注注册商标的商品之间不存在本质区别。

16.18 **TRIPS 并未关注平行进口问题**。TRIPS 只是规定，除涉及非歧视问题（"国民待遇"和"最惠国待遇"）的条款之外，其他条款均不得用于解决世界贸易组织争端中的知识产权用尽问题。换言之，即使一国允许平行进口，而另一国可能认为前者违反了 TRIPS，该争议也不得作为世界贸易组织争端问题提出，除非涉及非歧视的基本原则。

16.19 **变更的影响**：被告是否可以变更注册商标商品，并继续使用商标权人的商标进行销售？判决的结果是否定的。这与上面提及的新加坡的立场是一致的。

TELEVISION RADIO CENTRE（PRY）LTD. v. SONY CORPORATION
1987（2）SA 994（A）［南非］

事实：索尼公司制造了盒式磁带录像机，也是盒式磁带录像机上"索尼"注册商标的所有者。由于录像机要与当地的电视信号系统相兼容，索尼公司为不同的国家制造了不同类型的录像机。因此，对于并非为南非特制的盒式磁带录像机，必须要进行修改。被告进口了索尼公司为在英国使用而设计的盒式磁带录像机。在销售前，被告对机器进行了更改，以便能在南非使用。索尼公司主张商标侵权并获得法院支持。

上诉法院格罗斯科夫法官：

Protective Mining 案（前面已引用）的判决基础在于，商家销售由商标权人或经其同意标注商标的正品的行为，不构成商标侵权。这符合商标侵权是仿冒的一种具体形式的原意。商标权人有权禁止的，是他人的商品被标注为自己的商品。如果他人改动商品，且改动达到一定程度，则改动后的商品不再是商标权人标注商标的产品。因此，在我看来，这是一个程度的问题，即产品是否改动到一定的程度，使得它们不再是"正品"，即商标权人标注商标的商品。在判断这个问题时，特别值得考虑的因素，包括商品的性质及改动的性质、目的和程度。这在本质上是一个实务问题，每一案例都应基于个案事实，并根据通常商业惯例及购买者的合理预期作出判断。

16.20 **原告就灰色商品如果不能主张商标侵权，则也不能转而主张假冒**

CONSUMERS DISTRIBUTING CO. v. SEIKO TIME CANADA LTD.
［1984］1 SCR 583 ［加拿大］

事实：Seiko 加拿大公司起诉，要求禁止被告在加拿大销售 Seiko 手表。Seiko 手表由 Hattori 公司在日本制造，并由 Hattori 公司通过授权经销商构成的销售系统在全世界范围内销售。在加拿大的授权经销商，是为 Hattori 公司所拥有 Seiko 公司。Hattori 公司是手表商标 Seiko 的注册权人。被告的手表是 Hattori 公司制造的 Seiko 正品手表，来自 Seiko 手表的全球销售系统，但是从加拿大境外的商贩处获得的。Seiko 加拿大公司以假冒为由提起了诉讼。

埃斯蒂（Estey）法官：

对 Seiko 这一商标而言，被上诉人［Seiko Canada］既非注册用户也非受让人，而销售合法获取的注册商标产品这一行为本身，根据加拿大商标法（事实上在普通法中），并未被禁止。

乍一看，很难将上诉人的行为划入假冒的概念之中。上诉人出售的手表与被上诉人的一模一样，且来源相同。被上诉人通过将该手表与其所运用的销售技巧所独有的特征相联系，意图将自己划入该原则的经典定义之中。被上诉人所面临的问题是，如果按此要求所进行的逻辑演绎，将给予处于被上诉人地位的商贩以在加拿大销售某一商品的垄断地位，其程度与加拿大专利法赋予被上诉人某一产品发明的专利权相当。上述主张不免将问题导入另一条死胡同，即在另一个处于卖主地位的人也在销售与个人财产相同的产品的情况下，大陆法有关个人财产的部分，将认可需要控制个人财产销售的权利，尽管这些财产来源合法。这样的原则不符合我们的法律。第三个后果则会导致不可避免的冲突，一边是上述结果，另一边则是普通法有关限制贸易和自由竞争的原则。

16.21 **"欧洲壁垒"特例**。欧洲经济区有一种不同的处理方法❶：

MASTERCIGARS DIRECT LTD. v. HUNTERS & FRANKAU LTD.

［2007］EWCA Civ 176 ［英国］

上诉法院雅各布常任法官：

我估计，几乎所有的公众成员都认为，如果你出售的只是由商标权人标注商标的正品，那么你不可能侵犯该商标。许多（可能是大多数）商标律师认为，上述观点应该成为法则。毕竟，商标是属于商标权人的标志，通过它，消费者可以知道"这是某一特定所有人的商品或服务。我可以信赖这一标志"。用指导性的语言来说，商标的功能是"确保该商标作为来源的标示"。

因此，公众对以下事实可能感到惊讶（也许还有点憎恨），即欧洲经济区法律规定，如果欧洲以外的正品比欧洲的要便宜很多，除非商标权人同意，否则，贸易商不能购买它们并将它们进口至欧洲出售。虽然该商标代表了真品，但在没有上述同意的情况下，其使用也可能被

---

❶ 请参见：Zino Davidoff（Approximation of laws）［2001］EUECJ C-415/99 以及荷兰判例 Canon v. Crown Rb Utrecht，2007年7月11日。另见上述第7.9节。这体现在爱尔兰2001年工业设计法第75条，其规定："运用或包含外观设计的产品，在被注册权人或经注册权人同意投入欧共体任一成员国市场后，针对该产品实施的任何行为，均不构成对该外观设计权的侵犯。"

禁止。

支持此项规定的政策被称为"欧洲壁垒"。这一政策具有非常重大的影响，因为几乎所有的商品（除某些原材料外）都附有商标。这意味着，贸易商可以用商标将欧洲与世界上的其他市场隔离开来。有时这会带来一些好处（如要阻止在第三世界廉价销售、供当地使用的药品被重新进口到欧洲，商标也许是知识产权中最方便援引的一种）。但是，一般而言，这一规则明显地是在反竞争和提供贸易保护。我们的任务是应用这一规则，而不在于从经济的角度去考虑它是好是坏。

KK SONY COMPUTER ENTERTAINMENT v. PACIFIC GAME TECHNOLOGY（HOLDING）LTD.

［2006］EWHC 2509［英国］

菲什（Fysh）法官用如下语言对欧洲经济区规则进行了概括：

商标权人同意在欧洲经济区内营销所有者自己（或经其同意）曾经在欧洲以外出售标有商标的商品，即表明：它遵守在欧洲经济区外的市场投放此产品前、同时以及之后的种种事实与具体情形。而依据国内法院的观点，这已清楚表明，所有者已经放弃了其反对将商品投放在欧洲经济区市场的权利。

从以下事实推断不出默示同意的存在：商标权人未向投入欧洲经济区市场外的产品的所有后续购买者表示其反对在欧洲经济区市场内营销的意见；商品上没有禁止投入欧洲经济区市场的警告；商标权人已转让附有商标的商品的所有权，却未附加任何合同保留条件，而根据合同法规，在没有上述保留条件的情况下，被转让的财产权包括无限制转售的权利，或起码是其后在欧洲经济区内营销商品的权利。

就商标权人排他权的用尽而言，以下事实无须考虑：进口附有商标的商品的贸易商，不知道商标权人反对该商品进入欧洲经济区市场或在欧洲经济区市场由授权零售商以外的销售商销售；或尽管已被商标权人告知，授权零售商或批发商仍未迫使其购买者接受表明此种反对意见的合同保留条件。

16.22 责任

VAN DOREN & Q GMBH v. LIFESTYLE SPORTS & SPORTSWEAR

Case C－244/00［欧洲法院］

根据德国法律，被商标权人起诉的第三方，可提出商标权用尽的抗辩，因此，原则上，第三方必须证明商标权用尽的要件已被满足。该证据规则符合欧盟法的规定。

但是，为保护货物自由流动而产生的要求，可能意味着该证据规则需要进行限定。

在这些情况下，如果要求第三方证明商标权人最初出售或同意出售商品的地点，则商标权人可能会妨碍所购货物的销售，并在第三方能够证实其货源来自欧洲经济区商标权人独家分销网某一成员的情况下，阻止第三方将来再从该成员处获得供货。

因此，如果被诉第三方成功地证明，在其承担证明责任（证明商品是由商标权人或经商标权人同意投入欧洲经济区市场的）的情况下，国内市场有被分割的风险，则商标权人必须证明该商品最初是由其或经其同意投入欧洲经济区以外的市场的。如果这些证据被提交，则第三方必须证明之后在欧洲经济区内销售该产品是经过商标权人同意的。

D. 版权的用尽

16.23 版权用尽与专利权用尽的对比

INTERSTATE PARCEL EXPRESS CO. PTY LTD. v. TIME – LIFE INTERNATIONAL（NEDERLANDS）BV

［1977］HCA 52［澳大利亚］

修订后的 1951 专利法案与版权法案之间一个明显的形式区别，就是前者不包括任何与后者第 37、38 条相似的条款。（律师）认为这不是有效的区别点，因为进口和出售专利产品仍是专利侵权行为。但专利法和版权法之间还有另一个重要区别。传统形式的专利赋予专利权人"制造、使用、实施及出售"该发明的专有权。从购买者的角度来看，如果购买者无权使用或转售其所购买的物品，则专利权人出售专利产品的行为是徒劳的。为了赋予这种销售行为商业上的效果，似乎有必要承认一个默认条款，即专利权人同意购买者及其权利继受者使用专利产品。相应地，一般来说，法律的确默认，专利权人同意对专利产品进行"不受干扰及限制的使用"。仅为了避免专利强加于产品使用权上的限制作出这一推论，似乎完全符合规范合同默示条款的一般规则。但是，就版权作品的销售而言，则没有承认这种默示条款的类似必要性。版权人不享有使用或出售版权书籍的专有权。版权书籍的购买者无须版权人同意，即可阅读或（一般而言）转售该作品。在销售专利产品时需要承认默示的合同条款，在销售版权作品时则不需要。这并不表示，也不可能表示，销售图书复制品，意味着许可购买者实施版权法第 31 条所规定的构成版权内容的行为。

出售版权书籍时，版权人已将全部所有权转让给购买者。版权人并未就使用该书籍的任何特定行为表示同意——一般来说，他是否同意并不重要。根据已给出的理由，专利案件与其他案件是区分开来的。在一些情况下，版权人出售书籍，即意味着他就特定使用行为表示同意。例如，如果版权人在美国将大量书籍卖给某澳大利亚购买者，且知道该购买者为书商，则有充分的理由相信，版权人同意这些书籍被进口至澳大利亚，并在那里销售。在该案中，可以认为，Raymar 公司同意将这些书籍进口至澳大利亚，并在那里进行再次销售——如果 Raymar 公司的事先同意是合法进口及销售所必需的。但就法案第 37、38 条而言，Raymar 公司的同意并不重要。汉德利（Handley）先生正确地承认，对于 Time 公司是否已进行许可的问题，Raymar 公司与上诉人之间的交易并不重要，因为 Raymar 公司并不是 Time 公司的代理商。没有证据显示，在 Time 公司将书销售给 Little，Brown & Company 时（如果发生过该销售行为），或在 Little，Brown & Company 将书出售给 Raymar 公司时，存在这些书籍随后可能被进口至澳大利亚的迹象。不可能认为，Time 公司与 Little，Brown & Company 之间或 Little，Brown & Company 与 Raymar 公司之间的合同，存在 Time 公司同意将这些书籍进口至澳大利亚，并在澳大利亚销售的默示条款。

16.24 国内权利用尽：权利用尽的原则也适用于版权。❶

"'首次销售'原则限制了版权人授权或向公众销售版权作品复制品的'专有权'。该原则表明，'合法复制品'的销售，终结了版权人干涉或控制该特定复制品后续销售或分发的权利。简而言之，根据首次销售原则，版权书籍该特定复制品的第一购买者及任何后续买者，享有出售、展示或处置其复制品的权利。如果版权人 A 将某一作品的复制品出售给 B，则 B 可以出售该特定复制品而不违反法律。然而，B 无权重新复制并销售该作品的额外复制品。因此，如果 B 未经授权复制作品，则 B 违反了法律。"

16.25 国际权利用尽：❷版权在出口国和进口国可能为不同的人持有。这可能是权利转让的结果。南非案例认为，进口国的版权人（通过转让成为所有人的人）有权阻止进口。这也适用于澳大利亚案例。之后的加拿大 Euro - Excellence 案涉及在进口国境内的排他许可被许可人的地位问题，法院认为，该被许可人无权禁止进口经版权人/许可人许可制造的商品。

---

❶ "知识产权犯罪刑事诉讼"。
❷ 欧盟的情况见：Coditel SA v. Cine - Vog Films SA Case 62/79 [ECJ] and Coditel SA v. Cine - Vog Films SA Case 262/81 [ECJ]；KK Sony Computer Entertainment & anr v. Pacific Game Technology (Holding) Ltd. [2006] EWHC 2509 (Pat)；Independiente Ltd. v. Music Trading On - Line (HK) Ltd. (t/a CD - WOW) [2007] EWHC 533 (Ch)。

FRANK & HIRSCH（PTY）LTD. v. A ROOPANAND BROS（PTY）LTD. 1993（4）SA 279（A）［南非］

案情：该案例是利用版权法阻止平行进口的一次成功尝试。上诉人通过与 TDK 磁带的生产商——日本 TDK Electronics 公司签署经销协议，成为 TDK 磁带的独家进口商。为赋予该协议下的专有权执行力，TDK Electronics 公司将 TDK 磁带包装和商业外观所包含的文学和艺术作品在南非的版权全部转让给上诉人，同时保留在其他地方的版权。被上诉人从第三方进口原产 TDK 磁带。相关法条规定："未经版权人许可，在作品享有版权的情况下，为个人及家庭使用之外的目的，将产品进口至南非共和国的行为构成版权侵权。"

科贝特首席法官：

根据法案第 24（1）条，"版权人"可就版权侵权行为提起诉讼。第 21 条定义版权所有权的归属。第 22 条，除其他事项外，还涉及版权的转让。该条款规定：版权可通过转让作为动产转移；版权可部分转让，限定于版权人享有专有控制权的部分行为，或版权有效期的部分期间，或某一特定国家或其他地理区域；经转让人或其代表书面签署的版权转让方为有效。有效转让的效力在于授予受让人所转让作品的版权所有权，并赋予受让人在版权受侵时起诉的权利。

该案对以下几点并无争议：根据第 21 条，磁带包装的版权所有权最初归属于 TDK Electronics 公司；南非范围内的版权，经有效转让归属于上诉人；该版权仍然有效。为完善其基于第 23（2）条的诉讼主张，上诉人还必须证明：

- 被上诉人将涉案磁带进口至南非是出于个人及家庭使用之外的目的；
- 被上诉人知道，如涉案磁带是在南非制造的，则制造行为已构成侵权；及
- 被上诉人实施的行为未经版权人许可。

戈德斯通法官在 Twentieth Century Fox Film Corporation v. Anthony Black Films（Pty）Ltd. 1982（3）SA 582（W）案中，就第 23（2）条所涉及的问题进行了讨论。在该案中，法院认为：

- 第 23（2）条中所谓的"如产品在（南非）共和国内生产则构成侵权"适用于并仅能适用于进口产品，即非生产于南非的产品；
- 法院根据这些规定被要求作出的假设是，进口产品是由该主体在南非实际制造的；且
- 如果此人可以在南非合法生产该产品，则不存在版权侵权。

由此必然得出的结论是，如果产品生产者（日本公司）不能合法地（不侵犯版权）在南非生产该产品，则知晓该情况、未经许可将该产品进口至南非，或在南非销售或经销该产品的行为，构成第23（2）条所规定的版权侵权。

依此解释，在将这些法律规定适用于该案事实时，要问的关键问题是——如果TDK Electronics公司在南非生产涉案磁带，是否构成对上诉人磁带包装版权的侵犯；如果构成，被上诉人是否知情；以及被上诉人实施的行为是否未经版权人许可。第一个问题的答案接下来则取决于涉案磁带包装是否享有版权。法院接下来对事实进行了陈述，并继续分析道：

因此，我认为，涉案磁带包装的确享有版权。磁带包装南非版权的转让，使得上诉人独家享有南非版权所涉的全部权利，而TDK Electronics公司失去了相关权利。因此可以推断，假定TDK Electronics公司在南非生产涉案磁带包装，即构成对上诉人版权的侵犯。

INTERSTATE PARCEL EXPRESS CO. PTY LTD. v. TIME – LIFE INTERNATIONAL（NEDERLANDS）BV

［1977］HCA 52 ［澳大利亚］

上诉人提出的另外一个主张是，书籍的出售，意味着一种默示的保证，即购买者有权和平占有这些书籍，而在版权人阻止上诉人将这些书籍进口到澳大利亚并在澳大利亚销售的情况下，这种保证就被破坏了。我不需要考虑，如果Time公司对Little，Brown & Company公司，或Little，Brown & Company公司，对Raymar公司作出这样一种保证，上诉人如何可以就此主张权利。我也不需要考虑，如果Raymar公司对上诉人作出这样一种保证，上诉人如何可以在Time – Life公司提起的诉讼中就此主张权利。无论从哪种观点来看，这种保证对于第37、38条的规定而言都不重要。保证购买者有权和平占有所购买的书籍，并非保证版权人同意将所购买的书籍进口至澳大利亚，并于进口后在澳大利亚销售，或是保证购买者在未获得这些条款所规定的许可的情况下，将这些书籍进口至澳大利亚并销售。

如果上诉人的主张是正确的，则第37、38条仅适用于（1）已侵害版权的物品（盗版物），及（2）明确限制后续进口和销售的已售物品的进口和销售。以这样的方式解读这些条款，将会限制其适用范围，而这与这些规定本身的措辞不符。这些条款所说的"版权人的许可"，是指版权人同意以销售为目的将这些物品进口至澳大利亚，或进口后销售，而且在我看来，仅从版权人在出售商品时未对其后续处置作出明确限制这一事实，并不能推断出存在这种许可。显然，法案第135条的规定,也与"书籍的销售本身即是对以转售为目的向澳大利亚进口的默示许可"的观点是完全矛盾的。第 135 条的规定,授权版权人以书面形式通知海关关长,禁止以销售为目的进口通知所涉作品复制品,甚至这些复制品将作为对违反英联邦法律的惩罚而被没收。

基于以上理由,我认为,上诉人并未获得 Time 公司进口或进口后转售涉案书籍的许可。上诉人的行为构成第 37、38 条所规定的侵权。因此,不需要考虑班农(Bannon)先生代表第一被上诉人所提出的主张,即 Time 公司一旦将排他许可授予 Time – Life 公司,就不能再有效作出第 37、38 条所规定的"许可",且在这种情况下,上诉人不得主张第 121 条;也不需要考虑他进一步提出的主张,即至少在书籍第二次委托销售时,上诉人已了解相关情况,因此,允许上诉人胜诉是不公平的。

很明显,法案第 37、38 条已考虑到,书籍的版权人为了阻止已在世界其他地方销售的书籍被进口到澳大利亚销售,可能对复制品的经销作出区域性安排。

EURO – EXCELLENCE INC. v. KRAFT CANDA INC.
2007 SCC 37 [加拿大]

案情:该案案情特殊,不同的判决,使得该判决难以分析。因此,我们将引用判决的摘要。KCI 公司是总公司 KFB 和 KFS 在加拿大的 Côte d'Or 及 Toblerone 牌巧克力棒的独家经销商。尽管有独家协议,Euro 公司仍继续进口和出售从欧洲合法购买的 Côte d'Or 及 Toblerone 牌巧克力棒。为了 KCI 公司能够赢得该案,KFB 公司在加拿大将三个 Côte d'Or 标志注册为版权艺术作品,并独家许可 KCI 公司使用在与糖果相关产品的作品上。KFS 公司对其两个 Toblerone 标识也作出了同样的安排。之后 KCI 公司要求 Euro 公司停止销售任何包含版权作品的产品。EURO 公司拒绝后,KCI 公司起诉 Euro 公司,主张 Euro 公司以销售或经销为目的,将 KFS 公司和 KFB 公司版权作品复制品进口至加拿大的行为,构成版权法案第 27(2)条规定的间接侵权。KCI 公司并未就其商标权提出主张。

宾尼法官、德尚(Deschamps)法官、菲什法官及罗斯坦法官:

KCI 公司要想胜诉,必须证明 Euro 公司所进口的复制品如果由其生产商在加拿大制造即构成版权侵权。但是,这种假定的直接侵权在该案无法成立。KFB 公司和 KFS 公司在欧洲制造了被控的作品复制品。如果它们在加拿大生产 Côte d'Or 及 Toblerone 牌巧克力棒标识,它们也不会侵犯版权,因为它们分别是这些标识在加拿大版权的所有人。因为不可能要求版权人对其独家被许可人负侵权责任,不存在假定的侵权,因此，在该案中 Euro 公司并未违反版权法案第 27（2）条的规定。

根据对定义和责任条款的理解，从第 27（2）(e) 条必然得出的结论是，独占性被许可人可以起诉第三方侵权，但不能起诉版权人，即许可人。独占性被许可人对抗版权人即许可人的唯一途径取决于合同。尽管法律认为独占性被许可人地位高于纯粹的被许可人，并允许独占性被许可人获得版权有限的财产利益，但法律对独占性被许可人和受让人的不同处理，清楚地表明了议会将独占性被许可人区别于版权持有人和受让人对待的意图。

第 17 章　知识产权的刑事保护

A. 导言（17.1~17.6）
B. 定罪责任的依据（17.7~17.10）
C. 刑事制裁的原因（17.11~17.21）
D. 判决（17.22~17.25）

A. 导　言

17.1　导言：本章并非完全基于判例法。因为关于本主题仅有很少的案例，主要原因在于刑事案件通常由较低级别的法院审理，而且很少会上诉到较高级别的法院。这就意味着这些案件没有被报道出来。本章必须结合下面两章来理解。

17.2　假冒问题是一个古老的问题。阿基米德（公元前287年至公元前212年）的声望部分是由于阿基米德定律的发现。阿基米德的国王定制了一顶金冠，但怀疑金匠呈送的金冠是含银的赝品。阿基米德在浴缸中得到答案，随后发生了人们所熟知的、其赤身冲到街上高喊"我发现了，我发现了"的一幕。

世界卫生组织认为，关于药品质量的问题，是跟药品本身一样古老的问题。早在公元前4世纪，就存在关于掺假药品危险性警告的文字记载。公元1世纪，希腊著名的内科医生、植物学家、药学家和外科医生迪欧斯克莱茨（Dioscorides），在随同罗马帝国皇帝尼禄（Nero）的军队征战途中，在其《药品原材料》（现代药学典籍的鼻祖）一书中，对虚假的草本药品进行了鉴别，并对虚假药物的查明提出了建议。

17.3　以往的判例法：法院从较早的时期开始也表达了其对于该问题的观点。第一个引证的案例涉及商标，第二个引证的案例涉及著作权历史。

PERRY v. TRUEFITT

（1842）49 ER 749　[英国]

兰代尔（Langdale）先生大法官：

我认为，关于此类案件（未注册商标案件），普通法法院和衡平法法院在提供救济及保护时均依据的原则是很好理解的。在某人自称其商品为他人商品的情况下，他是不能够销售该商品的；他不能被允许实施这种欺骗行为，或采用导致这种结果的任何手段。因此，在可能导致购买者相信他的货物是由其他人制造的情况下，他不能被允许使用他人的名称、记号、字母或其他任何标志。我不否认其他人也无权利用该名称或标志进行欺诈行为，或者出于为其自身吸引业务和顾客的目的而从事不正当的行为。因为如果没有上述行为的话，业务和顾客将会流向那些首先使用该名称或标志的人，或唯一习惯使用该特定名称或标志的人。

AUTODESK INC. v. YEE

（1996）139 ALR 735［澳大利亚］

伯切特法官：

刑罚元素是公认的著作权立法特征之一。至少从18世纪开始，侵权者就被认为是一种"海盗"，应受到相应的处罚。作为参考，Millar v. Taylor（1769）4 Burr 2303；98 ER 201案提及了"1710年以来大法官法院针对盗版行为行使的全部审判权"；该案还指出，现代版权法中"通过刑罚保护（版权人的财产权）"的原则，源于1709年的安娜女王法典。1968年版权法案制定相关条款［第115（4）条］时与传统的观点保持了完全的一致性，对"明目张胆的侵权"等行为处以"额外的损害赔偿"。在澳大利亚，这意味着赔偿的原则可以以普通法中规范加重惩戒性赔偿的原则为参照。

17.4 假冒涉及仿冒商标问题；盗版涉及非法复制版权作品问题。

R v. JOHNSTONE

2003 UKHL 28［英国］

尼科尔斯大法官：

假冒商品和盗版商品在商业中占据了不小的比重，总共占世界贸易的5%~7%。据估算，二者每年耗费本国90亿英镑的经济资源。

假冒商品是对真实商品的廉价模仿，并且使用真品的商标出售，比如模仿"劳力士"的手表。

盗版商品是对真实商品的非法复制，并且不以真实商品的商标出售。例如，在某人制造并销售受版权法保护的计算机软件未经授权的复制品时，盗版就出现了。因此，以音乐录制品为例，假冒的光盘，是以正版光盘名义出售的正版光盘的非法复制品；而盗版光盘则是以不同于正版光盘商标的其他商标出售的正版光盘的非法复制品。

另一种类型的非法贸易是"非法制售"。就像假冒唱片和盗版唱片一样，非法制售的唱片贸易，也是一笔不小的买卖。这种唱片源于对现场音乐会的表演进行的非法复制。录制或者是在观众席中进行的，或者是从广播或电视中截取的。

17.5 假冒与商标相关。尽管"假冒"一词被用于指代各种未经授权的知识产权产品，但该词的使用只有在商标领域才是最确切的。[1]某一商标如果不能在实质上与已注册的商标区分，并因此侵犯了商标权人利益，则该商标为假冒商标。

17.6 盗版与版权相关。在另一方面，盗版则涉及版权问题。一般来说，盗版

---

[1] SUPNK PD. How to fight gainst Counterfeiting［EB/OL］. www.findlaw.com.

是指对印刷作品、录音制品、视听作品，以及计算机软件的明显非法复制。盗版商品是指未经权利人同意的复制，这种盗版商品通过直接或间接的复制，侵犯了作者的版权和相关权利。

RANK FILM LTD. v. VIDEO INFORMATION CENTRE
1982 AC 380 ［英国］

上诉法院丹宁常任法官：

WS·吉尔伯特（WS Gilert）说，做海盗头子的确是一件非常荣耀的事情，但他指的是海洋中的海盗。我们今天指的是电影海盗，这并不是一件荣耀的事情，却是挣钱的好办法。

电影盗版者掠夺了现代最好的和最新的电影。他们把电影胶卷转录到磁带上，然后在黑市上销售这些盒带。电影盗版者是这样工作的：他们控制了准备播放电影的电影院、船舶或者飞机中的技术人员，通过贿赂（如100英镑）来收买他们。技术人员就会把电影胶卷"借用"一晚上，这是非常简单的。技术人员把本应放到橱柜中的电影胶卷放进了自己的口袋，然后交给盗版者。晚上盗版者把胶卷拿到自己的"实验室"，那里有将胶卷转换成磁带的机器，只需要1个小时左右就可以完工。第二天盗版者再把胶卷还给技术人员。

黑市严重侵害了电影公司的合法生意。电影公司为生产最好的电影付出了极高的代价，版权赋予它们复制电影作品的专有权。然而这种权利却被盗版者掠夺，他们盗窃了所有最好的电影。

TELEVISION BROADCASTS LIMITED v. MANDARIN VIDEO HOLDINGS
［1984］FSR 111 ［马来西亚］

陈（Chan）法官：

在这份判决中，我谈到以下几个方面：版权和审查制度，安顿·皮勒（Anton Piller）法令及盗版。首先来看盗版问题。

当今世界存在着几种不同形式的海盗，他们以各种狡猾和非法的手段来运作，其中之一就是电影盗版。丹宁大法官以其独特的方式对此进行了阐述（该判决书接着引用了上述文字）。

我们国家的海盗与美国的海盗存在不同之处。他们是为了挣钱："这是挣钱的好办法。"

被告从事的行为违反了1969年版权法令第15（1）条。惩罚是非常严厉的。但适用刑法有时却是烦琐而复杂的。

被告极大地伤害了原告的利益，他们掠夺了原告近期绝大部分的电视电影的版权。他们侵犯了电影的版权，却没有为此而支付一分钱，他们也不用背负制作电影的巨大成本。盗版者通过低价售卖侵权复制品来扩大市场份额。例如，音乐盗版者不需要向音乐家和艺术家支付任何费用，没有任何制作成本，没有录音室费用，不用缴纳任何版税，就可以获得巨大的利润。无论任何形式的盗版都应该受到谴责。作者、出版者、词曲作者、录制者和录制公司都是盗版的受害者。

作为民商庭的一名法官，"安顿·皮勒法令"是常见之物，我认为该法令是为了阻止某些人对公平正义肆无忌惮的破坏，它在我国应该具有平等的效力。盗版者是一群没有任何顾忌的人，他们不是我们认为的诚实的人，他们都是盗窃犯，从原告那里盗窃了最好的和最新的电视电影的版权。原告处于极大的焦虑之中，他们担心如果被告受到事前的警告，重要的证据将会被销毁或者转移，侵权视频盒带将会消失并在其他地方重新出现。

B. 定罪责任的依据

17.7 定罪责任的依据：规定刑事制裁的国际义务来源于TRIPS，相应地，只有那些受TRIPS约束的成员才有这种义务。具体表现为第61条：

"各成员应当规定刑事程序和刑罚，至少适用于故意的具有商业规模的假冒商标或盗版案件。可以采用的救济应包括足以起威慑作用的监禁和/或罚金，其处罚水准应当与同样严重的犯罪所适用的处罚水准相一致。在适当情形，可以采用的救济还应当包括对侵权货物以及主要用于犯罪的任何材料和工具的扣押、没收和销毁。各成员可以规定，刑事程序和刑罚应当适用于其他侵犯知识产权的案件，尤其是故意侵权与具有商业规模的案件。"

17.8 实际问题都是相同的。知识产权的权利人通常拥有并管理包括工业产权、版权和相关权利在内的权利组合。大多数与保护工业产权、版权和相关权利相关的实际问题基本是相同的，并且为了简化起见，"假冒商品"一词在通常意义上包括盗版作品。

17.9 对假冒行为和盗版行为的定罪并非起源于TRIPS。假冒行为是一种欺骗行为[1]：

"假冒行为是欺骗的一种形式。通过制造、复制和非法模仿的方式制造假冒商品的目的，是为了从那些容易上当的或者对其信任的顾客那里赚钱，而这将损害合法制造商的利益。"[2]

---

[1] R v. Priestly [1996] 2 Cr App Rep (S) 144.

[2] O'MATHUNA D P, MCAULEY A. Counterfeiting drugs: towards and Irish response to a global crisis [EB/OL]. www.buysafedrugs.info/uploadedfiles/IrishPatientsAssoc – counterfeit.pdf. 另外一个观点是假冒行为类似于对商誉的窃取：R v. Bhad [1999] S Cr App Rep (S) 139。

而盗版经常被称为一种盗窃行为（尽管行为对象是无形财产）。但这并不意味着盗版就是盗窃行为。❶

NETWORK TEN PTY LIMITED v. TCN CHANNEL NINE PTY LIMITED

2004 HCA 14 ［澳大利亚］

麦克休代理首席法官、古茂法官及海恩法官：

在谈到以"盗版""抢劫"和"盗窃"等词语来指责知识产权侵权人的行为时，亚当斯（Waddams）教授❷认为"修辞的选择"是"非常重要的，体现了所有权观念的说服力"。他同时评论道：

"扩大知识产权权利人的权利，肯定会对其他人的行为自由产生影响。"

17.10 **定罪的历史先例**：除这些一般性的论述之外，至少是从19世纪末期开始，假冒商标的行为就已被确定为刑事犯罪。例如，1876年8月14日的美国法案，就已对假冒商标商品的行为及相关经营行为规定了处罚。英国王室统治之下的大多数（如果不是全部）国家都通过了具有类似效力的法律。这些法律用于处理商业标志和虚假商业陈述（这些法律至今仍然有效，并且与其最初形态十分相似）。同样，在英帝国的所有附属国，至少从20世纪初开始，版权侵权也被确定为刑事犯罪。❸但这可以追溯到更早的时期：1709年安娜女王法规定，检举人可从侵权复制品中获得每页一便士的补偿金，但所获补偿金的一半归王室。

尽管传统的知识产权公约如《巴黎公约》和《伯尔尼公约》没有对假冒行为和盗版行为明文规定刑事制裁，但是上述条款可以追溯到这些公约。❹

C. 刑事制裁的原因

17.11 **对知识产权侵权刑事制裁的原因**：知识产权是私权，我们有理由提出疑问：这些权利是否应通过刑事制裁的途径给予保护？为什么民事救济不

---

❶ Rank Film Ltd. v. Video Information Centre ［1982］AC 380；Dowling v. US 473 US 207（1985）.

❷ Dimensions of private law：categories and concepts in Anglo–American legal reasoning（2003）.

❸ 根据1911年英国法案第11条的规定，任何人在明知的情况下（ⅰ）为销售或出租而制造；（ⅱ）交易；（ⅲ）分销；（ⅳ）贸易展示；或（ⅴ）为销售或出租而进口侵权产品的行为都是有罪的。南非1916年专利、外观设计、商标和版权法案在其附件中采纳了这些规定。在马来西亚1972年法案第8条中仍存在上述规定。

❹ 关于灰色商品的知识产权公约的保护规定，请参见：RYAN M R. Gray markets, intellectual property rights, and trade agreements in the international marketplace ［EB/OL］. www.cherry.gatech.edu/t2s2006/papers/ryan–3003–2–t.pdf.

足以保护权利人的利益?❶简要回答如下：

"民事救济不够有效的原因在于假冒者是刑事罪犯，他们不尊重法律，并且采用明显为规避民事和刑事司法制度而设计的策略和技巧来实施犯罪。"❷

美国司法部批准刑事制裁是为了

"惩罚和阻止严重违法者：重复及大规模侵权者、有组织的犯罪集团，以及对公共健康和安全造成威胁者。"❸

17.12 **公共利益问题**：一般而言，如果涉及公共政策因素，刑法将保护私人权利不被侵犯。一个典型的例子是盗窃行为。同样，在假冒案件中，公共利益的重要性要大于单纯地对私人权利的保护。这其中包括对以下几个方面的保护：

■ 地方和地区产业；

■ 外国投资和投资者信心；

■ 国际贸易关系；

■ 税收和关税收入；

■ 公共健康和安全；及

■ 防止腐败和有组织犯罪。

17.13 **对假冒行为定罪的作用**❹：对假冒商标行为定罪，至少具有四个方面的重要作用：

■ 保护知识产权所有人的资产不被盗窃或淡化。与不能盗取公司利润一样，假冒者不能盗用公司的名称（以及与该名称相联系的利润来源）。商标权人无法通过保护其他财产的传统方式——如防卫及稽查——来保护其知识产权。而且通过销售质量低劣的假冒商品，假冒者即使从中盈利，也会对商标权人的良好声誉造成负面影响。

■ 保护消费者不被欺诈。在决定是否购买时，消费者有权根据商标来判断。然而假冒产品的质量相对低劣，甚至可能会对消费者的健康和安全造成严重影响，如在假冒食品、处方药或汽车部件案件中。假冒商标可能是一种极为有害的欺骗行为，因为假冒产品经常会通过中间商广泛分销。由于受害者的分散性以

---

❶ RAHMATIAN A. Trade mark infringement as a criminal offence [J]. Modern Law Review, 67 (4)：670-683.

❷ Canadian Anti-Counterfeiting Network. Report on counterfeiting and piracy in Canada：a road map for change [EB/OL]. http：//www.cacn.ca/PDF/CACN%20Releases/Roadmap_for_Change.pdf.

❸ Computer Crime & Intellectual Property Section. Intellectual property：an introduction [EB/OL]. www.justice.gov/criminal/cybercrime/ipmanual/01ipma.html.

❹ 该段引自：Prosecuting intellectual property crimes [EB/OL] //Department of Justice Executive Office for United States attorneys Manual. www.usdoj.gov/criminal/cybercrime/ipmanual.

及每一受害者的损失较小，即使是大规模的假冒行为也经常能够逃避民事及刑事制裁。

- 保护非直接购买商品的使用者安全。假冒产品的销售常常不仅损害商标权人和购买者的利益，而且损害非直接购买商品的使用者利益。例如，航空公司购买到假冒飞机部件，旅客就会受到伤害；医院购买到假冒的心脏起搏器，病人就会受到伤害；父母购买到假冒的婴儿食品，他们的孩子就会受到伤害。

- 保护市场规则。就像假币和赝品会损害基本的市场秩序，假冒商标也会削弱当代商业体系。

17.14 有组织犯罪，及税收和关税损失

"知识产权假冒和盗版现象是一个严重的国际问题，且与其他形式的有组织犯罪存在可证实的关联。假冒行为和盗版行为每年都会对权利人和实业造成几十亿美元的损失，并在一些情况下对公共健康和安全造成灾难性后果。成员国也在税收、就业机会及投资等方面的遭受了巨大损失。

成员国控诉的最严重的问题之一是，消费者有时认识不到支持假冒产品或盗版作品非法贸易所引发的真正危险。支持这些非法贸易通常就等于直接支持有组织的犯罪。公众经常认识不到：不仅合法的就业机会会减少，而且政府的某些税收也会无法实现，而这一结果又会影响到诸如公众健康和福利等其他重要领域。"❶

17.15 商业和公共利益

SLINEY v. LONDON BOROUGH OF HAVERING

2002 EWCA Crim 2558 ［英国］

（商标法案）相关条款（如第92条）的规定所隐含的目标，不仅在于保护与注册商标相关的所有权，而且在于促进贸易、完善合法的经济制度，以及为消费者提供保护。商标是有价值的，而且经常蕴含着巨大的价值。人们购买带有商标的商品，通常只是因为商品上的商标，商标代表或意味着可靠性、优良性及时尚性等部分或全部特征。这正是有些人试图伪造带有这种商标的商品的原因，致使假冒问题越来越严重。此外，还涉及重要的公共利益考量：多年来，假冒产品（以玩具、包装食品和摩托车部件为例）在很多方面已被发现具有严重的危险性。出于商业及公共利益的考虑，在现有的民事救济之外给予某种程度的商标保护显然是有必要的。

---

❶ 世界知识产权组织文件，WIPO/CME/3，2002年7月26日。

17.16 **保护商标的保证功能**

LOENDERSLOOT v. GEORGE BALLANTINE & SON LTD.

Case C-349/95 ［欧洲法院］

（本）院认为，商标权是未被扭曲的竞争体系的基本组成要素。在这种体系中，企业必须能够通过产品或服务的质量来吸引并维系客户，而这必须通过商标这一可识别的标志才可能实现。为了使商标实现这一功能，必须保证标示有商标的商品是在某一单独企业的控制之下生产的，使商品质量责任有源可查。因此，商标的主要目的就在于向权利人保证，其享有为将其商品首次投入市场而使用该商标的专有权，以避免竞争者通过销售非法标有该商标的产品不合理地利用该商标的地位及声誉，从而保护权利人的利益。

17.17 **公共健康问题**：世界卫生组织"与假冒药品作战：建立有效的国际合作"国际会议的与会者主张[1]：

- 假冒药品行为，包括从生产到向病人提供的全部行为，都是可耻的和危险的刑事犯罪，将人类的生命置于危险境地，并损害医疗体系的信用。

而且

- 由于其对健康的直接影响，应对假冒药品进行相应的打击和处罚。

17.18 **过度定罪**。泰国中央知识产权和国际贸易法庭的 Jumpo Pinyosinway 法官认为[2]：

- 对知识产权犯罪施予严厉处罚，在发展中国家迅速地发展，同时伴随着发达国家压力下的知识产权扩张。
- 所有认为会发生的和意想不到的侵权都被定罪，即使某一特定行为并没有在某一特定群体内被认为是非道德的行为，或者在发达国家对于相同的行为并没有被判处同等程度的犯罪。
- 新刑罚忽略了不同类型侵权者的差别。
- 原则上，知识产权保护应该是民事的，这也是发达国家较多采用的保护知识产权的方式。

权利所有人的观点却与此不同。他们认为，民事法律保护的方式是适当的，但是民事法律保护并不是在所有的国家都有效。在缺乏适当民事救济的时候，就只能依靠刑事措施。有一些国家，特别是美国，在民

---

[1] 2006 年 2 月 18 日在罗马与会者的论述，参见：www.who.int/medicines/services/counterfeit/RomeDeclaration.pdf。

[2] 参见：泰国知识产权和国际论坛 2003 年第 6 期年度特刊中 Criminal Enforcement of IPR：The Problem of "Over-Criminalization"（知识产权刑事保护："过度定罪"的问题）。

事法律保护制度中嵌入了刑事处罚的规定。法院享有自由裁量权，就蓄意侵权行为判处法定赔偿。在其他一些司法辖区，对于行为方式尤其恶劣的恶意侵权人，也规定了惩罚性赔偿金。

17.19 **文化和复制程度的相互关系**。❶相关文献在这方面列出了三个重要问题：

- 对知识产权的态度因文化而不同，因为"不同的文化，在所有权归属主体的认识上存在差异"。因此，在许多西方国家被普遍接受的个人主义，在其他国家（如存在集体主义文化的国家）却不被接受。

- 对于大公司的态度。曾经购买到假冒物品的美国消费者，对大公司持否定的态度。

- 对供应和购买假冒软件的态度，对许多准备购买这种明知是假冒软件的人来说，是非常复杂的。而且还有一种观点，对软件的知识产权保护提出严重质疑。❷

17.20 **社会经济因素**。一份印度研究报告得出的结论❸：

"尽管诸如文盲和失业等社会因素影响盗版问题，但是该问题的产生更多的是基于经济原因而非其他原因。对于盗版者来说，这是一种很快的挣钱方式。对于最终用户来说，这是购买或使用多种信息娱乐产品的有利安排，否则，至少大多数人是买不起这些产品的。基本上，这种在盗版者和使用者之间的双赢，维持了社会中盗版行为的存在与活跃。其他的社会经济问题如贫困和高价只是加剧了问题的严重程度而已。"

17.21 **其他知识产权**：TRIPS 并没有要求对专利侵权进行刑事处罚，但是，对商业规模的故意侵权案件规定了刑事处罚的选择。尽管日本❹、泰国和巴西对专利侵权行为处以刑罚，但在其他大多数国家并不常见。

工业品外观设计注册也可由刑罚加以保护，这并非一种通行的规则（对专利侵权予以刑事处罚的国家除外）。但是，（在许多国家）版权保护和工业品外观设计保护存在重叠：大部分设计自动被版权法保护。而且一些设计具有商标价值，可以作为商标保护。

---

❶ SANTOS F, RIBEIRO C. An investigation of the relationship between counterfeiting and culture：evidence from the European Union ［EB/OL］. econpapers. repec. org/paper/nipnipewp/4_2f2006. htm. 该文发表于 EURAM 2006 Conference （2006 年度欧洲管理学术年会）且引文中省略了参考信息。另见：YU P K. Four common misconceptions about copyright piracy ［J/OL］. Loyola Los Angeles，2003，26. papers. ssrn. com/sol3/papers.

❷ MANDHACHITARA R, SMITH T. Thailand's counterfeiting dilemma ［EB/OL］. ANZMAC 2000 Visionary Marketing for the 21st Century：Facing the Challenge. smib. vuw. ac. nz：8081/www/ANZMAC2000/CDsite/papers/m/Mandhac1. PDF.

❸ http：//copyright. gov. in/maincpract9. asp.

❹ 1999 年日本专利法第 196 条规定："侵犯专利权或独占许可使用权者，应被判处 5 年以下劳动监禁或 500 万日元以下的罚款。"

D. 判 决

17.22 **判决的不同方式**：不同社会的判决水平和判决态度是不同的。进行合理的比较或者得出任何有意义的结论都是不太可能的。❶以下引文摘自欧洲议会的新闻稿，其中有对该问题的陈述，用以支持欧盟协调刑事法律的尝试：

"目前，侵犯知识产权的最高罚金范围，从希腊的586英镑，到荷兰的67000英镑。最长刑期的范围，从希腊的3个月，到英国的10年。"❷

17.23 **最高刑罚**：我们可以确定地说，仅规定被判处严刑的可能性，并不足以产生实质性的威慑效果。法定的刑罚在抽象意义上是没有价值的。刑罚的威慑效果取决于侦查和定罪的确定性。除非警方装备齐全，能够在合理的时间内调查所有的犯罪，并将案件呈交法庭，以及除非司法系统是有效的，否则，刑罚就不具有阻遏犯罪的功能。罪犯从事犯罪活动是基于他不会被抓到的假定。这种假定实现的可能性越大，忽视法律从事犯罪活动的可能性就越大。中国香港和新加坡规定对相对应的侵权行为可以判处监禁，至少是在大众媒体上引起了巨大的震动。

17.24 **罪罚相当**。安德烈亚斯·拉马蒂安（Andreas Rahmatian）补充了一种观点❸：

"商标犯罪的审判不应该忽视罪罚相当的问题。过于严厉的刑罚，不仅不能制止假冒行为，反而会滋生大规模的假冒行为（因为只有大规模的侵权，才值得冒被判处严厉刑罚的危险），并且会损害公众对法律的遵守和对商标的接受，以及损害刑法本身：'如果死刑既适用于少量的偷窃，也适用于大规模的盗窃（伏尔泰语），很明显，侵权人会试图盗窃得更多。如果他们认为这样做不会被发现的话，他们甚至会变成谋杀犯。所有这一切都证明了一个意义深远的真理，严厉的法律，有时会滋生犯罪'。伏尔泰在1766年所写的关于盗窃的论述，同样适用于当前的知识产权犯罪。"

17.25 **判决指南**。南非假冒商品法案在规定最高刑罚之后，列举了以下实用审判指南：

---

❶ 见附件一。
❷ 2007年4月25日，第20070420IPR05539号新闻稿。
❸ RAHMATIAN A. Trade mark infringement as a criminal offence [J]. Modern Law Review, 67 (4): 670-683.

- 在从重判决时，法庭必须考虑涉案假冒商品的存在，或使用假冒商品对人类或动物的生命、健康或安全以及对财产所带来的风险。
- 在从轻判决时，被控侵权人完全、真实、尽其所能地向调查人员交代其所掌握的与下列事项相关的所有信息和细节的事实可作为证据予以考虑：
- 假冒商品的来源渠道；
- 对进口商、出口商、制造商、生产商和制作商等相关人员的指认；
- 在被合理要求的情况下，交代参与经销人员的身份、地址或行踪等信息；及
- 经销渠道。

第 18 章　商标假冒商品

A. 导言（18.1~18.3）
B. 国际责任（18.4、18.5）
C. 注册商标（18.6、18.7）
D. 未经授权（18.8）
E. 故意（18.9、18.10）
F. 商业规模（18.11）
G. 侵权性质（18.12~18.14）

A. 导　言

18.1　假冒是犯罪。以假冒的方式侵犯商标权是犯罪行为，而普通的商标侵权只是法定的民事违法行为。假冒事实上是一种欺诈。

R v. JOHNSTONE

［2003］ UKHL 28 ［英国］

沃克大法官：

　　假冒、盗版以及违法制造，不是准确的专业术语，但是三者都是故意且通常而言是欺骗性的侵犯各种知识产权的行为，特别是商标权、版权、设计权和表演权。

18.2　假冒不仅是商标侵权。并不是所有的商标侵权都是假冒。如前所述，当侵权者的标志与注册商标如此近似，并足以在标志间产生混淆时，就构成商标侵权。对假冒而言，仅仅具有产生混淆的可能性通常是不够的：两个标志必须完全相同，或者难以辨别。换句话说，被保护商品被模仿的方式和程度必须使得侵权商品实际上构成对被保护商品的完全性复制或欺骗性模仿，从而引发混淆。

18.3　民事责任与刑事责任的区别

R v. JOHNSTONE

［2003］ UKHL 28 ［英国］

沃克大法官：

- 根据第92条，控方必须证明"获取利益"的特定犯罪意图（包括造成他人的损失）。而民事责任里没有相应要求。
- 刑事条款只适用于产品（而民事条款适用于产品及服务）。
- 刑事条款所规定的是"与注册商标完全一致，或者很可能被误认为是注册商标的"标志。这一表述，比第10（2）条（侵权定义条款）的表述更为简单和狭窄。
- 第92（4）条结合了第10（2）条及第10（3）条中部分规定的效力，只是在用词方面有所不同，前提是第92（4）条（"已注册商标的商品"）的措辞，比第10（2）（a）条（"相同或类似"）的措辞的范围要窄。
- 第92（5）条没有与之相对应的民事条款：被告认为自己是无罪与民事责任没有联系。
- 非贸易过程的行为可能引发刑事责任（如前面所述，第92条的规定只有在这一方面可能是比较宽的，但这一规定在实践中似乎并不重要）。

B. 国际责任

18.4 TRIPS 的规定：TRIPS 第 61 条规定了将"具有商业规模的故意假冒商标行为"予以刑事处罚的义务。❶ 这一规定适用如下情形：

- 适用于商品及服务。
- 为获得保护，标志必须是"注册商标"。
- 注册必须是有效的。
- 假冒行为必须未经授权。
- 假冒行为必须是故意的。
- 假冒行为必须具有商业规模。
- 被控标志必须"在其本质方面"与注册商标"相同"或不可区分。

18.5 商品和服务：TRIPS 要求除保护商品标志外，也要保护服务标志。然而，由于解释原因，大多数国家没有将假冒服务标志规定为犯罪行为。出于目前情况的考虑，其他国家似乎没有对两类标志进行区分，而是隐含地将服务标志包括在内。新加坡就是采取这种方法界定假冒商标，包含适用于服务的注册商标。一些依照商品说明及商标法处理假冒问题的国家，如尼日利亚、马耳他及马来西亚，除与商品有关的虚假商品说明外，将与服务相关的虚假商业描述也视为犯罪。当商标被用于不同的商品或服务上时，是否构成假冒，取决于各国的法律。

C. 注册商标

18.6 注册商标：第二个要件是被假冒的商标必须已被"注册"。对于进口商品而言，是指在商品被进口的法域已被注册。除此以外，是指在被禁止交易行为发生地所在的法域已被注册。

"任何假冒注册商标的行为"都构成犯罪，是典型的一种规定（如新加坡）。

非注册商标通常是通过商品说明及商标法来保护的。例如，在马来

---

❶ 另见脚注 14："'假冒商标商品'是指未经授权，在商品（包括包装）上标注与在此类商品上有效注册的商标完全一样或在根本方面不能与该商标区别的商标，并因此根据进口国的法律构成对涉案商标所有人权利侵害的产品。"

西亚和尼日利亚,虚假的商品描述无须与注册商标相关。

18.7 有效的注册:由于通常假定商标的注册是有效的,因此,假冒的这一要件的通常效果是,作为假冒指控的抗辩之一,被指控者必须能够对标志注册的有效性提出质疑。

许多法律并不要求是"有效的"注册。它们的假冒定义所针对的是注册商标,因此,暗含着只要商标是登记在册的,就不允许对其进行假冒。❶

D. 未经授权

18.8 假冒必须是未经授权的。在所有反假冒法律中,都可以找到"没有注册商标所有人的同意"而使用商标这一要件。它不证自明,并且是合乎逻辑的,因为如果所实施的行为是经过权利人同意的,就不可能存在侵权。

这一要件暗示着控方必须证明产品不是真品,意指它们不是来源于商标权人或经其许可的人。它所产生的效果是,假冒的质量越高,就越难证明犯罪。侦查变得越来越难,因为假冒行为可能存在以下情况❷:

- 发生在多个国家;
- 发生在一个国家,但是准备、计划、管理或控制等环节的重要部分发生在另一个国家;
- 发生在一个国家,但是可能涉及在多个国家从事犯罪活动的有组织的犯罪团伙;
- 发生在一个国家,但是在另一个国家产生重大影响。

在尼日利亚和新加坡,经权利人授权的举证责任由被告承担。尽管这种举证责任的倒置可能是有用的,但通常而言,控方要证明这一犯罪要件应该不难。

这一要件的另外一个含义是,假冒标志至少必须被用于与被保护商标所注册的商品或服务类型相关的领域,或者与被告的商品或服务相关。换句话说,除非同时存在直接的商标侵权,否则不构成假冒。

---

❶ 请参阅 1999 年印度商标法第 113 条。

❷ Improvements in the International Legal Framework for Criminal Sanctions against the Offense of Trademark Counterfeiting [EB/OL] [2007-06-20]. www.inta.org/index.

E. 故　意

18.9　假冒必须是故意的。假冒的最基本的要件是故意。但立法者选择了不同的方法来处理犯罪意图这一要件。

欧洲议会采如下定义：

"'故意侵犯知识产权'意指为了获得商业的重大经济利益，蓄意地、有意识地侵犯相关权利。"❶

在英国（以及巴巴多斯和牙买加等国家），"为使自己或他人获利，或意图造成他人损失而实施假冒行为"者构成犯罪。然而，如果被告有合理理由相信，以现在或将要使用的方法使用标志并不是对注册商标的侵犯，则被告可以以此作为抗辩。从这一点可以看出，控方必须证明获利或造成损失的意图，而被告必须证明无罪心理的合理理由。但是缺乏侵权的意图并不是抗辩理由。在巴巴多斯，只要行为是故意的，任何商标侵权都是犯罪。在新加坡，除非被告可以证明自己的无罪心理，否则，进口假冒产品是要受惩罚的。

YU – GI – OH! CARDS
Supreme Land Court（OLG）汉堡
5 U 188/06
2007 GRUR – RR 350

1. 受托接收来自中国的集装箱托运货物，然后运送给汉堡的授权收货人，并报销港口费用的代理商，没有义务对商品的商标违法情况进行检查。只有当代理商明知商品是盗版时，才可获得基于损害责任的禁令。从海关方面获得的货物，因被怀疑违反欧共体第1381/2003号条例关于商标的规定而在边境被没收的信息，并不足以构成明知。

2. 在一份货运文件中，代理商被指名为收货人的事实，并不足以使商标权人获得基于损害责任而要求签发禁令的权利。

18.10　假冒是"准绝对责任"的罪行

R v. JOHNSTONE
［2003］UKHL 28［英国］
尼科尔斯大法官：

我对该法令第92条的阐释如下：

（1）假冒是欺诈性的交易。当前，这是一个很严重的问题。假冒

---

❶ 参见：2007年4月欧洲议会及刑事措施确保知识产权保护理事会指令，www.europarl.europa.eu。

会对正品的贸易产生负面经济影响。从商品质量方面来说，假冒还会对消费者、有时还会对消费者的健康或安全产生负面影响。欧共体理事会已经注意到这种"广泛的现象所产生的全球性影响"。必须采取紧急措施，以打击假冒和盗版。保护消费者及诚实的生产商和经销商不受假冒危害，是一个重要的政策考量。

（2）第92条所规定的违法行为，被视为"准绝对责任"的违法是正确的。控方无须证明侵犯注册商标的意图。

（3）对这些违法行为的惩罚力度是相当之大的：最严重的惩罚是无上限的罚款或者10年以上的有期徒刑，或二者并罚，并有发出没收或剥夺令的可能。

（4）从事品牌产品交易的贸易商知道反对假冒商品的必要性。他们知道，应与信誉好的供货商进行交易并保留好记录，以及不这样做的风险。

（5）第92（5）条的抗辩，与被诉方自己知道的事实有关：他的思想状态，以及他相信的理由。他清楚自己的进货渠道。

（6）相反，总体来说，那些提供假冒产品的人，即使被外部调查者追查到，也不太可能配合调查。因此，实践中，如果要求控方必须证明交易商的不诚实行为，那么调查将越来越少，起诉也将越来越少。

在我看来，第（4）点和第（6）点构成第92（5）条要求被告对其抗辩承担举证责任的原因。考虑以上提到的所有因素，这些原因说明了个人将遭受的保护上的损害。考虑到打击假冒的重要性和困难度，以及被告提供其诚信证据的相对容易性，整体而言，要求交易商根据优势证据证明标准，证明他诚实、合理地相信商品是正品，是公平合理的。

F. 商业规模

18.11 假冒行为必须达到商业规模。无须将私人的假冒行为规定为犯罪——只有达到商业规模的假冒行为，才应被规定为犯罪。欧洲议会的指令采取如下定义：

"'达到商业规模的侵权'，是指为获得商业利益而侵犯知识产权的行为，不包括个人用户为个人使用及非营利目的而实施的行为。"❶

因此，大多数法律的目的在于惩罚假冒者及假冒产品的交易者。除非购买是以销售为目的，购买假表或盗版CD并不构成犯罪。同样地，

---

❶ 参见：2007年4月欧洲议会及知识产权执法刑事措施确保委员会指令，www.europarl.europa.eu。

以个人使用为目的、而未经授权进行复制的行为并不构成假冒。然而，现在有向"零容忍"政策发展的趋势，在法国，购买者可能有罪。

R v. JOHNSTONE

[2003] UKHL 28 [英国]

尼科尔斯大法官：

只有"在贸易过程中"使用标志才会引发民事责任。与此相对应的表述"在贸易过程中"并没有在第92条的所有犯罪行为的事实要件中出现，只在部分犯罪行为的事实要件中有规定。第92（1）条至第92（3）条所规定的所有犯罪行为的一个基本构成要件是，行为人以"为自己或他人获益，或意图造成他人损失"为目的而实施涉案行为。考虑到这一点，很难在现实中找到引发刑事责任却因不"在贸易过程中"发生而被免除民事责任的行为。

G. 侵权性质

18.12 **假冒的标志或包装，必须与注册商标"相同"或在"主要方面"与注册商标混淆。**这一要求将假冒与单纯的商标侵权区分开来。商标侵权可能构成假冒，但不是绝对的。"这一用语意图防止假冒者通过在细微方面修改被保护商标而逃脱责任，同时将仅'使人联想起'被保护商标的有争议的案件排除在外。"❶相反，假冒本质上即为商标侵权。

"假冒案件所涉及的是侵权者试图复制并代替商标权人的商品（而不仅仅是商标）。……假冒案件的突出特征是它们在法律上很简单：它们不涉及关于商标权人权利范围的重大争议。模仿商品和商标，假冒者的行为很显然属于商标权人有权禁止的行为。"❷

因此，如果一个标志具有下列因素，则构成假冒：

■ 与注册商标相同；或

■ 在主要方面与注册商标无法区分。

例如，英国的法律与上述表述非常接近，其表述为"与注册商标相同或极可能被误认为注册商标的标志"。新加坡法律也是类似的，但表述更为宽泛，"与注册商标相同或非常近似，以至于可被视为欺骗"，或是伪造真实注册商标的标志。（"可被视为欺骗"在普通法系有特定

---

❶ 刑事处罚手册1715，参见：www.jsdoj.gov。

❷ BOSLAND J, WEATHERALL K, JENSEN P. Trademark and counterfeit litigation in Australia [EB/OL]. www.law.unimelb.edu.au/ipria/publications/workingpapers.html。

的含义。它的意思是"很可能欺骗",这是新西兰法律的用词。)

18.13 作为来源标志使用:从假冒本身是商标侵权的事实来说,被告必须是将假冒标志作为来源标志使用的,即在商业过程中,表示商品(或者如果适用,也指服务)与商标权人之间的联系。描述性使用不构成侵权使用。

R v. JOHNSTONE

[2003] UKHL 28 [英国]

尼科尔斯大法官:

第92条应被解释为只在侵权标志被作为贸易来源指示时适用。这是第92条所规定的每个罪行的要件之一。因此,这必须由控方证明。标志是否被如此使用,是每个案件的事实问题。判断标准是涉案商品的一般消费者将如何理解该标志的使用。

PROCURATOR FISCAL v. GALLACHER

[2006] ScotSC 40 [苏格兰]

斯科特治安官(Sheriff C A L Scott):

我总结认为,在认定某人犯(假冒)罪之前,皇室要求证明,根据(英国商标法案)第10条,注册商标已被侵害。在判例的基础上不难得出这样的结论。在 Johnstone 案中,尼科尔斯大法官将基础建立在标志的违法使用必须是"作为商标使用"。很显然,他将"作为商标使用"等同于"作为贸易来源标志"使用。类似地,在"商标使用"要件上,沃克大法官同意尼科尔斯大法官的观点。

"商标使用"这一表述,在 Arsenal 案和 Johnstoen 案中均有所涉及,事实上,在其他判例中也有所涉及。

重要的是,沃克大法官似乎同意欧洲法院的观点,"即使消费者将标识视为支持或忠实于商标权人的标志",但如果未经授权的使用"造成涉案商品与商标权人之间在贸易过程中存在实质性联系的印象",则使用行为仍将构成侵权。

因此,我认为,在判断侵权问题时,需要考虑的重要因素是,被控使用行为是否容易对来源保证功能造成损害。

18.14 无须发生实际混淆❶:

"法律并不要求证明直接消费者的混淆、误认或受骗。消费群体中的任意成员,甚至是在商品被购买之后才看到商品的人,可能产生混淆、误认或受骗就足够了。相关案例有:United States v. Gantos, 817 F. 2d 41, 43(8th Cir),cert. denied, 484 U. S. 860(1987);United

---

❶ 刑事处罚手段1715,参见:www.jsdoj.gov。

States v. Torkington，812 F. 2d at 1352；United States v. Infurnari，647 F. Supp. 57，59-60（W. D. N. Y 1986）。因为混淆、误认或欺骗的可能性适用于一般消费群体，而不仅仅是直接消费者，因此，即使在被告告知直接消费者商品并非正品的情况下，例如 Gantos，817 F. 2d at 42；Infurnari，647 F. Supp. At 59 案例，或假冒商品的价格远远低于正品价格，从而潜在消费者可能注意到商品并非真品的情况下，这一要件仍可能被满足。参见 Torkington，812 F. 2d at 1350（仿制 Rolex 手表卖 27 美金）。另见案例 United States v. Hon，904 F. 2d 803，806-08（2d Cir，1990），cert. denied，498 U. S. 1069（1991）。"

第 19 章　版权盗版产品

A. 导言（19.1～19.3）
B. 侵权的性质（19.4）
C. 故意（19.5）
D. 商业规模（19.6～19.8）

A. 导　言

19.1 **盗版不仅仅是版权侵权行为**。版权侵权行为本质上是民事违法行为。并非所有的版权侵权行为都是犯罪，而且版权侵权行为并非本质上即为盗版。另一方面，如果不存在版权侵权，那么盗版就无从谈起。结论是哪里有盗版，哪里就必有版权侵权。

　　由于技术原因，一些作品更容易被盗版。这些作品（用非技术语言来说）是印刷作品，或者是发布于互联网上的作品（影印或电子发布）、录音（CD）、录像（DVD）、计算机程序、数据汇编以及广播。

19.2 **TRIPS 义务**：正如前面所提到的，TRIPS 要求其成员至少对达到商业规模的故意盗版行为规定刑事程序及处罚。第 61 条的最低要求如下：

- 必须存在版权盗版行为。
- 版权盗版行为必须出于故意。
- 版权盗版行为必须达到商业规模。

19.3 **版权的存在**：证明版权的存在对于任何版权侵权案件（不论是民事案件还是刑事案件）而言都是不可或缺的部分，这意味着必须对这些因素给予特别的关注。版权存在的条件如下：

- 作品必须是受保护的作品；
- 作品必须是原创的；
- 作品必须以物质形式被表现出来；且
- 版权授予需要求作者在当地司法管辖区或某缔约国内为适格主体，或其作品在当地司法管辖区或某缔约国内首次公开。

　　这些要素，以及通过宣誓证据和推定加以证明的方法在前面的章节中已有论述。[1]

B. 侵权的性质

19.4 **盗版行为必须是特定类型的版权侵权行为**。任何侵犯版权人专属权利的行为都构成版权侵权行为。构成犯罪的侵权行为的情况通常则有所不同。

　　TRIPS 规定的盗版是指侵犯"版权"的"复制"行为。这表

---

[1] 见第 9 章 H 部分。

示，并非所有版权侵权行为都构成盗版，盗版仅指复制行为。"复制"或"改编"所要求的条件比较宽松，这两种行为并不必然构成"复制"。

通常来说，只有某些确定的行为——并不是所有侵权行为——才被认为是犯罪。英国立法对这些行为的界定❶具有代表性：

- 为出售或出租而制造，或
- 为私人或家庭使用以外的目的进口，或
- 在交易过程中以实施侵犯版权的行为为目的而占有，或
- 在交易过程中
  - 出售或用于出租，或
  - 为出售或出租而提供或展示，或
  - 在公共场合展览，或
  - 销售，或
- 在交易过程以外，销售版权侵权复制品以致损害版权所有人。

一些法域对这一问题采取了更为一般化的做法。它们将所有达到商业规模的故意（民事）侵权都视为犯罪。美国以及在双边贸易协定中接受超 TRIPS 义务的国家采此种观点。从这一点来说，民事侵权的概念就十分重要。例如，在新加坡，它可能包含对传播权［见《世界知识产权组织版权条约》（1996）第 8 条及《世界知识产权组织表演和录音制品条约》（1996）第 10 条和第 14 条的规定］的侵犯，所谓的传播权是指通过电子途径传播作品的权利以及使作品可在网络上被他人获取的权利。

CHAN NAI MING v. HKSAR

最终上诉 2007 年卷 3
中国香港特别行政区
里贝罗（Riberio）首席法官：

作品的"复制品"可以以电子或数字的形式存在。第 24（4）条对以电子形式发行作品复制品的行为作了明确规定。此外，对电子复制品及其所依存的物质媒介进行区分是很重要的。因此，第 23（2）条将"以电子方式在任何介质上"存储作品作为一个复制的实例。由此而产生的作品，即复制件，是由"只能以电子形式使用"的数字数据的特定集合所组成的"电子形式"。因此物理存储介质在概念和物理上都与其所包含的电子复制品不同。很显然，如果对该电子复制品进行进一步的复制，则由此产生的复制品将构成进一步的电子复制品。

---

❶ 1988 年版权、设计及专利法案（第 48 章）第 107 条。该法有一个关于非法录制的类似条款。

在该案中，当上诉人以电子形式从 VCD 复制电影并将复制品存储在电脑的硬盘上时，他即实施了第 23（2）条所规定的"以物质形式复制作品"的行为。根据第 35（2）条的规定，因为这种复制行为侵犯了电影的版权，所以该复制品构成侵权产品。因为这样的复制品只能以电子形式使用，所以每一份复制品同时也是电子形式的复制品。如果这种复制品被进一步复制，由此而产生的电子复制品也将构成受保护作品的侵权复制品。

我当然同意电子复制品必须存在于一些物质媒介或环境中，而不是凭空存在的。但是证据以及日常经验表明，构成作品数字复制品的电子数据可以无障碍地通过由计算机和网络组成的互联网进行传播。电子复制品可被直接传播，而无须先存储于诸如 CD 或 DVD 等有形介质后再交付给接受者。

当然，电子复制品经常被存储于磁盘或者类似的有形物品中，以便能够实现实物交付。但是这样的存储方式并不是传输或散播电子复制品的必要条件。由连接起来的计算机所组成的互联网网络也是电子复制品传播的有形、有效媒介。

C. 故　意

19.5　**盗版行为必须是故意的**。故意是最低要求。被告的明知可以通过间接证据证明。英国要求"知道"或"有理由相信"行为构成对版权的侵犯❶，但是制作、买卖或使用非法录制品的刑事责任是绝对的，并不取决于是否故意。中国香港法律不要求故意，反而为被指控者规定了抗辩事由，以证明其不知道且没有理由相信涉案复制品为版权作品的侵权复制品。关于直接侵权，新加坡要求被诉人"知道或应当有理由知道"其正在买卖侵权复制品，并且该标准同样适用于侵权商品的进口或其他被禁止行为。

"明知或故意无视的事实可以由直接或间接证据加以证明。第七巡回法院指出被告'知道瓶体、瓶盖及箱子上有标识'，并判定这些明知的证据足以认定有罪。典型的间接证据包括但不限于：被告购买或销售产品的行为、使用产品的行为、运送的方式、包装情况或不合理的低价。事实上，利润及与明知有关的间接证据通常如此之多，以至于对这

---

❶ 1998 年版权、设计与专利法案（第 48 章）第 107 条。

一要件产生争议的情况很少发生。"❶

D. 商业规模

19.6 **盗版行为必须达到商业规模**。不同的法律使用不同的表达方式。美国法律规定侵权是"为了商业利益或者个人经济收益"❷，并区分营利性侵权与非营利性侵权，在考虑其他因素的情况下，两者都可能构成犯罪。

许多国家或地区（包括中国香港和新加坡）仿照英国，通常要求盗版必须是基于"商业目的"（与达到"商业规模"可能不同）而复制，并保留两个例外：为个人或者家庭使用以外的目的进口❸及在非交易过程中散布版权作品的侵权复制品以致损害版权人利益的。

19.7 **复制必须未经权利人的授权**。这个条件是不言而喻的。经过同意的复制不违法。大多数法令认为这一要件是不证自明的，甚至未将它作为单独要件而提出。在这里，举证责任如同在其他可能的抗辩中一样重要。在这一点上，加拿大的一个决定颇具启发性——它要求控方证明不存在同意并且不存在公平交易。❹

19.8 **因果关系**：版权侵权要求原始作品与复制品之间具有因果关系。这意味着，一个作品与另一个作品相同的事实并不表示它是复制的，因为二者可能都是原创作品。在刑法中，这个问题几乎不具有任何实际意义。电影复制品、录音复制品或者书籍影印本不可能是独立完成的。因此没有必要再进一步考虑这一问题。

---

❶ Prosecuting intellectual property crimes ［EB/OL］//Department of Justice Executive Office for United States attorneys Manual. www. usdoj. gov/criminal/cybercrime/ipmanual.

❷ 第 17 篇 506 段。

❸ 见丹麦 2006 年 10 月 24 日对 Rolex v. Invest ApS 案的判决。domstol. fe l. tangora. com.

❹ R. v. Laurier Office Mart Inc. （1994），58 C. P. R. （3d）403，aff'd （1995），63 C. P. R. （3d）229（Ont.）.

第 20 章　边境措施、过境和转运

A. 边境措施（20.1~20.3）
B. 过境和转运（20.4~20.6）

A. 边境措施

20.1　TRIPS 义务。TRIPS 规定成员应采取有效的边境措施以防止假冒商品的进口（第 51 条）[1]：

"各成员应当遵照下述规定制订程序，以便权利持有人在有确实根据的理由怀疑有假冒商标货物或盗版货物可能进口时，能向行政或司法主管机关提出书面申请，要求海关当局对这种货物中止放行，以免进入自由流通。各成员可以允许对涉及其他侵犯知识产权的货物提出这样的申请，但是以遵守本节规定的要求为限。各成员也可以规定相应的程序，对预定从其境内出口的侵权货物由海关当局中止放行。"

20.2　资格。要获得扣押令，必须具备 TRIPS 中详细规定的各项条件，主要包括：

- 启动这一程序的权利人需提供充分的证据向主管当局证明，根据进口成员的法律，存在其知识产权被侵犯的初步证据；
- 申请人必须提供保证金或与之相当的担保，以保护被告和该主管当局，并防止权利滥用；
- 中止商品放行一事应立即通知进口人及权利人；
- 存在期限限制；
- 对于误扣商品造成的损失，可命令申请人向该商品的进口人、收货人及所有人进行适当补偿。

20.3　销毁：在不妨害权利人所享有的其他债权，并保证被告请求司法当局复审权利的前提下，主管当局有权责令销毁或处置侵权商品。除个别情况外，主管当局不得允许假冒商标的商品以原封不动的状态重新出口，或以不同的海关程序处理该商品。

B. 过境和转运

20.4　识别问题范围：过境或转运商品的问题主要与各地法律赋予海关官员的权力相关。

实践中，假冒商品领域存在的一个主要问题是，进入一国的商品不受该国海关控制，因为其目的地是另一国。一旦缺乏海关控制，商品不

---

[1] 边境措施的立法例见 http://www.wcoipr.org/wcoipr/gfx/ModelLawfinal.doc。

仅可以逃避关税，还可以逃避基于防止假冒、贩毒、走私武器等目的所进行的海关审查。

下例可阐明一个法律问题：A 国生产的商品通过 B 国运往 C 国。如果这些商品在三国均是假冒商品，主管当局或权利人可否在 B 国采取行动？或者，如果这些商品在 A 国和 C 国是正品，但是在 B 国是假冒商品，主管当局或权利人可否在 B 国采取行动？

20.5 欧洲法院：共同市场的复杂性影响着欧盟的立场。

MONTEX HOLDINGS LTD. v. DIESEL SPA

案例 C-281/05 ［欧洲法院］

MONTEX 利用海关封装程序将各种部品（包括具有显著性的标志）运输到波兰，在波兰境内缝制，并将制作完成的裤子运回爱尔兰。DIESEL 商标在爱尔兰不受保护。

一家匈牙利公司在用卡车将印有 DIESEL 标识的女式牛仔裤从波兰工厂运出时途径德国，德国海关扣留了 MONTEX 的这批货物。这批牛仔裤本该顺利地从波兰海关运输到都柏林海关，并且经过波兰海关的验关批准，其在运输过程中是受到严格保护的。

MONTEX 针对德国海关扣留商品的决定提出了异议。MONTEX 公司认为仅仅途径德国运输商品并不构成对商标权的侵犯。

DIESEL 公司则认为商品过境构成了对商标权的侵犯，因为商品存在在过境成员国销售的危险。

法院认为，合法生产的商品从成员国途径一个或多个成员国运输到非成员国的过境行为，并不涉及涉案商品的销售，因此不太可能侵犯该商标的特定主题。

法院进一步指出，在贴有标识的正品尚未由权利人或经权利人同意投入共同体市场的情况下，对仅仅是按照外部过境程序或海关货仓管理程序进入欧共体的贴有标识的正品，商标权人不得提出异议。

在商标领域，按照先决海关程序（比如外部过境）存放贴有商标的非共同体商品这一行为本身，并未对商标权人控制共同体内首次销售的权利造成妨碍。

但是，法院认为，如果许诺销售的完成及/或销售的实现发生在商品依照外部过境程序或海关货仓管理程序被存放的过程中，且这必然会导致这些商品被投入共同体市场，则对许诺销售或销售被海关视为非共同体商品的贴有商标的正品的行为，商标权人可提出异议。

由此可知，只有在外部过境程序中商品受第三方行为的影响，且这必然导致商品被投入所经成员国市场的情况下，商标权人才可以阻止按照外部过境程序运往另一成员国（该国不保护该标识，该案中为爱尔兰）的贴有商标的商品途经某一成员国（该国保护该标识，该案中为德国）的运输。

如上所述，只有在外部过境程序中商品受第三方行为的影响，且这必然导致商品被投入所经成员国市场的情况下，商标权人才可以阻止按照外部过境程序运往另一成员国（该国不保护该标识，该案中为爱尔兰）的贴有商标的商品途经某一成员国（该国保护该标识，该案中为德国）的运输。在这方面，无须考虑涉案商品的制造是否合法。

20.6　一个南非的问题：下面引用的判决涉及各国法律对"进口"和"出口"概念的解释。案件涉及在 A 国合法生产的商品出口到 B 国，商品在 B 国不是仿冒，但途经的 C 国被认为是仿冒。问题是，C 国海关是否可以基于进出口没收这些商品。法院的态度是否定的。各国做法会因立法的差异有所不同。例如，在新西兰，所有通过海运或空运抵达新西兰领土的商品立即被海关控制，不论该商品最终是用于国内消费还是转运到新西兰之外的其他地方。海关控制商品的做法说明法律赋予海关对禁止或限制的商品拥有搜查、滞延和扣押的权力。

AM MOOLLA GROUP LTD. v. GAP

［2004］ZASCA 112 ［南非］

上诉法院哈姆斯法官：

背景事实比较简单。GAP 商标以一个或多个被告的名义在 110 个国家注册。在南非，被上诉人在第 3 类及第 30 类上注册了该商标，而上诉人则在第 25 类上注册了关于服装的标识 THE GAP、THE GAP 图案和 GAP 图案。

被上诉人从莱索托、斯威士兰、津巴布韦、毛里求斯和马达加斯加（拥有注册商标的国家）获得带有 GAP 商标的服装并将这些服装运往其他拥有商标注册权的国家销售。换言之，在来源地和目的地，这些商品都是正品而非仿制品（欺骗性的仿冒）。来自毛里求斯和马达加斯加的商品必须通过南非的港口转运，来自上述内陆国家的商品必须通过南非运输到港口。基于其注册的商标，上诉人运用、尝试运用并威胁运用法案的条款，要求南非警方或海关专员扣押过境商品。

对仿冒和盗版的国际关注促成了 TRIPS 中的某些条款，TRIPS 前言中提到了成员的宗旨——

"渴望减少国际贸易中的扭曲和障碍，考虑到需要促进对知识产权的有效和充分的保护，并需要保证知识产权执法的措施和程序本身不致成为合法贸易的障碍"

TRIPS 要求成员规定某些保护知识产权的基本措施，但留给成员更大的裁量空间。关于海关保护，第51条就当前的讨论而言非常重要：

"各成员应当遵照下述规定制订程序，以便权利持有人在有确实根据的理由怀疑有假冒商标货物或盗版货物可能进口时，能向行政或司法主管机关提出书面申请，要求海关当局对这种货物中止放行，以免进入自由流通。……各成员也可以规定相应的程序，对预定从其境内出口的侵权货物由海关当局中止放行。"

回到南非法律第2（1）（f）条，有必要再次引用以下要点：

"仿冒商品不得进口到南非、途经南非进口、从南非出口或途经南非出口……"

就讨论中的问题来看，可以假定，如果被上诉人将GAP品牌的服装进口到本国，那么就构成对该条款的违反。第一个问题是，"进口到"南非是否包含"转运"。"转运"在立法机构和普通的立法语言中与"进口到"是有明显区别的两个概念。1918年的一项法律规定要求，将小麦面粉"进口"到本国者必须"在进口后"立即上缴部分利润并将该面粉与其他面粉混合，我们的法院在解释该规定时认为，立法机构的目的不可能是将转运到另一国的面粉算作"进口"的面粉。马吉德（Magid）法官据此得出的结论是，上述解释同样适用于该案。本法庭也认为，根据1963年海关税与货物税法令的规定，转运中的商品不包括在"进口"到本国的商品中。

在某一特定的国家，可能有充分的理由希望像没收转运中的非法毒品或武器一样，规定没收转运中的假冒商品的救济措施。但另一方面，对于那些来自岛屿或内陆国家、必须通过本国转运且在普通意义上并非"假冒"的商品，是否有理由没收？尤其是在无当地权利人受影响、不存在知识产权侵权的情况下，是否有理由没收？律师提不出任何理由，我也想象不出任何理由。必须认为，对于因特殊地理位置必须依靠本国进出口的国家的合法贸易，本国不希望进行干涉。根据前述引用的TRIPS宗旨，不能轻易认定基于此的立法将"成为合法贸易的障碍"。

该法令的意图是将某种特定的欺骗行为规定为犯罪。被上诉人所实施的行为无疑可被视为欺骗。法律是否希望将这些行为规定为犯罪？由于该法令是刑事法，对其所作的解释必须是不违反词义的严格解释。根据上文所述，如所引用的案件所指出的，"进口"一词不必然包括转运，在这种情况下我不认为应支持上诉人主张的解释方法。

第 21 章　损害赔偿

A. 国际标准（21.1、21.2）
B. 损害赔偿金：一般情况（21.3~21.7）
C. 营利损失（21.8~21.12）
D. 知识产权贬值（21.13、21.14）
E. 假想的使用费（21.15~21.21）
F. 利益的计算（21.22~21.27）
G. 法定赔偿（21.28）
H. 侵占（21.29、21.30）
I. 惩罚性赔偿（21.31~21.36）

A. 国际标准

21.1 TRIPS。TRIPS 要求各成员制定法律，对知识产权侵权案件中的损害给予赔偿。第 45 条规定：

- 侵权人明知或应知侵害他人知识产权的，司法机关应当有权判令侵权人赔偿权利人的损失，损害赔偿金应当足够补偿权利人因此所遭受的损害。
- 司法机关还应当有权判令侵权人支付权利人支出的费用，其中可包括适当的律师费。
- 在适当的案件中，各成员可授权司法机关判令赔偿营利损失和/或支付预估损害赔偿金，即使侵权人并不明知或应知侵害了他人权利。

这实际上说明，知识产权侵权案件中损害赔偿措施经常由相关知识产权法加以规定，且各成员法律可以规定损害赔偿金的支付与否取决于当事人是否明知侵权或是否存在过失。

21.2 欧盟指令：2004 年 4 月 29 日欧盟关于知识产权执法的指令要求各成员国制定法律对知识产权案件中的损害给予赔偿，并规定了最低要求。正如我们将要看到的，这些要求在很大程度上体现了支配原则。

第 13（1）条规定：

"各成员国应当保证，具有法定资格的司法机关根据受害当事人申请，判令在明知或应知的情况下实施侵权行为的侵权人赔偿权利人因侵权遭受的实际损害。

司法机关在确定损害数额时：

- 应当考虑所有的相关事项，例如负面的经济影响，包括受害当事人遭受的营利损失、侵权人获得的不当利益，以及特定案件中的非经济因素，如侵权人对权利人造成的精神损害。或
- 作为一种替代方式，可以在特定案件中确定一次性损害赔偿金，比如至少根据许可费或使用费等因素来确定，金额相当于侵权人请求许可使用该知识产权的情况下应当支付的数额。"

B. 损害赔偿金：一般情况[1]

21.3 数额确定问题：法院在确定知识产权损害赔偿数额时经常会遇到巨大困难。这个难题并不仅存在于普通民事法院——知识产权专门法院在确定有关损害问题上可能更不在行。在美国，将赔偿数额交由陪审团确定是一种权力。[2] 这个问题也不仅是专利或者其他知识产权诉讼中特有的，在许多领域（比如人身损害、职业事故、违约以及营利损失等），确定损害赔偿的数额不仅对司法人员，而且对提供是否构成损害及损害程度证据的当事人而言都是个问题。尽管有举证责任分配制度存在，法院也有责任评估损害，即便这意味着它们将不得不作出一种估算。主张权利的一方有义务提出最佳数额证据，并且如果这些已经做到，法院必须使用最佳估算规则。[3] 主张权利的一方经常过高估算损害数额，结果导致巨大的诉讼费用。[4]

损害赔偿金计算的争点通常在知识产权有效性争点和侵权争点被判定后独立加以确定。在一些有质询程序的国家，像法国，法院在确定侵权时会指定一名专家提供评估损害赔偿金所必需的所有信息。

21.4 举证责任[5]

NISSAN CANADA INC. v. BMW CANADA INC.

2007 FCA 255 ［加拿大］

理查德（Richard）首席法官：

假冒诉讼必须包含的如下三个要件：

- ■ 存在商誉；
- ■ 虚假陈述导致对公众的欺骗；及
- ■ 对原告造成现实或潜在的损害。

一审法官认可假冒诉讼请求成立的三个要件，并认为这三个要件已全部被满足。就是否存在商誉的问题，一审法官依赖于一定证据，就第二个要件，一审法官认定有混淆的可能。

---

[1] 报告中的损害赔偿金案例通常都涉及专利，但这些原则也适用于其他案件。
[2] Feltner v. Columbia Pictures Television Inc. 1998）118 SCt 1279.
[3] 英格兰：Chaplin v. Hicks ［1911］2 KB 786；加拿大：Penvidic Contracting Co. Ltd. v. International Nickel Co. of Canada Ltd.（1975）53 DLR（3d）784；南非：De Klerk v. Absa Bank Ltd. ［2003］1 All SA 651（SCA）。
[4] General Tire v. Firestone ［1976］RPC 197 ［英国］；Omega Africa Plastics（Pty）Ltd. v. Swisstool Manufacturing Co.（Pty）Ltd. 1978（3）SA 465（A）［南非］；Celanese International Corp. v. BP Chemicals Ltd. ［1999］RPC 203 ［英国］。
[5] 14.43 涉及一种明显不同的看法。

至于第三个要件即损害问题，一审法官接受了答辩人的主张，即一旦前两个要件被证实，即可推定损害的存在。一审法官陈述如下：

"根据法院审前关于分别审理的决定，在给各方当事人送达完成之后，被证实不存在有关损害的证据的情况下，深入考虑一下，我认为，不管在名义上还是实质意义上，损害都会发生。"

正如一审法官所指出的，分别审理令状要求分开审理责任争点与损害大小和获利计算争点，并将文件的提交、关于损害大小和获利计算的口头发现程序 推迟到责任争点的判决作出之后。

我认为一审法官在法律适用上犯了一个错误，因为他就损害的发生作出了推定。现实的或潜在的损害在认定责任问题上是一个必要条件。在没有损害证据的情况下，法院不能判定责任的存在。原告必须"证明他所遭受的损害，或在确认不侵权之诉中证明他可能遭受的损害（因为被告的虚假陈述导致产生原被告产品或服务来源相同这一错误认识）。"

分别审理令状不能免除上诉人必须承担的损害存在的证明责任。存在损害是其诉因存在的一个要件。分别审理令状仅仅是在答辩人责任问题尚未确定的情况下将证明损害大小的时间往后推延而已。在这个案件中，一审法官没有证据证明存在损害，也没有认定存在损害。一审法官无权就损害的存在作出推定。

PARAMOUNT PCTURES CORPORATION v. HASLUCK
[2006] FCA 143 ［澳大利亚］

弗兰克（French）法官：

我认为，在确定损失数额的依据完全由上诉人掌控，且没有证据来证明损失数额的情况下，法院不应自行估计上诉人因销售量损失而应得的许可使用费。在上诉人没有相应证据的情况下，推测甚至猜测也许会派上用场。在因被上诉人顽固或不合作或没有保留完备的交易记录而导致证据不足的情况下，这具有特别的意义。

21.5 一般规则：除法律有特别规定外，通常适用过错原则确定损害数额这一法律规则。

ARO MFG CO. v. CONVERTIBLE TOP REPLACEMENT CO.
377 U. S. 476 ［美国联邦最高法院］

布伦南法官：

损害据说是由侵权发生前后原告经济处境的差别决定的。在确定损害赔偿金时，需要考虑专利持有人和被许可人因侵权所遭受的损失的程度，且更为基础的问题是，如果侵权人没有实施侵权行为，专利持有人和被许可人将会怎样？

这一规则也适用于民法法系和混合法系。比如，根据法国民法典第1382条规定，因过错而遭受的损害必须给予赔偿，且根据第1149条的规定，赔偿通常延及"所失利润"和"所受损失"。

OMEGA AFRICA PLASTICS（PTY）LTD. v. SWISSTOOL MANUFACTURING CO.（PTY）LTD.

1978（3）SA 465（A）［南非］

> 由于该不法行为是一种侵权行为，因此采取的措施也应是针对侵权行为的；其目的应在于补偿权利人因侵权而遭受的实际或预期损失。

21.6 变通方式：普通法有时采取更为灵活的方式来解决损害赔偿问题。损害往往都可以得到赔偿，严格地说，原告所获赔偿多于其实际经济损失。

ATTORNEY GENERAL v. BLAKE

［2000］UKHL 45［英国］

尼科尔斯大法官：

> 因此，我转向一些已确立的基本原则。首先，我试想，法院是如何解决侵害财产权的经济补偿问题的。与违约一样，对于侵权，评估损害的一般原则是填补损失或损害。用经常被引用的布莱克本（Blackburn）大法官的话来说，衡量损害赔偿的一般原则是，损害赔偿的金额尽可能使受害人恢复到未受侵害的情况下应当达到的状态。损害是由原告的损失而不是被告的获利来计量的。然而，历来注重实效的普通法很早就认识到，有很多司空见惯的情况下，严格适用这个原则会对各方当事人都不公平。于是对原告所遭受损害的赔偿采用了另一衡量标准。

ULTRAFRAME（UK）LTD. v. EUROCELL BUILDING PLASTICS LTD.

［2006］EWHC 1344（Pat）［英国］

基钦法官：

> 适用于评估专利侵权损害赔偿的一般原则现在已经被确立。在Gerber Garment Technology v. Lectra Systems 案中，一审的雅各布法官［1995］RPC 383 及上诉法院［1997］RPC 443 均讨论了其中的很多原则。与该案相关的原则可概括如下：
>
> - 损害赔偿金应是补偿性的。衡量损害赔偿的一般原则是，损害赔偿的金额应尽可能使受害人恢复到未受侵害的情况下应当达到的状态。
> - 权利主张人能够得到赔偿的损失应当（ⅰ）可预见，（ⅱ）是因侵权人的不法行为所导致的，且（ⅲ）其救济未被公共或社会政策所排除。仅"若无侵权则无损害"是不够的，侵权在一般人看来还必须是造成损害的原因。
> - 权利主张人承担举证责任。损害赔偿评估一般比较宽松，但其

目的在于补偿权利主张人而非惩罚被告。
- 与被告参与竞争的合法性无关。
- 在权利主张人以制造和销售的形式使用专利的情况下，他可以主张（a）本可以得到但因被告销售行为而遭受的利润损失；（b）因被侵权而被迫降低价格，在自身销售中遭受的利润损失；及（c）被告进行销售应支付的合理使用费。
- 对于销售额减少的问题，法院应当对被告挤占原告的销售额比例有个大致标准。
- 所失利益的损害评估应当考虑这样一个事实，即销售额减少的部分对应着"额外的生产"，且额外的销售仅产生了某些特定的额外成本（边际成本）。然而，在实务中成本是上升的，因此可以在一定程度上适当调整评估方法。
- 合理使用费的评估方法所考虑的是许可人与被许可人在自愿协商的情况下可能达成的数额。如果在相关领域有可比较的真实许可协议，则这些协议对法院确定合理使用费是十分有用的参考。另一个评估方法是可得利润的方法。这涉及对被许可人在无许可的情况下可得利润的评估，并在许可双方之间分配这些利润。
- 在难以精确评估损害的情况下，法院应当综合考虑案情及各种因素，依据常识和公平原则作出最佳估算。

21.7 **法定赔偿**：因此，在某些司法辖区，在知识产权侵权案件中所能获得的赔偿并不仅限于通常意义上的赔偿。除普通法中对损害赔偿金的扩展计算方法之外，立法机关（以及欧盟指令）已经认识到，要求原告按常规方式证明他们所遭受的损害可能是不公平的，因而，他们想出了计算损害赔偿的一系列替代性方法。关于金钱赔偿的其他处理方式将在下面加以介绍。

C. 营利损失

21.8 **基本规则**：就知识产权获得收益而言，衡量损害的典型方法是权利人在侵权产品生产和销售中所受利润损失。利润损失通常是由于权利人出售的产品少了，为与侵权人开展竞争而降价了，或者增加了生产成本。❶

---

❶ SCHLICHER J W. Patent law: legal and economic principles [M]. §9.04.

GENERAL TIRE AND RUBBER CO. v. RIRESTONE TYRE AND RUBBER CO. LTD.
[1976] RPC 197（HL）

威尔伯福斯（Wilberforce）大法官：

一人侵害另一人专利的行为构成民事侵权行为。专利授予文件清楚记载了专利权范围，这是判断是否构成侵权的基础。它通过授予专利权人垄断利益和优势，宣告侵权人"对专利权人承担法律赔偿责任"。

与其他侵权案件的情形一样（可给予惩戒性赔偿的案件除外），损害赔偿金的目的是填补损失或损害。在"经济"侵权案件中，无论如何，衡量损害赔偿的一般原则都是损害赔偿的金额应尽可能使受害人恢复到未受侵害的情况下应当达到的状态。

在专利侵权案件中，原告可选择的替代性救济措施是侵权人的获利金额——参见1949年专利法第60条。答辩人并没有选择主张获利金额，他们的主张仅仅是要求赔偿损害。在衡量这个主张时有两个主要原则：第一，原告对所受损失负有举证责任；第二，被告具有过错，应当适当放宽损害的评估，但目的在于赔偿原告而不是惩罚被告。

这些基本原则在很多专利侵权案件中得到了应用。当然，应用情况因个案情况而有所不同。很多已公布案例在辩论时都被引用了，这些案例可能有助于说明司法的推理，但如果这些判决结论仅仅建立在个别事实和看法之上，后来却被作为法律规则适用的话，也会造成误导。然而，我想，参考一些主要的已公布判例，对于法院探索典型情况具有例示性意义。

很多发明专利属于制造商。他们将发明运用于商品或产品的制造并销售营利。在这种情况下，发明的价值通过商品的销售得以实现。在这些案件中，如果发明专利被侵害，则意味着专利权人的销售量被分流给侵权人。因此专利权人本应通过销售而获得的利润通常被确定为损害。具体例子是 Boyd v. Tootal Broadhurst Lee Co. Ltd.（1894）11 RPC 175 案。在该案中，原告制造商证明每锭可获得7先令的利润，因此放弃了以更低利润率计算的诉讼调解方案。

21.9 举证责任。权利人通常需证明：

- 侵权的程度（通常为侵权产品销售的数量）；
- 权利人本来可以销售但因侵权而未能销售的产品所占的比例；及
- 权利人从上述产品的销售中可以获得的利润。[1]

---

[1] Omega Africa Plastics（Pty）Ltd. v. Swisstool Manufacturing Co.（Pty）Ltd. 1978（3）SA 465（A）472. 英国的观点：Gerber v. Lectra [1995] RPC 383。

有时，权利持有人并不销售产品，而只将这些权利用于防御；有时，权利客体并不是用来销售的，比如制造方法。在这些案件中，情况变得更加复杂。

21.10 损害数额无须具有确定性

COLOMBIA PICTURE INDUSTRY v. ROBINSON

［1988］FSR 531 ［英国］

斯科特法官：

要求对盗版交易造成的销售损失提供确凿的证据是不可能的。在我看来，一旦证明了盗版交易的发生，就可以合理地推定存在合法销售的损失。我认为，如果可以证明涉案影片的合理商业预期，而且与其他可比较的影片相比涉案电影销售行情不佳，另外证明市场上出现了盗版，版权人就有反盗版的权利，而且不必对涉案电影的失败作其他解释就可将销售量的减少归咎于盗版。

21.11 因果关系："若非"原则。证明因果关系的责任在于原告。必须将原告的实际处境与设想的无侵权发生的处境加以比较，二者的差别即为损害，但必须控制在因侵权导致的实际差别的范围之内。

RITE – HITE CORP. v. KELLY CO.

56 F3d 1538 ［美国］

巡回法院劳里（Lourie）法官：

要想得到损失利润的赔偿，专利权人必须证明以下事实的合理可能性：若非侵权，侵权人的销售量将会属于专利权人。Panduit Corp. v. Stahlin Bros Fibre Works Inc. 575 F2d 1152（Cir 1978）中采纳的四步检验法后来成为专利权人证明其有权获得利润损害赔偿的有用方法（但并非唯一的方法）。Panduit检验法要求专利权人证明：（1）对专利产品的需求；（2）不存在可以获得的非侵权替代品；（3）制造和销售能力可以满足需求；以及（4）专利权人可能获得的利润额。根据Panduit检验法提供的证据允许法院进行合理推论：所主张的利润损失确实是由侵权销售造成的，从而为专利权人表面上证据确凿的案件提供"若非"因果关系这一关键证据。

21.12 市场重构

GRAIN PROCESSING CORP. v. AMERICAN MAIZE – PRODUCTS CO

185 F3d 1341 ［美国］

巡回法院雷德（Rader）法官：

要获得利润损失的赔偿，专利权人必须证明"事实上的因果关系"，即证明"若非"侵权发生，他将会获得额外的利润。在基于销售量的下降主张利润损失时，专利权人负有最初的举证责任，即证明"若非"侵权发生他将会获得所主张的利润这一主张具有合理的可能性。一旦专利权人证明了"若非"因果关系的合理可能性，举证责任即发生转移、被控侵权人必须证明，对于部分或全部销售量的下降而言，专利权人关于"若非"因果关系的主张是不合理的。

因此，对"若非"问题的判断要求重构不存在侵权产品的市场，以确定专利权人将会得到什么。

重构市场（根据定义，该市场是一个假设的行业）要求专利权人对未曾获得的经济效果进行估计。为防止这种假设沦为纯粹的推测，本院要求有可靠的经济证据证明无侵权发生时的市场性质及可能结果。在这一框架下，初审法院一向允许专利权人提出各种市场重构理论，尽可能证明"若非"侵权发生他们的状况会比现在好，并相应获得多种形式的利润损失赔偿（本院也同意这种做法）。总之，法院已经给予专利权人一个宽大的范围去证明其所遭受的利润损失并就此获得赔偿。这种利润损失源于可预见的因侵权而造成的各种经济后果。

基于同样的理由，要公平而准确地重构"若非"市场，也必须考虑侵权人在不实施侵权行为的情况下可能采取的相关替代性行动。假如没有侵权产品，一个理性的潜在侵权人很可能会提供一种非侵权替代品（如果有的话）来与专利权人展开竞争，而不会完全退出市场。"若非"市场中的竞争者面对一项专利，如果能以合法的其他方式进行竞争的话，不太可能放弃其全部市场份额。再者，只有通过比较专利发明及其最接近的替代品——无论这些替代品在侵权行为发生期间是否被实际制造和销售——法院才可以清楚地判断，如果没有侵权行为阻止专利权人从其权利中获得全部经济优势，专利排他权的市场价值及其预期利润或回报将会如何。因此，要准确地重构假设的"若非"市场，对侵权人可能提供的替代品必须加以考虑。

"侵权人应当有机会就他或她在不侵权的情况下可能做什么进行辩论。显而易见，如果不允许被告提出此类证据，分析将有失偏颇：只展示专利权人认为的'最佳'案情，而非更加接近现实的案情。"

因而，本院认为，一项在侵权发生期间没有进入市场的已有技术能够构成非侵权替代品。在 Slimfold 案中，专利权人主张在其装配了门轴和导杆的对折门这一产品上所丧失的利润。然而，本院指出 Slimfold 并未证明，被控侵权人如继续使用其旧硬件或其他公司使用的硬件，就无法完成差不多的销售额或同样的销售额。基于这一侵权发生期间尚未投入市场的非侵权替代品，本院维持了地区法院驳回利润损失赔偿请求的决定。因此，本院支持了地区法院判定的"少量"使用费补偿，而非利润损失赔偿。

D. 知识产权贬值

21.13 贬值：损害可以涵盖或包括侵权导致的相关知识产权贬值。
UNIVERSAL CITY STUDIOS INC. v. MULLIGAN（NO.2）
［1999］IEHC 165 ［爱尔兰］

拉芙伊（Laffoy）法官：

原告提出损害赔偿请求的基础是，他们有权利获得所遭受的实际损失的赔偿和因被告有关录像盗版行为对录像制品业及其市场诚信所造成的损害赔偿。

Clark 案和 Smith 案的判决（爱尔兰知识产权法第 330 页）对版权侵权赔偿数额确定原则所作的概述十分有用。关于适用的一般原则，作者陈述如下：

"尽管存在其他可能性，但版权侵权的损害赔偿原则是以补偿原则为基础的。赔偿问题并非诉讼要解决的中心任务的情况有时也会发生——对原告而言，证明版权侵权的存在可能更为重要，一些法官也可能在未对损失问题进行调查的情况下直接判定一个赔偿数额。"

至于损失的衡量方法，作者陈述如下：

"版权侵权的损害赔偿计算方法有时被说成是一件'大不差'的事情——赔偿是由法院的判断和自由裁量说了算的。但是，原告通常会把其版权价值作为诉讼中财产并以其数额的减少来寻求赔偿。这经常通过查看被告盗版产品销售账簿和从被告未获授权的复制与销售收入中扣除产品成本的方法来加以计算。这个方法虽然具有简便并与不当得利原则相一致的优点，但并非总能够给原告提供足够的赔偿。原告也许可以证明，他的作品与盗版作品相比价格和边际利润都更高，所以仅把被告的利润判给原告并不足以补偿原告销售量的损失。这一点特别重要。有些案例认为，被告产品以低于原告产品的价格廉价出售这一事实应当在损害赔偿中得以反映。"

21.14 贬值不是唯一的衡量方法且可能具有误导性

ANTODESKAUSTRALIA PTY LTD. v. CHARLES CHEUNG

(1990) AIPC 90-665 [澳大利亚]

威尔科特斯（Wilcox）法官：

在 Sutherland Publishing Co. Ltd. v. Caxton Publishing Co. Ltd. [1936] 1Ch323 案中，赖特先生大法官认为，版权案件的损害是侵权造成的版权价值这一诉讼中的财产的贬值。这一表述经常在判决中被引用。但是要谨慎使用这个结论，因为它可能具有误导性。要版权人证明未经授权的特定复制行为造成了版权资产价值的降低通常是很困难的，甚至是不可能的。这种情况可能会发生，也许是因为复制品质量低劣或市场饱和。然而，在其他情况下，未经授权的复制行为事实上可能会提升版权的追加价值。例如，电台未经授权播放某一歌曲，可能增加该歌曲录音制品需求量。毫无疑问，正是因为存在这些情形，所以法院有时会提醒不应过于机械地适用赖特的检验方法。因而，在 Interfirm Comparison v. Law Society of New South Wales (1975) 6 ALR 445 案中衡平法院的鲍文首席法官评论道，他认为赖特大法官关于损害计算方法的论断事实上具有法律规定的严格效力是错误的。"判定损害赔偿金的目的是赔偿原告因被告违法而遭受的损失。我认为，在所有情形下都把这个方法看作衡量版权侵权损害赔偿的唯一方法是错误的。"

E. 假想的使用费

21.15 救济基础：另一项制度设计是准许原告对被告请求假想的使用费。在一些司法辖区这是一种普通法的赔偿方法，而在其他司法辖区这是有制定法作为依据的。例如，美国专利法规定权利主张人有权主张不少于合理使用费的损害赔偿金。❶ 欧盟指令把它作为一种选择性权利。（南非在立法介入之前并不承认这项权利。）为了获得支持，原告必须证明商务实践中合理的使用费率是多少。这可能给举证带来困难，因为在一些产业领域，许可并不普遍。据说这是比较受欢迎的计算赔偿金的一种方法。在德国有超过90%的案件采用这种方法。原因显而易见：这是存在最少风险的计算方法。但是对于在商标案件中适用此法，有人提出质疑。❷

---

❶ 35 USC § 284.
❷ Reed Executive Pic & Ors v. Reed Business Information Ltd. & ors [2004] EWCA Civ 159 第165段。

21.16 在普通法传统中,这是一种衡平救济

CINCINATTI CAR CO. v. NEW YORK RAPID TRANSPORT CORP.

66F2d 592 [美国]

勒恩德·汉德法官:

赔偿合理使用费的全部理念在于这是一种有助于实现正义的制度设计。法院通过这种方式对那些确实无法计算的损害进行估计,而不是驳回那些无疑遭受侵害的原告的诉讼请求,使其空手而归。

21.17 合理使用费的计算

GENERAL TIRE v. FIRESTONE

[1976] RPC 197 (HL) [英国]

威尔伯福斯大法官:

其他发明专利通过支付使用费而得以实施。在这些案件中,如果侵权人没有得到许可使用发明,他必须支付的损害赔偿金数额将是他在合法而非违法使用的条件下应当支付的使用费数额。由于答辩人在(大不列颠)联合王国不是制造商,该案中的问题是确定这种使用费的数额。解决这个问题的唯一关键是证据。由于能够作为证据采纳的事实必然是个别、因案而异的,参照特定案件并将结论移植到其他情形的危险性是显而易见的。

关于这个问题有两个经典案例。它们是 Penn v. Jack (1986) 14 LT 495;(1867) LR 5 Eq 81 和 Aktiengesellschaft fur Autogene Aluminium Schweissung v. London Aluminium Co. Ltd. (No. 2) (1923) 40 RPC 107。在 Penn v. Jack 案中,专利权人被证实接触了发明的所有使用者,并成功要求绝大多数人向他支付每马力 2 先令 6 便士的使用费。被告是拒绝者中的一位。法院判决,被告应当依据业已接受的使用费率支付侵权损害赔偿金,理由是他本可期望得到同等费率的许可。

萨金特(Sargant)法官在 Aluminium 案中对此作了一个清晰的说明:

"要弄清楚的是,如果侵权人已获得专利许可,而没有侵犯专利的话,他将会付出什么。在我看来,法院这么做对侵权人来讲并没有过于苛刻。我认为,他至少应支付他很可能需要支付的数额。这一数额为他在与专利权人自由讨价还价的情况下可能达成的、其他被许可人事实上支付的数额。"

这些指导方针十分有用,但是它们的精神必须不被错误适用。在把"现行"使用费率作为侵权人承担责任的基础之前,必须证明支付这一"现行"使用费率的市场条件与专利权人同侵权人所能达成协议的假定

市场条件是相同的或至少是可比较的。

在一些案件中，不管证明存在一种通常利润率，还是证明存在一种通常的或确定的许可使用费都是不可能的。然而，损害赔偿金必须要被清晰地评估出来。在这些案件中，原告要举出证据以引导法院作出判决。这类证据可以是相关或类似贸易中有关使用费的惯常做法；也许是出现在出版物或者证人席上的专家意见；可能是发明的营利能力以及能使法官确定损失的其他任何因素。由于此类证据在性质上是宽泛的，也可能是假定的。与更加具体和直接的证据类型相比，它不可能具有相关性，或者即使具有相关性，考量的意义也不大。但是，即使存在许可实例证据，也没有法律规则禁止法院将这些宽泛的因素纳入考量的范围。确定最终数额的程序是对已有线索所作的司法判断。真正的原则仍是弗莱彻·莫顿法官在 Meters Ltd.（1911）28 RPC 157 案中所阐述的原则，这一原则对有许可及无许可两类案件均适用。

21.18 原则的一般适用：英国法方法

BLAYNEY (TIA AARDVARK JEWELRY) v. CLOGUA ST DAVID'S GOLD MINES LTD. [2002] EWCA Civ 1007

案件事实：权利主张人是一珠宝商，对一艺术品享有版权。该艺术品是一种捻股辫子设计的戒指，名为"Lovers Twist"。被告承认侵害了版权，争点只在于损害赔偿金：究竟是按利润计算，还是对损害进行调查。在经过通常的证据开示程序后，权利主张人决定采取对损害进行调查的方式。权利主张人对法院作出的赔偿数额不服，提起了上诉。该判决的分析有助于探究英国判例法对这一问题的看法。

副大法官：

尽管法官认定 Clogau 销售了 3776 件侵害布雷尼（Blayney）先生版权的戒指，但最终只允许其就其中的 574 件戒指所受到的损害获得赔偿。这是因为布雷尼先生既不能证明若非侵权自己会销售更多的产品，也没能举出证据让法官从中推算出适当的使用费比率。布雷尼先生争辩道，法官确实有足够多的资料去估算其余 3202 件侵权产品应付的合理使用费。Clogau 辩驳的论点是，（a）这些损害在法律上是不能得到赔偿的，（b）这个论点在法庭上没有提出，以及（c）所依据的证据材料对这个问题并不重要。

（a）（证据的性质）

有关知识产权损害赔偿问题的权威观点是威尔伯福斯大法官在 General Tire and Rubber Co. v. Firestone Tyre and Rubber Co. Ltd.［1976］RPC 197 案中的论述。该案涉及侵犯某种充油橡胶专利应付多少赔偿金的问题。原告主张通过计算全部销售对应的合理许可费来确定赔偿金额。威尔伯福斯大法官指出，专利侵权人实施的是侵权行为，因而有责任偿付专利权人一定数额的金钱，以使专利权人恢复到未受侵害的情况下应当达到的状态。他论述了两个主要原则：一是原告必须证明他的损失；二是鉴于被告为过错方，损害赔偿金的数额应当从宽估算，但只是赔偿而非惩罚。他进而引用了三组已公布案例，说明法院对损害赔偿典型情况的计算方法。第一种是专利权人如果自己销售本可以实现的利润，适用于使用自己专利的制造者。第二种是侵权人本应合法地以许可费形式支付的金额，适用于那些通过许可他人使用来实施发明的专利权人。威尔伯福斯大法官继续论述道：

> "在一些案件中，不管证明存在一种通常利润率，还是证明存在一种通常的或确定的许可使用费都是不可能的。然而，损害赔偿金必须要被清晰地评估出来。在这些案件中，原告要举出证据以引导法院作出判决。这类证据可以是相关或类似贸易中有关使用费的惯常做法；也许是出现在出版物或者证人席上的专家意见；可能是发明的营利能力以及能使法官确定损失的其他任何因素。由于此类证据在性质上是宽泛的，也可能是假定的。与更加具体和直接的证据类型相比，它不可能具有相关性，或者即使具有相关性，考量的意义也不大。但是，即使存在许可实例证据，也没有法律规则禁止法院将这些宽泛的因素纳入考量的范围。确定最终数额的程序是对已有线索所作的司法判断。"

(b)（不适用"若非"原则）

在版权侵权案件中没有涉及这一问题的已公布案例，相关判例只涉及专利侵权或商标侵权，这已成共识。为便于讨论，我们从这些相关判例开始。第一个判例是 Meters v. Metropolitan Gas Meters（1911）28 RPC157 案。涉案专利是一种预付费煤气表的改进专利。被告认可其销售的侵权煤气表数量是 19500 块。法官根据证据认定原告不可能销售掉其中的 14085 块。因而，（考量到其他因素）法官判令按每块 13 先令 4 便士的利润，赔偿原告 3500 块煤气表的损失，即 2333 镑 6 先令 8 便士。此外，为弥补原告为减轻侵权损害后果而降价销售所遭受的损失，法官判令被告支付原告一定的赔偿金。被告就销售 3500 块煤气表的损害赔偿金问题提出上诉，就 14085 块煤气表的损害赔偿问题双方当事人均没有提出上诉。

弗莱彻·莫顿上诉法院常任法官驳回了上诉。因为原告可以仅就下列损害获得赔偿：

> "他可以证明，那些产品若非被告侵权可以从自己那里购买到。

我很清楚一个具有可操作性的好方法是，公平估算对一件本应由原告制造的特定产品因遭受侵害而造成的损害，并赔偿他足够的制造利润，但是，并没有法律规则要求法院在所有的情形下都这样做。"

之后，他指出，每一件已制造或销售的专利侵权产品

"对专利权人而言都具有过错，我不认为有任何判例，也不认为有任何法律规则说过专利权人无权就每一件侵权产品都获得赔偿。"

在 Watson, Laidlaw & Co. Ltd. v. Pott, Cassels and Willianmson (1994) 31 RPC 104 案中，上议院所面临的是专利侵权损害赔偿金的估算问题。被告销售了 252 件侵权产品，这已达成共识。（苏格兰）最高民事法庭大法官（the Lord Ordinary）估算损害赔偿金为 1500 英镑，但没有给出理由。最高民事法庭枢密院把赔偿金提高到 3000 英镑。被告上诉到上议院，理由是原告没有证明若非侵权自己可以多销售 252 件产品。他们争辩道，鉴于被告代理商的优势和被告产品的吸引力，即使没有侵权发生，原告也不可能实现那些销售量。金尼尔（Kinnear）大法官和阿特金森（Atkinson）大法官所关心的问题是如何将导致销售量下降的其他因素的影响进行量化。肖（Shaw）大法官认为该案提出了一个关于专利案件中如何估算损害赔偿金的重要问题。他回顾了那些有助于法官对损害赔偿金进行估算的实用规则。他认为，对损害赔偿金进行估算这一任务要求应用"推理、猜测或诸如此类"的方法，还涉及"大胆的想象和大刀阔斧的实践"。他援引了一项并不局限于专利案件的原则：

"在财产被窃取或侵占时，除非这种窃取或侵占行为获得法律认可，否则法律应根据价格或租金这一范畴或原则给予补偿。如果 A 是一个出租马车的人，他让他的马在马厩里闲呆着。而 B 违背 A 的意愿或在 A 不知情的情况下，把马骑出去或赶出去。如果 B 说，'你要补偿什么损失？我把马还回来了，没有损失。马的情况也没有变坏，让它出去遛遛有益无害。' A 将无言以对。"

肖大法官的结论明确支持了 [代理人] 布雷尼先生的观点。他说：

"如果就答辩人已开展或可以开展的通常范围之内的总体业务而言，这也是站得住脚的。然而，还有一类答辩人不会开展的业务。在我看来，处理这类案件正确而充分的措施就是许可专利权人也有权利对未授权销售或使用但把侵权机器投放到市场的任何人，请求基于买卖价格或租费而得出的许可费，即使侵权人不可能从事

这些业务，否则，寓于专利产品垄断性之中的授予专利权人的财产就会被侵害和实际缩水；当他寻求救济时，法律就会袖手一旁，放纵侵害者或者抽头者为所欲为。在此类案件中，许可费是破解这个难题的一把很好的钥匙。这个结论是我完全根据弗莱彻·莫顿大法官在 Meters 案中确立的原则得出的。每一个侵权行为都是具有可诉性的过错造成的。尽管侵权行为可能发生在专利权人不可能涉足的业务或地域范围之内，他仍然有权利对每一未获授权的使用自己财产的人请求租费或许可费，否则，救济措施就会陷入不公正的荒谬之中。"

Clogau 的代理人认为，专利权人没有权利获得侵权产品的赔偿金，因为若非侵权，专利权人就不能开展这项业务。即使 Clogau 对此确有过错，他仍可主张专利案件中任何可以获得此类赔偿的原则不能适用到其他知识产权形式。

我不接受这些观点中的任何一个。我认为，至少自肖大法官发表演讲以来，对所有侵权行为毫无疑问都可以获得赔偿，不管能否证明损害是否来自销售量减少。与销售量损失的有关问题可以帮助法院评估利润损害，但不会在可以补偿的损失方面受到限制。

(c) (假想许可费原则适用于所有的知识产权侵权案件)

既然该原则适用于专利侵权案件，我认为没有理由认为该原则不适用于版权侵权案件。在每一个案件中，侵权行为都是对所有人财产权的干涉。尽管专利所具有的垄断性在本质上不同于版权，我还是认为，在那些垄断性权利遭受侵犯的案件中，这一点不会对损害的可赔偿性造成影响。原告无法证明适用一种确定损害的方法（销售量损失），并不意味着他没有一点儿损失，他应该还可以求助于其他一些估算损害的方法。同时，毫无疑问，专利权人所享有的权利与版权人所享有的权利确有不同，但侵害专利权与侵害版权的后果并不因此而有所区别。

(d) (合理许可费证据的欠缺并不当然意味着败诉)

在 SPE International Ltd. v. Professional Preparation Contractors (UK) Ltd. [2002] 案中，里默 (Rimer) 法官遇到了类似的问题。根据侵害抛丸处理机器的毛利润或者每平方米确定损害数额，原告要求一定比例的合理许可费作为第三种替代性诉讼请求。里默法官驳回了前两个替代性诉讼请求，即侵权机器销售利润损失或者服务利润损失。

在提及威尔伯福斯大法官对 General Tire 案的评述后，他对侵权方代理人的意见进行了记录：由于没有任何证据证明抛丸机曾经许可他人使用，所以根本没有估算损害的基础。里默法官接着说道：

> "我不得不说我认为那份答辩意见没有意义。没有关于许可的证据并不意味着许可使用就不可能进行。原则上,我认为没有理由认为,不能设想一个自愿的许可人和被许可人可能基于支付一定适当比例的许可费而达成抛丸机的许可使用协议。没有以前这样做的确切证据这个事实并不意味着以后就根本不能这样做。同样,如果有人未经授权为个人目的使用他人的机器,我找不到好理由来说明为什么他就不能为非法使用他人财产而支付适当的赔偿金。在我看来,参照假想的许可费对未授权的使用进行赔偿,通常会被视为一种公平且适当的赔偿基础。法院仅仅因为没有证据证明该种机器曾被许可使用就拒绝判给任何赔偿的做法,在我看来有拒绝裁判之嫌。"

在提到肖大法官的意见和证据漏洞后,里默法官接着说道:

> "我认为没有理由认为,我不可以也不应该基于假想的许可协议下应付的假想许可费对损害赔偿金进行估算。证据并未揭示可以让我进行精确计算的信息,因此我不可避免地只能采用一种粗略简便的计算方法。这可能对 SPE 不利,因为我认为我可能会犯赔偿不足的错误。但是,赔偿不足总比没有赔偿要好。综合考虑该案情形,我建议参照假想的许可费对损害赔偿金进行估算,但要满足两个条件:(a)要反映 PPC 生产的侵权机器使用的不确定程度;(b)在核算中任何可疑之处的利润属于 PPC。"

21.19 **美国方法**:英国与美国在假想许可费有关问题上的区别是:在美国这一权利的基础是制定法,在南非也是如此。合理使用费率是根据设想的许可人与被许可人可能自愿达成的协议计算的。在计算中也必须保证侵权人合理的边际利润。

GEORGIA – PACIFIC CORP. v. US PLYWOOD – CHAMPION PAPERS
446 F2d 295 [美国]

巡回法院范伯格(Feinberg)法官:

地区法院判令赔偿的制定法依据是美国法典第 35 卷(专利法)第 284 条。该条款规定,法院应当给予权利人足以赔偿侵权的损害赔偿金,但决不应低于侵权人使用发明而应付的合理许可费。双方当事人似乎从根本上同意,一审法院根据该条款选择适用"愿买愿卖"规则来确定合理许可费的做法是正确的。这一规则所考虑的是一种假想的磋商,该磋商发生于侵权行为之前,专利权人和潜在的侵权人期望通过该磋商就许可达成协议。

一审法院认为在这种设想的谈判中存在很多相关因素,并仔细考虑了在 USP（原告）的产品（Weldtex）与其他镶板之间是否存在竞争；这种特殊夹板流行周期和专利短暂的有效期所带来的影响；USP 销售 Weldtex 产品的利润和该产品的销售所带动的其他配套产品的销售量；GP（被告）在细纹夹板和相关产品的销售中的期待利润；Deskey 专利相对于生产夹板所需的其他工序的重要性和 Weldtex 产品的装饰性质；以及 Weldtex 产品或类似产品是否有可比较的通常许可费。

在维持一审法院所有基本的认定的同时，我们修订了其关于合理许可费的最终结论，因为我们认为一审法院没有给 GP 留下销售细纹夹板的合理利润。

侵权人获利大小经常是确定合理许可费数额的影响性因素。事实上，合理许可费这个定义所设想的结果是，侵权人在支付损害赔偿金后仍留有利润。

21.20 澳大利亚方法

AUTODESK AUSTRALIA PTY LTD. v. CHARLES CHEUNG
（1990）ALPC 90-665 ［澳大利亚］

威尔科特斯法官：

第三种意见提出了一个更为重要的问题。根据这一意见，没有理由相信如果被要求支付正常费用，张（Cheung）先生会从上诉人那里获取所有这些程序软件。相应地，也不能认为上诉人被剥夺了对应于这些软件的销售量。代理人认为，被上诉人是否会从上诉人那里获取软件，如果获取，会获取多少，这些问题都只能凭推测来回答。进而，代理人认为，不应推定上诉人已丧失了这么多的销售额。即使计算机的购买者没有得到程序的免费赠品，他们仍可能不会与上诉人达成交易。

"许可费"估算方法经常被适用。这一方法的诱人之处在于其具有精确性。如果在一个案件中，法院可以作出推论，如果要在支付许可费与不使用作品之间作出选择，侵权人会支付许可费，则这个方法也是符合逻辑的。在此所作的推测是，版权人被剥夺了许可费。但是，如果这个推论不能成立，则很难说版权人所遭受的损失与许可费相等，也不能推定；如果被强制获取许可，被告会复制该作品或以相同的程度进行复制。

PARAMOUNT PICTURES CORPORATION v. HASLUCK
［2006］FCA 1431 ［澳大利亚］

弗兰克法官：

我不认为，在确定损失数量的依据完全处于上诉人掌握之中，且就数量问题也没有举证的情况下，法院应当就上诉人因销售损失而可收取的使用费或许可费自行作出估算。在上诉人没有相关证据的情况下，推测乃至猜测的方法可能起到一定作用。在因被上诉人顽固或不合作或没有保留完备的交易记录而导致证据不足的情况下,这具有特别的意义。

在专利权人已许可他人使用的情况下,损害就是失去的使用费。商标许可使用的案件也适用这个原则。

21.21 日本的立场

案号:2004(WA)NO.12032

大阪地区法院,第26民事法庭

判决:

法院提道,一般而言,依据商标权人与被许可人达成的商标许可合同,可能有多种确定许可费如何支付的方法,且当事人可以通过协议自由选择其一。法院然后认定,尽管这种协议在商标侵权案件中并非总存在,但通过确定每个月的费率,再乘以侵权持续的月数来计算合理许可费数额的做法是适当的,除非这种计算方法显然不合理。

法院解释道,每单位时期的合理许可费数额结合各种相关因素来确定,包括商标的价值、交易的实际环境以及侵权的细节。法院计算损害数额时,会考虑原告授予第三方普通许可时通常收取的许可费率(无论商标是否驰名以及在多大程度上驰名)和被告使用标志的情况。

F. 利益的计算

21.22 利益与损失的区别:被告的利益很少与原告损失相等。一些司法辖区允许请求人按照侵权人获得的利益请求赔偿。加拿大版权法就此有具体规定[第35(1)条]:

"在侵犯版权的情况下,侵权人应向版权人偿付相当于版权人损失的损害赔偿金。此外,如法院认为适当,侵权人还应偿付通过侵权获得的、在计算损害赔偿金时未加以考虑的利益部分。"

被告经营自身业务的行为被视为是代表权利人从事的。权利人通常不得不在主张这项救济措施与主张实际损失之间进行选择。可能判决支付的最高数额是被告所获的全部利益。[1] 但接着仍需证明因果关系,即利益是因侵权获得的。这项司法救济在一些国家如法国[2]或者南非[3]是不存在的,因为这与一个通常的民法原则相抵触,即受害方仅在所受损

---

[1] 英格兰:Celanese International Corp. v. BP Chemicals Ltd. [1999] RPC 203218 et seq. 加拿大:Imperial Oil v. Lubrizol [1996] 71 CPR (3d) 26。

[2] 巴黎上诉法院,第四法庭,1963年2月22日,Ann. Pl 1963, p377, TGL Seine,第二法庭,1964年2月, JCP Ed. G. 1965, 14334, note Plaisant。

[3] Montres Rolex SA v. Kleynhans 1985 (1) SA 55 (C)。

失的范围内有权获得赔偿。然而,荷兰法规定,除可以请求损害赔偿外,作者或后续权利人可以请求法院判令任何侵害版权的人支付因侵权而获得的利益并为此交出账目。

21.23 主张计算所获利益是以补偿为目的而非针对实际损失

ATTORNEY GENERAL v. BLAKE

[2000] UKHL 45 [英国]

尼科尔斯大法官:

侵入他人土地者可能并未使土地所有人受到金钱损失。在这样的案件中,损害赔偿金是由侵入者所能获得的利益,即他对土地的使用来衡量的。对于以堆放垃圾、使用过道或使用地下矿脉中的巷道等方式使用他人土地的不法行为,该原则同样适用。在这类案件中,简而言之,可以获得的赔偿就是理性人愿意为使用权所支付的价款。

同样的原则被适用于对货物的错误扣押。但这个原则有一个非同寻常的起源。霍斯伯里(Haisbury)LC伯爵在The Mediana [1900] AC 113案中问道:如果一个人从我的屋子里拿走一把椅子,并扣留了12个月,谁能说因为我自己没有坐过那把椅子或者屋子里有很多把别的椅子,就有权减免损害赔偿金呢?

(合理许可费原则)作为一个已确立的原则,并不存在争议。较困难的是这种损害的衡量方法与基本的补偿方法如何获得协调。除非损失被赋予严格的人为的含义,否则不能认为,这些赔偿符合严格意义上的赔偿受害人损失的做法。现实是受害人的权利被侵害了,但从金钱上看,他并没有损失。然而,普通法确立了一种判给受害人适当金额的方法。最好将这种赔偿视为通常规则的一种例外。

衡平法院比普通法法院走得更远。在一些案件中,衡平法要求侵权人放弃他全部的所得。对于原本或通常属于大法官法庭诉讼程序对象的特定不法行为,标准的救济措施是禁令和附带的得利返还。这些不法行为包括仿冒、侵害商标权、版权和专利以及泄密。其中的一些内容现已被吸纳到制定法中。禁令用于制止继续侵权,且不法行为人被要求返还从已发生的违约或侵权中所获得的利润或利益。对于是否给予得利返还的救济,法院通常享有自由裁量权,现在仍是如此。而且可根据法律获得得利返还救济的情况是变化的。比如,在专利侵权诉讼中,如果被告能证明侵权发生时,不知或没有合理理由应知专利存在,则不一定被判令返还所获利益。这是1977年专利法第62(1)条规定的。

在这些案件中,衡平法院似乎认为,相对于损害赔偿,禁令和得利返还是更为适当的救济措施,因为很难估算所受损失的程度。

作为原则问题来考虑的话,很难理解为何在这些案件中衡平法要求不法行为人返还其所获得的所有利益，而普通法则仅仅要求不法行为人支付使用他人土地或商品的合理费用。在所有类似的案件中，都是财产权受到了侵害。救济措施的差异似乎仅仅源于历史的偶然。

只有当法院赋予财产权强制执行的效力或对侵犯财产权的行为判处赔偿时，财产权才有价值。要讨论的问题是，如果侵权并未导致经济上的损失，法院是否会对侵权判处实质性的赔偿？或者更进一步，在适当的案件中，法院是否会参照被告从侵权中所获的利益来估算损害赔偿金？上面提到的案件说明法院习惯于这种做法。

21.24 这种请求赔偿的方法充满风险

SIDDELL v. VICKERS

（1892）9 RPC 152［英国］

林德利（Lindley）大法官：

> 因此，正如他该案中所做的那样，原告完全有权选择得利返还的救济方式。但我不知道，相对于利益的计算，有哪种计算更加难以处理，或可能更加难以处理。算出某一因素能够带来多少利益是极其困难的，因此这种形式的计算很少能得出令人满意的结果。正确的检验方法是，比较发明所带来的利润率，以及被告根据案件情况最可能合法采用的技术所产生的利润率。

21.25 赔偿取决于被告所获的利益。发明人仅有权获得侵权人因使用发明所获得的那部分利益。

MONSANTO CANDA INC. v. SCHMEISER

［2004］1 SCR 902［加拿大］

麦克拉克林首席法官和菲什法官：

> 专利法允许采用两种替代性的救济措施：损害赔偿和得利返还。损害赔偿代表了发明人的损失，这可能包括专利权人的销售利润损失或许可费损失。相反，得利返还所衡量的是侵权人获得的利益而不是发明人损失的数额。该案中 Monsanto 选择了得利返还的救济方式，因此不得再主张损害赔偿。
>
> 发明人仅有权对侵权人使用发明所获得的那部分利润主张权利，这是一个已经确立的法律原则：Lubrizol Corp. v Imperial Oil Ltd.［1007］2 FC 3（CA）；Celanese International Corp. v. BP Chemicals Ltd.［1999］RPC 203。这与非惩罚性赔偿的一般法律原则是一致的："只有那些根据因果关系的常识可以认定是由违约造成的损失才能获得赔偿，这一点很重要。"
>
> 计算应返还得利时最常用的方法被称为基于价值的方法或"差额利润"的方法。这个方法是根据专利对被告产品所贡献的价值来对利润进

行分配的。要比较的是被告可归因于发明的利润,以及被告在选择使用最佳非侵权技术情况下的利润。

初审法官判令赔偿,但问题是,他没有认定在上诉人所获利润与上诉人种植抗草甘膦油菜籽、使用发明的行为之间存在因果关系。根据事实认定,上诉人没有从使用发明的行为中获得利润。

他们的利润恰好是他们如果种植和收获一般的油菜籽将会获得的利润。他们为维持生计卖掉了1998年种植的抗草甘膦油菜籽,因此并没有因为是抗草甘膦油菜籽获得额外的好处。他们也没有从油菜籽的抗除草剂性质中获得任何农业上的优势,因为没有发现他们喷洒Roundup除草剂来去除杂草的事实。上诉人的利润仅仅来自他们的作物的质量,而这不能归功于发明。根据这个证据,上诉人并未从发明中获得任何利润,Monsanto返还得利的主张不应获得支持。

21.26 **对侵权的明知经常是承担责任的前提**。这要求寻求普通法上得利返还救济的原告证明,被告是在明知侵害原告权利的情况下获利的。

COLBEAM PALMER LTD. v. STOCK AFFILIATES PRY LTD.
(1968) 122 CLR 25 (HCA) [澳大利亚]

温德耶法官:

该诉讼源于将"Craft Master"作为商品名称使用于某商品的争议,该商品是一种颜料组合。原告是用于颜料组合的文字商标"CRAFT-MASTER"的注册所有人。

商标侵权发生后,原告可以在损害赔偿或得利返还这两种救济措施中作出选择。但他不能同时选择损害赔偿和得利返还。这两种救济措施是选择性的。

得利返还和损害赔偿的区别在于:前者要求侵权人放弃以不正当手段取得的利益,并返还给权利人;而后者则要求侵权人赔偿权利人遭受的损失。这两种计算方法可能会得出明显不同的结果,因为原告的损失不能通过被告的所得来衡量,被告的所得也不能通过原告的损失来衡量。其中一个可能比另一个多些*或*少些。如果原告选择损害赔偿,他遭受的预期利润损失可能构成请求的实质要件。但是,原告在被告没有侵权的情况下可能获得的利益绝不会与被告因侵权而获得的实际利益相等。

现在制定法已对禁令救济作出了规定,以防止侵害注册商标的行为。禁令救济反映了衡平法如何在商标获得制定法承认之前保护和确立商标财产权的历史。而得利返还则保留了起源于大法官法庭的特征。这项措施要求被告说明并返还他所获得的利益。这些利益如果由他保留是合理的。这些利益是他非法获得的,即在明知侵害商标权人权利的情况下获得的。这就解释了为什么返还责任的范围不一定与侵权行为的范围相同。返还责任的范围仅限于被告在得知原告权利期间所获得的利益。侵害普通法上的商标权曾是如此。现在侵犯注册商标还是如此。我认为，由此可得出结论，即寻求得利返还救济的原告必须证明，被告获利是在明知侵害原告权利的情况下实现的。

21.27 "利润"的含义：特别是在那些销售的产品为合成物的案件中，利润如何确定这个问题应运而生。可以根据擅自使用的情况来对利润进行分割。

COLBEAM PALMER LTD. v. STOCK AFFILIATES PTY LTD.
(1968) 122 CLR 25（HCA）[澳大利亚]

温德耶法官：

但是，利润在这里的含义是什么，利润又如何确定？现代经济学理论认为，企业的利润是一个可争论的概念。相应地，"利润"这个词在今天的经济学家词汇中具有多种含义。对于法律来说，为处理手头的案件，必须确定某种定义或者规则；因为正如法韦尔（Farwell）法官所说的，"'利润'这个词没有单一的定义适合处理所有的案件"。也许，简单明了的定义要数林德利大法官的表述。他说："当一个人取得的多于投入的，其间的差额就是利润。"但是，这个表述太过概括，在这里没有多大帮助。

被告必须说明的是他非法使用原告财产所取得的利益。原告的财产存在于他的标志之中，而不是在颜料组合里。我认为，真正的规则是，非法使用他人工业产权（专利、版权、商标）者，必须对其所获得的、可归因于该非法使用行为的利益加以说明。

苏格兰最高民事法庭的金尼尔大法官充分总结了之前判决的进展情况，然后说道，"有很多判例认为，如果一部复杂的机器只有局部受专利保护，则不应让侵权人为整个机器所带来的全部利润承担责任，如同他只是通过使用专利而获得利润那样"：United Horsenail Co. v. Stewart & Co.（1886）3 PRC 139。在该案的上诉审过程中，沃森（Watson）大法官认为，如果专利权人选择了得利返还而非损害赔偿，

"为了确定侵权人所实现的净利润中发明所作贡献的比例，弄清发明实际上被使用的程度十分重要。判令向专利权人支付并非由于使用其发明获得的利润是不合理的"：United Horse – shoe and Nail v. Stewart & Co.（1883）13 APP Cas 401；5 RPC 260。

自 Cartier v. Carlile（1862）31 Beav 292（54 ER 1151）案（普通法上的商标）以来，在商标案件中普遍接受了以下规则：原告证明侵权后，其有权主张的只是由于使用其发明获得的利润，而不是更多。

DART INDUSTRIES INC. v. DÉCOR CORPORATION PTY LTD.

（1993）179 CLR 101 ［澳大利亚］

文梅森（Mason）首席法官、道森（Dawson）和图希（Toohey）法官：

事实：被告生产了一种具有特别按钮密封盖的小罐。尽管这个小罐本身没有问题，但这个密封盖侵害了原告的专利。法院认定，原告有权就整个产品的销售所获得的利润主张权利，而不必扣除非侵权罐体所获得的利润。❶

判决：

在判断责令返还的利益是否应包括小罐及其配套密封按钮的生产和销售带来的利润时，初审法官恰当地确定了这一问题，他说：

"基本的法律原则是，相关利润是指那些被告使用和实施原告专利发明而获得的部分。在被告产品是由发明和其他特征组合而成的情形下（如该案的情形），对这一问题的判断是一个事实判断。"

为回答他提出的这个问题，法官认定"就该案情况而言，按钮罐的销售可归因于对专利发明的使用"，并基于这一理由命令，Décor 和 Rian 应返还的利益包括装有密封按钮的容器所产生的利润。合议庭以稍微不同的表述对这一问题作了分析：

"答辩人不能否认他仅仅对侵权所获得的利润享有权利。例如，如果专利刹车装置被不当用于汽车的生产，专利权人并不是对整个汽车的销售所获得利润享有权利。他只能得到其中的一部分。但问题是，这一原则应如何适用于专利与单个产品的基本特征相关的案件中。在我们看来，法官可以认定并且已经正确认定，侵权产品的特征正好体现在按钮盖上，没有按钮盖，这个特别的容器永远不会被生产出来。"

初审法官和合议庭所提出的关于对全部利润进行分配的问题，都准确地体现了这个正确的原则。

案号：2005（WA）NO. 3126 ［2005.12.1］

大阪地区法院，第21民事审判庭 ［日本］

关于侵权人从侵权行为中所获得的利润问题是在商标法第38条第2款规定的。这个利润可以通过从侵权人销售侵权产品的获利中扣除侵权人销售侵权产品的成本来计算。要扣除的成本仅仅是侵权人为销售侵权产品而额外承担的那部分成本。任何此类成本都可予以扣

---

❶ 亦见 LED Builders Pty Ltd. v. Eagle Homes Pty Ltd. ［1999］FCA 584。

除。这些成本不仅可能包括购买成本和产品成本，也包括销售成本和一般管理成本。

G. 法定赔偿

21.28 定额赔偿：预定或法定赔偿"向权利人提供了一种替代性的、也许更为有效的补偿途径，并向他们提供了一种证明并补偿他们因仿冒和盗版所受损害的有利而经济的办法"。❶ 一些立法者试图保证权利人通过这个办法获得他们应得的补偿。比如，美国版权法［s 504（c）］授予法院自由裁量权，可以就一部享有版权的作品，给予原告最高到30000美元的赔偿。如果法院认定侵权是出于故意的话，最高可达到150000美元。在 Playboy Enterprises Inc. v. San Filippo 案❷中，原告运用这个方法，对销售了数千张侵害其摄影作品的 CD 光碟，请求2.85亿美元的损害赔偿。但法院仅判赔了370万美元。这一问题因各地法律规定而有不同，因此在此不再赘述。

H. 侵　占

21.29 救济的性质：权利变更作为侵害版权的一种救济方式，现在在很多普通法国家的制定法中都有规定，并且以权利人是侵权物品所有人的假定为前提。

POLUGRAM PTY LTD. v. GOLDEN EDITIONS PTY LTD.
［1997］FCA 687［澳大利亚］
洛克哈特法官：
受到侵害的版权所有人可以根据版权法第115（2）条获得损害赔偿，并可以根据版权法第115（4）条通过一种特殊的救济方式获得额外的损害赔偿。第116条规定了收回侵权复制品或就侵占该复制品的行为获得补偿的权利。该法的其他条款规定了责令侵权人移交或销毁侵权复制品的权利。版权人可以在侵占或扣留之诉中主张版权法第116条所规定的权利和救济。作为第116条前提的假定是，版权人尽管不是侵权复制品的所有人，但是根据该条的拟制，他或她有权基于侵占或扣留诉

---

❶ "相关领域实施的困难与实践综述" IPO/CME/3 第55段。
❷ (1998) 46 USPQ 2d 1350［USA］。

求赔偿，如同他或她本人就是侵权复制品的所有人那样。

侵占这一损害赔偿的数额一般定为侵权复制品在侵占之日的价值。判令侵占损害赔偿的根据是侵权复制品被视为版权人的财产。

21.30 组合产品案件中的侵占：争议在于如何在组合产品案件中运用这一措施。

POLUGRAM PTY LTD. v. GOLDEN EDITIONS PTY LTD.

［1997］FCA 687 ［澳大利亚］

洛克哈特法官：

Infabrics Limited v. Jaytex Limited ［1982］AC 1 是一起关于衬衫上带有三匹临近终点的赛马的几幅图案的案件。原告是这几幅图案的版权人并提出了侵占之诉。上议院认为，衬衫本身是1956年版权法第18（3）条规定的侵权复制品，并认为应赔偿数额为衬衫的价值。Infabrics 案是一个不可能把衬衫同享有版权的图案分离的案件。

类似的还有 W H Brine Co. v. Whitton（1981）37 ALR 190 案。在该案中，答辩人出卖了一定数量的从韩国进口的足球，足球上带有各种标识设计，第一申请人对其中的一些图案设计享有版权。答辩人承认对不当使用申请人的标识负有责任。申请人根据版权法请求对误导或欺诈行为以及侵权和侵占造成的损害进行评估。福克斯（Fox）法官认为，重要的是以标识设计的形式使用于足球上的侵权物，而该侵权物很难与其余部分分离开来。因此，整个足球构成版权法第116条规定的侵权复制品。答辩人须赔偿的损害是侵占当日这些足球在澳大利亚的价值。

在我看来，在判断一件物品是否构成侵权复制品时，法院任务就是判断该物品的制作是否构成对作品版权的侵害。如果产品包含侵权部分和非侵权部分，法院就需要判断这些产品是否能够被分割为侵权部分和非侵权部分。

如果产品能够被分割，法院就可以认定，侵权部分的制作构成对作品版权的侵犯，因此，侵权复制品仅由该部分构成。在这类案件中，版权人仅有权就该部分的价值主张损害赔偿。

如果产品不能被分割，法院就要认定，两个部分都构成对作品版权的侵害，因此，侵权复制品由两个部分构成。在这类案件中，版权人有权就整个产品的价值请求损害赔偿。

I. 惩罚性赔偿

21.31 普通法上的惩罚性赔偿：普通法系的一些国家和地区规定了惩罚性赔

偿，以惩罚那些手段极为恶劣的侵权人。❶一些民法法系国家将某些故意侵权行为规定为刑事犯罪。

LUBRIZOL CORP. v. IMPERIAL OIL LTD.
1996 CanLII 4042［加拿大］

上诉法院斯通（Stone）和林登（Linden）法官：

在这里，对加拿大法上的惩罚性或惩戒性赔偿的地位作一些一般性的评论是必要的。现在很清楚，加拿大法律确认了三种不同的损害赔偿类型。一是，一般性赔偿，旨在赔偿侵权行为被害人的损失，包括金钱损失和非金钱损失。二是，加重损害赔偿，也是赔偿性的，但只适用于那些"被告"的行为特别蛮横，致使原告感到羞辱和焦虑的案件。要适用这种赔偿形式，必须查明被告的"行为动机具有事实上的恶意，并以增加原告精神痛苦和耻辱的方式加重了对原告的伤害"。加重赔偿这种方式意在表明"正义人士对被告恶意行为的愤慨"。

三是惩罚性或惩戒性赔偿。与一般性赔偿和加重损害赔偿不同，它不是补偿性的，其目的是"惩罚"被告并表达"对被告异常行为的义愤"。与民事罚款类似，其意在表达"对被告和其他人这种行为方式的威慑"。惩戒性赔偿只有在"一般性和加重损害赔偿的结合都不足以起到惩罚和威慑作用"的情况下才可能适用。此外，这种赔偿必须"服务于理性目的"，即"被告的不正当行为是否过分到必须采用惩罚性赔偿作为一种合理的威慑"？

在惩罚性或惩戒性赔偿方面，加拿大法与英国近些年有明显分歧。正如麦金太尔（Mclntyre）法官在 Vorvis 案中指出的那样，澳大利亚、新西兰和加拿大法院已"放弃"由 Rookes v. Barnard 案所确定的较为狭隘的不列颠方法，转而采纳适用范围较宽的惩罚性赔偿方式。

惩罚性或惩戒性赔偿案件中的证据标准采用民事诉讼中的优势证据标准，而不是刑事诉讼中的排除合理怀疑标准。然而，惩戒性赔偿应当经过最严格的考量，且针对惩戒性赔偿的自由裁量亦应谨慎为之。进一步说，赔偿数额不应过高，而应以合理为限，以便与加拿大采纳适度惩罚性赔偿的做法保持一致。

TIME INCORPORATED v. LOKESH SRIVASTAVA
2005（30）PTC 3［印度］❷

至于对严重侵害原告商标的行为课以惩罚性和惩戒性赔偿的问题，法院认为，必须区分补偿性赔偿与惩罚性赔偿。给予原告补偿性赔偿金

---

❶ VAVER D. Intellectual Property law［M］. 1997：263.
❷ Hero Honda Motors Ltd. v. Shree Assuramji Scooters 2006（32）PTC 117［印度］对此进行了引用并表示赞同。

的目的是赔偿他所受到的损失,而惩罚性赔偿的目的是防止侵权人等蓄意从事非法行为。对具有犯罪倾向的行为显然有必要课以惩罚性赔偿,以抑制为谋取利益而违反法律并侵害他人权利的动向。惩罚性赔偿的哲学基础是矫正正义,因此在一些案件中,必须通过惩罚性赔偿对侵权人释放一个信号,即法律不仅将这种无视法律的行为视为双方当事人之间的争议,而且对那些虽非当事人但因该行为遭受损失的人也给予了关注。在该案中,遭受损失的不仅是商标和杂志设计遭侵权的原告,还有一大批被告杂志"TIME ASIA ANSKARAN"的读者,他们因误认为被告的杂志来源于原告公司的出版社而购买了被告的杂志。

本院认为,法院处理商标、版权、专利等侵权案件不仅应给予补偿性赔偿也应给予惩罚性赔偿的时代到来了,以便使见利忘义的违法者受到沉重打击,让他们认识到一旦涉案,他们不仅要赔偿受害人的损失,而且要支付惩罚性赔偿金。这对他们来说将意味着一场经济灾难。Mathias v. Accor Economi Lodging, In., 347 F, sd 672(7th Cir. 2003)案讨论了适用惩罚性赔偿的若干因素并认为,惩罚性赔偿的一项功能就是为轻微犯罪的刑事追诉提供一种民事责任的替代选项,以缓解刑事司法制度的压力。还进一步得出结论,惩罚性赔偿还有一项额外的目的就是限制被告通过逃避侦查和追诉从欺诈行为中获利的可能性。

21.32 法定惩罚性赔偿:在普通法国家中,比较典型的做法是在版权法中规定额外的损害赔偿金。❶例如,南非法第24(3)条作了如下规定:

"在本条所规定的诉讼中,若侵害版权的行为被证实或被自认,且法院在考虑所有其他因素和下列因素之后:

■ 侵权行为的严重性,及

■ 被告因侵权而获得的利益

认为原告还得不到有效的救济,在评估侵权造成的损害之后,法院应当有权给予适当的额外赔偿。"

21.33 "极其恶劣"的含义:极其恶劣表示"存在诽谤性行为、欺骗等类似情节;其中包括故意侵害版权的行为。"❷

MICROSOFT CORPORATION v. GOODVIEW ELECTRONICS PTY LIMITED

[2000] FCA 1852 [澳大利亚]

布兰森(Branson)法官:

申请人基于答辩人侵权行为的"蓄意"性质,请求法院依据版权

---

❶ 美国法允许法院给予相当于实际损失三倍的赔偿金。由此看来,这不是典型的规定。见美国法典第35编第284条。

❷ Ravenscroft v. Herbert (1980) RPC 193.

法第 115（4）条规定给予额外的赔偿。第 115（4）条规定，在版权侵权成立的情况下，在对以下各项加以考虑之后，法院如认为适当，可判令给予额外的赔偿：

- 侵权行为的严重性；
- 被告因侵权而获得的利益；及
- 其他所有相关因素。

就该款的目的而言，极其恶劣的行为包括"故意、欺骗和严重的"行为。然而，该款的结构表明，无须为获得额外的赔偿而证明违法行为的恶劣性达到了某种程度。亦即极其恶劣不是一个必须跨越的临界值，而仅仅是在计算赔偿金时应当考虑的因素之一。

在该案中，答辩人的行为就上述意义而言，十分符合极其恶劣的特征。Goodview Electronics 在诉讼过程中提交的一份答辩意见主张其所有的微软产品都是从获得授权的销售商那里购买的。而根据 Anton Piller 命令获得的证据表明，这一主张完全是虚构的。答辩人的内部文件表明，答辩人故意使用现金购买侵权复制品，并采用供货商代码名称系统，意图隐瞒供货商的身份。综上所述，这些行为说明答辩人在蓄意作为，他们认识到企业行为的违法性并且积极地采取了隐匿措施。

答辩人从销售各种微软产品的侵权复制品中获得了经济利益。这些产品以大大低于正宗微软产品的批发价格购买进来，并以微小的折扣零售出去。答辩人在一个竞争激烈的产业中赢得了巨大的边际利润。

在考虑是否根据该款给予额外赔偿时，我也考虑到了 Wilcox J in Autodesk Australia Pty Ltd. v. Cheung（1990）17 IPR 69 案所提及的因素。该案也涉及侵害计算机软件版权的行为，法官认为应当对计算机软件易于复制、发行和隐匿这一事实加以考虑。这使得对侵权的侦查和取证工作成为一项十分艰巨的任务。[❶]

综合各种情况，根据第 115（4）条给予赔偿是适当的。关于额外赔偿的数额，法院享有广泛的单方自由裁量权。我认为这是给予额外赔偿的正当理由。答辩人为追逐利益故意无视申请人的权利而实施了侵权行为。我认为将额外赔偿的数额定为 50 万美元方可充分表明法院对答辩人行为的谴责态度（Bailey v. Namol［1994］53 FCR 102）。各答辩人应对额外赔偿费承担连带责任。

---

❶ 全部引文如下："关于第（ⅲ）项，我认为，与此相关的因素之一是计算机软件拥有人在试图保护他们的版权时所面临的难题。计算机软件易于复制、传播和隐匿，特别是在计算机软件被作为其他设备的附件提供。因而在广告中没有被提及时，侵权可能很难发现。即使发现了侵权，证明这些事实也是一项艰巨的任务。"

WELLINGTON NEWSPAPERS v. DEALERS GUIDE

（1984）4 知识产权 417 ［新西兰］❶

麦克马林（McMullin）法官：

当然，怎样才算极其恶劣是一个必须在相关事实背景下决定的事实和程度的问题。

如果法院认为在根据本条提起的诉讼中本条所规定的其他救济措施尚不足以给予有效的救济，则应当判令额外赔偿。这意味着原告遭受的损害或损失可能不能通过补偿性赔偿、禁令、得利返还或其他救济加以补救。除在传统的救济措施难以奏效时，就被告给原告造成的伤害给予惩罚之外，很难发现额外赔偿有什么其他目的。不然侵权的恶劣程度为什么会具有相关性呢？英国法中的对应条款确实是被这样解释的。布赖特曼法官在 Ravenscroft v. Herbert ［1980］RPC 193（Ch）案的第 208 页写道：

"原告要获得额外赔偿，必须有证据证明鉴于侵权的恶劣性、被告因侵权而获得的利润以及其他实质性因素，否则，原告无法获得有效的救济。"

MICROSOFT CORPORATION v. PC CLUB AUSTRALIA PTY LTD.

［2005］FCA 1522 ［澳大利亚］

康迪法官：

额外赔偿是申请人寻求的主要救济方式，申请人将额外赔偿的数额评估描述为一个应交由"陪审团"决定的问题。在适当的案件中，额外赔偿的数额可能大大超过补偿性赔偿的数额。Raben Footwear 案再次被援引。在该案中，联邦法官组成的全员合议庭驳回了以下主张：在 275 美元的实际损失之外判决 15000 美元的额外赔偿，有判决过重之嫌。以下是判决额外赔偿的一些判例［省略了年代过于久远的判例］：

- Microsoft Corporation v. Coodview Electronics Pty Ltd.（2000）49 IPR 578：补偿性赔偿 625034.80 美元，额外赔偿 500000 美元；
- Microsoft Corporation v. Glostar Pty Ltd.（2003）57 IPR 518：补偿性赔偿 4375 美元，额外赔偿 291625 美元；
- Microsoft Corporation v. Ezy Loans（2004）63 IPR 54：补偿性赔偿 240625 美元，额外赔偿 350000 美元；
- Microsoft Corporation v. TYN Electronics Pty Limited（in liq）（2004）63 IPR 137：补偿性赔偿 386000 美元，公司被告承担额

---

❶ 在 Microsoft Corporation v. Able System Development Ltd. HCA 17892/1998 ［中国香港 2002］案中被引用。

外赔偿300000美元，个人被告支付额外赔偿400000美元。

当然，不同案件必须依个案情况进行判断，但前述补偿性赔偿和额外赔偿之间的明显差额对评估的原则性方法而言仍具有重要意义。

我再一次重申申请人所确定的决定其有权获得额外赔偿的各种因素：（ⅰ）侵权行为的恶劣性；（ⅱ）从授权经销商处购买的虚假抗辩；（ⅲ）答辩人侵权并试图隐匿的蓄意所为；（ⅳ）明显的获利，包括答辩人从不当行为中直接或间接获得的内在的商业优势；（ⅴ）复制、传播和隐匿计算机软件的相对容易性，以及与此相关的发现和证明侵权的不易性。所有这些因素在我看来在这里都清晰地展现出来了。（此项下判决的赔偿金为780000澳元。）

21.34 以惩罚为目的

WELLINGTON NEWSPAPERS LTD. v. DEALERS GUIDE LTD.

［1984］4 IPR 417 ［新西兰］

麦克马林法官：

就被告给原告造成的伤害给予惩罚之外，很难发现额外赔偿有什么其他目的（传统的赔偿措施中并无此规定）。不然侵权的恶劣程度为什么会具有相关性呢？

21.35 适用的原则

WOOLWORTHS LIMITED v. MARK KONRAD OLSON

［2004］NSWSC 849 ［澳大利亚］

爱因斯坦（Einstein）法官：

为方便讨论，在此先将与法院行使第115（4）条赋予的职权相关的原则列举如下：

- 如果法院认为适当，基于"普通法上规制加重赔偿和惩戒性赔偿的有关原则"，判令支付的额外赔偿可包含惩罚性因素。
- 在被告从事"违背良知，无视他人权利"行为的情形下，惩戒性赔偿通常会得到普通法的支持。
- 虽然惩戒性赔偿只是在十分特殊的情况下才适用于违约行为，但是并不能由此得出"如版权人和侵权人是缔约当事人，则不可能根据第115（4）条的规定获得额外赔偿"的推论。
- 在考虑是否给予额外赔偿时，法院必须对第115（4）条规定的因素加以考虑。在"如存在第4（b）款所规定的一种或多种情形，法院就对适当给予这种赔偿享有自由裁量权"这一意义上，这些因素并不具有累加性。
- 根据本法第115（4）条所作的额外赔偿评估不受限制，且法院的自由裁量权也不受算法或数学方法的局限。

在 MJA Scientifics International Pty Ltd. v. SC Johnson & Son Pty Ltd. (1998) 43 IPR 275 案中，森德伯格（Sundberg）法官对与"极其恶劣"地侵犯版权人权利的行为有关的原则进行了概括。法官阁下说道：

"据说，极其恶劣的情节包括'有意无视原告的权利，或丧心病狂地追逐利益''行径恶劣，包括蓄意和阴谋策划侵权在内的欺诈，使被告获得的金钱利益超过他应赔偿的损害''丑恶的行径、欺诈等；包括蓄意侵害版权'"。

尽管用"蓄意""阴谋策划"行为来表述，但是这些因素本身并非给予额外赔偿的正当理由，正如洛克哈特法官在 International Writing Institute Inc. v. Rimila Pty Ltd. (1994) 30 IPR 250 案中所阐述的："说白了，极其恶劣性不是仅仅由知道复制这个证据来证立的。"

与上述一般性原则相一致，应给予额外赔偿的特定实例包括：

- 被告从事计算机硬件零售业务，硬件中安装了被告蓄意盗版并明知违法的软件；
- 被告曾经是原告雇员，在10年里盗窃拷贝了上百件机密工程设计图，并制作了复制件；
- 被告复制了原告的独家黄金窗框设计（该设计运用了特别的技术），因而让被告保持300万美元订单的领先优势；及
- 三年来，被告在明知其行为构成版权侵权的情况下，仍将美国激光影碟进口至澳大利亚，并在影碟所载影片上映期间进行零售。

21.36 故意：一些制定法要求在对被告给予惩罚性赔偿之前要有证明故意的证据。

KNORR – BREMSE v. DANA CORP.
383 F3d 1337 ［美国］
巡回法院纽曼（Newman）法官：

在讨论"故意"行为及其后果时，最高法院认为"'故意'这个词语在法律中被广泛使用，且尽管并没有确切一致的解释，但根据通常的理解，它指的是非仅仅出于过失的行为"。在 Mclaughlin v. Richaland Shoe Co. 486 US 128 (1988) 案中，法院引用了传统的定义，如"自愿""蓄意"和"有意"。"故意侵权"这个概念不仅增加赔偿的渠道；它表明，专利侵权与其他民事侵权一样不受赞成，而且对故意无视法定权利的行为采取威慑手段是正当的。

认定故意要考量整体情况，并且可能包括几个因素。这些因素是由案件事实审理者权衡的，因为如本院在 Rite – Hite Corp. v. Kelley Co. 819

F2d 1120 案中所评述的：

> "侵权中的故意，如同生活中的故意一样，不具有全有或全无的特性，而只表现为一种程度。它表明，无视专利权人法定权利的侵权行为可能是出于无知或偶然，也可能是出于直接故意或间接故意。"

第 22 章　禁令（禁止）

A. 国际标准（22.1~22.3）
B. 禁令的范围（22.4、22.5）
C. 禁令的性质（22.6~22.10）
D. 禁令的形式（22.11~22.14）

A. 国际标准

22.1 TRIPS。 TRIPS 第 44 条第 1 款要求各成员法律应依照下列条款规定禁令（injunction 或 interdicts）[①]：

"司法机关应当有权命令当事人停止侵权，除其他外，有权在海关放行后立即阻止那些涉及侵犯知识产权的进口货物进入其管辖范围内的商业渠道。对于有关的人在知悉或者有合理的根据应当知悉从事这些主题的交易会导致侵犯知识产权之前所获得或订购的此类主题，各成员没有义务授予司法机关这样的权力。"

22.2 2004 年 4 月 29 日欧盟关于知识产权执法的指令第 11 条规定：

"成员国应保证，对于已经认定构成知识产权侵权的，法院可以对该侵权人发布禁令，以防止侵权的继续。国内法可规定，拒不执行禁令的，在适当的时候应另处罚金，以保证禁令的执行。成员国还应保证权利人有权申请对为第三方侵犯知识产权提供服务的居间人实施禁令，但不得违反 2001/29/EC 号指令第 8（3）条的规定。"

22.3 销毁商品： 一种救济方式是销毁侵权商品，以防止该类商品进入商业渠道。这种方式与存在已久的送交销毁方式别无二致。法院可以依据其固有的司法权力，发布此命令，以管辖区内部事务，保证其禁令的效力。TRIPS 也有这样的规定（第 46 条）：

"为了对侵权产生有效的威慑力量，司法机关应当有权在不给予任何补偿的情况下，责令将已经发现正处于侵权状态的货物，以避免对权利持有人造成任何损害的方式，处理出商业渠道，或者，除非违反现行宪法的要求，责令予以销毁。

司法机关还应当有权在不给予任何补偿的情况下，责令将其主要用途是制作侵权产品的材料和工具，以尽可能减少时进一步侵权的危险的方式，处理出商业渠道。

在考虑这类请求时，应当顾及第三方的利益，以及侵权的严重程度与所采取的救济应当相称的需要。

除开例外情况，仅仅除去非法缀附在货物上的商标尚不足以允许将货物放行，使其进入商业渠道。"

2004 年 4 月 29 日欧盟关于知识产权执法的指令中包含了一个相关

[①] 为方便起见，本文使用英国法中的 injunction（译注：禁令）一词，但是大陆法系常用 interdict（译注：中文也是禁令的意思），两者没有实质上的区别。

条款。第10条规定：

- 成员国应保证，主管司法机关在申请人的请求下可以命令，对已经认定侵犯知识产权的商品，及在适当情况下对主要用于制造或生产该商品的材料和生产工具采取适当的措施，但不得损害权利人应得的侵权赔偿金，且对此无须作任何补偿。这些措施包括：
  - 从商业渠道召回；
  - 从商业渠道中完全移除；或
  - 销毁。
- 司法机关应命令侵权人承担采取这些措施所产生的费用，有特殊原因者除外。
- 在考虑申请采取救济措施的请求时，应注意侵权的严重程度、责令救济的方式及第三方的利益这三者之间的平衡。

B. 禁令的范围

22.4 违法行为的性质：法院发布禁令的权力，受禁令目标行为性质的限制。

CARDILE v. LED BUILDERS PTY LIMITED

(1999) HCA 18 [澳大利亚]

戈德龙（Gaudron）、麦克休、古茂及卡利南（Callinan）法官指出：

"禁令"一词被用于众多成文法条中，特指法院命令的一种，是有关法律规定的一种新规则或制度的一部分，甚至可能出现在刑法条文中。目前国内适用的众所周知的法律条文，可以在贸易实践法第八十节中找到。这些条文规定法院在行使管辖权时，若没有可适用的衡平法救济方式，有权给予另一种救济，以保护原告的法律（包含法定）或衡平法权利，确保对慈善信托组织的管理，保证在首席检察官独自或与诉讼当事人共同提起的诉讼中或有重大利害关系的诉讼当事人提起的诉讼中切实遵守公法。

这里"禁令"一词的含义源于特定相关法律的规定。而在其他法律中，则使用"限制令"一词。一些具有衡平法禁令特点的救济方式，被赋予了特定的法律名称。

关于衡平法院的权力，值得注意几个问题：第一，不是所有的强制命令都具有禁令的性质。责令归还某动产或返还资金给另一方就不是通常意义上的禁令。单纯诉讼中的赔偿金救济也不是禁令。第二，蔑视法庭之责任延及妨碍司法程序的第三方，虽然该第三方不受禁令的约束。

第三，在行使衡平法司法管辖权的法院，禁令救济制度尚需进一步发展完善。

然而，英国国会上议院通过一些案件决定，法院有权在认为公平和便利的时候发布禁令。但这种司法立法权并不是没有限制的，仍应该考虑那些禁令保护不受侵犯或侵犯威胁的法定或衡平法权利的存在，以及不当行使法定或衡平权利的其他行为的存在。判例所确认的这一情形反映了阿什伯纳（Ashburner）的观点，即法院发布禁令的权力受到禁令目标行为性质的限制。

22.5 知识产权案件与其他案件适用相同的禁令规定

EBAY INC. v. MERCEXCHANGE LLC

550 US（2007）[美国]

托马斯法官：

根据已确立的衡平法原则，寻求永久性禁令的原告必须满足四个要件方可获得救济。原告必须证明：

- 其遭受了不可恢复之损害；
- 法律规定的救济方式，如金钱赔偿，不足以弥补其遭受的损害；
- 出于平衡原告和被告所付出代价的考虑，应予以衡平法救济；且
- 发布永久性禁令不会损害公共利益。

这些我们所熟知的原则对专利纠纷具有同等效力。正如本法院早就指出的："不应轻率暗示对历史悠久的衡平法实践的重大背离"，专利法中并未显示国会有这种背离的意图。这与我们对版权法中关于禁令的规定的态度具有一致性。

罗伯茨（Roberts）首席法官：

至少从19世纪早期开始，法院就在大多数认定侵权的专利案件中给予禁止性救济。我们不必对这种"悠久历史的衡平法实践"感到惊讶，因为金钱救济仍允许侵权人违背专利权人的意愿使用专利发明，难以保护独占权。这一难题通常暗含着上述传统四要件检测法中的前两个要件。这种传统的做法，正如本院所裁决的，并没有赋予专利权人获得永久性禁令的权利，也没有为"应发布该种禁令"之类的普适性规则提供合理的理由。

肯尼迪（Kennedy）法官：

初审法院在审理案件时应该谨记：很多情况下，现今专利的性质和专利权人的经济功能与早期的判例相比，表现出相当不同的特点。公司使用专利不是为了生产或销售商品，而主要是为了获得专利许可费。这已经成为一种新型的产业。这些公司可以以侵权禁令和潜在的严重制裁

为筹码，向购买专利许可的公司索要高昂使用费。若专利发明只是这些公司欲生产产品中的一个很小的部件，且禁令威胁被作为不当的谈判筹码，则法定赔偿金即可达到侵权赔偿的目的，此时发布禁令是不符合公共利益的。

LOUIS VUITTON MALLETIER AS v. KNIERUM
(2004) FCA 1584 ［加拿大］
芬克尔斯坦（Findelstein）法官：

  我们的观点是：知识产权诉讼中禁令的发布条件与其他案件完全相同。原告必须证明存在被告将来实施侵权的风险。若无法证明这一点，原告就不能获得禁令救济。

  在证明再侵权可能性时，一些法官基于过去的侵权行为作出存在再次侵权可能性的推定，但是莱迪法官在 Coflexip Sa v. Stolt Comex Seaway MS Ltd. (1999) 2 All Er 592 案（第 605 页）中所表述的观点更值得采纳：将（所有的知识产权）侵权人都视为是"坏苹果"显然是不对的。

C. 禁令的性质

22.6 禁令的目的：禁令的主要目的是限制可预见的侵权行为的再次发生。
COFLEXIP SA v. STOLT COMEX SEAWAY MS LTD.
(2000) EWCA Civ 242 ［英国］
上诉法院奥尔德斯法官：

  根据 1981 年最高法院法第 37 条的规定，法院"有权在认为公平和方便的时候发布禁令"。1977 年专利法第 61 条规定："可以请求发布禁令，制止任何已知的被告的侵权行为。"这一规定与专利法颁布前的一般做法是一致的。禁令所要禁止的是进一步的损害，如果这样的损害不可能再次发生，则法院不会发布禁令。因为对被告发布禁令，不是因为被告实施了违法行为。如果专利权人完全证明了其专利的有效性及其专利受到侵权的情况，则法院会发布禁令，这是一个一般性规则。然而，禁令不是当然发布的，因为禁令是一种须经法院裁量的救济方式。因此，在有些情况下，如在被告使法院确信不可能再次发生侵权的情况下，法院就会拒绝发布禁令。该案中，法官没有被说服不会再次发生侵权，因此决定发布禁令是合适的。

22.7 禁令与未来的行为有关

COFLEXIP STENA OFFSHORE LIMITED, COFLEXIP S. A.
(1999) EWHC 专利 258 [英国]
莱迪法官：

> 损害赔偿或得利返还所针对的是过去，用以赔偿原告遭受的损失或剥夺被告因侵犯原告的合法权益而获得的利益。[1]禁令所针对的则是未来，其目的是制止对原告权益的可能的侵犯。通常情况下，当发生侵权行为时，法院会假定该侵权行为并非一次性行为，因此会发布禁令以杜绝侵权行为的再次发生。情况也并非都如此。在少数案件中法院认定，虽然发生了侵权，但不存在该侵权行为再次发生的可能性。在这类案件中，法院拒绝给予禁令救济。

Stauffer Chemicals v. Monsanto Co.
1988 (1) SA 805 (T) [南美][2]
哈姆斯法官：

> 有关禁令的一般性规定可适用于专利案件。特勒尔（Terrell）曾正确地指出，发布禁令是因为被告方存在将要实施侵害原告权利行为的实际或暗示的可能，且实际的侵权不过是法院据以作出存在继续侵权意图的推断的证据。我认为，禁令并非对过去侵权的救济这一观点是不证自明的。禁令所要保护的是现存的权利。

22.8 **一般授权**：请求人若能证明侵犯知识产权的行为的存在，则有权获得禁令救济。不是所有的国家都认为：该救济方式具有可自由裁量的性质，在证据显示侵权行为确已发生且有理由相信被告将会继续实施侵权行为的情况下，法院有权拒绝给予禁令救济。

TELEMECANIQUE CONTROLS v. SCHNEIDER ELECTRIC INDUSTRIES
2002 PTC (24) 632 [印度]
萨尼娅·基尚·考尔（Sanja Kishan Kaul）法官：

> 必须认识到，专利无疑地造成了法定的垄断：专利保护专利权人，禁止任何人未经许可使用专利发明。因此，一旦证明注册专利被侵权，专利产品被利用，则不应反对该专利权人获得禁令救济。

GORE & ASSOCIATES INC. v. GARLOCK INC.
842 F 2d 1275 [美国]
巡回法院里奇（Rich）法官：

> 尽管地区法院可基于案件的事实作出发布禁令或拒绝发布禁令的决

---

[1] 如果禁令救济被拒绝，可能会对未来的侵权判予赔偿金。
[2] 在 Philip Morris Inc. v. Marlboro Shirt Co. SA Ltd. 1991 (2) SA 20 (AD) 案中得到支持。

定，但是对于被判定侵权的人，通常是会发布禁令的。本院已经表示，一旦证明有侵权行为，就应该发布禁令，除非有足够的理由作出相反的决定。

被告已经停止侵权的事实，一般不能作为拒绝发布防止日后侵权的禁令的依据，除非证据能够充分显示不会再有侵权发生。正如 General Electric Co. v. New England Electric Mfg. Co. 128 F 738（2d Cir 1904）案所解释的：

> "针对这种情形的辩护理由非常简单。假如被告忠于其声明，那么发布禁令不会给他造成伤害；假如被告违背其声明，法庭就应该对其出以重拳。"

该案的唯一证据是，审判时，Garlock 已经停止生产和销售 PTFE 金属丝及编织的包装材料。被告没有解释停止的原因。没有证据表明 Garlock 不再有能力生产该金属丝及编织的包装材料，或设备已经被出卖或拆卸，或 Garlock 没有重新开始生产的意图。

Garlock 没有正在生产或销售该侵权金属丝及包装产品这一事实，不足以作为拒绝发布禁令以避免再次侵权的依据。案卷中也没有提供拒绝发布禁令请求的其他证据。因此，我们认为，地区法院拒绝禁止 Garlock 再生产和销售 PTFE 金属丝和 LATTICE BRAID 包装物是对自由裁量权的滥用，特指示该法院进行重审，对 Garlock 发布适当的禁令。

RICHARDSON. v. SUZUKI MOTOR CO. LTD.
868 F 2d 12226 [美国]

巡回法院纽曼法官：

地区法院最后判决 Suzuki Full Floater 悬架侵犯了专利的第9项权利要求，但驳回了理查森的禁令申请。对于已被证明的侵权，否定专利权人对其财产的独占权是与财产法相违背的，因为专利法具有财产法的性质。"专利所认可的独占权所反映的正是财产概念的核心。"

一般的规则是，一旦判定侵权，法院就会发布禁令，除非有确凿的拒绝发布禁令的理由。Suzuki 没有提出这样的理由。在 Robertson Co. v. United Steel Deck Inc. B20 F 2d 384（Fed Cir 1987）案中，本院在审查诉中禁令时指出：

> "对于涉及专利权的问题，如果专利的有效性及侵权的证据确凿，则应推定存在不可恢复的伤害。这种推定部分地源于专利授权的有限期间，因为在诉讼期间有效期不会中止，而时间的消逝会导致不可挽回的损失"。

22.9 可自由裁量的救济方式：法院拥有发布禁令的裁量权，但并不意味其可以裁量剥夺一方当事人的权利，特殊情形除外。

NOKIA CORPORATION v. TRUONG

（2005）FCA 1141 ［澳大利亚］

克莱南（Crennan）法官：

> 知识产权案件，若已证明确有侵权行为发生且存在发生再次侵权的可能，通常法庭会发布永久性禁令，因为这样可以避免程序的多重化。有证据清楚显示，被告在明知涉诉的情况下继续销售侵权产品，且没有作出停止侵权的保证。因此，我认为行使裁量权发布禁令是合适的。

22.10 损害赔偿作为另一种救济方式。尽管法院经裁量发布禁令，但是，作为一般性规则，法院在裁量时会考虑如果仅赔付赔偿金是否会剥夺请求人的权利。鉴于这种考虑，对于知识产权案件（如果请求人已证明他的权利），大多数国家的法院最后会当然地发布禁令。否则，就相当于授予被告强制许可。❶

D. 禁令的形式

22.11 禁令的措辞：禁令的措辞应该谨慎。关于这一点，在下面的上诉判决书中有生动的说明。

COFLEXIP SA v. STOLT COMEX SEAWAY MS LTD.

（2000）EWCA Civ 242 ［英国］

上诉法院奥尔德斯法官：

> 禁令之类的法院命令要求尽量清楚地写明要禁止的事项。因此，禁令的标准格式是以条款的形式列出禁止被告侵犯专利的事项。这种形式的禁令有期限限制，限于专利法第 60（1）条和第 60（2）条所赋予的权利，并且排除那些被告实施的、落入专利权范围之内但专利法规定不属于侵权的行为，例如，专利法第 60（5）（a）条所规定的个人使用。禁令仅限于所主张的专利权。法庭在当事人的配合下，根据原告指控的侵权行为以及被告希望提交法庭讨论的其他潜在侵权行为，对权利要求进行解释。当然，没有提交法庭讨论的一些行为是否构成对禁令的违反，这可能会引起争议。但是这类争议一般在法庭已对权利要求的范围和禁令进行考虑并作出解释的背景下发生。
>
> 下面我要讨论在法官的建议下发布的禁令。这项禁令存在三点不

---

❶ R v. James Lorimer Co.（1984）1 FC 1065（CA）.

足。第一，如我曾提出过的，它与专利期限没有关系。当然，这可以通过增加"在专利期限内"的字样加以纠正。第二，它超出了第60（1）条和第60（2）条赋予的权限，没有排除专利法所规定的例外行为。第三，它造成解释上的困难。

法官发布的禁令中含有"被告的产品及工艺说明"，其中三页纸是打印文件，四页是图表。这类文件一般用确定的语言对被诉的侵权行为进行描述，使法庭能够作出是否侵权的判断，这份文件也不例外。在该案中，它包含了大量与侵权无关的细节，例如，该被禁止的工艺要求以特定方式使用船舰起重机和滑动门。但是它没有提供为什么应该如此限制的依据，因为在权利要求1中没有关于起重机和滑动门的限定。禁令的范围同时也受到了附图的限制。这些附图据说是以特定比例绘制的。与这些附图的偏差达到什么样的程度便可不再受禁令限制，这一点并不明确。

在决定专利诉讼应该采用哪种形式的禁令时必须牢记：发布禁令是为了防止对权利要求所限定的法定独占权的可预见的利用。采用何种禁令形式要在法庭和当事人对权利要求进行解释后决定。这一点当然不适用于其他知识产权案件。禁止泄密的禁令不适用这一点，原因有很多，其中包括保密信息范围的不确定性。在假冒案件中，案件情形的变化会影响禁令中已有的文字表述，因此，禁令中往往附加上"与假冒有关的"的字样限定应禁止的行为。

法官似乎认为，禁止侵犯专利权的禁令范围过宽。但事实上，其范围仅等于已授予的法定权利的范围，且该权利的有效性和被侵权的情况已经法院认定。法官发布的这一禁令会允许被告实施其他的行为，即使实施这些行为可能构成侵权。这种情形对被告是有利的，因为被告若对工艺说明中所描述的内容作出修改，就可以继续经营，且修改前无须获得法院的指示。对于被告而言，使禁令仅涉及某特定产品或工艺的好处是显而易见的，如果他作了改变，就不会再构成侵权，是否提起新的诉讼由专利权人决定。但是，对专利权人不利的方面也同样明显。要获得禁令救济，专利权人必须证明其享有独占权并且该独占权被侵犯，并且法官必须认为存在发生再次侵权的危险。从专利权人的角度而言，如果侵权人希望行为得当，就应该主动向法院寻求指导。正常情况下，这是合乎情理的。

22.12 禁令涵盖的范围应足以提供适当保护

SPECTRAVEST INC. v. APERKNIT LTD.

（1988）FSR 161 ［英国］

米勒特法官指出：

那些版权和商标的侵权人和假冒商品的生产者往往诡计多端，原告通过这种附加限制的禁令是不能获得充分保护的。这正是为什么这类案件中的标准格式禁令不可避免地都含有"其他侵权""实质部分""之类的""精确模仿""其他假冒"等字样。禁令发布后，如果被告行为诚实合理，那么对其违反禁令的行为可以减轻责任甚至不予追究。但是如果被告被证实违反了禁令，减轻或免除责任的理由就必须由被告提出，且若有质疑，法院将对被告所提出的理由进行全面审查。

22.13 禁令应与被诉并被证明的行为有关

COFLEXIP STENA OFFSHORE LIMITED，COFLEXIP S. A.（1999）EWHC 专利 258 ［英国］

莱迪法官：

专利诉讼的原告通常会指控被告实施了一种或两种特定形式的侵权行为，并要在起诉书中指明。在几乎所有案件中，侵权只涉及了专利及专利权利要求中的一小部分独占权。而且在几乎所有案件中，被告可能继续实施的侵权行为仅仅是已被确认的特定行为。被告并没有预示过将实施任何其他行为。禁令所限制的范围如果过大，会限制被告从事那些他没有预示过要做，或者可能从来没有想过去做，或没有能力做的事。

法院没有考虑过（更不要说决定）其他行为是否侵权，以及哪些其他行为构成侵权。这一争点可能在任何涉及知识产权的案件中都会出现，但是它对于专利诉讼尤为重要。在审判前不久或者审判过程中，当专利权人发现被告有其他行为，因此要求将其补充进起诉书中时，就可能引起这一争点。由于侵权问题可以带来新的事实问题并涉及专家证据，因此，如果影响审判日期，法院一般不允许原告修改诉状。即使原告胜诉，如果被告保留继续实施第二种行为的权利，原告只能提起新的诉讼。被告有权坚持自己的立场。即使假设被告无权再次挑战专利的有效性（该案不涉及这一问题），被告仍然有权提出不侵权的抗辩。关于这一点，不存在禁反言或既判力的问题。

22.14 清晰明确：禁令的条款应清晰明确。

COFLEXIP STENA OFFSHORE LIMITED，COFLEXIP S. A.（1999）EWHC 专利 258 ［英国］

莱迪法官：

被禁止的被告必须知道哪些行为可以做，哪些行为不可以做。法院不应让被告去猜测可为或不可为的行为。如前所述，大多数案件的专利权范围都缺乏一个明确的界限。这一点可以通过很多高级法院作出的侵权裁定最终被上诉法院推翻的案例证明（如果需要证明的话），Catnic 就是一个十分典型的案例。该案由高级法院所作的侵权判定被上诉法院的多数法官推翻，又被上议院改判回来。而禁止侵犯专利权的禁令体现了所有这些不严密性。

法院不愿意发布不严密的禁令，有关这一点的论述主要集中于两个领域：在违反保密义务之诉中和在强制性禁令成为争议焦点时。关于违反保密义务之诉，如丹宁法官在 Potter – Ballotini Ltd. v. Weston – Baker (1977) RPC 202 案中所指出的：

"禁令应使有关当事人能够确切地知道，什么是允许他做的，什么是不允许他做的。"

关于强制判决，厄普约翰大法官在 Morris v. Redland Bricks Ltd. (1970) AC 652 案中指出：

"法庭经自由裁量，如果决定发布强制性禁令，则应该保证被告准确真实地知道他必须做什么。这意味着在事实上而不是法律上法庭必须本着对被告公平的原则告知被告必须做什么。"

第 23 章　临时性救济措施

A. 国际标准（23.1、23.2）
B. 临时禁令（23.3、23.4）
C. 临时保护措施的目标（23.5、23.6）
D. 临时保护措施的不同方法（23.7~23.11）
E. 原告的权益（23.12）
F. 值得审理的重要争议（23.13~23.17）
G. 不可挽回的损失（23.18~23.21）
H. 对便利性的权衡（23.22~23.24）
I. 自由裁量权（23.25）
J. 保全令（23.26~23.30）
K. 财产保全令（Mareva 禁令）（23.31~23.38）

A. 国际标准

23.1 成员应为所有知识产权权利人提供临时保护措施，TRIPS 对这些措施规定了最低要求。其中，第 50 条就作了如下规定：

"1. 司法部门应当有权命令采取迅速而有效的临时措施以便：

■ 制止任何侵犯知识产权行为的发生，尤其是制止有关货物包括刚由海关放行的进口货物，进入其管辖下的商业渠道；

■ 保存被控侵权的有关证据。

"2. 司法机关应当有权在适当情况下，尤其是在任何迟延可能对权利人造成不可弥补的损害的情况下，或者在证据显然有被毁灭的危险的情况下，不听取另一方的意见即采取临时措施。"

这就意味着，法律必须对临时性措施（temporary injunctions，民法法系或混合法系称为 interim interdicts）和搜查令（所谓的 Anton Piller 令）作出规定。其中临时性措施或经通知采取，或在紧急情况下单方采取。普通法辖区一般都遵循这些要求，但没有特别的立法，而是适用一般的法律原则。

23.2 2004 年 4 月 29 日欧盟关于知识产权实施的指令：该指令也涉及临时性救济措施。其中第 9 条规定：

"1. 成员国应保证司法机关基于申请人的要求可以：

（a）针对被控侵权人发布诉中禁令，以阻止任何对知识产权的即发侵权，或以临时性为基础并根据国内法关于重复罚款的规定，禁止被控侵权行为的继续，或使这种继续性的侵权以提供担保为条件以确保对权利人的赔偿；诉中禁令在同样的条件下也可针对中间人发布，以阻止其服务被第三方用来侵犯他人知识产权；针对中间人发布以阻止其服务被第三方用来侵犯版权或邻接权的禁令见第 2001/29/EC 号指令。

（b）下令扣押或移交涉嫌侵犯知识产权的货物，以防止其进入商业渠道或在商业渠道内流通。

"2. 在达到商业规模的侵权案件中，成员国应保证如果被侵权人证明存在可能危及损害回复之情形，司法机关可以命令对被控侵权人的动产和不动产采取预防性扣押，包括冻结其银行账户及其他财产。为此，有权机关可以命令提交银行、金融或商业文件，或以适当的方式获取相关信息。

"3. 对上述第 1 段和第 2 段所提及的各种措施，司法机关应有权要求申请人提供任何合理有效的证据以充分的确定性来证明申请人是权利人，且其权利正在受到侵害，或对其权利的侵害即将发生。

"4. 成员国应保证上述第 1 段和第 2 段所提及的各种临时性措施，在适当的案件中，可以在未告知被告的情况下采取，特别是在任何迟延将会对权利人造成不可回复之损害的情况下。在这种未告知被告的情况下，最迟应在采取措施后毫不延迟地通知当事人。

"包括听证权利在内的复核，应基于被告的要求，在告知被告措施后的合理期间内进行，以判断这些措施是否需要加以变更、撤销，或确认。

"5. 成员国应保证上述第 1 段和第 2 段所提及的各种临时性措施，如果申请人未能在合理期间内基于案件的实体问题向主管司法机关提起诉讼，则应基于被告的要求，将保全措施加以废止或使其失效。该合理期间由发布这些命令的司法机关在成员国法律许可的情况下决定；若无这样的决定，则合理期间为不超过 20 个工作日或 31 个日历日的期间，以两者中期限较长者为准。

"6. 对于上述第 1 段和第 2 段所提及的各种临时性措施，有权司法机关可以要求申请人提供适当的担保或与此相当的保证，以确保被告所遭受的如第 7 段所规定的损害能够获得赔偿。

"7. 在临时性措施被撤销，或由于被申请人的任何行为或疏忽而失效的情况下，或后来发现并不存在对知识产权的侵害或侵害危险的情况下，司法机关应有权基于被告的要求命令申请人对被告因这些措施所遭受的任何损害提供适当的赔偿。"

B. 临时禁令

23.3 对侵犯知识产权所提供的最重要的民事救济措施之一是审判中在争议未完全解决之时发布的临时禁令。除了维持现状、制止被控侵权行为外，临时禁令程序通常还为当事人预先分析对方当事人的情况提供了机会。结果，案件通常在未经审判的情况下获得解决或判定。临时禁令是有成本效益的，因为它们是在未经充分聆讯或无充分口头证据的情况下紧急作出的。

23.4 从司法的立场看，通常存在这样的诱惑，即如果原告能够提供某些担保，那么法院就会在未考虑原告的主张是否有效的情况下准予临时性救济措施。这是不应该的。一项临时禁令有深远的商业影响，且无辜的被申请人通常很难证明或恢复其损失。即使是在必要条件得以满足的情况下，法院总是拥有宽泛的自由裁量权来拒绝采取临时救济措施。这意味着法院在作出判定时有权考量一系列各不相同、不能比较的因素，但并不意味着法院享有自由、毫无拘束的自由裁量权。自由裁量权是一种司法性质的权力，其运用必须以法律为依据，以已确定的事实为准绳。

C. 临时保护措施的目标

23.5 临时救济的目的是规制过渡时期和保护现状

ATTORNEY GENERAL v. PUNCH LTD.

［2002］ UKHL 50

霍普（Hope）大法官解释道：

法院颁布中间禁令的目的可以简单地加以阐明。在 Ameican Cyanamid Co. v. Ethicon Ltd. ［1975］AC 396 案中，迪普洛克大法官将其表述为一个暂时的酌定补救措施。其目的在于在法庭对争议事项作出最后裁定之前规制和在可能的情况下保护当事人的权利。这个目的不应该与法院决定颁布中间禁令的原因相混淆。法院当然必须要有足够的理由才去颁布这种命令。首先，有充分的理由表明当事人之间确有争议。正如迪普洛克大法官所言，法院必须认为存在值得审理的重要争议。其次，必须考虑支持或反对这个中间禁令是否方便可行。但是，在这个双方争议的中间阶段，没有达成争议的最终结论。法院在这一阶段并不需要处理有待具体辩论的证据冲突或法律问题。所有的这些都是为了保护现状直到这些争议在审判中被最终解决。

正如菲利普斯法官所言，在很多案件中，中间禁令颁布后，原告的目标就已达成，案件再没有进入实体审理阶段。这也许是因为当事人满足于在这个阶段解决争端，或是由于最终判决因突发偶然事件而不再必要。正如弗雷泽大法官（Fraser of Tullybelton）在 N W L Ltd. v. Wood ［1979］WLR 1294 案中所说的那样，中间禁令的颁布与否在工业纠纷案件中几乎总是决定性的，因为通常在进入审判之前，争议就通过某种方式或其他方式解决了。但是这并没有改变一个事实，即颁布禁令时，法院的意图是要在对双方争议事项作出最终判决前保护当事人的权利。而且如奥利弗大法官在 Attorney General v. Times Newspapers Ltd. ［1992］1 AC 191 案中所言，这种情况下所说的"目的"不是指诉讼当事人获得禁令或据理力争的目的，而是指法院的目的。法院希望在其处理的特定诉讼中实现当事人之间的公平正义。

23.6 阻止这个权利被提起后的现实损害

AUSTRALIAN BROADCASTING CORP. v. LENAH GAME MEATS PTY LTD.

[2001] HCA 63 [澳大利亚]

格里森（Gleeson）首席法官：

> 弗雷德里克·乔丹（Frederick Jordan）先生在他的《新南威尔士》的"公平"一章中写道：
>
> > "中间禁令的目的是维持现状，直到当事人的权利在法院宣判后被最终决定。"
>
> 在该案中，下一级法院颁布临时禁令可能是正确的，而以上说法则充分反映了下一级法院的意图。这不是对中间禁令适用情形的完整描述。但它适用于该案。被上诉人主张其有权阻止上诉人出版或播放上诉人所持有的录像带上的任何资料，并试图通过永久禁令来保护该权利。在就损害赔偿是否能够提供充分的救济这个问题进行讨论的前提下，存在一种可能性，即在最终审理之前，如果上诉人任意播放这些资料，相关权利将会丧失价值。在最终判决前，为了保护诉讼标的，并防止对被上诉人所主张的权利的实际破坏，下一级法院有权力颁布中间禁令。这种性质的权力有很长的历史，而且是根据原则来行使的，绝非任意裁量。对于现在的目的而言，在该案这样的案件中，最重要的是——授予中间禁令所带来的公平和便利恰是这种权力存在的目的。

D. 临时保护措施的不同方法

23.7 英国法：传统方法与美国氰胺公司法的比较。"值得审理的重要争议"检验法取代了以前的"（充分）表面证据"检验法。前者不同于后者，尽管法院必须认为权力主张并非无意义或不合理的。

MANITOBA（A. G.）v. METROPOLITAN STORES LTD.

1987 CanLll 79（SCC）[加拿大]

贝茨（Beetz）法官：

> 第一种检测是初步、暂时的案件事实评估，但是描述这一检测法的方法不止一种。传统方法在于，判断申请颁布中间禁令的当事人是否能够提出表面证据。除非他能够提出表面证据，否则禁令将被否决。上议院在 American Cyanamid Co. v. Ethicon Ltd. 案中稍微放宽了第一种检测法，认为只要有重要问题值得审理且不是无意义或不合理的诉求，就满足了这个条件。

倾向于遵循英国先例的一些国家也往往采用美国氰胺公司检验法[1]来判断申请人是否有权获得临时禁令。

23.8 废除表面证据检验法。Cyanamid 案判决中废除该检验法的理由如下。

AMERICAN CYANAMID CO. v. ETHICON LTD.

［1975］AC 396（HL）

迪普洛克大法官：

> 在对中间禁令的授予行使自由裁量权时，使用"一种可能性""一个表面上证据确凿的案件"或"一个强有力的表面上证据确凿的案件"之类的表达，会使人对通过这种形式的临时救济意图达到的目标产生困惑。毫无疑问，本院必须确知这个诉讼并非无意义或不合理的，换句话说，存在值得审理的重要争议。
>
> 在这个阶段，法院并无职责解决口供上的证据冲突，确定可能最终决定诉讼双方命运的事实，或是决定法律适用上的疑难问题。这些问题需要进行详细的讨论和充分的思考。这些问题将留待审判来解决。

23.9 英国法的要求

AUSTRALIAN BROADCASTING CORP. v. LENAH GAME MEATS PTY LTD.

［2001］HCA 63［澳大利亚］

格里森首席法官：

> 在 Castlemaine Tooheys Ltd. v. South Australia 案中，文梅森代理首席法官总结了在私法和公法诉讼中授予或否决中间禁令的原则。他说道：
>
> > "为确保这一禁令，原告必须证明：（1）存在值得审理的重要争议，或原告已有初步证据证明，如果证据所表明的事实继续存在，经审判原告将可能通过判决获得救济；（2）除非获得禁令，原告将遭受无法挽回的损失，且损害赔偿将不足以弥补该损失；及（3）禁令的授予有利于纠纷的解决。"

INDEPENDENT CORPORATE SERVICES LTD. v. STEVENS

［2002］WASC 280［澳大利亚］

罗伯茨·史密斯（Roberts-Smith）法官：

> 欧文（Owen）法官在 Mott v. Mount Edon Gold Mines（1994）

---

[1] American Cyanamid Co. v. Ethicon Ltd. ［1975］AC 396（HL）案。被加拿大采用：RJR-MacDonald Inc. v. Canada（AG）［1994］1SCR311 案第 348 页；澳大利亚：例如，Australian Coarse Grain Pool Pty Ltd. v. Barley Marketing Board of Queensland（1983）57 ALJR 425。然而，在印度，这并没有适用于知识产品案件，例如，专利权人不能依赖于专利有效的假定而必须以表面证据来证明：Gujarat Bottle v. Coca Cola Co. 1995（5）SCC545；Huermer v. New Yesh Engineers 1996 PTC 232。Standipack v. Oswal Trading 1999 PTC（19）479；"在有关专利的侵权案中，专利权人必须提供不同于专利授权这一事实的表面证据，以证明专利的存在和被告的侵权。"

12ACLC 319 案第 321 页对这些已确立的适用原则进行了解释：

- 原告必须向法院证明存在值得审理的重要争议。
- 如果存在值得审理的重要争议，但普通法下的损害赔偿将足以弥补损失，则禁令不会颁布。
- 如果存在值得审理的重要争议且普通法下的损害赔偿不足以弥补损失，则法院必须考虑准予或拒绝救济是否有利于纠纷的解决。
- 在考虑是否有利于纠纷的解决时，申请人证据和辩论的相对优势和弱点也可加以考虑。且
- 法院不得试图解决口供上的事实冲突，或判断需要详细讨论的法律适用难题。

23.10 美国法：美国法有些不同，要求以高于初步表面证据的证据证明权利的存在。

POLYMER TECHNOLOGIES, INC. v. ANDREW P. BRIDWELL, H. A. SPEC. CO. 103 F3d 970［美国］

巡回法院劳里法官：

根据 35 USC §283，初步禁令的准予或否决处于法院的自由裁量权范围之内。

作为提出动议的一方，Polymer［申请人］必须满足以下四个要件方可获得初步禁令：

- 证明实体上有胜诉的可能；
- 如果禁令没有被批准，将产生不可挽回的损失；
- 难度的权衡；及
- 禁令对公众利益的影响。

如果 Polymer 清楚地证明了第一个要件（通过同时"明确证明"专利的有效性和侵权的存在），则在考虑第二个要件时，Polymer 有权获得对其有利的推定，但该推定可以被推翻。

23.11 民法法系：民法法系的做法在这方面也有所不同。请求临时禁令的要件有：（a）以初步证据证明权利的存在；（b）有充分证据表明，如果不准予临时禁令将造成不可挽回的损害，且证明最终救济能被支持；（c）批准临时禁令有利于纠纷的解决；及（d）请求人无其他令人满意的救济途径。考虑到临时禁令的自由裁量性质，可知这些要件的判断不是独立的，而是相互影响的。

BEECHAM GROUP LTD. v. B – M GROUP（PTY）LTD.
1977（1）SA 50（T）［南非］
富兰克林（Franklin）法官：

在我看来，在处理以阻止专利侵权为目的的临时禁令申请时，关于申请人胜诉概率的问题，法院应采取的正确做法是：

"申请人的权利不需要通过可能性的权衡来证明；这种权利得到初步表面证据的支持就足够了，尽管可能存在疑问。正确的做法是，同时考虑申请人提出的事实及被申请人提出的申请人无法反驳的事实，并在注意内在可能性的前提下，判断申请人基于这些事实是否应在审判中获得最终救济。然后，应考虑被申请人提出的反驳事实，如果申请人的理由存在重大疑问，则申请人不能获得临时禁令。"

在一些案例中，可能相对比较容易适用上述检测标准。在其他案件中，让法院为了判断是否准予临时禁令而尝试解决事实和法律问题，并在双方当事人进行交叉询问后，根据专家口头证据来作出决定是不可能的。事实上，尽管双方律师就专利有效性及专利侵权问题在庭上作了详细辩论，但他们均明确表示，不要求本院就这些问题发表任何最终看法。但是，这不是说，法院不应考虑案件中各方当事人就有效性与侵权问题提出理由的相对力度，作为行使司法自由裁量的一部分，法院应结合手头所有的事实进行考虑。

E. 原告的权益

23.12 原告主张时必须证明存在给予最终救济的理由。这一要求在前面引用过的欧盟指令中有清楚的说明：

"对第1段和第2段所提及的各种措施，司法机关应有权要求申请人提供任何合理有效的证据以充分的确定性来证明申请人是权利人，且其权利正在受到侵害，或对其权利的侵害即将发生。"

AUSTRALIAN BROADCASTING CORP. v. LENAH GAME MEATS PTY LTD.
［2001］HCA 63［澳大利亚］
格里森首席法官：

在原告请求法院准予中间禁令时，原告律师可能面临的第一个问题是：什么是你的权益？如果原告起诉要求获得永久性禁令，但不能证明在所主张的事实被证实的情况下其将有充分合理的理由获得最终救济，则这可能意味着根本不存在准予中间救济的基础。该案正属于这种情况。安德伍德（Underwood）法官［下一级法院的法官］看到诉讼主张有凯利（Kelly）先生的证词，并在听审辩论后得出结论：这些主张即使被证实，也不能证明被上诉人寻求最终禁令救济的合理性。在这个基础上，安德伍德法官拒绝给予中间救济。这一做法与实践和原则是一致的。当然，如果安德伍德法官在判断被上诉人没有权益这一问题上出现错误，他的结论就是存在瑕疵的。但是，注意到当事人主导该案的方式，他提出了正确的问题。本次上诉的核心问题是，或应该是，他是否给出了正确的答案。

弗雷德里克·乔丹先生所提出的主张（上文引用）的必然结果是，诉求中间禁令的原告必须能充分表明其能获得最终救济的权利，因为中间禁令是用于辅助最终救济的。科特纳姆·LC（Cottenham LC）法官在 The Great Western Railway Company v. The Birmingham Railway Company 案中，将这个问题明确地表述为"起诉状是否能表明当事人间存在实体性问题"。在 McCarty v. The Council of the Municipality of North Sydney 案中，衡平法院的主审法官提出了如下主张，即原告要寻求中间禁令，至少必须表明他在最终审判中胜诉并获得救济的可能性"是如此的确定，以至于事实上无需判例的支持"。

如果不存在值得审理的重要争议，因为经审查，法院认为被上诉人所主张的事实从法律的角度而言不能支持这样一种权利，则不存在需要保全的标的。维持现状是不合理的，因为维持现状的基础是制止上诉人实施某种行为，但根据假定，被上诉人并无权制止该种行为。

在判断是否应给予中间禁令时，必须或应该在多大程度上审查与原告寻求最终救济的主张相关的实体法律问题，取决于个案的情况。对此没有固定的标准。这可能取决于争议的性质。例如，如果对原告诉求的法律基础并不存在太大争议，而只对事实问题存在争议，则在中间阶段可能更容易说服法院，有充分的初步表面证据证明原告有权获得最终救济。法院在此基础上便可进行自由裁量，包括判断禁令是否有利于纠纷的解决。

SISKINA v. DISTOS COMPANIA NAVIERA SA
［1979］AC 210［英国］

迪普洛克大法官说道：

自从原先由大法官法院和普通法院行使的所有司法权转移到最高法院后，高等法院授予中间禁令的权力也被立法予以了规制。若非为了保护或维护其有权通过最终判决强制执行的某些法定权利或衡平权利，高等法院无权发布中间禁令。这由上诉法院科顿（Cotton）常任法官在 North London Railway Co. v. Great Northern Railway Co. 案中首次提出，并在这之后得以遵循。

F. 值得审理的重要争议

23.13 对案件价值的初步评估：该初步判断的标准不高。

RJR – MACDONALD INC. v. CANADA（ATTORNEY GENERAL）

1994 CanLll 117（SCC）［加拿大］

索宾卡（Sopinka）和科里（Cory）法官：

> 什么是"值得审理的重要问题"呢？对此没有什么特别的要求。判断的标准并不高。审理的法官必须对案件的实质问题进行初步评估。如果认为这一申请并非无意义或不合理的，则法官应该继续考虑第二、第三个要件，即使他认为原告不可能最终胜诉。对案件实质问题进行过于冗长的审查既不必要，也不值得。

23.14 相反的证据：被告提出的相反证据不会对"值得审理的重要争议"造成影响。

AIM MAINTENANCE LTD. v. BRUNT

［2004］WASC 49 ［澳大利亚］

罗伯茨·史密斯法官：

> 我意识到在我面前有许多的事实争议，并且不应该在这样一个申请中试图确定事实争议。我在 Steven 案中说过：
>
>> "在 Cayne v. Global Resources ［1984］1 All ER 225 案中，英国上诉法院认为，关于中间禁令的申请，如果存在结果未定的值得审理的问题（有证据材料支持的问题），则当事人之间存在应该审理的事项。相应地，如果原告的证据和辩论仅以推论为支撑，而被告提出真实、被认可的积极宣誓，从而推翻了原告的推论，则法院的结论不一定是原告无法证明存在应该审理的事项。因为在这样的申请中，没有必要要求当事人确定地证明案件的可能结果，且一方当事人的证据和辩论得到宣誓的支持，并不意味着该证据和辩论是毫无疑义的。"
>
> 在那个案件中，原告依据的推论是直接从证据中产生的。对此上诉法院伊夫利（Eveleigh）常任法官表达了下述观点：
>
>> "原告的证据清楚地指明了其希望法院得到的推论。Global 的证据，如果是真实、被认可的，当然无疑地破坏了这个推论。但是，需要确定的重要问题是被告的证据和辩论是否被认可。有宣誓的支持，并不意味着被告证据和辩论是毫无疑义的。因此，如果原

告不承认这些证据,我对于案件的审判结果是存在疑问的。如果我存在疑问,且问题看起来并非无意义,换句话说,这一问题有证据材料支持,我就会得出存在应该审理的问题的结论。"

因此在我看来,在此应采取的正确做法是,以有原告证据支持的请求事项为基础,判断是否存在值得审理的重要争议。如果请求事项有证据材料的支持,则被告提出指向相反事实的证据这一事实并不意味着不存在值得审理的重要争议。虽然,在评估原告证据和辩论的相对优势和弱点时,应对被告的证据加以考虑,以便决定采取何种做法更有利于纠纷的解决。

23.15 单纯法律问题:"美国氰胺公司检验法"这一方法适用于争议是事实问题而非仅仅是法律问题的情形。

WEIR v. HERMON
[2001] NICH 8 [北爱尔兰]
格文(Girvan)法官:

显然,从迪普洛克大法官对 American Cyanamid Co. v. Ethicon Ltd. [1975] AC 396 案的评述中可以得知,他当时所说的原则适用于以下情形:中间禁令申请(用于制止被告实施被控侵权行为)所依据的事实存在争议;或存在需要详细讨论和周密考虑的疑难法律问题。从 Associated British Boards v. TGWU [1982] 2 ALL ER 822 案中可清楚得知,如果争议事项的解决有赖于对某个法律问题的判断,而法律问题可以在中间阶段进行判断,则法院应判断法律问题并解决争议事项。

23.16 具有最终效力的命令:"美国氰胺公司检验法"这一方法同样不适用于中间禁令将具有最终效力的情形。

NWL LIMITED v. WOODS
[1979] 3 All ER 614 [HL]
迪普洛克大法官:

如果恰当理解此问题,我认为,本院在 American Cyanamid Co. v. Ethicon Ltd. 案中并没有暗示,在考虑是否准予中间禁令时,法官应充分重视所有与禁令的适用相关的情节。American Cyanamid 案的判决认为,法官在处理中间禁令申请时,一旦确认存在值得审理的问题,即不得将注意力转移到禁令是否有利于纠纷的处理这一问题上。但 American Cyanamid 案不是在中间阶段处理是否授予中间禁令,实际上,是处理在申请中何方当事人会最终胜诉的问题,败诉方利益中没有什么要继续审理的。

像这样的案子是例外,但在它确有发生时,它让便利解决纠纷成为另外一项重要的因素。在衡量简称为便利解决纠纷从而决定准予还是否决中间禁令时，要权衡当事人各自的风险。这个风险是在中间阶段且证据不完全时，只看一方面而不看另一方面所作出的决定而导致的不公正所带来的。一方面，有此种风险，即如果中间禁令被拒绝，而原告申请中间禁令所保护的权利在审判中得到支持判决，原告同时可能会遭受损失，而且判决支付的金钱不足以赔偿损失。另一方面，也有这样的风险，即如果中间禁令被准予，但是原告败诉了，被告可能会遭受与前种情形下原告相似的损害。在这两种情形下准予或否决中间禁令，而使原告和被告各自可能承担损失和不便，极大地损害了双方的利益平衡。我认为这就是议会在美国氰胺公司案中考虑的要点。然而，准予或否决中间禁令将对诉讼的终止产生实际影响，因为对它的准予或是否决，在那时将必然已经对败诉一方产生损害，且这种损害是难以用金钱来弥补的，有关原告确认其权利最终胜诉的可能性大小就将作为法官进行衡平考量的一个因素。如果他只考量一个方面而不顾其他，不公正就会产生。

NEW ZEALAND AND COMMONWEALTH GAMES v. TELECOM MEW ZEALAND
［1996］FSR 757 ［新西兰］

麦吉彻（McGechan）法官：

我现在开始讨论该案中适用的临时禁令原则。原告同时依据普通法和公平交易法第41章诉求临时禁令。根据标准的 Klisser 方法，首先要寻找值得审理的重要问题，其次审查是否有利于纠纷的解决，最后再退回去考察总体上的公正性。这个案子的复杂之处在于，现在决定临时禁令的问题实际上就要决定实体问题。有观点认为，在这种情况下，要将标准从"值得审理的重要争议"提高到"初步表面证据成立"，这也是 Saatchi & Saatchi 最后的主要陈述。另一个被认可的方法是，把最终结果纳入最后一步的整体考察中。如果这个裁定实际上将是决定性的，要求采纳高于最低限度的"值得审理的重要争议"的标准是很公平的。不应仅以似是而非的论点为依据得出最终结论。我选择后一种方法，且在任何情形下我都将如此选择。这种方法所具有的灵活性将更有利于作出公正的判决。

23.17 证据和辩论的相对优势：American Cyanamid 案的判决并没有禁止对当事人证据和辩论的相对优势加以考虑。

SETIES 5 SOFTWARE LTD. v. PHILIP CLARKE
［1996］FSR 273 ［英国］

莱迪法官：

在我看来，在最后引用的段落中，迪普洛克大法官的意思并不是要在大多数中间救济申请案件中排除对证据和辩论优势的考虑。我认为,他的意思是,法院在处理中间救济申请时不应试图解决事实或法律疑难问题。另一方面,如果法院可以基于可信的证据得出有关当事人证据和辩论优势的观点,则法院可以这么做。事实上,任何一个对中间禁令申请有过经验的律师将知道,通常情形下,如果有宣誓过的证据和出示与此对应的文本证明,很容易判断哪一方更有可能胜诉。如果从证据材料中能明显地看出,一方的证据和辩论优势明显强于另一方,则法院不应忽视这一点。否则,就相当于将一个重要的因素排除在考虑范围之外,这是对 American Cyanamid 案所倡导的灵活性的公然违背。

DIALADEX COMMUNICATIONS INC. v. CRAMMOND

(1987) 34 DLR (4th) 392 [加拿大]

法院认为:

如果对事实并没有本质上的争议,原告必须能够提供强有力的初步表面证据,且必须证明如果中间禁令不被批准他们将会遭受不可挽回的损失。如果对事实存在争议,则必须满足一个稍低的标准。在这种情况下,原告必须证明他们的证据和辩论不是没有意义的,存在值得审理的实质问题,而且从有利于纠纷解决的角度而言,禁令也应被批准。

G. 不可挽回的损失

23.18 目标

AMERICAN CYANAMID v. ETHICON

[1975] AC 396

迪普洛克大法官:

如果即使原告胜诉,其所获赔偿也不足以弥补侵权给其造成的损害,则中间禁令可为其提供保护。

MANITOBA (AG) v. METROPOLITAN STORES LTD.

1987 CanLll 79 (SCC) [加拿大]

贝茨法官:

第二项检验是,在禁令被否决的情况下,申请中间禁令的当事人是否会遭受不可挽回的损失(损害赔偿救济不易或很难弥补该损失)?有些法官还同时考虑另一方诉讼当事人的情况,并判断主要诉讼请求被驳回的情况下中间禁令是否会对另一方当事人造成不可挽回的损失。其他法官则认为,上述第二方面的内容应纳入"是否有利于纠纷的解决"这一因素的考虑范围之内。

23.19 不可挽回的损失所涉及的是损害的性质而非损害的大小

RJR – MACDONALD INC. v. CANADA（ATTORNEY GENERAL）

1994 CanLll 117（SCC）［加拿大］

索宾卡和科里法官：

> 不可挽回意指损害的性质而非损害的大小。这种损害既可以是不能用金钱衡量的，也可以是不能被填补的，通常是因为一方当事人无法从另一方当事人处获得赔偿。前一损害的例子有：一方当事人会被法院判决停止营业〔RL Crain Inc. v. Hendry（1998）48 DLR（4th）228（Sask QB）〕；一方当事人会遭受永久性的市场损失或无法挽回的商业信誉损害（之前的美国氰胺公司案）；或被异议活动如果不被禁止，结果将是自然资源的永久性损失〔MacMillan Blodedl Ltd. v. Mullin［1985］3 WWR 577（BCCA）〕。如果一方当事人没有财产，导致另一方当事人将最终无法获得赔偿，也不当然意味着另一方当事人的申请一定会被批准，但是这可能是一个相关的考虑因素〔Hubbard v. Pitt［1976］QB 142（CA）〕。

23.20 适用的标准

SYMONDS CIDER & ENGLISH WINE CO. LTD. v. SHOWERINGS（IRELAND）LTD.

［1997］IEHC 1 ［爱尔兰］

拉芙伊法官：

> 美国氰氨公司检测法适用的第一步是，看原告是否已证明存在值得审理的重要争议。如果已证明，根据麦克莱肯法官的总结，以下检验标准将予适用：
>
> ■ 如果原告在中间禁令听审后案件审判前所遭受的损失可获得充分补偿，且被告有能力赔偿损失，则中间禁令申请应该被否决。
>
> ■ 如果对上一个问题的回答是否定的，而原告保证，在被告胜诉的情况下，将充分补偿判决前生效的禁令对被告造成的所有损失，且原告有能力赔偿损失，则中间禁令申请应被支持。
>
> ■ 如果双方都不能充分赔偿另一方，则法院可以考虑所有相关情节，决定何种做法有利于纠纷的解决，但这将取决于个案情况。
>
> ■ 尽管并非一个固定的规则，但从谨慎的角度出发，如果其他所有事项都相对平衡，法院应维持现状。
>
> ■ 另外，如果双方的意见势均力敌，而一方的证据和辩论不敌另一方，法院可以考虑中间阶段宣誓证据所体现出来的各方证据和辩论的相对实力。

23.21 证据不得推测

PRIZER IRELAND PHARMACEUTICALS v. LILLY ICOS LLC

2004 FC 223 [加拿大]

布莱斯（Blais）法官：

正如 Imperial Chemical Industrial PLC v. Apotex, Inc. [1990] 1 FC 211（CA）案所述：

"本院的判决指出，有关不可回复之损害的证据必须是明确的而不能是推测性的。"

我并不认为该案原告将遭受不可回复之损害，因为辉瑞公司因与礼来公司分享市场将遭受的损失是可以合理计算出来的，且辉瑞公司主张的其他损害完全是推测性的。

H. 对便利性的权衡

23.22 必须进行权衡

AMERICAN CYANAMID v. ETHICON

[1975] AC 396 [英国]

迪普洛克大法官：

原告对此类保护的需求必须与被告相应的保护需求进行权衡，防止在审判结果有利于被告的情况下，即使有原告关于赔偿的承诺，被告仍将因为被禁止行使其法律权利而遭受无法获得充分补偿的损害。法院必须对不同的保护需求加以权衡，并判定"便利性平衡点"之所在。

23.23 对非便利性的权衡

MANITOBA（AG）v. METROPOLITAN STORES LTD.

1987 CanLII 79（SCC）[加拿大]

贝茨法官：

第三项检验（称为便利性的权衡，或许应更准确地称为非便利性的权衡）是判断：如果在案件实体判决出来之前中间禁令被批准或否决，哪一方当事人将遭受更大的损害。

23.24 因素的多样化和案件的个性化

RJR–MACDONALD INC. v. CANADA（ATTORNEY GENERAL）

1994 CanLII 117（SCC）[加拿大]

索宾卡和科里法官说道：

在对"非便利性的权衡"进行评估时，必须予以考虑的因素是众多的，并且因个案而有所不同。迪普洛克大法官在美国氰胺公司案中谨慎地指出：

"在判定平衡点之所在时，即使是试图对所有可能需要考量的因素进行列举都是不明智的，更不用说对这些因素的相对权重提出建议了。这些因素是因案而异的。"

他补充道："在个案的特殊情境下，可能有许多其他特别因素需要加以考量。"

POLOILAUREN CO. LTD. PARTNERSHIP v. DINOON

2004 SCJ 44 ［毛里求斯］

保罗·兰姆·尚·利恩（P. Lam Shang Leen）法官：

我认为，基于相反的宣誓证据，很难判断申请人声称遭受的损害是否可以通过损害赔偿获得充分的补偿，因此我将转向对便利性的权衡这一问题的考察。

这里，被申请人试图打"感情牌"，提出若支持中间禁令将会有数以千计的工人失去他们的工作。他们同时也主张，他们多年来一直诚信地在获得官方认可的情况下使用这一与以 Aurdally Brothers and Co. Ltd. 名义注册的商标联系在一起的艺术作品。然而，不容否认的是，以 Aurdally Brothers and Co. Ltd. 名义注册的商标并未获官方的续展，而是自 2000 年起即从商标注册库中被删除。

另一方面，存在申请人拥有这一文艺作品版权所有权的强有力论据。再者，还需要对国家遵守其国际义务的责任加以考量。这一义务伴随着这样的事实：存在一个有关公共秩序的要素，因为立法者已经将任何侵犯作品版权的行为规定为违法行为。因此，为了公共利益，法治必须被用来支持对私人利益的规制，特别是在版权侵害这一为数众多且十分猖獗的领域里。我同时也从司法视角意识到，国家试图颁布法令，以展现自己并非臭名昭著的仿冒者天堂。

I. 自由裁量权

23.25 必须进行整体评价

HUBARD v. VOSPER

［1972］1 ALLER 1023（CA）

丹宁大法官：

在考量是否发布中间禁令时，对于一名法官而言，正确的做法是对整个案件加以通盘检视。他必须同时考虑攻防辩驳的权重,进而决定最适当的做法。有时最适当的做法是发布禁令,以期在审判之前维持现状。鉴于中间禁令能够提供有效的救济,中间禁令的灵活性及自由裁量性应予保持。中间禁令不应成为严格规则规制的对象。

上诉法院梅高常任法官:

> 法官必须对整个案件加以通盘检视,对权利以及就已承认的权利提出的抗辩加以检视。此外,法官还需对那些涉嫌违规行为的证据,以及与涉嫌违规行为有关的事实加以考虑。即便如此,还是不能以胜诉前景为基础设定一成不变的标准,因为法官必须经常对便利性的权衡及现状加以考量。不难设想一种情形,即原告似乎有75%的可能性证明其主张,但如果被告余存的25%的抗辩被证明是正确的,批准中间禁令对被告造成的损害将远远超过拒绝中间禁令对原告造成的微不足道的损害,在这种情形下,中间禁令应被拒绝。在我看来,就处理中间禁令申请时必须考虑的不同因素制定标准是不可能,也是不可行的。每一个案件都必须在公平、正义及常识的基础上加以裁断,且涉及特定案件的整体事实问题与法律问题。

J. 保全令

23.26 Anton Piller 令的历史与范围:保全令在 TRIPS 和欧盟指令中都有规定。后者的规定如下(第7条):

> "1. 成员国应当保证,即使在基于案件的实体问题开始诉讼程序之前,根据能够提供合理有效证据证明其知识产权受到或即将受到侵犯之主张的一方当事人的申请,主管司法机关可以命令采取迅速、有效的措施来保全被控侵权行为的相关证据,但应对保密信息给予保护。此类措施可以包括基于或非基于采样的详细描述、对侵权商品的扣押,及在适格的案件中,对被用于侵权商品之生产和/或配送的原材料、工具以及相关单证的扣押。必要时,这些措施可以在不告知另一方当事人的情况下采取,特别是在任何迟延都将对权利持有人造成不可回复之损害,或者相关证据有被损毁之显著危险的情况下。
>
> "在证据保全措施的采取未告知另一方当事人的情况下,在措施采取后应即刻地、毫无迟误地告知受此影响的当事人。包括听证权利在内的复核,应当在受影响之当事人的要求下,于保全措施告知后的合理期间内展开,以判定这些措施是否需要加以修正、撤销或确认。
>
> "2. 成员国应当保证,可以要求申请人提供适当的担保或与此相当

的保证，以确保被告所遭受的如第 4 段所规定的损害能够获得赔偿。

"3. 成员国应当保证，如果申请人未能在合理期间内基于案件的实体问题向主管司法机关提起诉讼，则基于被告的要求，在不影响可主张的损害赔偿金的情况下，将保全措施加以废止或使其失效。该合理期间由命令采取该等措施的司法机关在成员国法律许可的情况下决定。若无这样的决定，则合理期间为不超过 20 个工作日或 31 个日历日，以两者中期限较长者为准。

"4. 在该等措施被撤销，或由于被申请人的任何行为或疏忽而失效的情况下，或后来发现并不存在对知识产权的侵害或侵害危险的情况下，司法机关应有权基于被告的要求命令申请人对被告因这些措施所遭受的任何损害提供适当的赔偿。"

欧盟人权法院有机会处理此类命令。为评估这些命令的合理性，该法院对其在英国法框架下的发展及范围进行了说明。

CHAPPELL v. UNITED KINGDOM

［1990］12 EHRR 1

法院认为：

(a)（历史）

基于 1925 年的最高法院审判法第 45 条——现行 1981 年最高法院法第 37 条，英国高等法院一直享有针对任何案件发布中间禁令的一般权限，只要其认为这样做是公平的或便利的。最高法院规则第 2 条第 29 项专门赋予其就作为诉讼或事件标的物的财物发布扣押、保管或留存命令的权力。

在这一背景下，高等法院开始（特别是从 1974 年开始）在适当的民事案件中为原告或准原告发布"Anton Piller 令"。这一叫法源于 Anton Piller KG v. Manufacture Processes Ltd.［1976］1 All ER 779 案，在该案中，这些禁令的使用被上诉法院批准。这些禁令在案件实体审理完成前发布，具有程序性的特点，且本质上是临时性的。

虽然 Anton Piller 令被广泛应用于各类案件，但其中的绝大多数涉及专利、商标、版权侵权之诉或仿冒之诉。其中，最频繁应用 Anton Piller 令的是涉及盗版唱片、录音带和录像带的案件，在这些案件中，证据被毁灭的风险尤其之高。

(b)（目的）

采取中间措施的一个基本目的在于，保全那些在被告或准被告手中的诉讼证据，其本质在于出其不意。因此，正如 Anton Piller 案所认定的那样，法院根据一项来源于其固有管辖权的权力基于单方申请发布禁令，即在不告知也不听取被告陈词的情况下发布禁令。出于同样的理由，申请也一律以非公开方式聆讯，被告仅在禁令送达并立即执行时才知晓禁令的存在。多年来，大量判决重述并提炼了规制这些命令发布和其条款内容的原则。

(c)（保全令的内容）

Anton Piller 令通常包括以下限制性或强制性的禁令：

- 禁止被告处理那些属于诉讼标的物的材料［比如，盗版（未经许可或授权的）录影带］；
- 要求被告向禁令执行官披露所有这些材料的下落、有关供货者和消费者的详细信息，并向原告移交这些材料；
- 要求被告在限定期间内提供一份详细、包含其基于禁令应披露的所有信息的宣誓书；
- 要求被告允许原告以寻找或转移特定物品为目的进入特定生产经营场所。

关于最后一项禁令，法院会将特定物品限定在与诉讼直接相关的文件和材料上。法院也将限定进入生产经营场所的时间（通常是平日的早9点到晚6点）和被允许进入的人数（很少超过4到5人）。后者包括原告的律师，该律师为法院的一名职员。

(d)（保全令的要求）

在发布 Anton Piller 令之前，法院必须确信：

- 原告已出具极其强有力的初步表面证据，证明其将在实体审理中获得支持；
- 实际或潜在的损害对原告而言是非常严重的；且
- 有清晰的证据显示，被告掌握了可将其定罪的文件或物品，且确实存在这样的可能性，即若被告被提前告知，则会销毁该材料。

(e)（保证）

如果上述要件获得满足，法院将会同意申请，但将以以保证的形式向法院提交且纳入书面命令内容的条款为限。这些条款用以保护不在场的被告，原告律师有义务确保命令中包含了为此目的而设的所有适当的保障条款。法院在其自由裁量权的范围内判定应该作出哪些保证，在这方面并不存在一成不变的规则或实践。在下述的例子中，第一项可见诸所有的案件之中，第二项、第三项的第一小项、第三项的第二小项则可见诸大多数案件之中。

- 原告保证，赔偿被告因保全令的采取而遭受的任何损失；
- 原告保证，保全令和其他相关文件，如支持保全令的宣誓证据、起诉状和下次聆讯的通知，将由原告律师送达被告；

423

- 律师保证：
  - 提议向被送达人以日常用语清晰地解释保全令的含义和后果，并告知其在服从全部或部分禁令之前，有权获得法律建议，如果这些建议可以即刻获得的话；
  - 留存他们保管中的有关保全令的所有领取或递送给他们的物品；
  - 回答被告所有有关某一物品是否在保全令范围之内的疑问；
  - 在离开被告的生产经营场所之前，准备一份所取走之物品的清单；
  - 按照保全令使用所有的信息或文件；
  - 确保基于保全令的权利行使始终处于律师的管控之下。

(f)（执行）

除了 Anton Piller 令是在民事诉讼程序中向私权主体发布，而非在刑事诉讼程序中向警察发布这一事实外，Anton Piller 令还应与搜查令区分开来。因为 Anton Piller 令并未赋予强行进入他人生产经营场所的权利。其条款要求被告准许原告进入自己的生产经营场所，但对被告的拒绝权，以及被告根据其意愿通过申请紧急动议来改变或撤销保全令保持了开放的态度。然而，被告却处在必须准许的压力之下，特别是因为如果被告拒绝遵从保全令，而原告提出动议，被告将可能面临藐视法庭之诉，并可能遭受牢狱之灾。而且即使被告后来成功地使保全令被撤销，在保全令有效之时不遵从禁令的行为仍将构成对法庭的藐视，除非保全令是在法律上无效的情形下作出的，但被告的行为可能会被视为一种技巧，从而免受惩罚。

(g)（对被告的救济）

一项 Anton Piller 令会明确保留被告在专门通知原告（通常是 24 小时，但有时会更短）的基础上通过紧急动议申请改变或撤销禁令的自由。作为一项本质上具有临时性的措施，它在任何情况下都将对救济的持续期间进行限制，这一期间是指定的期间，一般是 1 周。在这一期间届满后，原则上将会有一个双方聆讯程序，法院将对保全令进行审查，并考虑该救济是否应当继续。在那时或其后的任何时间，被告可以申请对保全令加以改变或撤销。尽管法院可以在执行保全令后将其撤销，但除非撤销保全令的申请是在保全令执行后的合理期间内尽快提出的，且会达成某些实际目的，否则法院不会这样做。

如果没有或没有充分的发布理由，或原告在申请时无法披露重要事实，或执行不恰当或过于粗暴，一项 Anton Piller 令可以被撤销。如果 Anton Piller 令被撤销，被告就从保全令下的禁令中解脱出来了，且据此被扣押的物品也将返还给被告。即使申请撤销保全令未能成功，类似性质的部分救济也可能获得法院的准许。

除了申请保全令的撤销外，或者说作为申请撤销保全令的替代性措施，被告可以在原告的交叉承诺下基于保全令的不当获得或执行寻求损害赔偿。即使保全令未被撤销，即使原告在实体问题的裁判上胜诉，损害也可能得到赔偿。虽然可以较早地判定，但损害赔偿一般都是在对案件的实体问题进行审理之后才判定。虽然主要目的在于赔偿被告因保全令遭受的损失，但损害赔偿也可能因保全令的过度或不当执行而加重。

如果被告认为，原告或其律师违反了他们在 Anton Piller 令中所作的保证，或者律师在执行保全令时存在不当行为，他可以以藐视法庭为由起诉他们。

(h)（保全令的形式）

保全令包括但不限于以下禁令：

- 禁止被告生产、销售、出租、配送或抛弃版权电影的未授权的副本，或抛弃他人向被告提供或被告向他人提供这些副本的相关文件；
- 要求被告准许经原告授权的至多 3 名人员，连同一名律师与另外一名律师或原告律师的雇员，在任意工作日早 8 点到晚 9 点之间，以寻找这些电影的未授权副本和可能涉及这些副本的获得、供应、处理的文件并交由原告律师保管为目的，毫无迟误地进入指定的生产经营场所；
- 要求被告向原告的律师披露这些未授权副本的来源、去向，并将其占有的全部上述副本和文件移交给原告律师；
- 要求被告向原告律师披露，这些未授权的电影副本的供货商和消费者的姓名和住址；并保证在保全令送达之日起 4 日内提供说明这些信息的宣誓书。

23.27 保全令的先决条件

ANTON PILLER KG v. MANUFACTURING PROCESSES LTD.
［1976］Ch 55

法院认为：

在我看来，保全令的发布有三个基本的前提条件：第一，必须存在极其强有力的初步表面证据；第二，潜在或实际的损害，对申请人而言必须十分严重；第三，有清晰的证据显示，被告掌握了可将其定罪的文件或物品，且确实存在这样的可能性，即被告若被事先警告，就可能将该材料销毁。

SHOBA v. OFFICER COMMANDING

1995（4）SA 1（A）［南非］

科贝特首席法官：

  我认为，一项非公开且不告知另一方当事人的保全令的申请必须有如下表面证据的支持：

- 申请人对其意图起诉的被申请人有起诉理由；
- 被申请人掌握有特定的（而且是具体的）构成申请人起诉理由之关键证据的文件或物品（但是对此申请人不能主张物权或人身权）；
- 在案件的审判或证据开示阶段之前，该证据可能被隐藏、损毁或以某种方式被窃走，且这种可能性是真实、有根据的。

  我在对申请人的证据和辩论具有重大作用这一意义上使用"关键证据"一词。

23.28 申请人证据和辩论的强度

ELVEE LTD. v. TAYLOR

［2001］EWCA Civ 1943 ［英国］

上诉法院查德威克法官：

  申请人必须提供强有力的初步表面证据证明，如果不发布禁令，他将遭受严重的实际或潜在损害。同时必须存在清晰的证据表明，被告掌握了可将其定罪的文件或物品，且确实存在这样的可能性，即若被告被提前告知保全令和扣押令的申请则会趁机销毁该材料。以上要求是基于两点考虑：（i）法院被要求，在保全令将要影响的对象缺席或未被告知，其证据和辩论因而未获聆讯的情况下，发出保全令；（ii）保全令一旦发布，就要求被告开放其生产经营场所（可能是他的私宅）并允许该场所被搜查——如果他不想冒被指控藐视法庭之危险的话。从第二点来看，发布保全令相当于对侵入被告住所和隐私领域表示赞同，或至少为此提供了基础。这种保全令一般不应在未告知被申请人的情况下发布，除非满足丹宁大法官在 Anton Piller 案中所提出的要求：

  "原告享有检查权是实现当事人之间的公平正义所必需的，且若被告被提前告知则会产生关键证据被损毁的极度危险，导致公平正义无法实现。"

23.29 必须加以权衡

LOCK INTERNATIONAL v. BESWICK

[1989] 1 WLR 1268 [英国]

霍夫曼法官说道：

> 斯科特法官在 Columbia Picture Industries Inc. v. Robinson [1987] Ch 38 案中阐述了 Anton Piller 令的发展，即从 1974 年作为应对欺诈性盗版活动的终极武器被初次发布开始到今天被广泛应用。正如斯科特法官指出的那样，这些保全令可能有损在英国对自由的表述中占据重要位置的一些原则，比如无罪推定、未经聆讯不得被定罪的权利、免受随意搜查和扣押，以及私宅神圣不可侵犯。当我拒绝此类申请时，律师常常会表现出明显的惊讶，因此我认同斯科特法官观察到的事实：
>
> > "法院的实践使得天平向有利于原告的方向倾斜得太多了，Anton Piller 令的发布过于随意，且未能给被告提供充分的保护。"
>
> 发布允许对生产经营场所或交通工具进行搜查的更具侵入性的保全令，需要在两者之间进行审慎的权衡：一方面是原告挽回财产或保全重要证据的权利，另一方面是对没有机会对案件表达其看法的被告的隐私的侵犯。这不仅仅是因为被告可能是清白的。根据单方申请发布的具有侵入性的保全令，即使是针对有罪的被告，也有违正义的一般原则，因此只能在亟须防止对原告造成不公的情况下才可以发布。最极端危险的司法权就是允许针对被告住所进行调查，而这通常伴随着耻辱和家庭痛苦。

23.30 申请人必须履行适当的披露义务

SIPOREX TRADE v. COMDEL

[1986] 2 LloydLR 428 [英国]

宾汉（Bingham）法官：

> 大体而言，一方当事人单方面申请禁令救济之披露义务的范围，是由双方当事人来协商确定的。此类申请人必须表现其最大诚信，并全面而公正地披露其证据和案情。为保护被告及向被告提供信息，申请人必须在申请前或申请之后立即以宣誓的形式对其理由和支持其理由的证据加以概括。他必须确定支持和反对该申请的要点，而不能仅作一般的陈述，或仅出示大量文件。他必须在提起申请之前，对所主张的诉讼理由的性质，以及其所依赖的事实加以调查，并确定对方可能提出的任何抗辩。他必须对所有能够或将会被法官在决定是否准许其申请时合理纳入考量范围的事实加以披露。申请人没有任何借口说，他没有意识到其遗漏陈述的事情的重要性。若全面而公正的披露义务未为履行，法院可能

会撤销禁令——即使全面问询之后得出的观点是，保全令的发布是公正和便利的，并且如果申请人履行了全面披露义务，保全令可能已被发布。

K. 财产保全令（Mareva 禁令）

23.31 所谓的 Mareva 禁令是一项临时性禁令，其名称来源于 Mareva 案的判决❶。其目的在于防止被告在原告的赔偿主张获得审理前处理其财产，即规定唯一的公正便利的途径，确保被告不会处理其财产，以至剥夺原告在将来的判决中的利益。且它应该与申请人对特定财产有所有权或其他利益的禁令，以及 Anton Piller 令区别开来。

DEN NORSKE BANK ASA v. ANTONATOS
［1998］EWCA Civ 649 ［英国］
上诉法院沃勒（Waller）常任法官：

Mareva 禁令有时只是被用来对财产进行一般性的保护，以期实现最终的判决；有时它们被用来追查和保护特定的原告主张所有权救济的财产；有时它们近似于一项 Anton Piller 令，被用来获得那些若不保护则将会被损毁、有关欺诈的证据。有时命令的形式并未对其目的进行清楚的区分。

23.32 比较法❷：这一判决提供了一个比较法上的视角。

KARL CONSTRUCTION LTD. v. PALISADE PROPERTIES PLC
［2002］ScotCS 350
上诉法院德拉蒙德·杨（Drummond Young）常任法官：
（a）（一般规定）

我参阅了涉及大量其他法系的材料。在所有这些法系中，都规定了一项救济，使得原告可以就待决诉讼中所主张的数额获得保护性救济。但是，在所有的案例中，没有一项保护性救济是因诉讼的提起而自动获得的。在几乎每一个案件中，原告都被要求证明两件事情：第一，他有初步表面证据来起诉被告，或者至少有可以精确评估的主张；第二，有特别的理由表明，被告将来可能无法履行义务。因为前述的事情必须被积极地加以证明，在每一司法管辖区，出庭都是必要的。另外，在每一司法管辖区，都规定了保护性救济的适用在无正当理由支持时的损害赔偿。

---

❶ Mareva Compania Naviera S. A. v. International Bulk Carriers S. A.，［1975］2 LIoyds LR 509（CA）.
❷ 这一判决并未涉及知识产权问题，但同样的原则是适用的。

(b)（欧洲大陆）

关于欧洲大陆，我所获得的关于比利时、丹麦、法国、德国、意大利、卢森堡、荷兰等国的法律的信息，来自奥马利（O'Malley）和雷顿（Leighton）的《欧洲民事审判实践》（伦敦，1989年）一书。比如在法国，通过一个名为sasie immobilière的程序，可对被告的土地采取保护性扣押措施。该申请必须向法官提出，必须列明对被告的财产进行扣押的理由，必须就案件实体问题提供初步表面证据并证明权利主张的实现面临迫在眉睫的威胁。如果扣押措施被证明是不正当的，则需要对被告可能遭受的所有损失加以赔偿。比利时的情况是相似的。在荷兰，如果有充足的理由证明债务人可能试图在审判前处置财产，则可申请临时性扣押措施（conservatoir beslag）。申请必须向法院提出，且法院必须确信存在充分的理由准许采取临时性措施。然而，所要求的证据是"最低限度的"。在德国，如果原告所主张的是特定数额的金钱，或其主张可以进行精确评估，则可在该诉讼中申请类似的救济。在此类案件中，原告必须证明，存在被告处置其财产使判决的执行受阻或落空的危险。关于这一危险的证据通常以正式书面声明的形式提出。仅证明被告有可能丧失清偿能力是不够的。如果保护性扣押措施之后被证明是不正当的，则原告对被告因此遭受的所有损失承担损害赔偿责任。在意大利，申请保护性扣押措施（sequestro conservation）的申请人必须证明其对案件实体问题拥有初步表面证据，且延迟准予该救济措施会导致其利益受损。如果之后发现该扣押不应被准予，则申请人可能需要赔偿被告因此遭受的所有损失。

欧洲大陆有关这些救济措施的规定，被马赫（Maher）教授在《信赖的注意程度：改革的原则》（1996 JR188）这一极具价值的文章中加以概括。他指出：

"委员会在对欧洲大陆相关制度的检视中发现，有五个特点反复出现。这些特点是：（1）原告必须基于诉讼的实体问题对救济措施的原因加以证明；（2）原告也必须对采取临时性救济措施的必要性加以证明；（3）原告必须为其主张无效的情况下被告所遭受的损失提供担保；（4）若原告在实体问题上败诉，或者临时性救济措施被证明是没有必要的，则损害赔偿自动产生；（5）救济措施的申请必须向法官提出。另一个大多数欧洲大陆相关制度共有的特点是：（6）通常情况下，基于救济措施采取的理由，其申请可以是单方的，但是随之而来的救济措施仅仅是临时性的，并要求原告在后续的对抗性聆讯中对此加以确认。"

(c)（英格兰与威尔士）

在英格兰与威尔士，相应的程序是 Mareva 禁令。这是一个相对较新的程序，源自上诉法院对 Mareva Compania Naviera S. A. v. International Bulk Carriers S. A.，［1975］2 Lloyds LR 509 案的判决。马赫教授对 Mareva 禁令的有关原则概括如下：

- Mareva 禁令的申请只能向高等法院的法官提出，而不能向地方法院提出；
- 原告必须证明其证据和辩论是适当、可论证的；
- 原告必须证明确实存在被告转移、隐匿或处置财产使得原告的诉讼请求落空的危险；
- 原告必须对其所知悉的所有材料事实（包括那些对其不利的证据和辩论）作出全面而真实的披露，否则禁令将会被撤销；
- 原告必须对其在实体问题上败诉，或禁令被证明是不正当的情况下所发生的损害赔偿提供担保。

这些原则的第二项可以在 Rasu Maritima S. A.（［1978］QB 644）案中找到依据；第三项和第五项可以在 Third Chandris Shipping Corporation v. Unimarine（［1979］QB 645）案中找到依据。在后一案件中，丹宁大法官对适用于 Mareva 禁令的指导准则陈述如下：

- 原告应当对其所知悉的、法官需要知道的事项作出全面而真实的披露。
- 原告应当对其针对被告的诉讼主张提供详细情况，阐述其诉讼请求的依据以及数量，并公平地陈述被告可能反驳的论点。
- 对其认为被告的财产在某处的观点，原告应当提供一些理由。
- 对其认为存在被告将会在判决或裁定之前转移财产的危险的观点，原告应当提供一些理由。
- 当然，原告必须对其在实体问题上败诉，或禁令被证明是不正当的情况下所发生的损害赔偿提供担保，在适当的案件中这一担保应采取保证金或担保物的形式。且禁令仅在其给付后或保证将会给付时才会被准许。

因此，非常清楚的是，英国对有关信赖抑制的程序限定得更为严格。关键性的特点在于原告必须证明其证据和辩论是适当、可论证的，同时公平地陈述被告可能反驳的论点，并证明确实存在被告将会处置其财产使原告诉讼请求落空的危险。如在几乎所有的欧洲大陆相关制度中一样，如果禁令的采取没有充分的理由，被告有获得损害赔偿的救济途径。在这一问题上，爱尔兰采取了与英国同样的立场。

(d)（美国与加拿大）

马赫教授的文章也涉及了美国和加拿大的保护性扣押措施。他对在美国和加拿大司法中普遍适用的原则概括如下：

- 相当于苏格兰法中信赖注意程度的救济措施，被作为审前救济一般规则的一部分，因此应当与该法律分支的基本原则保持一致。
- 同样地，这些救济措施在本质上是临时性的。
- 相应地，必须存在具有意义的实质性依据以证明准予这些救济措施的正当性。
- 实质性依据既与原告的获胜概率有关，也与救济的需求有关。
- 另外，正当法律程序要求在一项救济措施被准予前，这些实质性的依据必须由法官加以考量。
- 正当法律程序同时也作出了这样的推定，即对于救济措施的申请，被告应被提前告知，并在任何救济措施被准予之前获得聆讯。
- 这一推定只有在原告能够证明有充分的理由这样去做，且规定了保护被告的保障性措施时方可推翻。
- 保障性措施体现在：基于单方面申请的救济措施是临时性的，因此有必要进行确认性聆讯，且原告在聆讯中承担证明责任；原告必须承诺，在救济措施被证明是不正当的情形下（原告在诉讼中败诉，或者原告不能证明存在特殊情况支持其主张）赔偿被告因此遭受的损失。

23.33 命令的目的：命令的目的不在于提供担保，而在于防止财产的滥用。

KNOX D'ARCY LTD. v. JAMIESON

［1996］3 ALL SA 669（A）［南非］

上诉法院埃姆·格罗斯科夫法官：

就其名称而言，根据英国法中使用的术语，申请人将之称作一种 Mareva 类型的禁令。可是法院并不喜欢这一称谓，因为这些英国术语的使用可能暗示，英国原则是自动被适用的。我同意这种批评。然而，这位博学的法官所提出的替代性名称也并非更加贴切。他将这一禁令称为 in securitatem debiti 禁令与反滥用禁令。前一种表述可能暗示着，禁令的目的在于为申请人的主张提供担保。事实并非如此。禁令阻止被告自由地处置其财产，但却并未就这些财产赋予申请人优先性权利。"反滥用"的表述也是存在缺陷的，因为在大多数案件中，包括在当前的案件中，禁令不是为了阻止被告滥用其财产，而是为了阻止被告过于严密地保存其财产，以致原告不能加以染指。在批评了这一禁令所使用的表述之后，很不幸我不能提出一个更好的名称。我安慰自己说，我们的法律虽然没有赋予这一类型的禁令具体的名称，但已认可其多年。

源自这一做法的问题是，申请人是否需要证明被告方面的特定心理状态，比如为使债权人的主张落空而抛弃资产或有可能抛弃资产。我认为，在考虑了这一类型的禁令的目的后，答案必然是肯定的，但可能存在例外情况。如我已经说过的，禁令的效果在于阻止被告人自由地处置其财产，但申请人对这些财产并未提出任何主张。在被告被证明以阻止原告诉讼请求的执行为目的而实施恶意行为的情况下，采取这种限制性措施可能是实现公平正义的需要。然而，一般而言，强迫被告控制其善意的支出，以维持其继承财产中的资金，来实现对针对自己的诉讼（特别是有争议的诉讼）的赔偿，是不存在任何正当性的。当然，我现在所处理的并不是依据合同或基于破产法等可能出现的特殊情况。

禁令的目的不是作为损害赔偿主张的替代物，而是对其进行强化——使损害赔偿主张更加有效。同时，该主张在无禁令的情况下是否能够提供令人满意的救济这一问题，通常是不言自明的。除非被告是大富豪，由这种类型的禁令支持的损害赔偿主张与单独的损害主张相比，对原告或申请人而言总会更加令人满意。相应地，替代性救济问题在这一类案件中不会出现。我们所论述的禁令是自成一体的。这种类型的禁令或者是可以申请的，或者是不可以申请的。没有其他的救济措施可以真正将其取代（可能除了在特定的情形，扣押或逮捕可以取而代之）。

23.34 世界范围内禁令的要件

BANK（GIBRALTAR）LTD. v. SPJELDNAES

［1998］EWCA Civ 1101 ［英国］

上诉法院彼得·吉布森常任法官：

老调重弹的规则是，一项世界范围内 Mareva 禁令的申请人必须使法院确信：（1）其证据和理由是适当、可论证的；（2）被告在该司法管辖区内财产不足，且在该司法管辖区外有财产；（3）除非准予采取一项禁令，否则即有财产被滥用的危险。同样被广为认可的是，上诉法院不应轻易干涉法官在拒绝或准予一项 Mareva 禁令时对自由裁量权的行使，而只有在出现原则性的错误之时才能加以干涉。

23.35 司法管辖权的基础：这里的管辖权与准予一项临时性禁令的管辖权是一样的，只不过其范围扩张了。

CREDIT SUISSE FIDES TRUST SA v. SERGIO CUOGHI

［1997］EWCA Civ 1831 ［英国］

上诉法院米勒特常任法官：

Mareva 禁令作为一项特殊的救济措施于 1975 年首次被颁布，目的是阻止一名外国被告通过将其财产转移出司法管辖区来架空最终判决。Mareva禁令此后被逐渐扩张，1979年扩张适用于英国被告，1982年同时限制被告滥用其在司法管辖区内的财产及将其财产转移出司法管辖区，1990年最终限制被告处置其在司法管辖区内外的财产。其中的最后一项措施在Babanaft Co. SA v. Basatne（［1990］Ch13）案中被采用。在该案中，法院表示了对域外管辖权的不必要假设的关注。法院认为，发布一项被认为是对居住在国外且不受其司法管辖权规制的人课以义务的命令是错误的——尽管该命令的意图仅仅在于限制已接受该法院管辖的被告的行为。这一危险可通过在命令中加入某些条款来避免。这些条款应明确指出，该命令不影响不受该法院管辖的当事人在司法管辖区外的行为，除非该命令可以被当地法院执行。发布此类命令的司法管辖权现已被牢固确立。该管辖权的行使应谨慎为之，且必须无例外地提供充分理由来证明行使该管辖权的正当性。但是现在此类命令在国际性欺诈类案件中的发布已被常规化，同时保持国际礼让并避免管辖权冲突所需的条件也已被标准化。1982年之前，有关实体问题的程序在国外进行时，法院是不能准予诉中救济措施的：The Siskina［1979］AC210。然而，1982年的民事管辖与审判法令第25条规定，在实体审理程序正在《布鲁塞尔公约》或《洛迦诺公约》缔约国进行，且诉讼标的物在《布鲁塞尔公约》或《洛迦诺公约》缔约国范围内的情况下，高等法院有权准予临时性救济措施。高等法院的管辖权最近更是进一步被1982年民事管辖与审判规则1997年关于临时性救济的命令（1997年4月1日生效）扩张了。第25条的效力被扩张至非缔约国及公约范围外的诉讼程序。因此，结果是，高等法院有权准予临时性救济措施，用以援助发生在任何地方的任何类型的实体审理程序。

WALSH v. DELOITTE&TOUCHE INC.（BAHAMAS）
［2001］ UKPC 58［英国］
霍夫曼大法官：

巴哈马法院准予Mareva禁令的司法管辖权建立在1996年最高法院审判条例第21（1）条的基础之上。该条款规定，法院可以在"所有其认为这样做是公正的和便利的案件中"准予一项中间禁令。这一表述与1925年最高法院审判条例第45（1）条的表述是一样的，1925年的该款规定在其被1981年最高法院法令第37条取代和扩张之前，构成英国Mareva裁判产生的基础。巴哈马的立法机构并未制定第37（3）条的对应条款。这一条款明确赋予法院针对处于司法管辖权范围内的有关财产准予实施Mareva禁令的权力，而无论被告是否在司法管辖权范围"永久居住、驻居还是临时居住"。然而，巴哈马的法官们认为，针对本国人或外国人处于司法管辖权范围内外的有关财产准予此类救济措施的司法管辖权，在1981年法令通过之前，已经在英国被广为接受了：参见Third Chandris Shipping Corporation v. Unimarine SA（［1979］QB 645）、Barclay – Johnson v. Yuill（［1980］1 WLR 1259）（针对本国人的管辖权），以及 Derbay & Co. Ltd. v. Weldon（［1990］Ch 48）（世界范围内的限制）等案。巴哈马的法院拥有类似的司法管辖权。

诉中司法管辖权通常是实体问题管辖权的一种辅助，在 Siskina（最近装载上船的货物的所有人）v. Distos Compania Naviera SA（［1979］AC210）案中，上议院判定，除非被告在有关诉讼的实体诉由方面"对法院的管辖权有服从的义务"，法院不得（在缺乏明确法定授权的情况下）准予采取 Mareva 禁令。由于这一程序是在诉讼程序期间进行的，申请人无须证明其可能成功地主张实体诉由。就最低限度的要求而言，如果基于呈送法院的材料，可以认为申请人的证据和辩论是适当、可论证的就可以了。之后就是法院自由裁量的问题了，法院将对申请人证据和辩论的力度以及其他因素加以考虑，作出准予禁令是否"公正便利"的判断。

23.36 **诉由**：原告必须有起诉被告的适当诉由。

YUKONG LINE LTD. v. RENDSBURG INVESTMENTS CORP.

［2000］EWCA Civ 358 ［英国］

上诉法院波特（Potter）常任法官：

现在这已经是一条确定的规则：尽管法院无权批准诉中 Mareva 禁令以支持对单一被告无适当可论证诉由的原告，但法院却有权针对共同被告批准这样一项禁令——如果对该共同被告不存在直接的诉由，且禁令的申请对于原告针对该共同被告的诉由而言是辅助性、附带性的（参见 TSB Private Bank International SA v. Chabra ［1992］1WLR 240）。该案中，收益权归 Chabra 先生的财产被投资于一个有限公司，而他可能与该公司有密切的联系。马默里（Mummery）法官指出："如果法院有权发布一项针对该公司的命令，在我看来，现有的证据强烈地指向需要针对该公司发布一项禁令。存在适当、可论证的理由认为，其名下的某些财产是收益权归 Chabra 先生的财产——无论是因为该公司是以信托形式或代理方式来持有这些财产的，还是因为该公司只不过是 Chabra 先生的财产储藏室。因此，非常重要的是，所有这些财产都应该可供原告来实现针对 Chabra 先生的判决。如果没有禁令，则确实存在这样的危险，即该公司处置其财产，使原告实现判决的机会落空。该公司处置其财产，结果可能会间接地降低 Chabra 先生所曾持有以及现在仍持有的股权的价值。这一处置的直接后果，则是减少投资于该公司的、可能属于 Chabra 先生收益财产的预期收益，而这些财产在英国可用于实现对原告有利的判决。"

23.37 可命令证据开示。这与 TRIPS（第 47 条）的规定是一致的：

"各成员可以规定，司法机关应当有权，除非这样做与侵权的严重程度不相称，责令侵权人将参与生产和销售侵权货物或服务的第三方的身份及其销售渠道告知权利持有人。"

BANKERS TRUST v. SHAPIRA

［1980］3 ALL ER 353 ［英国］

丹宁大法官：

为确保正义的实现，为确保这些资金能被找到，有一点十分重要，即法院要有权命令证据开示。这方面的权力以及其发展的程度，在 Norwich Pharmacal Co. v. Customs Excise Comrs 案中有例证。海关当局是十分清白的，但是他们必须披露专利侵权人的姓名，因为侵权商品是从他们手中经过的。里德大法官指出：

"对我而言，这是一个非常合理的原则：如果某人在没有个人过错的情况下，卷入了他人的侵权行为，为他人的违法行为提供了便利条件，他可能不需要承担个人责任，但是他却有义务通过提供全面信息，以及披露违法行为人身份的方式，对受侵害者提供帮助。"

DEN NORKSE BANK ASA v. ANTONATOS

［1998］EWCA Civ 649 ［英国］

上诉法院沃勒常任法官：

不应作出允许原告询问被告，以调查其是否可以对被告提出诉讼请求的命令。更何况，一项调查原告是否可以对被告提出诉讼请求的命令会构成刑事犯罪，除非有明确的保护被告的方法，否则存在与前述的有关准予 Anton Piller 令和 Mareva 禁令的原则相冲突的风险。

23.38 申请人必须进行全面披露

TATE ACCESS v. BOSWELL

［1991］Ch 512 ［英国］

尼古拉斯·布朗－威尔金森（Nicholas Brown – Wilkinson）副大法官：

我个人将强调这一黄金规则的现实意义，特别是在像该案这样复杂和大型的案件中。Mareva 禁令和 Anton Piller 令程序都要求法官作出快速回应，因此不可能期望他对呈送于其面前的所有材料都加以详细的分析。全面披露必须与公平陈述联系起来。法官必须要对支持申请人理由的材料的全面性和客观性有十足的信心。一旦法官的这种信心被破坏，申请将被驳回。

索 引

英文	中文	页码
Abella	阿贝拉	137
Alan James	阿伦·詹姆斯	112
Aldous	奥尔德斯	4
Andreas Rahmatian	安德烈亚斯·拉马蒂安	335
Andrew Phang Boon Leong	安德鲁·菲·布恩·莱	67
Andrwew Barrett	安德鲁·马雷特	154
Anil Dev Singh	阿尼尔·德夫·辛格	277
Arden	雅顿	45
Ashburner	阿什伯纳	396
Atkinson	阿特金森	373
Axel von Hellfeld	阿克塞尔·冯·海尔费尔德	240
Bankes	班克斯	194
Bannon	班农	322
Baragwanath	贝拉格瓦纳思	161
Barron	巴仑	169
Beaumont	博蒙特	219
Beetz	贝茨	409
Bennett	班尼特	230
Bingham	宾汉	427
Binnie	宾尼	2
Blackburn	布莱克本	363
Blais	布莱斯	419
Blakeney	布莱克尼	159
Boshoff	波索夫	35
Bowen	鲍文	219
Bradley	布拉德利	226
Branson	布兰森	386
Brennan	布伦南	193

英文	中文	页码
Breyer	布雷尔	48
Brightman	布赖特曼	190
Buckley	巴克利	33
Burchett	伯切特	46
Burger	伯格	205
Callinan	卡利南	395
Cameron	卡梅伦	265
Carnwath	卡恩沃思	29
Chadwick	查德威克	202
Chan	陈	328
Chan Sek Keong	陈锡强	56
Chao Hick Tin	赵锡燊	56
Cheung	张	376
Chitty	奇蒂	227
Clauson	克劳森	181
Coleman	科勒曼	297
Colman	科尔曼	86
Conti	康迪	156
Cook	库克	83
Corbett	科贝特	70
Cornish	科尼什	231
Cory	科里	414
Cottenham LC	科特纳姆·LC	413
Cotton	科顿	413
Crennan	克莱南	400
Dankwerts	丹克沃茨	268
David Vaver	大卫·瓦韦尔	7
Dawson	道森	382
Deane	迪恩	219
Denning	丹宁	45
Deschamps	德尚	322
Dillon	迪龙	66
Diplock	迪普洛克	101
Dixon	迪克森	91
Drummond Young	德拉蒙德·杨	428
Duff	达夫	235

437

英文	中文	页码
Edward S Smith	爱德华·S. 史密斯	34
Einstein	爱因斯坦	389
Ellicott	埃里克特	219
EM Grosskopf	埃姆·格罗斯科夫	106
Estey	埃斯蒂	316
Evans	埃文斯	90
Eveleigh	伊夫利	414
Farwell	法韦尔	381
Feinberg	范伯格	375
Findelstein	芬克尔斯坦	397
Fitzpatrick	菲茨帕特里克	276
Fletcher Moulton	弗莱彻·莫顿	289
FM Mostert	弗姆·莫斯特	115
Foster	福斯特	190
Fox	福克斯	384
Frank Muir	弗兰克·缪尔	141
Frankfurter	法兰克福	38
Franklin	富兰克林	412
Fraser of Tullybelton	弗雷泽大法官	408
Fred Gilbert	弗雷德·吉尔伯特	160
French	弗兰克	362
Friendly	弗兰德利	43
Fry	弗里	29
Fysh	菲什	317
Gaudron	戈德龙	395
Gault P	高尔特·P	124
Gervais	基尔瓦斯	164
Gibbs	吉布斯	131
Ginsburg	金斯伯格	210
Girvan	格文	415
Gleeson	格里森	409
Goddard	戈达德	291
Goff	戈夫	180
Goldstone	戈德斯通	188
Gonthier	贡蒂尔	280

英文	中文	页码
Gowans	高恩斯	297
Greene	格林	75
Gummow	古茂	181
Hailsham	海尔斯罕	145
Haisbury	霍斯伯里	378
Halsbury	霍尔斯伯里	285
Handley	汉德利	319
Harms	哈姆斯	4
Harold Laski	哈罗德·拉斯基	226
Harvey	哈维	33
Hayne	海恩	181
Heerey	熙雷	234
Hefer	黑费尔	229
Helen Nies	海伦·尼斯	254
Hilliard	希利亚德	92
Hodson	霍德森	232
Hoffman	霍夫曼	145
Hoffmann	霍夫曼征	308
Hooge Raad	霍赫·拉德	166
Hope	霍普	408
Houlston	斯顿	190
Hughes	休斯	229
J. T. Mccarthy	J. T. 麦卡锡	111
Jacob	雅各布	46
FG Jacobs	FG·雅各布斯	34
James Hunter	詹姆斯·亨特	89
James Page – Wood VC	詹姆斯·佩奇－伍德大法官	190
Jarrold	贾罗尔德	190
Jenkins	詹金斯	285
John Kents	约翰·肯特	81
Jonathan D. C Turner	乔纳森·D. C. 特纳	231
Kapoor	卡普尔	44
Karthigesu	加迪杰苏	182
Kelly	凯利	413
Kennedy	肯尼迪	396
Kinnear	金尼尔	373

439

英文	中文	页码
Kirpal	基帕尔	85
Kitchin	基钦	158
Kozinski	柯辛斯基	123
Laddie	莱迪	31
Laffoy	拉芙伊	368
Lai Kew Chai	黎嘉才	76
Lamer	拉默	136
Langdale	兰代尔	326
Learned Hand	勒恩德·汉德	36
Lebel	勒贝尔	33
Lehane	勒翰	173
Leighton	雷顿	429
Lewison	刘易森	60
Linden	林登	385
Lindgren	林格伦	195
Lindley	林德利	379
Lindsay	琳赛	294
Lloyd	劳埃德	190
Lockhart	洛克哈特	191
Lourie	劳里	366
LP Thean	邓立平	182
Luxmoore	勒克斯穆尔	94
Macnaghten	麦克纳顿	265
Madon	巴登	33
Magid	马吉德	357
Maher	马赫	429
Malins	马林斯	176
Malone	马龙	102
Mann	曼	200
Markey	马基	8
Mason	文梅森	382
McCracken	麦克莱肯	80
McEwan	麦克尤恩	152
McGechan	麦吉彻	416
McHugh	麦克休	181
McKeough	迈克尤	159

英文	中文	页码
McLachlin	麦克拉克林	136
McIntyre	麦金太尔	385
Mcmullin	麦克马林	388
McTiernan	麦克蒂尔南	91
Megarry	美加瑞	294
Megaw	梅高	286
Mellish	麦利士	286
Menzies	孟席斯	112
Merkel	梅克尔	184
Millett	米勒特	148
Morris	莫里斯	285
Moseneke	莫森尼克	117
Mummery	马默里	434
Murtaza Fazal Ali	莫塔萨·法齐尔·阿里	146
Nadon	奈东	72
Neill	尼尔	296
Neuberger	纽伯格	111
Newman	纽曼	390
Nicholas	尼古拉斯	35
Nicholas Brown–Wilkinson	尼古拉斯·布朗–威尔金森	435
Nicholas Fox	尼古拉斯·福克斯	238
Nicholls	尼科尔斯	39
Niemeyer	尼迈亚	35
Nugent	钮金特	93
O'Connor	奥康纳	162
Oliver	奥利弗	157
Oliver Wendell Holmes	奥利弗·温德尔·福尔摩斯	226
O'Malley	奥马利	429
Lord Ordinary	（苏格兰）最高民事法庭大法官	373
Owen	欧文	410
P. Lam Shang Leen	保罗·兰姆·尚·利恩	420
Parker	帕克	84
Pattishall	帕蒂肖尔	92
Penlington	彭林顿	226
Peter Prescott	彼得·普莱斯考特	21
Peterson	彼得森	157
Phillips	菲利普斯	140

英文	中文	页码
Posner	波斯纳	198
Potter	波特	434
Power	鲍尔	265
Pradeep Nandrajog	普雷迪普·南德拉乔格	144
Raben	拉宾	191
Rabie	拉比	290
Rader	雷德	366
Randerson	兰德森	182
Reed	瑞德	73
Reid	里德	184
Rendell	伦德尔	123
Riberio	里贝罗	349
Rich	里奇	398
Richard	理查德	361
Richardson	理查森	80
Ricketson	里基森	165
Rimer	里默	374
Robert Walker	罗伯特·沃克	307
Roberts	罗伯茨	396
Roberts-Smith	罗伯茨·史密斯	410
Roch	罗奇	22
Rothstein	罗斯坦	189
Roxburgh	罗克斯博格	300
Ruma Pal	如玛·帕尔	277
Russell	拉赛尔	50
Russell of Killowen	罗素	216
Sachs	萨克斯	38
Sackville	萨克维尔	182
Sanja Kishan Kaul	萨尼娅·基尚·考尔	398
Sargant	萨金特	370
Scalia	斯卡利亚	43
Schutz	舒茨	273
Scott	斯科特	185
Sears	西尔斯	276
Seedle	西德尔	154
Selway	塞尔韦	158

英文	中文	页码
Sheriff C A L Scott	斯科特治安官	344
Simmonds	西蒙斯	282
Simon Thorley	西蒙·索利	113
Sir Thomas Bingham	托马斯·宾汉爵士	114
Somers	萨默斯	168
Sopinka	索宾卡	414
Souter	苏特	15
Southwood	索思伍德	262
Staughton	斯托顿	298
Stegmann	思特曼	298
Stone	斯通	385
Strayer	斯特雷耶	57
Sundberg	森德伯格	390
Teitelbaum	泰特鲍姆	71
Templeman	坦普曼	192
Teresa Scassa	特雷莎·斯卡萨	18
Terrell	特勒尔	398
Thean	西亚	135
Thomas	托马斯	254
Thorson P	索尔森·P	218
Tipping	蒂平	161
Tomlin	汤姆林	230
Tony Martino	托尼·马蒂诺	42
Toohey	图希	382
Traverso	特拉韦尔索	96
Trollip	特罗利普	35
Underwood	安德伍德	413
Ungoed – Thomas	昂戈德－托马斯	199
Upjohn	厄普约翰	233
Van Dijkhorst	范·迪荣克霍斯特	17
Van Heerden	范·希尔登	256
Vazifdar	瓦奇夫达尔	95
Viscount Maugham	怀康特·毛姆	94
Vitoria	维多利亚	199
Von Doussa	冯·杜莎	191
Von Finkenstein	冯·芬肯斯坦	229

英文	中文	页码
Waddams	亚当斯	330
Wadlow	瓦德洛	29
Walker	沃克	67
Waller	沃勒	428
Walsh	沃尔什	17
Watson	沃森	381
Welch	韦尔奇	92
Wessels	韦塞尔斯	287
Westbury	韦斯特伯里	29
Whaley	惠利	63
White	怀特	210
Whitford	惠特福德	102
Wilberforce	威尔伯福斯	365
Wilcox	威尔科特斯	369
Wilfred Greene	威尔弗雷德·格林	272
Williams	威廉姆斯	217
Wills	威尔斯	225
Windeyer	温德耶	5
Wright	赖特	39
WS Gilert	WS·吉尔伯特	328
Yong Pung How	杨邦孝	273